선비

사유와 삶의 지평

사유와 삶의 지평

선비

김기현 지음

민음사

책머리에

　어떤 이는 "글을 쓸 때 페이지마다 의심과 두려움 ── 캄캄한 공포가 있다."라고 했지만, 정작 글을 써 놓고 다시 보니 줄줄이, 단어마다 의심과 두려움이 뒤따라 그것들을 다 지워 버리고 싶어진다. 과연 나는 선비의 정신세계를 올바로 이해하고 있는가? 그 삶의 모습을 제대로 그려 내고 있는가? 보잘것없는 내용으로 이 시대 글의 홍수 사태에 한몫 보태는 것은 아닌가? 도대체 무엇을 기대해 이 글을 쓰고 책을 펴내려 하는가? 이름을 얻기 위해? 아니면 선비의 이름을 빌려 오늘날 사람들의 "참을 수 없는 존재의 가벼움"을 폭로하고 이 세상의 혼란을 따지려는 것인가?

　선비의 정신과 삶을 제대로 알기도 어렵지만, 글로 표현해 내기가 더욱 힘듦을 느낀다. 천학비재라서 그렇겠으나 그것을 이 시대의 사유 문법과 언어 감각으로 해체하여 재구성하려 하니 여간 어려운 게 아니다. 언어 문자상으로만 분석하고 추상적으로 입론하는 오늘날의 학문 풍토와는 달리, "온몸으로 인식하고(體認) 온몸으로 성찰하며(體察) 온몸으로 시험하고(體驗) 온몸으로 실천함(體行)"으로써 학문과 삶을 일치시켰던 선비의 세계를 탐색하는 데에는 역시 '온몸'으로 느끼고 생각하며 살아가는 자세가 요구되겠기에 말이다.

선비정신은 우리 역사 박물관 진열장 속의 화석에 불과한 것이 아니다. 사람들은 선비 하면 갓 쓰고 도포 입은 어느 먼 옛날의 인물로 여길지 모르나, 그가 세계와 인간에 대해 가졌던 진지한 사색과 실천은 시대와 사회를 넘어 여전히 현재성을 얻으며 창조적인 지성으로 활용될 여지를 많이 갖고 있다. 아니, "참자아의 완성과 타자의 성취(成己成物, 『중용(中庸)』)"에 평생의 노력을 기울였던 그의 행적을 접하다 보면 오늘날 우리들의 부박한 의식과 왜소한 인간상이 반조되어 때때로 탄식과 함께 자괴감이 일곤 한다.

물론 우리 역사 속에 선비는 상당히 복합적인 상을 갖고 있다. 일반적으로 유학을 전공한 학자를 선비라고 한다면, 그중에는 북곽(北郭) 선생과 같이 표리부동하게 살았던 위선자도 있었을 것이고 또 부귀 영화만을 뒤쫓았던 벼슬아치도 많았을 것이다. 하지만 이들은 요순 공맹의 유학이 본래 양성하고자 했던 선비의 자격을 애초부터 갖지 못한 자들이다. 공자는 그러한 사람들을 '소인유(小人儒)'라고 지목한다. 『논어집주(論語集註)』에는 다음과 같은 글이 실려 있다. "선비에는 대체로 세 등급이 있다. 첫째, 도덕에 뜻을 두는 사람이다. 그는 공명에 연연하지 않는다. 둘째, 공명에 뜻을 두는 사람이다. 그는 부귀에 연연하지 않는다. 셋째, 부귀에만 뜻을 두는 사람이다. 그는 못하는 짓이 없을 것이다." 여기에서 선비의 '도덕'은 규범적인 차원을 넘어선다. 그것은 진리와 도의(道)를 자신의 것으로 인격화(德)한다는 뜻을 갖는다. 말하자면 오직 진리와 도의에 입각하여 자아를 확립하고 완성하려 했던 사람이 진정 선비다. 그는 부귀공명을 오히려 자아 상실의 요인으로 여겨 배척하였다. 소유의 '가난'을 마다하지 않고 존재의 '맑음'을 추구했던 그의 청빈(淸貧) 사상이 이를 무언으로 실증한다.

한편으로 생각해 보면 사실 어느 시대, 어떤 사회를 막론하고 아무리 훌륭한 종교와 탁월한 사상이라 하더라도, 특히 그것이 사회적인 영향력을 크게 가지면 가질수록 그를 이용하여 자신의 이익을 챙기려는 사람들이 있어 왔다. 아니, 그들은 그 이상으로 마치 악화가 양화를 구축하듯이 세속에서 얻은 힘으로 진정한 종교인과 사상가를 배제하려 한다. 그것이 바로 그들의 생존 전략이기도 하다. 순정한 신앙과 고상한 이념을 가진 사람이 세상에서 외로울 수밖에 없는 이유도 여기에 있을 것이다. 물론 그는 현실의 핍박을 충분히 이겨낼 만한 힘을 자기 안에 갖고 있겠지만 말이다. 그러므로 어떠한 사상이든 그것으로 행세하는 사람들의 행태만 가지고 논단하려 해서는 안 된다. 한 사상을 말하려면 그에 앞서 그것의 본질을 제대로 알아야 한다. 이 책이 그려 내고자 하는 선비의 세계도 바로 그러한 것이다.

선비정신은, 개인마다 다소의 편차를 드러내겠지만, 거시적으로는 유학의 사조에 따라 다양한 변주를 보여 왔다. 모두 공맹의 사상을 계승하면서도 그 학자들이 처한 시대와 사회 속에 각기 조금씩 다른 해석과 실천을 해 온 것이다. 예를 들어 조선 유학사상 성리학과 실학이 배태하고 배양한 선비정신은 서로 상당한 차이를 보인다. 심지어 거기에는 때로 상반적이기까지 한 모습도 눈에 띈다. 그러므로 이들을 모두 아우르는 하나의 통일적인 선비상을 초상하기란 불가능할 것처럼 보인다.

이 책이 열어 보여 주려는 선비의 세계는 성리학상의 것이다. 그 중에서도 조선 중기를 살았던 퇴계(退溪) 이황(李滉, 1501~1570) 선생의 학문과 삶을 모델로 하였다. 그 배경에는 물론 사서오경(四書五經)의 사상이 작동된다. 오늘날 우리 철학계는 이기심성론의 연구에 편향되어 있어서, 정작 선생이나 기타 성리학자들의 '정신의 삶'에 관해서는 무관심한 것처럼 보인다. 하지만 저 주제조차도 삶의 현장에서 '온몸'으로 탐구했던 선생의 학문정신은 외면한 채 몇몇 추상 개념들의 건조한 분해와 조립에만 열중한다면, 이는 마치 술의 진국은 걸러 내 버리고 체에 남은 지게미만 가지고 노닥거리는 짓이나 다름없을 것이다. 이와 관련하여 퇴계 철학의 '진국'을 전하는 일본 학자 아베 요시오(阿部吉雄)의 다음 글은 우리의 연구 풍토를 여러 모로 자성하게 만든다. "마음을 외계로 돌리기보다 우선 내계로 돌려 자성(自省) 체찰(體察)을 쌓아 가면서 항상 마음속에서 움직이는 존엄한, 그러면서도 따스한 생명의 존재를 인지하고 그것이 우주의 생명력에 연결됨을 자각하며 이것을 존양하고 함양하는 것을 학문의 출발점으로 하고 목표로 하는 학문, 인간 정신의 존엄성과 사랑하지 않고는 배길 수 없는 생명을 자각하고 존양하는 것을 제일의로 하는 학문, 선철(先哲)의 책을 읽고 절기근사(切己近思), 진실한 자기를 탐구하고 자기의 심혼과 기질을 순화하여 인격을 도야하고 생명의 환희를 얻으려고 하는 실천학이자 수양학——이 같은 사상이 이퇴계의 사상의 대본(大本)이다.(《퇴계학보》 제8집, 이상은의 「권두언」에서 재인용)"

이처럼 우주적인 생명을 자기 안에서 자각하여 함양하고, 따뜻한 생명애를 잃지 않으며, 인간의 존엄성을 인식하면서 '참자아의 완성과 타자의 성취'를 과제로 여겨 부단히 노력했던 선비의 위대한 인품과 정신세계를, 한편으로 매화를 형이라 부르기도 하고 국화 앞에서 꽃과 시를 주고받기도 했던 그의 낭만을 사람들은 과연 얼마나 알고 있을까? 아니, 그러한 선비정신을 무시하고 폐기 처분해도 좋을 만큼 오늘날 우리는 지적으로, 도덕적으로, 또 심미적으로 성숙해 있는 것일까?

이 책은 이러한 문제의식 속에서 선비의 정신을 이 시대의 토양 위에 재생하려 한다. 독자들이 이를 읽으면서 자신의 모습을 돌아보고 삶을 반추하며 참자아를 찾아 나선다면 더 이상 다행이 없겠다. 이 책 가운데 일부의 주제는 이미 몇몇 학회지에 실렸던 것들이다. 그러나 그것들도 대부분 크게 수정하고 보완하였다. 그 밖에 여기에서 미처 다루지 못한 내용, 선비의 평생 과제였던 '수양'의 인간학에 관해서는 뒷날을 기약하려 한다. 이 졸저를 삼가 부모님의 영전에 올린다.

선비와 오늘

선비란 일반적으로 '유교의 인문학적 소양을 갖춘 조선 사회의 지식인상(像)'을 일컫는다. 그렇기는 하지만 유학자들 모두가 곧 선비였던 것은 물론 아니다. 그들 가운데에는 사서오경과 제자백가(諸子百家)를 달통하고 또 예의도 발라서 남들로부터 존경과 추앙을 받았지만 밤으로는 남몰래 동네 과부나 찾아다니는 「호질(虎叱)」의 주인공 북곽 선생 같은 위선자나, 또는 권력자에게 굽신거리며 구걸해서 얻은 부귀를 가지고 남들 앞에서는 거드름피우며 잘난 체하는 염족지인(饜足之人, 『맹자(孟子)』)도 많았을 터이고 보면, 선비는 당시의 유교 지식인 가운데에서도 특별한 위상을 갖는 사람이라 하겠다. 옛 속담에 "열 정승이 한 왕비만 못하고, 열 왕비가 한 산림(山林)만 못하다."는 산림의 선비가 바로 그 전형이 될 것이다.

오늘날 많은 사람들은 역사서에서나 찾아볼 법한 선비의 정신을 그리워한다. 그것은 왜일까? 왕조 시절 위계적 신분 사회의 유지 관리에 앞장섰던 그를 현대 민주 사회에서 숭상하는 것은 시대 착오적인 태도가 아닌가? 한편으로 선비의 원형이었던 공자를 두고 그가 죽어야 나라가 산다고 외치면서, 또 달리 선비를 흠모한다는 것은 자가당착 아닌가? 도대체 사람들은 선비에게서 무엇을 바라는 것일까? 두말할 것도 없이 그들의 관심은 군신유의(君臣有義)나 남녀유별(男女有別) 따위의 봉건적인 가치관에 있지 않을 것이다. 그보다는 선비사상에는 일정한 시대적 한계가 있지만 동시에 여전히 유효한 무엇이 또한 담겨 있다고 믿고 있는 것으로 보인다. 거기에는 어쩌면 지식과 가치의 방향타를 잃어 어지러운 삶과 사회에서, 선비정신이야말로 시대를 뛰어넘어 오늘날에까지 창조적인 지성으로 활용될 수 있으리라는 기대 심리가 작용하고 있을 것이다. 더 나아가 그동안 선망하고 추구해 온 서양적인 인간상 속에서는 자신의 정체성을 찾아 세울 수 없다는 체험적인 자각과 함께 우리의 훌륭한 역사적 자아의 한 유형인 선비에 관심을 갖게 되었는지도 모른다.

　위에서 선비를 유교 사회의 지식인이라 했지만, 그는 사실 우리처럼 다양한 지식 정보를 수집하고 활용하여 그것을 상품으로 내놓는 오늘날의 지식인상과는 거리가 멀다. 그는 그러한 지식 활동에 대해서는 오히려 "귀로 들어 입으로 풀어 먹는 학문〔口耳之學〕"이라 하여 천시하였다. 한강(寒岡) 정구(鄭逑, 1543~1620)가 강조한 사체(四體)의 정신, 즉 온몸으로 인식하고〔體認〕 온몸으로 성찰하고〔體察〕 온몸으로 시험하고〔體驗〕 온몸으로 실천한다〔體行〕는 '온몸'의 학문정신이 이를 잘 말해 준다. 물론 선비 역시 문학, 사학, 철학이나 또는 천문, 지리, 인사 등 많은 지식의 섭취를 위해 애썼던 것은 사실이지만, 그는 '참자아의 완성과 타자의 성취'라는 목표 의식을 잃지 않았다. 『대학(大學)』의 표현을 빌려 말하면, 사리를 탐구하여 앎을 성취하려는 격물치지(格物致知)의 학문은 성의(誠意), 정심(正心), 수신(修身)에 이어 제가(齊家), 치국(治國), 평천하(平天下)의 실현을 지향하였다. 요컨대 그의 앎의 정신은 자족적이거나 주지주의적인 것에 머무르지 않고, 진리와 도의로 참자아를 완성하고 나아가 타자까지도 그렇게 성취시켜 주려는 뜻을 갖고 있다. 이 점에서 그의 학문은 인간의 본질을 규명하고 자신의 삶 속에서 온몸으로 실현하려는 인간학이요, 이의 연장선상에서 궁극적으로 사회의 인간화를 추구하는 사회철학이라 할 수 있다. 선비정신이 오늘날에까지 창조적인 지성으로 활용될 수 있는 근거를 우리는 여기에서 발견한다. 그가 인간과 사회에 대해 보여 준 진지한 사색과 '참자아의 완성과 타자의 성취'의 정신은 시대를 뛰어넘어 지금도 여전히 중요한 의의를 갖기 때문이다.

여기에서 세간의 한 가지 오해를 바로잡아야겠다. 사람들은 흔히 선비의 학문을 입신양명의 출세 수단쯤으로 여긴다. 하지만 입신양명(立身揚名)의 어원, 즉 "자아를 확립하여 진리와 도의를 행함으로써 이름을 후세에 날린다.〔立身行道 揚名於後世, 『효경(孝經)』〕"는 말뜻에서 드러나는 것처럼 선비는 오히려 자신이 종사하는 진리와 도의의 학문을 후세에나 인정받을 줄로 기대하였다. 이처럼 당세에 알아주지 않는 학문을 고집한 이유는 역시 다른 데 있지 않다. 그에게 학문이란 기본적으로 "참자아의 완성을 위한 공부〔爲己之學, 『논어(論語)』 「헌문(憲問)」〕"를 뜻하였기 때문이다. 퇴계는 이를 "깊은 산 숲 속에서 종일토록 맑은 향기를 뿜으면서도 제 스스로 그 향기를 알지 못하는" 한 떨기 난초에 비유하였다. 말하자면 남들의 이목을 의식하지 않고 오직 맑은 향기로 꽃피는 난초처럼, 선비도 향내적으로 자신의 존재에 집중하면서 참자아의 개현에 전념하고자 하였다. 그러므로 선비의 세계에서 입신 출세를 목표로 공부하는 사람은 당연히 비난의 대상이 되었다. 퇴계의 숙부 송재(松齋) 이우(李墀, 1469~1517)는 조카들에게 다음과 같이 당부한다. "학문을 벼슬의 수단이라 여기지 마라／공부를 하는 것은 입신양명하자는 것이니."

이는 역시 선비의 학문이 인간학, 그것도 실천적인 인간학임을 알려 준다. 그는 인간의 존재됨에 관해 "절실히 묻고 가까이 성찰〔切問近思, 『논어』 「자장(子張)」〕"하면서 참자아를 찾아 완성하는 것을 학문의 최대 과제로 삼았다. 그가 입신 출세의 공부를 거부했던 것은 바로 이러한 이유에서였다. 그것이 목표로 하는 권력이나 재물 등은 인간 존재를 사물화하고 참자아를 황폐하게 만드는 요인임을 알고 있었기 때문이다. 우리는 이를 선비의 청빈한 삶에서 단적으로 확인한다. 그가 추구했던 '존재의 맑음〔淸〕'은 '소유의 가난〔貧〕'을 초래할 수밖에 없었다. 아니, 그는 소유의 가난을 무릅쓰고 존재의 맑음을 추구하였다. 진리와 도의는 맑은 존재 속에만 깃들며, 참자아는 그 가운데에서만 현전된다는 믿음에서였다. 안빈낙도(安貧樂道)에 함축된 뜻이 바로 여기에 있다. 그렇다고 해서 그가 가난을 고집했던 것은 물론 아니다. 그의 관심은 존재를 맑게 하고 진리와 도의를 즐기는 데 있었던 만큼, 빈부 여부는 그에게 중요한 것이 아니었다. 공자가 "가난하면서도 삶의 즐거움을 누리고, 부유하면서도 예를 좋아하는(『논어』「학이(學而)」)" 사람을 최상의 인격으로 평가한 것도 이러한 생각에서였다. "가난하지만 비굴하지 않고 부유하지만 교만하지 않은" 사람과 달리, 그는 빈부 의식을 완전히 떨치고 오직 참자아의 명령에 따라 진리와 도의를 실현하는 데에서 삶의 기쁨을 얻는 사람이기 때문이다.

선비는 참자아를 인간의 도덕적 본질에서 찾아, 그 실현을 평생의 과제로 여겼다. 이는 그가 그저 세상의 '도덕 군자'로 살려 했음을 뜻하지 않는다. 그의 도덕 관념에는 인간의 사회적인 존재됨과, 더 나아가 천(天), 지(地), 인(人) 삼재(三才)로서의 우주적 본질에 관한 철학적 성찰이 깔려 있다. 예컨대 그가 최고의 덕목으로 추구했던 인(仁)만 하더라도 그것은 단순히 '어질다'는 뜻에 그치지 않는다. 그것은 만물을 아우를 수 있는 인간의 개방적인 생명정신을 사랑의 이념으로 가치 범주화한 것이었다. 그는 거기에서 인간의 고귀하고 위대한 본질을 발견하였으며, 그리하여 그것의 실현을 자신의 인간학의 실천 과제로 삼았다. 맹자는 말한다. "사랑은 하늘이 내려 준 존귀한 벼슬이요, 사람의 편안한 집이다.(『맹자』「공손추 하(公孫丑 下)」)" 공자의 제자인 증자(曾子) 또한 다음과 같이 천명한다. "선비는 뜻을 넓고 굳게 가지지 않으면 안 된다. 짐은 무겁고 길은 멀기 때문이다. 사랑을 자신의 일로 여기니 그 짐이 또한 무겁지 아니한가. 죽은 다음에야 발걸음을 멈출 테니 그 길이 또한 멀지 아니한가.(士不可以不弘毅 任重而道遠 仁以爲己任 不亦重乎 死而後已 不亦遠乎,『논어』「태백(泰伯)」)" 그리하여 선비의 도덕적 자아의 정신은 '참자아의 완성과 타자의 성취'의 이념 속에서 자타간 화해로운 도덕사회와, 나아가 천지 만물을 아우르는 천인합일(天人合一)

의 우주적 대아를 성취하고자 하였다.

사람들은 선비의 이러한 이념을 너무 비현실적이라고 비판할지 모른다. 사실 그는 자신의 인간적인 한계는 말할 것도 없고, 사회 정치적인 실천의 현장에서 제도와 체제 등 갖가지 장벽에 직면할 수밖에 없었을 것이다. 하지만 그것을 분명히 자각하면서도 만난을 무릅쓰고 오직 진리와 도의에서 자아의 본령과 삶의 의미를 찾아 진력했던 그의 숭고한 정신은 바로 그 때문에 먼 시대를 넘어 오늘날의 사람들에게까지 칭송되는 것이 아닐까? 조선 왕조가 세계 왕조 사상 유례 드물게 어떻게 500년이나 지속되었나 하는 이유를 우리는 이러한 관점에서 고찰해 볼 수 있다. 그것이 수많은 내우외환 속에서도 무너지지 않고 힘겹게나마 그렇게 오래도록 유지된 배경에는 저 임중도원(任重道遠)의 선비정신이 버팀목으로 작용하고 있었다. 선비는 '열 명의 왕비'보다도 위에서, 조정에서는 국시(國是)와 민의(民意)를 대변하면서 정치의 방향을 밝히고, 백성들에게는 진리와 도의의 실천적인 푯대로 나서서 그들이 나아갈 삶의 길을 무언으로 제시했던 것이다. 중종 때 기묘사화(1519년)의 희생자 가운데 한 사람이었던 소우(素愚) 정응(鄭譍, 1490~1522)은 임금에게 말한다. "무릇 나라에 선비가 있는 것은 사람에게 원기가 있는 것이나 다름없습니다. 원기가 흩어지면 사람은 죽으며, 선비가 없으면 나라는 망하고 말 것입니다."

여기에서 선비가 벼슬길에 나아가느냐 마느냐 하는 것은 사실 그다지 중요한 일이 아니었다. 그는 오히려 '산림(山林)'으로 재야의 곳곳에서 진리와 도의의 불빛을 온몸으로 밝혀 사람들의 신망과 존경을 얻으면서 사회에 이념과 가치를 제공하였다. 이를테면 그는

"예(禮), 의(義), 염(廉), 치(恥)야말로 한 사회를 지탱해 주는 네 가지 법도임"(율곡(栗谷) 이이(李珥, 1536~1584))을 알아, 예의바르게, 의롭게, 청렴하게, 부끄럼 없이 살고자 하였다. 그리하여 "우러러 하늘에 부끄럽지 않게, 아래로 사람들에게 부끄럽지 않게[仰不愧於天 俯不怍於人, 『맹자』 「진심 상(盡心 上)」]" 또는 "혼자 잠을 자더라도 이불에 부끄럽지 않게, 혼자 어딜 가더라도 자신의 그림자에 부끄럽지 않게[獨寢不愧衾 獨行不愧影, 채원정(蔡元定)]" 살려 했던 선비는 사람들에게 올바른 삶의 정신을 일깨워 주면서 어지러운 사회를 정화해 주는 커다란 힘이었다. 맹자는 선비의 이러한 정신과 기개를 다음과 같이 웅변한다.

이 세상에서 가장 넓은 집(사랑)에서 살고, 이 세상에서 가장 바른 자리에 서며(예의), 이 세상에서 가장 큰 길(의로움)을 걷나니, 뜻을 펼 기회가 주어지면 만민과 더불어 그것을 행하고, 그렇지 않으면 혼자만이라도 그 길을 가리라. 부귀도 이 뜻을 어지럽히지 못하고, 빈천도 이 뜻을 변절시키지 못하며, 권세나 무력도 이 뜻을 꺾지 못할 것이니, 이를 일러 대장부라 한다.[居天下之廣居 立天下之正位 行天下之大道 得志 與民由之 不得志 獨行其道 富貴不能淫 貧賤不能移 威武不能屈 此之謂大丈夫, 『맹자』 「등문공 하(滕文公 下)」]

선비의 이러한 '대장부' 정신 앞에서 우리는 오늘날의 지식인상을 부끄러운 마음으로 반추한다. 우리 지식인들 가운데 사람들의 삶과 사회를 염려하면서 진리와 도의의 정신을 곧추세우려는 이가 얼마나 있을까? 우리는 오히려 자신의 우월한 지식으로 남들보다 더 빨리, 더 많이 자기 이익만 챙기려는 간지(奸智)만 키워 가고 있는 것은 아닐까? 사회를 이끌어 나가는 그들에게서 일반인들이 배우는 것은 역시 이기(利己)와 권모(權謀)의 술수밖에 없을 것이다. "군자(君子)의 덕(德)은 바람이요 소인(小人)의 덕은 풀로서, 바람이 부는 방향대로 풀은 눕는 법(『논어』「안연(顏淵)」)"이기 때문이다. 그럼에도 우리 지식인들은 저 '바람의 군자'된 책임을 포기하고 오히려 "바람보다도 빨리 눕고/ 바람보다도 빨리 일어나는"(김수영) '풀의 소인'으로 스스로를 비하하고 있는 것은 아닌가? 매천(梅泉) 황현(黃玹, 1855~1910) 선생의 시를 한 편 읽어 보자.

새와 짐승은 슬피 울고 바다와 산악은 얼굴을 찡그리네
우리나라 무궁화 세계가 이미 물속에 빠져 버렸으니
가을 등불 아래 책을 덮고서 천년의 옛날을 되돌아보노라
세상에서 문자 아는 사람 되기가 참으로 어렵구나
鳥獸哀鳴海岳嚬　　槿花世界已沈淪
秋燈掩卷懷千古　　難作人間識字人

이는 그가 1910년 일제의 강제적인 대한제국 병합에 절망한 나머지 자결하기에 앞서 남긴 「절명시(絶命詩)」다. 아니, 엄밀하게 따지면 그의 자결은 일제의 병합에 절망해서가 아니었다. 그것은 간접적인 원인이었을 뿐이며, 그를 자결로까지 몰아간 근원은 '문자 아는 사람[識字人]'이라는 자의식에 있었다. 그는 평소 자신을 식자인으로 자부하고 또 자임해 왔을 것이다. 그에게 식자인이란 다른 사람이 아니었다. 바로 수신(修身), 제가(齊家), 치국(治國), 평천하

(平天下)를, 달리 말하면 '참자아의 완성과 타자의 성취'를 삶의 이념으로 추구하는 선비를 뜻하였다. 그런데 일제의 침략은 그로 하여금 그러한 식자인의 자화상을 근본적으로 회의하고 또 부정하게 만들었다. '물 속에 빠져 버린 우리나라 무궁화 세계'를 구원하기 위해 자신이 할 수 있는 일이 아무것도 없다는 뼈저린 자각은 이어 그의 식자인으로서의 삶 자체에 대한 절망으로 이어졌을 것이기 때문이다. 말하자면 그의 자결은 '식자인'의 선비의식이 자초한 것이었다. 그 시절 많은 선비들이 역시 시 한 줄 남겨 놓고 스스로 목숨을 끊었던 것도 대개 이에 연유할 것이다.

우리는 이들에 대해 마음 한켠으로 안타까움이나 또는 강한 불만을 가질 수도 있다. 꼭 그렇게 자결해야만 했는가, 또 다른 많은 선비들이 그러했던 것처럼 의병 활동이나 독립 운동에 적극적으로 나서거나, 아니면 소극적이긴 하지만 은둔의 강학 활동을 통해 뒷날을 준비하는 방법도 있었지 않은가 하는 것이다. 하지만 "인간은 천지의 중심을 타고났다.(『춘추좌씨전(春秋左氏傳)』)"는 천명(天命) 의식 속에서, 그리고 "신체발부는 부모에게서 받은 것(『효경』)"이라는 효도 관념 속에서 평소 자살을 상상도 할 수 없었던 그들이 그처럼 극단적인 행동을 취할 수밖에 없었던 사고의 배경을 우리는 다른 관점에서 살펴볼 필요도 있다. 그들은 풍전등화의 국운 앞에서 자신의 존재 이유였던 '식자인'의 과제를 달리 실현할 길을 찾지 못하고는 그것의 무게에 짓눌려 그렇게 비극적으로 생을 마감하고 만 것이다. 어쩌면 그 과제를 포기하고 평범한 소인으로 자기 안위나 도모하면서 살아갈 수도 있었을 텐데 말이다. 이는 아마도 응변력이 부족했던 그들의 원칙론적인 사고에 기인할 것으로 보인다. 하지만 그러한 한계에도 불구하고 그들을 죽음으로까지 내몬 식자인의 정신만큼은 존중해 주어야 할 것이다. 특히 자신의 이해 득실 앞에서 그 정신을 너무나도 쉽게 내팽개쳐 버리는, 또는 그것이 아예 부재한 이 시대의 지식인들에게 저 「절명시」는 무서운 자아비판 거리를 제공한다.

치국 평천하의 과제가 선비의 삶의 전부였던 것은 물론 아니다. 그 이전에 그는 진리의 탐구와 도의의 실천을 보다 근본적인 것으로 여겼다. 진리와 도의야말로 삶과 사회를 존립케 해 주는 중추였기 때문이다. 일제 시절 항일 운동에 나서지 않고 물러나 강학 활동에 종사했던 선비들의 소극적인 행적을 우리는 이러한 관점에서 이해해 볼 필요가 있다. 그들이 남들의 비난을 무릅쓰고 뼈를 깎는 고민 끝에 내린 은둔의 결정은 비겁하게 목숨을 부지하기 위해서가 아니었다. 어쩌면 그들에게는 나라보다 중요한 것이 있었다. 바로 진리와 도의였다. 그들의 판단으로는 나라가 망한 것도 사람들이 진리와 도의를 외면한 나머지 사회가 병들고 부패했기 때문이었다. 아니 진리와 도의는 나라 이전에 인간 생활의 필수 조건이었다. 그러므로 국권을 회복하기 위해 항일의 전선에 나서는 것이 거룩한 일임에는 틀림이 없지만, 한편으로 미래의 인간 사회를 위해 학자로서 진리와 도의를 수호하고 보전하는 것도 중차대한 일이라고 그들은 생각하였다.

이처럼 진리와 도의는 선비의 표상이요 자존심이었다. 맹자는 말한다. "옛날 훌륭했던 선비들은 진리와 도의를 즐겼을 뿐, 사람들이 행세하는 힘은 안중에 두지 않았다. 그러므로 왕공들이 공경과 예의를 다하지 않으면 그들을 자주 만나 볼 수 없었다. 자주 만나 볼 수도 없었는데 하물며 그들을 신하로 삼을 수 있었겠는가.(『맹자』 「진심 상(盡心 上)」)" 그가 부귀공명에 초연할 수 있었던 것도 또한 진리와 도의의 힘에서 나왔다. 공자는 말한다. "거친 밥 먹고 맹물을 마시며 팔베개하고 누워도 즐거움이 또한 그 가운데에 있으니, 불의하게 주어지는 부귀는 나에게 뜬구름과도 같다.〔飯疏食飮水 曲肱而枕之 樂亦在其中矣 不義而富且貴 於我如浮雲,『논어』「술이(述而)」〕" 여기에서 공자가 즐겼던 것은 물론 '거친 밥과 맹물'이 아니라 바로 진리와 도의였다. 말하자면 진리와 도의가 그를 모든 세속적인 힘으로부터 자유케 한 것이다.

선비는 진리를 사람들이 발을 딛고 있는 현실에서 찾았다. 그에게 그것은 어려운 문자 속에 갇혀 있는 고답적인 원리가 아니라, 사람들이 일상에서 추구하고 행해야 할 사람됨의 길이요 삶의 이치를 뜻하였다. 『중용』은 말한다. "도(道)는 사람에게서 멀리 떨어져 있지 않다. 사람들이 도를 추구하면서 사람을 멀리한다면 그것은 도라 할 수 없다." 그렇다고 해서 그가 세계와 인간, 사물의 심오한 이치들에 무관심했던 것은 아니다. 조선 중기에 활발했던 이기심성론이 잘 보여 주듯이 그 역시 그것들을 열심히 탐구하고 논의하였다. 다만 그 가운데에서도 그는 "물 뿌리고 비 쓸며 사람들을 응대하는(『소학(小學)』)" 일상의 정신을 잃지 않으려 하였다. 비록 많은 학자들이 그 주제에 지나치게 천착함으로써 '사람을 멀리하는' 공리공론에 빠지기도 했지만 그것은 일종의 일탈 현상이었다. 다 아는 것처럼 이에 반발하면서 나타난 새로운 학풍이 실사구시(實事求是)의 실학이다.

선비의 이와 같은 진리관은 오늘날의 학문정신상에서 살피면 일정한 한계를 갖는다. 그것은 '사람을 멀리하지 말 것'을 강조함으로써 학문을 삶의 철학이나 도덕학으로 제한하였기 때문이다. 다시 말하면 그는 진리를 주로 인간학적 또는 수행론적인 관점에서 살피려 했기 때문에 그 밖의 분야의 연구에 소홀하였다. 다른 공부는 그에게 그저 잡학(雜學)에 지나지 않았다. 우리의 학문사 속에 과학의 발달이 지체된 한 가지 이유가 여기에 있을 것이다. 이 점은 서양의 철학이 고래로 자유로운 진리 탐구의 노력 속에서 독립의 학문 영역들로 다양하게 분화한 것과 대조를 이룬다. 하지만 다른 한편 생각해 보면 그 결과 사람들이 학문의 구심점을 잃고 진리를 각 분야 소수 전문 지식인들의 전유물처럼 여기면서 사람됨의 길과 삶의 이치에 무관심한 채 진리 밖의 삶에 자족하는 오늘날의 세태 속에 선비의 진리관이 오히려 더욱 중요한 의의를 갖기도 한다. "도는 한순간도 떠날 수 없는 것(『중용』)"임을 알아 자신의 일거수일투족은 물론 심지어 감정의 발로에서까지도 진리를 찾고 또 따르려 했던 선비의 정신은, 더 나아가 진리로써 참자아를 완성하고 또 타자를 성취시켜 주고자 했던 선비의 삶의 이념은 진리 의식이 실종된 어두운 시대를 밝혀 줄 빛이 될 수 있기 때문이다. 그러므로 예나 지금이나 역시 선비는 '나라의 원기'요, '예의의 근원'이다.

우리는 이제 이러한 선비의 정신을 이 사회와 삶의 공안(公案)으로 올려놓고서 진지하게 탐구하고 학습하며 실험해 볼 필요가 있다. 그를 갓 쓰고 도포 입은 역사 뒤안길의 인물이 아니라, 사람됨의 길과 삶의 이치에 관해 지금의 우리와 함께 고민하고 의견을 나눌 '식자인'으로 만나 보아야 한다. 한편으로 "천지를 위해 뜻을 세우고, 만민을 위해 도를 세우며, 옛 성인들을 위해 단절된 학문을 잇

고, 자손만대를 위해 태평을 열고자〔爲天地立心 爲生民立道 爲去聖
繼絶學 爲萬世開太平,『근사록(近思錄)』〕"했던 그의 원대한 이념은
오늘날 자연은 물론 역사와 사회, 남들을 외면한 채 자기 속에 갇혀
존재의 빈곤에 허덕이는 우리에게 진정 무엇이 삶의 기쁨이요 풍요
인가를 자각하게 해 줄 것이다.

1
부

◎

자
연

1 자연과 문명

자연과 문명은 상반하는 용어다. 적어도 현대 문명을 지배한 서구 사상의 관점에서는 그렇다. 철학사적으로 따지면 이러한 사고는 서양 근대 문명 형성에 커다란 영향을 끼친 근대 철학의 비조 데카르트의 물심이원론(物心二元論)에서 비롯한다고 한다. 그에 의하면 '생각하는 나', 달리 말해 인간의 정신 이외에 자연의 모든 것은 하나의 물질에 지나지 않는다. 그리하여 만물은 인간과 더불어 사는 생명의 주체로서의 자격을 상실한 채, 만물의 영장인 인간의 삶에 유용하도록 창조된 신의 저급한 작품으로 천시될 수밖에 없었다. '자연은 야만'이라는 서양인들 의식의 근저에는 이러한 만물관이 놓여 있다. 그들은 자연을 그러한 만물의 단순한 집합에 지나지 않는다고 보고, 그것(들)을 정복하여 그 위에 세운 거대한 인공의 구조물을 문명으로 여긴다.[1]

여기에는 한편으로 그들의 과학 정신이 크게 작용한다. 과학 역시 자연을 인과 법칙이 작용하는 하나의 물질 세계에 지나지 않는 것으로 여긴다. 과학자들은 자연의 형이상학적이고 정신적이며 심미적인 성질에 대해서는 거의 관심을 갖지 않는다. 그들은 다만 자연의 기계적인 원리를 규명하여 그것을 정복하고 그것의 물질 가치를 극대화하는 일을 학문의 제일 과제로 삼는다. 거기에는 자연을 인간의 관점에서 인공적으로 재구성하여 최대한 이용하려는 인간 중심주의가 도사리고 있다. 과학은 암암리에 사람들에게 이러한 오만을 끊임없이 부추긴다. 지금 이 순간도 지구의 도처에서 개발의 이름 아래 행해지는 갖가지 책동들은 이를 배경으로 한다.

현대 문명은 그러므로 과학 정신이 '야만의 자연'을 개발하고 정복한 산물이다. 사람들은 오늘날 그것의 휘황하고 유혹적인 외양에 현혹되어 일상의 도처에 널려 있는 그 산물들을 향유하고 만끽하느라 여념이 없다. 사람들이 누구 할 것 없이 도시로 향하는 이유도 여기에 있다. 그곳이야말로 찬란한 현대 문명의 현장이기 때문이다. 하지만 그들은 도시의 문명 생활을 환락하면서도 다른 한편 내면 깊은 곳의, 무언가 모를 불안을 떨치지 못한다. 그들은 도처에서 주어지는 각종의 자극에 시달리고, 환락의 생활 속에서도 채워지지

---

1) 서양인들의 전통적인 자연관을 어느 학자는 다음과 같이 말한다. "신고전주의자들에게는 인공이 가해지지 않은(wild) 자연은 불쾌하기만 하다. 그들에게는 산이야말로 '지구의 불명예이자, 거추장스러운 짐'으로 여겨진다. 알프스 산맥은 자연이 롬바르디 평원을 청소하기 위해 쓸어 모은 지구의 쓰레기로 여겨졌다." "낭만주의 여명기까지도, 자연에 대한 서구인들의 접근 태도는 중국인들과 실제로 같지 않았다. 왜냐하면 낭만주의가 자연에 대하여 진정으로 애착을 표명하는 일이었음에도 불구하고, 그것은 자연을 둘러싼 인간의 지배를 나타냄으로써 인간의 개성을 충족시키는 것을 공통적으로 추구했기 때문이다."(더크 보드, 이명수 옮김, 『중국인은 무엇을 생각하고 어떻게 살아왔는가』(여강출판사, 1991), 77쪽)

않는 삶의 공허를 느끼며, 때로는 문명의 거리에 "아무런 목적도 휴식도 없는, 집 없는 인간(『파우스트』)"으로 내던져져 방황하고 있음을 아프게 자각하기도 한다. 이러한 도시 생활의 암울한 분위기를 전원 생활과의 대비 속에서 전하고 있는 다음의 글을 읽어 보자.

아마 경쟁과 도전의 담론이 가장 극성스러운 곳은 도시일 것이다. …… 공공의 장소들을 지나가는 것, 군중과 나란히 걷는 것, 수백 명씩 얼굴을 대하는 것, 이런 것들은 매순간 자신의 허약함을 확인하는 것이고, 대조적으로 유명한 인사들을 부러워하게 하는 것이다. 이 인사들은 그들이 가는 곳이면 어디서나 즉각적으로 알아볼 수 있는 대상이 된다. 아스팔트에 던져진 개인은 자신을 공적으로 수용 당해 **빼앗긴** 듯한 느낌이 든다. 여기서 우리는 「택시 드라이버」의 제사(題辭)에 동의하지 않을 수 없다. "각각의 거리에는 대단한 인물이 되기를 꿈꾸는 무명인이 있다. 그는 외롭고 모두로부터 버림받았으며, 자기가 존재한다는 것을 절망적으로 입증하려고 애쓰는 인간이다." 적어도 시골에서는, 숲과 들판이 있는 이웃에서는 나는 나의 존재를 정당화해야 할 필요가 없다. 괴테가 인정했듯이 자연이 도시의 인간에게 '현대적 영혼의 커다란 진정제'라면, 그 이유는 그것이 대도시의 혼돈 및 임의성과는 대조적으로 뚜렷이 드러나는 규칙성과 조화를 구현하기 때문이다. 도시의 상상할 수도 없고 두렵게 하는 에너지는 나를 어떤 우월적인 힘과 대면케 하는데, 이 힘은 나를 억압하는 만큼 나를 자극하는 것이다. 재창조된 우리의 자연 속으로, 야만성을 간직한 자연 속으로 도시인은 평화의 항구를 찾으러, 소요와 고통의 일시적 정지를 찾으러 간다. 그 속에서는 어느것도 그를 자극하지 않고 불안케 하지 않으며, 그는 어떤 위해도 받지 않고 자신의 온전함을 유지할 수 있다. 그 속에서 각각의 사물은 자기의 위치에 있으며, 예견할 수 있는 리듬에 따라 전개된다. 인간의 손으로 만들어진 그 풍경 속에서 나는 긴장이 풀리고 나를 회복하며, 나는 "나 자신에 휘감겨"(루소) 있는 것이다.[2]

현대인의 이와 같은 삶은 근본적으로는 그들의 잘못된 자연관이 자초한 결과일 것이다. 그들이 자연을 야만으로 여겨 '영혼의 커다란 진정제'를 스스로 파괴해 버렸기 때문에, 존재의 안식처를 잃고 저처럼 외롭고 불안하게 떠돌고 있는 것이다. 다행히도 오늘날 많은 사람들은 그것이 자연의 파괴에 기인함을 자각하면서 개발 정책에 맞서 자연 환경의 보호를 주장한다. 하지만 그들의 자연 인식은 아직도 피상적인 수준을 벗어나지 못하고 있다. 그들은 자연을 인간을 둘러싼 주변의 환경 정도로 이해하여 그것을 '보호'함으로써 이 문명의 위기를 벗어나려 할 뿐, 그 이상으로 인간과 자연의 관계를 근본적으로 성찰해 보려 하지 않기 때문이다. 그들의 '자연 보호' 구호에는 여전히 자연에 대한 우월감과 주인 의식이 깔려 있는 것이다.

이처럼 인간과 자연을 이원화하면서 자연을 지배하려는 오만한 생각은 당면의 위기 상황을 결코 해결하지 못한다. 우리는 현대 문명이 처해 있는 심각한 문제를 해결하기 위해서 인간과 자연의 관계를 원천적으로 재검토하지 않으면 안 된다. 자연이 겨우 흙이나 물, 나무, 풀 등 단편적 개체들의 물질적인 총합으로서 도구적 이용

---

2) 파스칼 브뤼크네르, 김웅권 옮김, 『순진함의 유혹』(동문선, 1999), 38~39쪽.

가치의 대상에 불과한 것인지, 근본적으로 인간이 과연 자연보다 우위에 있는 존재인지 하는 등의 문제를 철저하게 반성해 보아야 한다. 이제부터 이러한 문제의식 속에서 선비의 자연관을 살펴보려 한다. 이는 자연과 인간의 관계를 새롭게 성찰하게 해 주고, 나아가 현대 문명의 잘못된 방향을 바로잡는 데 좋은 지침이 되어 줄 것이다.

2 만물의 요람

유기체로서의 자연

전통적으로 선비는 자연을 개념적으로나 과학적으로 인식하기
보다 감각적인 직관과 시적 감성으로 직접 대면하고 체감하였다.
농본 사회를 삶의 배경으로 가진 그의 사고 속에 하늘과 땅은, 마
치 농부들이 밭갈이를 하면서 느끼듯 따뜻한 흙과 풋풋한 공기 속
에 만물을 생육하는 생명의 모태이지, 단지 흙덩어리이거나 또는
산소 질소 따위의 혼합체에 불과한 것이 아니었다. 그가 과학적인
탐구 정신을 약하게 가졌던 대신 뛰어난 심미 의식으로 많은 시를
쓴 이유도 아마 여기에 있을 것이다. 그는 자연 속에 펼쳐지는 만물
의 생성 변화에 개념적 분석과 과학적 실험의 정신으로 나서지 않
고, 감각적이고 직관적인 시 정신으로 다가갔던 것이다.[1] 퇴계의 시

를 읽어 보자.

가없는 봄바람에 삼월도 저물어라
온갖 생명 기쁜 듯이 제철을 다투네
산 그림자 물에 지니 붉은 비단 흔들리고
들빛은 하늘 닿아 푸른 비단 펼쳐졌네
새들이 술 권하니 병든 몸 속아넘고
개구리는 풍류 알아 제각각 노래하네
건곤(乾坤)의 만물 생성 일들이 많다지만
묘한 곳엔 무심히 그들에게 맡겨 두네

蕩蕩春風三月暮　　欣欣百物競年華
山光倒水搖紅錦　　野色連天展碧羅
鳥勸葫蘆欺我病　　蛙分鼓吹爲私吡
乾坤造化雖多事　　妙處無心只付他[2]

　뭇 생명이 약동하는 봄철에 만물과 하나가 된 듯 기쁨을 노래하
는 이 시에서 특히 마지막 두 행은 그가 자연의 이치를 감각적으로

---

1) 혹자는 이에 대해 조선 시대 선비철학의 커다란 주제였던 이기론(理氣論)을 들어 반론을
제기할지 모른다. 이기의 개념은 사람들을 지극히 추상적인 사유 속에 가두어 버림으로써 그
들이 자연을 직접 대면하거나 체감하는 것을 방해했다는 것이다. 하지만 이는 선비의 학문
또는 정신세계를 이기의 철학으로만 해석하려는 잘못을 범하고 있다. 뒤에 살피는 것처럼
세계와 만물의 궁극적인 근원을 탐구하고자 하는 '형이상학의 충동'으로 선비가 이기론을
구성하고 논의한 것은 사실이지만, 그렇다고 해서 자연을 오직 추상적인 사유로만 해석했던
것은 결코 아니다. 그는 산림의 생활 속에서 개념의 매개 이전에 자연을 형이상하(形而上下)
로 아우르면서 온몸으로 받아들였다. 자연을 노래한 그의 수많은 시들이 이를 명백하게 증언
해 준다.

2) 『退溪全書 一』(성대 대동문화연구원 영인본),「十六日山居觀物」, 128쪽.

풀어내고 있다는 느낌을 준다. 그는 봄날 산천과 들녘에서 자연〔乾坤〕이 펼쳐 내는 만물 생성의 위대한 사업을 환희롭게 바라보면서 몸 아픈 것도 잊고 술을 한잔 든다. 그는 생각에 잠긴다. 자연의 사업은 조물주의 의지요 조작인가? 아니다. 자연은 '무심히' 만물의 생성을 그들 각자에게 맡겨 둔다. 이것이 바로 자연의 '묘한 곳', 즉 섭리의 본래성이다. 그렇다고 해서 그것이 아무런 역할을 하지 않는 것은 물론 아니다. 자연은 그와 같이 '무심'하면서도 '묘하게도' 만물의 생성 변화를 총괄하고 거기에 질서와 조화를 부여한다.

선비는 자연을 분할하거나 계량화할 수 있는 물질 세계나 개체들이 모래알처럼 모여 인과론적으로 교섭하는 단순한 시공(時空)의 장(場)에 불과한 것으로 여기지 않았다. 그에게 자연은 개체들의 집합을 넘어선, 하나의 통일적이며 연속적인 전체로 이해되었다. 만물은 그 안에서 상호 유기적인 관련을 갖고서 부단히 생성 변화해 나간다. 선비의 이와 같은 자연관을 오늘날 많은 학자들은 유기체 철학으로 해석하거니와, 『중용』은 이를 다음과 같이 함축적으로 묘사한다.

지금 하늘은 작은 빛들이 모여 이루어진 것이지만 그 지극함으로 말할 것 같으면 해와 달과 별들이 걸려 있고 만물이 그에 덮여 있으며, 지금 땅은 한 줌의 흙들이 모여 이루어진 것이지만 그 넓음으로 말할 것 같으면 화악(華嶽)을 싣고도 무거워하지 않고 하해(河海)를 수용하고도 흘러넘치지 않으며, 지금 산은 조그만 돌들이 모여 이루어진 것이지만 그 광대함으로 말할 것 같으면 초목이 나고 금수가 살고 보물들이 묻혀 삶의 이기(利器)들이 모두 이에서 나오며, 지금 강은 한

잔의 물들이 모여 이루어진 것이지만 그 신묘불측함으로 말할 것 같으면 자라와 악어와 용과 물고기들이 그 안에서 살며 재화(財貨)가 자라난다.

그리하여 "천지의 도는 한마디로 요약할 수 있다. 그것은 변함없이 만물을 신묘하게 생성한다.(『중용』)" 『주역(周易)』 또한 말한다. "천지는 만물을 생육하는 위대한 역량을 갖고 있다.〔天地之大德曰生, 「계사 하(繫辭 下)」〕" 요컨대 자연은 사물들의 단순한 원자론적 집합에 불과한 것이 아니라, 만물을 생성하고 주재해 나가는 하나의 거대한 창조적 역량이다. 만물은 이러한 자연의 섭리 아래에서 서로들 유기적으로 관계를 맺으면서 자연의 영원한 생성에 제각각의 방식으로 참여한다. 그러므로 이 세상에 독립적으로 존재하는 개체는 없으며, 자연의 생성 질서의 관계망 속에서 모든 것들이 상호 유기적으로 의존하고 조화를 이룬다. 역시 『중용』은 말한다. "만물은 함께 생장하면서 서로 침해하지 않고, 계절과 일월은 순환 운행하면서 서로 거스르지 않는다. 만물의 생장이나 계절과 일월의 운행은 마치 냇물이 쉼없이 흐르는 것과도 같고, 섭리는 저 생장과 운행을 영원 무궁하게 주재해 나간다. 천지가 위대한 소이가 여기에 있다."

그러므로 자연의 세계는 결코 적자생존과 약육강식의 정글이 아니다. 그것은 오히려 만물이 상호 의존하고 조화를 이루면서 공생 공영하는 장이다. 생존의 현장에서는 개체들 사이에 대립과 투쟁이 흔히 보이지만, 거시적으로 살피면 그것조차도 전체의 영원 무궁한 지속과 생성이라는 자연의 합목적성을 거스르지 않으며 오히려 그에 들어맞는다. 선비가 사회생활의 원리로 조화의 정신을 강조했던 형이상학적 배경을 우리는 여기에서 찾아볼 수 있다. 자연에서 개체들 사이의 상호 의존과 조화를, 그리고 유기적이고 통합적인 생성 질서를 읽었던 그는 이의 연장선상에서 사람들을 독립적이기보다는 상보적이고 관계적인 존재로 여겨 자타간의 협력과 유대를 강조하게 되었을 것이다. 그가 도덕관념을 강하게 가질 수밖에 없었을 이유를 우리는 여기에서 발견한다. 도덕은 자타간의 유대 의식 속에서 도출되는 조화와 친목의 원리이기 때문이다.

선비의 도덕의식은 사회 내 인간 관계에서만 작용하였던 것이 아니다. 만물이 상호 유기적으로 관련되어 있다는 인식은 그로 하여금 인간 사회를 넘어서 만물과, 더 나아가 자연과 어떻게 대면해야 할 것인가 하는 문제까지 숙고하도록 만들었다. 『중용』은 말한다. "마음의 중화(中和)를 극진히 하면 하늘과 땅이 제자리를 얻을 것이요, 만물이 바르게 생육될 것이다." 이는 선비의 수신의 정신이 제가, 치국, 평천하를 넘어 자연 만물의 완성까지 겨냥하고 있음을 보여 준다. 그는 마음의 수행을 그 출발점으로 삼았다. 잘못된 마음은 자신의 삶과 사회는 물론 자연 만물까지 혼란에 빠뜨릴 것이기 때문이다. 말하자면 "마음의 움직임에 우주가 흔들린다."[3] 오늘날 지구의 온난화나 생물종의 심각한 감소 등 자연계의 이상 현상도 따지고 보면 근본적으로는 중용과 조화를 잃은 사람들의 마음에

---

3) 물리학자 디팍 초프라는 삼라만상의 관계망인 세계 속에서 사물들 사이에 미치는 상호 작용을 다음과 같이 말한다. "한 개의 원자가 진동하면 우주가 흔들린다. 우리 몸 세포 속의 어떠한 미세한 작용도 전체 양자의 장에 감지되지 않고 지나치는 일은 없다. 지극히 미묘한 차원에서 모든 생리 작용은 자연계의 바탕그물 속에 기록된다."(디팍 초프라, 이균형 옮김, 『사람은 늙지 않는다』(정신세계사, 1994), 73쪽)

기인할 것이다.

이와 관련하여 우리는 "하늘과 사람이 서로 감응한다.〔天人相感〕"는 명제를 생태학적[4] 관점에서 새롭게 해석해 볼 필요가 있다. 그것은 터무니없는 생각으로 치부하기만은 어려운 생태적 각성을 담고 있다. 자연을 객관적인 관찰의 대상으로 사물화하여 그것의 물적 가치에만 관심을 쏟는 현대인과는 달리, 하나의 거대한 생성 체계인 자연 안에서 그 섭리에 따라 살고자 했던 선비에게는 자연과의 감응이 하나의 상식이었다. 이를테면 만물 소생의 봄기운이 사람들 마음에 일으키는 생명적 감흥이 그 한 예다. 선비는 이를 봄의 가시적인 현상 이전에 그 근저에서 작용하는 자연의 생명정신의 관점에서 살피려 하였다. 이를 주제화한 것이 바로 『주역』의 「복(復)」괘다. 이에 따라 그는 동짓날 추운 날씨 속에서도 실낱처럼 소생하는 생명의 기운〔一陽〕에서 천지의 마음〔天地之心〕에 감응하여 생명을 보호하고 양육하기 위한 여러 방책들을 모색하였다. 이는 아마도 고전적 형태의 생태 윤리적 사고라 할 만한 것이었다. 그

---

4) 프리초프 카프라는 생태학에 관해 다음과 같이 말한다. "표층생태학은 인간 중심적 또는 인간을 그 중심에 놓는 관점의 생태학이다. 이 견해는 인간을 자연의 바깥쪽 또는 그보다 우위에 놓인 존재로 간주하며, 모든 가치의 근원으로 생각한다. 그리고 자연을 도구적 가치 또는 '사용' 가치로 다룬다. 반면 심층생태학은 인간을 자연으로부터 그리고 그 무엇으로부터도 분리시키지 않는다. 이 견해는 세계를 분리된 사물들의 집적으로 보지 않고, 근본적으로 상호 연결되어 있고 상호 의존적인 현상들의 연결망(network)으로 본다. 심층생태학은 모든 생물을 본질적인 가치로 인정하고, 인간을 생명이라는 직물 속에 포함되어 있는 한 가닥의 씨줄이나 날줄에 불과한 무엇으로 본다."(프리초프 카프라, 김용정 · 김동광 옮김, 『생명의 그물』(범양사, 1998), 22~23쪽) 물론 생태학의 의미는 학자에 따라 다를 수 있다. 혹자는 선비가 인간의 만물 영장성을 주장하고 있다는 점에서 그의 자연관을 표층생태학적이라고 말하고 싶을지 모른다. 하지만 그는 결코 인간을 자연의 바깥에 두어 자연으로부터 분리하려 하지 않는다. 사실 선비의 영장 의식은 만물에 대한 이용이나 지배 권한의 자각이 아니라, 오히려 '하늘과 땅이 제자리를 얻고 만물이 바르게 생육될' 수 있도록 조력해야 할 의무를 내포하고 있다. 『서경(書經)』은 말한다. "하늘의 일을 사람이 대신해야 한다.(「고요모(皐陶謨)」)"

윤리의 출발점은 물론 마음에 있다.

더 나아가 선비는 자연을 만물 생성의 모태로 여겨 그들과 존재론적인 유대감을 갖고서 돌아간 화해로운 마음으로 살고자 하였다. 그는 위대한 자연의 품 안으로 돌아가 속세의 긴장과 위해에서 벗어나 거기에서 안심입명(安心立命)하려 했으며, 때로는 윤리 도덕의 구속으로부터 초탈하려 하기까지 하였다. 『주역』은 말한다. "건(乾)은 하늘이므로 아버지라 하고, 곤(坤)은 땅이므로 어머니라 한다.(「설괘전(說卦傳)」)" 퇴계 또한 임금에게 다음과 같이 말한다. "하늘과 땅은 이 세상 만물의 큰 부모이므로, 만민은 모두 나의 형제요 만물은 나와 더불어 사는 이웃입니다."[5] 이와 같은 사고는 '야만'의 자연을 정복하여 만물의 주인 노릇을 해 온 서양인들의 그것과 아주 대조적이다. 퇴계의 시 두 편을 읽어 보자.

도홍경(陶弘景)의 언덕구름 언제나 사랑스러워
혼자서 즐길 뿐 남에게 못 전하네
늘그막에 집을 짓고 그 가운데 누우니
한가한 정 절반을 들사슴과 나누노라
常愛陶公隴上雲　　唯堪自悅未輸君
晚來結屋中間臥　　一半閒情野鹿分[6]

연하(煙霞)로 집을 삼고 풍월(風月)로 벗을 삼아

5) 『退溪全書 四』, 「言行錄」, 74쪽.

6) 『退溪全書 一』, 「隴雲精舍」, 103쪽. 퇴계가 평소 흠모했던 도홍경은 중국의 신선가(神仙家)로서, 위에서 '언덕구름' 운운한 것은 그의 시 세계를 차용한 것이다.

태평성대에 병으로 늙어 가니

이 중에 바라는 일은 허물이나 없고자[7]

이처럼 "연하로 집을 삼고 풍월로 벗을 삼으며", "한가한 정을 들 사슴과 나누"는 산림의 생활에는 세속의 문명이 가하는 긴장과 불안, 대립과 투쟁의 위협이 없으며, 자연의 품속에서는 만물에 대해 나의 존재를 날 선 목소리로 주장하고 입증할 필요가 없다. 나는 오히려 거기에서 괴테가 말한 "영혼의 커다란 진정제"를 발견하며 속세의 갖가지 긴장에서 벗어나 안식과 평화를 얻는다. 퇴계는 한 제자에게 말한다. "숲과 샘물, 물고기와 새들이 주는 즐거움이 없었다면 세월을 보내기가 어려웠을 것입니다."[8] 이는 그가 단순히 산림에 은둔하여 자연물들을 감상하고 그 가운데에서 소요음영이나 하며 살려 했음을 뜻하지 않는다. 그는 궁극적으로 만물의 생성 근원이요 존재의 요람인 자연에 귀의하고자 하였다. 그는 말한다. "천지의 신묘한 덕은 온갖 만물의 근원으로서, 그것들에게 생명을 불어넣고 또 그것들을 발육시킨다."[9]

선비가 삶 속에서 이루고자 했던 천인합일이나 물아일체(物我一體)의 이상을 우리는 이러한 관점에서 검토해 볼 필요가 있다. 그것은 나와 남을 분리하고 인간과 자연을 이원화하는 오늘날의 상식으로는 어불성설이겠지만 선비에게는 그것이 오히려 상식이었다. 그는 인간도 자연의 일부이며 자연의 요람 속에서 만물과 상호 의존

---

7) 『退溪全書 五』, 「陶山十二曲」, 5쪽.

8) 『退溪全書 一』, 「答鄭靜而」, 346쪽.

9) 『退溪全書 二』, 「雩祀后土氏祈雪文」, 395쪽.

하고 조화롭게 살아가는 존재라고 생각했기 때문이다. 그는 자연이라고 하는 큰 부모 아래에서 만민을 나의 형제로, 그리고 만물을 나와 더불어 사는 이웃으로 여겼던 만큼, 사람들이나 초목금수와 나누는 형제애와 이웃 사랑은 그에게 물아간의, 더 나아가 자연과의 대립을 벗어나 상호 교감과 일체 의식을 자연스럽게 조성해 주었을 것이다. 달리 말하면 만민과 만물을 자신의 품 안에 깊이 아우르려 했던 선비의 우주적 사랑의 정신은 자타 동일체 의식 속에서 그의 존재를 우주 자연만큼이나 확대하게 해 주었을 것이다. 『주역』은 이러한 뜻을 다음과 같이 함축적으로 표명한다. "대인(大人)은 천지와 덕을 합일한다.〔大人者 與天地合其德, 「건(乾)」 괘 문언전(文言傳)〕"

　선비가 신 중심의 사고를 갖지 않았던 한 가지 이유를 우리는 여기에서 찾아볼 수 있다. 신은 사람들이 자타 대립, 주객 분리의 이원적 관념 속에 외로움에 빠진 실존을 구원하기 위해 상념해 낸 자기 밖의 절대자라면, 그러한 관념을 거부한 선비의 삶 속에는 신이 등장하기가 어려웠을 것이다. 오히려 자신을 남들과의 긴밀한 존재 연관 속에서 살피면서 '만물을 나와 더불어 사는 이웃'으로 여겨 서로 화해롭게 살고자 했던 그의 물아간 공동체 의식과, 나아가 '천지와 덕을 합일하고자' 했던 이상은 그 자체 자기 구원의 기제를 갖추고 있었다. 그는 자기 밖 초월의 세계를 열망하지 않고도, 저 '대인'과도 같이 천지 자연과 만물 속에서 존재 구원의 길과 안락의 자리를 찾았기 때문이다. 그는 바로 거기에서 신과도 맞먹을 만한, 천지인 삼재(三才)의 우주적 대아를 발견하였다. 『중용』의 다음 글은 이러한 뜻을 깊이 함축하고 있다. "천지의 만물 생성 발육을 도우면 천지와 더불어 나란히 설 수 있다."

생성론적 사유

선비의 유기체적인 자연관은 생성론적 사유를 내포한다. 그에
의하면, 자연이 하나의 살아 있는 유기체인 이상 그것은 정지 상태
가 아니라 끝없는 생성과 변화의 역동적인 과정 속에 있다. 공자는
냇가에 서서 쉼없이 흐르는 물을 보면서 다음과 같이 감탄한다. "모
든 생성 변화가 마치 흘러가는 물과도 같구나. 밤낮으로 그침이 없
도다.(『논어』「자한(子罕)」)" 이는 만물의 생성 변화 현상에 대한 피
상적 언명에 그치는 것이 아니다. 그것은 개체들의 생성 소멸 단편
을 넘어서 무한한 생성의 연쇄를 이루어 내는 자연의 섭리에 대한
직관 뒤에 터져 나온 '깊이 가라앉은 감탄'이었다. 회암(晦庵) 주희
(朱熹, 1130~1200)는 이를 다음과 같이 해설한다. "천지의 변화가
가는 것은 지나가고 오는 것은 이어져서 한순간도 쉬임이 없으니,
이것이 바로 섭리의 본질이다." 이천(伊川) 정이(程頤, 1033~1107)
도 말한다. "천지의 변화가 끊임없어서 해가 지면 달이 뜨고 추위가
가면 더위가 오며, 물은 쉼없이 흐르고 만물은 무한히 생멸하나니,
이 모두 섭리에 근원한다."[10] 퇴계 또한 이를 시로 다음과 같이 노
래한다.

---

10) 『經書』(성대 대동문화연구원 영인본), 239~240쪽 주. 이 책은 『대학』, 『논어』, 『맹자』,
『중용』을 합본한 것이다.

만물의 커다란 변화 잠시도 그치지 않는데
차고 기우는 그 이치를 밝히기가 어렵네
한가로이 여울가에 다다라 보니
그 안의 묘한 이치가 성인의 감탄을 자아냈구나
大化沄沄不蹔停   盈虛消息理難明
閒來試向灘頭看   妙處眞堪發聖情[11]

선비의 생성론적 사유가 아주 유감없이 응용되고 있는 모습을 우리는 이른바 '변화의 책'인 『주역』에서 찾아볼 수 있다. "만물은 부단한 생성 변화의 과정 가운데 있다. 이것이 자연의 섭리다.〔生生之謂易, 「계사 상(繫辭 上)」〕" "때에 따라 바뀌는〔隨時變易〕" 괘효(卦爻)의 정신이나,[12] 완성의 뜻을 함축하고 있는 「기제(旣濟)」 괘에 이어 미완성의 「미제(未濟)」 괘를 64괘의 마지막에 두어 끊임없는 변화를 예상케 하는 괘의 배열이 또한 이를 잘 일러 준다. 요컨대 "해가 지면 달이 뜨고 달이 지면 해가 떠서 해와 달이 서로 추동하면서 빛의 세계를 만들고, 추위가 가면 더위가 오고 더위가 가면 추위가 와서 추위와 더위가 서로 추동하면서 사계절을 지어 내나니(「계사 상」)" 그리하여 "천지는 만물을 생육하는 큰 사업을 행하며, 그것을 일시로 끝내는 것이 아니라 부단히 날로 새롭게 펼쳐 내는 위대한 역량을 갖는다.(「계사 상」)"

선비의 생성론적 사고는 그가 사물과 세계를 이해하는 데 시간적

---

11) 『退溪全書 二』, 「如斯灘」, 527쪽.

12) 정이천(程伊川)은 "역(易)은 변역을 뜻하니 수시변역(隨時變易)하여 도를 따르는 것"이라 말한다. (『周易 元』(학민문화사 영인본), 189쪽)

요소를 중시하였음을 시사한다. 그는 공간적 실체 관념보다는 시간적인 변화의 관념에 익숙하였다. 그가 자연과 사물, 인간의 삶을 조직하는 불변의 이치들에 관해 깊은 철학적 관심을 기울였던 것은 사실이지만, 그 가운데에서도 그의 생성론적인 사고는 여전히 작동하고 있었다. 참고로 다음의 글을 보자.

> (유가 사상과 달리 서양 사상에서는) 시간의 중요성은 매몰되었고, 일체 모두는 공간적 그림자로 변해 버렸다. 더욱이 그리스 후기에 천문학으로부터 기하학이 형성되었으며, 이런 기하학이 형성되자 곧 공간적 구조에 전체 우주를 집어넣었고, 그 안의 모든 것은 공간적 도량(度量)으로 자연계의 만물을 표현한 것이다. (……) 서양의 과학과 근대 서양 철학은 베르그송과 화이트헤드 이전에는 모두 시간의 중요성을 이해하지 못했다. 예를 들어 데카르트는 일체 우주의 존재를 안배할 때, 그것을 모두 하나의 좌표 계통 속으로 끌어들여 하나의 공간적 구조를 형성했다. 뉴턴의 고전 과학의 물질과 공간적 인소(因素)는 중요하지만 시간은 오히려 지위가 없었고, 공간을 유일한 근거로 삼았다.[13]

요컨대 양자 역학이 출현하기 이전 서양의 과학이 탐구해 온 원자 전자나, 또는 서양 철학상 "그것이 존재하기 위해서 다른 아무것도 필요로 하지 않고 자체적으로 존재하는"실체(데카르트)가 다분히 공간적인 연상을 불러일으키면서 만물의 시간적 요소를 무시해

---

13) 방동미, 남상호 옮김, 『원시 유가 도가 철학』(서광사, 1999), 238쪽.

온 것과는 달리, 선비는 세계 만물을 바라보는 데 생성 변화의 과정을 매우 중요시하였다. 그러므로 우리는 그의 자연관이나 사물관을 이해하는 데 이 점을 깊이 고려하지 않으면 안 된다. 사람들은 흔히 성리학자들의 리(理) 개념을 '만물의 근원적 실체'라 하거나 또는 '일체 만물의 근원'이라고 간단하게 풀이하지만 이는 사실 실체론적 정의의 협의를 갖고 있다는 점에서 그들의 자연관에 오해를 불러일으킬 여지가 있다. 그것들은 유기체적이고 생성론적인 사고를 반영하지 않고 있기 때문이다.

우리는 여기에서 생성론적 세계관이 선비의 삶에 미쳤을 영향을 생각해 볼 수 있다. 그것은 그에게 세계 만물의 끊임없는 생성 변화에 주목하게 하면서 역시 그 안에서 함께 변화해 가는 자신의 존재 및 삶에 관심을 갖게 하였을 것이다. 『주역』은 말한다. "하늘의 운행은 역동적이다. 군자는 이를 본받아 자강불식(自彊不息)한다.(「건(乾)」괘 대상(大象))" 아니, 「건」 괘만이 아니라 더 나아가 64괘 384효가 모두 생성 변화의 뜻을 함축하고 있는 만큼, 그는 일신(日新) 우일신(又日新)하면서 삶의 쇄신과 자아의 향상을 위해 부단히 노력하였다. 그가 사람의 되어 감에 주목하여, "우리도 그치지 마라, 만고상청(萬古常靑)하리라." 하면서 수신을 평생의 과제로 여겼던 것도 이러한 세계관에 뿌리를 두고 있을 것이다.

선비의 생성론적 사유에 담겨 있는 시간 의식은 자강불식과 수신의 동력으로 작용했을 뿐만 아니라, 자신을 개인 너머 세대 간 연쇄 질서상에서 바라보도록 했을 것으로 보인다. 이 점은 그가 가족을 중시하고 조상과 후손을 자신의 불가결한 일부분으로 여기면서 "근본에 보답하고 시원으로 돌아가는〔報本反始,『예기(禮記)』「교특생(郊特牲)」」"효도를 강조했던 사실에서 잘 드러난다. 이를 서양의 실체론적인 사고와 비교해 보자. 실체론은 사물을 타자에 의존하지 않는 독립된 개체로 여기면서, 그 본질을 설명하기 위해 그것의 밖으로 나아가려 하지 않는다. 이러한 관점에서는 사물은 유무(有無)와 시종(始終)의 각도에서 살펴지기 마련이다. 원자와도 같은 사물은 존재의 전후 좌우에서 무와 직면하게 되며, 따라서 그것은 시간적으로는 시종(처음과 끝)으로, 공간적으로는 유무(존재와 무)로 파악될 수밖에 없을 터이기 때문이다. 이러한 시종(유무)관 속에 비친 사물들 간의 관계는 단절적이요 불연속적이지 않을 수 없다. 인간 또한 이와 다를 것이 하나도 없다. C. A. 반 퍼슨은 실체론적 사고로부터 유래한 개인(개체)주의에 관해 다음과 같이 말한다.

　'개체(individium)'는 그리스어의 '원자(더 이상 쪼갤 수 없는 것)'를 라틴어로 번역한 말이다. 원자화(개체화)는 사람들 사이에 존재하는 세계의 억압을 뜻한다. 유기적인 것, 사람과 사람 사이에 온기를 전달하는 대기적 요소는 여기서 사라지고 만다. 개체들은 수정같이 맑고 얼음처럼 차가운 공기로 에워싸여 있다.[14]

그리하여 사람들은 자립적이고 독립적인 개인으로서 타자와의 존재론적인 간격을 메울 길을 알기 어려우며, 당연히 부모와 자식 등 앞뒤 세대와도 거리를 둘 수밖에 없다. 혹자는 이에 대해 비판적인 어조로 다음과 같이 말한다. "개인주의는 생물학적으로는 자식

---

14) C. A. 반 퍼슨, 강영안 옮김, 『급변하는 흐름 속의 문화』(서광사, 1994), 96쪽.

이 부모에게 의존하는 것을 정상으로 여기면서도, 도덕적으로는 그 것을 비정상으로 여긴다."[15] 개인주의의 한 가지 심각한 문제점이 여기에서 드러난다. 사람들은 자신을 선조와 후손으로부터 스스로 고립시킨 결과 자기들의 존재 전후좌우에 놓여 있는 공무(空無)를 해명할 방법을 알지 못하여 결국 실존의 허무와 공포에 시달릴 수 밖에 없을 것이다. 개인주의 사회에서 신 관념이 지배적인 한 가지 이유도 여기에 있을 것이다. 사람들은 타자(선조 및 후손)와 단절된 존재의 절대 고독과 불안을 저 초월적인 실체 안에서 해소하고 그 를 통해 삶의 허무를 구원받고자 할 것이기 때문이다.

이와는 달리 선비의 생성론적인 사고는 존재의 시종(유무) 관념 을 드러내지 않는다. 우리는 이 점을 그의 종시(終始) 관념에서 엿 본다. 과거에 흔히 사용되었던 이 용어는 단순히 수사적 어법에 불 과한 것이 아니었다. 거기에는 그의 사물(존재)관이 깊게 깔려 있다. 그에 의하면 사물은 타자와 유기적인 관련을 맺으면서 천지 자연의 생성 활동에 참여한다. 그러므로 일자는 타자를 그의 존재 속에 일 정하게 반영하며, 더 나아가 우주 전체를 그 안에 갖는다. 맹자는 말 한다. "만물이 모두 나에게 갖추어져 있다.(『맹자』「진심 상」)" 이와 같이 자타간 존재의 본질적인 관련을 믿었던 그에게 사물은 결코 유 무와 시종의 모습으로 나타나지 않는다. 한 사물의 존재의 전후 좌 우에는 타자가 걸쳐 있기 때문이다. "『주역』은 유무를 말하지 않았 다. 유무를 말하는 것은 사람들의 좁은 소견이다."[16] 그러므로 사물

---

15) Bellah et al, 『Habits of the Heart』(Perennial Library, 1986), 82쪽.

16) 『近思錄』(『心經』과의 합본, 경문사), 446쪽. 앞으로는 『心經』과 『近思錄』으로 분리하여 인용한다.

은 무에서 유로 나와 다시 무로 돌아가는 것이 아니다. 그것은 앞뒤로 타자와 걸치면서 영원한 생성의 한 고리를 이룬다. 오행(五行) 사상은 바로 이를 이론화한 것이다.

그러므로 우리는 한 사물의 의미를 타자와 절연한 채 그 자체 내에서 찾으려 해서는 안 된다. 그것은 반드시 타자를 기다려서, 타자와의 관련 속에서 마련되는 법이기 때문이다. 이러한 사고방식을 철저하게 응용한 책이 바로 『주역』이다. 우리는 64괘와 384효(가 지시하는 일들)의 의미를 올바로 이해하기 위해서 앞뒤 괘들과의 관계는 물론 한 괘의 전체적인 구조와 상징, 위아래의 효, 또 그에 대응하는 효 등을 복합적으로 고려하지 않으면 안 된다. 이와 같은 안목은 책갈피를 넘어 일상생활에서 널리 작용하였을 것이다. 풍수지리(風水地理)의 관념도 그 한 예에 해당된다. 당시 많은 사람들이 명당발복설(明堂發福說)의 비합리성을 비판하기는 했지만, 그들 역시 양택(陽宅)이나 음택(陰宅)을 잡는 데 산과 물, 바람, 방위 등을 진지하게 고려하였다. 퇴계가 오랜 기간 수많은 물색 끝에 도산을 최후의 은거지로 결정한 것도 이에 입각한 것이었다. 이는 물론 어떤 자리든 그 주변의 다른 사물들과의 관계 속에서 의미와 가치를 얻는다는 인식을 바탕에 깔고 있다.

이처럼 사물의 복합적인 본질 구조를 시간적 관점에서 살피면, 모든 사물은 존재의 연쇄 질서 속에 있는 것으로, 또는 존재의 끊임없는 맞물림 속에 있는 것으로 드러난다. '종시(終始)'라는 말에 깊이 담긴 존재론적 함의가 여기에서 밝혀진다. 『주역』은 말한다. "끝이 있으면 시작이 있는 것이 하늘의 운행 법칙이다.〔終則有始 天行,「고(蠱)」괘 단사(彖辭)〕" "혼인은 사람의 끝이자 시작이다.〔歸妹 人

之終始也,「귀매(歸妹)」괘 단사)"[17] 또한 그 책은 8괘 가운데 하나인
「간(艮)」에서 만물의 완성을 말하면서 "만물의 끝이자 시작이 된
다.〔萬物之所成終 而所成始,「설괘전」)"고 한다. 그러므로 한 사물은
필연적으로 그에 앞서 있는 타자를 그 역사 속에 갖는다. 예컨대 퇴
계는 한 사람의 현우(賢愚)를 해명하는 데 그 개인의 출생 이전 어
머니의 수태시(受胎時)의 내외 환경이라고 하는 선사적(先史的) 요
인을 적극적으로 고려하였다.[18] 이러한 존재연쇄의 관념 속에서 살
필 때 한 사물의 시작〔始〕은 그것의 출현과 더불어 기산되지 않는
다. 그것은 앞선 사물과 맞물린 부분, 즉 앞선 사물의 끝〔終〕에서부
터 헤아려진다. 이렇게 살피면 '시종'이라는 말은 존재의 내막을 드
러내는 데 미진한 표현이 될 수밖에 없으며, '종시'야말로 존재의
복합적이고 연쇄적인 구조를 지시해 주는 매우 함축적인 어법이 아
닐 수 없다.

---

17) 위의 글은 일견 혼인이 새로운 삶의 시작이란 말처럼 들리지만 실제로는 세대를 넘어선
존재의 영속성이라는 뜻을 갖는다. 정이천은 이를 다음과 같이 주석하고 있다. "남녀가 교접
해야 자식이 생기고 자식이 있어야 그 끝이 무궁해진다. 앞 세대의 끝에 뒷 세대의 시작이 이
어져 영속 무궁해지니, 이것이 사람의 종시다."『周易 利』, 608쪽)

18)『退溪全書 二』,「答李平叔」, 257쪽,「答趙起伯大學問目」, 273쪽 등 참조.

3 자연의 섭리

형이상학의 충동

사람에게는 본래 주변의 사물들이 어지럽고 무질서하게 널려 있는 것을 견디지 못하는 마음이 있다. 혼란과 무질서는 사람을 내심 불안하고 피곤하게 만들기 때문이며, 그 불안은 아마도 그가 그러한 환경에서는 적응해서 살아남기가 어렵다는 생물적 본능의 반사적인 발로일 것이다. 우리가 일상적으로 방이나 책상을 정돈하고 자타간에 일정한 관계 질서를 마련하려 하는 것도 기본적으로 이에 연유할 것이다. 그러므로 정리 정돈과 질서의 욕구는 역시 사람에게 일종의 본능이라 할 수 있을 것이다. 이러한 심리는 일상사에서만 발동되는 것이 아니다. 그것은 생활의 현장 이전에 순수한 관념의 세계에서도 마찬가지로 작용한다. 이를테면 우리는 삶과 죽음,

존재와 무의 부조리에 정신의 혼란을 심하게 느끼면서 어떻게든 그 것들을 일정한 의미 질서 속에서 정합적으로 이해하여 그로써 안심 입명하려 한다. 많은 사람들이 젊은 시절에 한번쯤 홍역처럼 치렀 을 삶의 방황은 어쩌면 이러한 이해의 부족에 기인할 것이며, 나이 가 들어 가면서 점점 운명론적이 되어 가는 것 또한 세상사를 그러 한 방식으로 이해함으로써 갖가지 삶의 부조리와 불안을 해소하려 는 무의식의 발로라 할 수도 있을 것이다.

오늘날 학자들은 자연과 세계, 사물의 탐구와 이해를 과학의 이 름으로 행한다. 그리하여 그것은 온갖 지식과 진리의 대명사처럼 여겨지면서 세계 이해의 지도적 역할을 한다. 이제는 문학이나 철 학조차도 인문 '과학'으로 불린다. 하지만 과학이 세계와 삶의 비밀 스러운 뜻을 풀어 줄 만능의 열쇠는 물론 아니다. 그것은 실험이나 검증, 계산을 할 수 없고 또 보편적인 공식을 만들 수 없는 분야에 대해서는 침묵을 지킨다. 예컨대 그것은 사람들이 자신의 실존에 대해 던지는 물음들에 관해서는 한마디도 답변하지 못한다. 나는 어디에서 와서 어디로 가는가, 이 광막한 우주 속에서 한 톨 먼지와 도 같은 나의 위상과 의미는 무엇인가 하는 등 숨 막히고 현기증 나 는 존재의 의문에 대해 그것은 아무런 설명도 하지 못한다. 이는 과 학의 관점에서 보면 사람들이 공허하게, 제멋대로 관념 유희나 하 는 형이상학의 세계에 해당할지 모르지만 아마 사람들에게 일상의 삶에서 이것만큼 절실한 문제도 별로 없을 것이다.

사람은 누구나 인간과 세계, 삶과 죽음에 대해서 물음을 던질 수 밖에 없는 형이상학적 불안과, 그것들을 통일적이고 정합적으로 이 해하고자 하는 '형이상학의 충동'을 갖고 있다. 그것은 물론 철학자들의 전유물이 아니다. 그러한 불안과 충동은 인류에게 보편적인 것이다. 동서 고금을 막론하고 사람들이 갖가지로 만들어 온 수많은 신화와 종교들이 이를 단적으로 예증한다. 그것들은 제각기 나름대로 우주의 궁극적 근원을 상상하고 세계를 통일적으로 설명하면서, 그 안에 인간의 위상과 삶의 지침을 마련하여 사람들에게 안심입명의 길을 제시한다.

유교 역시 성리학의 이기론으로 체계화하기 훨씬 이전부터 그러한 형이상학의 충동을 여기저기에서 드러내었다. 『주역』의 건곤(乾坤)과 태극(太極), 도(道), 『시경(詩經)』과 『서경(書經)』의 상제(上帝)와 천명(天命), 『논어』의 하늘〔天〕 등이 이의 산물이다. 성리학의 이기론은 당시 여러 학자들이 이를 본격적으로 학문의 장으로 끌어올려 이론 체계화해 놓은 것이다. 이는 역시 성리학자들이 그들의 형이상학적 불안을 이기론 속에서 해소하려 했음을 의미한다. 그들이 리(理)에 대해 신앙적이기까지 했던 한 가지 이유도 여기에 있을 것이다. 선비의 '리' 철학을 새롭게 조명해 보아야 할 이유가 또한 여기에서 드러난다. 우리는 그것을 '암호 언어'[1]로 유희하지 말고, 거기에서 그의 존재의 불안을 해소하고 삶의 의미를 지탱해 주었던 세계관과 인간관을 깊이 있게 밝혀낼 필요가 있다.

이러한 논의는 이기론을 공리공담(空理空談)이라고 비판했던 일

---

1) 니체는 과학을 암호 언어의 체계로 여기면서 다음과 같이 비판한다. "과학은 모든 현상에 통용되는 언어, 자연을 계산할 수 있고, 자연을 보다 용이하게 지배할 수 있게 하는 공통의 암호 언어를 창안해 내려는 시도이다. 그러나 관찰된 모든 법칙들을 요약한 이 암호 언어는 아무것도 설명하지 않는다. 그것은 사실들을 가능한 한 간결하게 추린 일종의 기술(記述)이다."(앙드레 베르제 · 드니 위스망, 남기영 옮김, 『지식과 이성』(삼협종합출판부, 1999), 408~409쪽)

부 실학자들의 주장에 역비판을 할 수 있게 해 준다. 만약 성리학자들이 그것을 순전히 암호 언어로만 유희했다면 그들은 그러한 비판을 받아 마땅할 것이다. 그러나 앞에서 말한 것처럼 그것은 그들의 형이상학적 불안을 해소해 줄 사고 기제로 작용했던 만큼, 또 다른 의미의 '실학'성을 담지하고 있다고 말하지 않으면 안 된다. 퇴계가 선조에게 지어 올린 「성학십도(聖學十圖)」에서 태극도설(太極圖說)을 일러 "천추 만대 도덕과 학술의 연원"이라 하면서 제일 첫머리에 둔 것이나[2] 또 제자들을 가르칠 때 그것을 제일 먼저 강론했던 것[3]도 어쩌면 이러한 의의를 알고 있었기 때문일 것이다. 물론 그와 같은 형이상학적 사변이 심해지면 자칫 구체적인 현실을 놓치는 약점이 있는 것은 사실이지만, 그렇다고 해서 그것 자체를 부정하는 것은 옳지 않다. 다음의 글을 읽어 보자.

칸트도 분명하게 인정하고 있는 바와 같이, 형이상학에 대한 어떤 공격도 인간에게 있는 형이상학적 불안을 완전하게 해소시켜 주지는 못한다. 형이상학에 대한 칸트의 비판은 칸트 이후의 형이상학의 발전을 막지 못하였다. 피히테, 셸링, 헤겔 등의 체계가 이를 증명한다. 마르크스주의나 실증주의의 형이상학 비판도 형이상학을 종결시키지는 못하였다. 20세기에는 베르그송, 하이데거, 사르트르 등이 형이상학적 이론의 기틀을 마련하였다.[4]

---

2) 『退溪全書 一』, 「聖學十圖(太極圖說)」, 199쪽.

3) 『退溪全書 四』, 「言行錄」, 31쪽 참조.

4) 앙드레 베르제 · 드니 위스망, 『지식과 이성』, 408쪽.

형이상학적 실재의 다양한 규정

선비는 그의 형이상학의 정점에 '리(理)'를 세워 놓는다. 오늘날 사람들은 일반적으로 이를 우주 만물의 궁극적인 원리요 사물들의 이치이며, 삶의 도리라고 간략하게 풀이한다. 하지만 이러한 사전적인 설명은 선비의 철학을 너무 빈약하게 만들 염려가 있다. 왜냐하면 그것은 선진 유학(先秦儒學) 이래 형이상학적인 사유를 아우르는 '리'의 포괄적 의미를 외면하고 있기 때문이다. 다시 말하면 그러한 풀이는 이기론의 '리'가 상제(上帝), 천(天), 천명(天命), 천도(天道), 태극, 건곤 등의 개념을 종합하고 요약해 놓은 최상의 복합 관념임을 별로 유념하고 있지 않다. 퇴계가 조카에게 보낸 다음의 글을 보자. 이는 그가 형이상학적 실재의 복합 관념성을 분명히 인식하고 있었음을 말해 준다.

천(天)을 포괄적으로 말하면 도(道)라 한다. 그것을 형체(形體)의 관점에서는 천(天)이라 하고, 성정(性情)의 관점에서는 건(乾)이라 하고, 주재(主宰)의 관점에서는 제(帝)라 하고, 공용(功用)의 관점에서는 귀신(鬼神)이라 하고, 묘용(妙用)의 관점에서는 신(神)이라 한다. 모두 천지의 조화이지만 가리키는 바에 따라 말이 다른 것일 뿐이다.[5]

이는 '천지의 조화'를 몇 마디의 개념어로 남김없이 밝혀 낸다는

---

5) 『退溪全書 二』, 「答喬姪問目」, 309쪽.

것이 불가능한 일임을 함의하고 있다. 그는 분명히 말한다. "천지 변화의 신비와 음양 성쇠의 미묘함을 언어로 형용하기란 원래 불가능합니다."[6] "글은 말을 다 표현하지 못하고 말은 뜻을 다 드러내지 못하기(『주역』「계사 상」)" 때문이다. 그리하여 그는 "무한자를 선명하게 정의"[7]하려는 노력을 포기하고 그것을 저와 같이 여러 관점에서 다각도로 규명하려 하였다. 즉 그는, 만물의 생성과 변화의 이면에 이를 주재하는 어떤 절대자가 있는 것 같다는 느낌에서 상제를, 상제의 뜻이 신묘불측하다는 경이로움과 찬탄 속에서 (귀)신을, 그것은 우주라고 하는 무변 무한의 보이지 않는 집의 용마루(極)와도 같다는 은유적 사고 속에서 태극을, 사람들에게 일상의 길이 있는 것처럼 그것이 바로 만물 생성의 길이라는 점에서 도를, 그것이 천지 만물의 존재와 생성의 이치라는 점에서 '리'를 상념하였다. 그러므로 선비의 형이상학을 고찰함에 있어서 우리는 그가 사용하는 한두 가지 용어 속에 파묻히지 말고 그의 형이상학 세계 전체를 조망하면서 언어의 한계를 넘어 그가 거기에서 찾고자 하고 또 깨우친 뜻이 정확하게 무엇이었는가 하는 것을 면밀하게 검토하지 않으면 안 된다.

선비가 이처럼 세계와 사물에 대해 가졌던 다중 렌즈의 간법(看法)을 우리는 그의 생성론적인 사고에서도 살필 수 있다. 생성론의 문법은 실체론의 그것과는 크게 다르다. 후자가 앞뒤의 모순 없는 논리적 진술을 절대 원칙으로 하는 데 반해, 전자는 전후 모순된 비문법적 진술을 태연하게 행한다. 이를테면 퇴계는 '리'에 관해 다음

---

6) 『退溪全書 一』, 「答李剛而問目」, 524쪽.
7) 오경웅(吳經熊)은 말한다. "무한자가 선명하게 정의된다면 이는 곧 무한자일 수 없게 된다."(吳經熊, 서돈각 · 이남영 옮김, 『선학(禪學)의 황금시대』(천지, 1997), 71쪽)

과 같이 말한다. "움직이면서도 움직임이 없고, 정지해 있으면서도 정지함이 없습니다.〔動而無動 靜而無靜〕"[8] 이렇게 실체론과 생성론 사이에 문법이 다른 것은 역시 사물관의 차이에 연유할 것이다. 즉 전자는 사물의 불변의 실체를 규명함에 있어 논리 법칙에 따라 정확하고 모순 없이 진술하지 않으면 안 되지만, 사물의 부단한 생성과 변화에 주목하는 생성론적 사고는 변화하는 사물의 모습을 자기 한정적인 언어로 충분히 밝혀내는 것이 불가능하다고 여길 것이다. "음이 양이 되고 양이 음이 된다."는 음양론은 바로 이러한 사물관을 형이상학적으로 정리해 놓은 것이다. 퇴계가 그의 「천명신도(天命新圖)」상 음양의 원을 흑백의 역동적인 변화 형태로 배합해 놓은 것도 이 때문이다. 이와 같이 음과 양이 상호 순환적으로 자기 모습을 바꾸어 나간다면, 이에 생성 변화의 토대를 두는 사물에 관한 진술은 아무래도 위에 예시한 것과 같이 비문법적인 성질을 띨 수밖에 없다.

이제 우리는 선비의 형이상학을 본격적으로 논의하기 전에 그것의 중추적 개념으로 사용되었던 천(지), 도, 건(곤), (상)제, 귀신, 신, 태극, 리 등을 의미 분석해 보자. 그것들은 "모두 천지의 조화이지만 가리키는 바에 따라 말이 다른 것일 뿐"이므로, 그가 상념했던 형이상학적 실재를 보다 정확하게 이해하기 위해서는 그 뜻들을 전체적으로 종합할 필요가 있다. 첫째, 선비는 '하늘(과 땅)'을 가시적인 형체 이전에 "만물을 덮어 주고 실어 주는(『중용』)" 존재 및 생성의 요람으로 여겼다. 이는 하늘과 땅이 무한 무변의 시공간을 열어

---

8) 『退溪全書 一』, 「答奇明彦別紙」, 424쪽.

신비롭게 만물의 생성 쇠멸을 주관한다는 원시 신앙의 발전적 산물이다. 『주역』은 말한다. "천지는 만물을 생육하는 위대한 역량을 갖고 있다.(「계사 하」)" 이와 같이 형체를 넘어서 성질〔性情〕의 관점에서 말한 것이 바로 그 책의 이른바 원(元), 형(亨), 이(利), 정(貞)의 건(곤)이다. 그러므로 "천은 곧 리〔天卽理〕"라는 성리학의 명제를 올바로 이해하기 위해서는 하늘(과 땅)의 역동적인 성질을 유념하지 않으면 안 된다. 이에 관해서는 뒤에서 상론하려 한다.

둘째, 도(道)는 평범하게 말하면 '삶의 길'이지만, 선비는 이로부터 우주가 운행하는 길, 즉 자연의 섭리를 추상하였다. 『주역』은 말한다. "형이상(形而上)의 것을 도라 한다.〔形而上者 謂之道, 「계사 상」〕" 달리 말하면 도는 형이하(形而下)의 현상 세계 이면에서 만물의 생성과 변화를 지배하는 형이상학적인 이치다. 그런데 이 도는 결코 부동의 실체와 같은 정태적 관념이 아니다. 그것은 역동적인 성질을 갖는다. 역시 『주역』은 말한다. "한 번 음하게 하고 한 번 양하게 하는 것을 도라 한다.〔一陰一陽之謂道, 「계사 상」〕" 만물은 사물들 사이의, 또는 한 사물 내의 음적 성질과 양적 성질의 부단한 상호 작용에 의해 영원히 생성하고 변화하는데, 도는 그러한 상호 작용과 생성 변화를 이끌고 거기에 질서와 조화를 부여하는 우주 자연의 역동적인 섭리라는 것이다.[9] 이 역시 선비의 형이상학을 이해

9) 주회암(朱晦庵)은 육양산(陸象山)과의 태극(太極) 논쟁에서 도의 역동적 성질을 다음과 같이 표명한다. "한 번 음하게 하고 한 번 양하게 하는 도를, 그 지극함으로 말하면 태극이라 하고, 태극을 그 유행(流行)의 측면에서 말하면 도라 하므로, 비록 두 가지의 명칭이 있기는 하지만 그 각각의 실체가 있는 것은 아닙니다."(『朱子書節要』(태학사 영인본), 「答陸子靜」, 107쪽) 한편 혹자는 주회암에게 아래와 같은 확인성 질문을 한다. "도는 한순간도 쉬지 않습니다. 그것은 하늘과 땅에서는 일월의 왕래와 기후의 변화, 물의 끊임없는 흐름, 만물의 무궁한 생성으로 나타나 만고 이래 간단이 없으며, 인간에게서는 영묘한 지각 능력으로 항상 작

하는 데 고려해야 할 내용이다.

셋째, 상제(上帝)는 천지의 조화를 주재의 관점에서 행한 말이다. 이는 만물의 생성과 변화에 작용하는 자연의 창조적 역량을 신격화하는 뜻을 갖는다. 다시 말하면 상제 관념은 만물의 생성 소멸이 우연히 일어나지 않고 일정한 법칙과 조리를 갖는다는 점에서, 마치 하늘나라에 그것을 주재하는 신이 있는 것 같다고 여기는 사람들의 신화적인 정서를 수용하고 있다. 우리는 이 점을 선비들의 기우제문(祈雨祭文)들에서 확인한다. 그렇다고 해서 그것이 상제에 대한 종교 신앙으로 발전한 것은 아니다. 그들의 관심은 정작, 상제에 의해 부여된 인간과 만물의 의미와 가치를 엄숙하고 경건하게 실현하려는 데에 있었다. 『서경』은 말한다. "위대하신 상제께서 사람들에게 참마음을 부여하셨다.(탕고(湯誥)」)" 그리하여 그것은 주로 도덕 수행의 방향으로 발전하였다. 그들은 상제의 신격성을 이용하여 자신의 마음을 닦아 나갔다. 『시경』의 다음 시구는 이러한 뜻을 잘 드러내 준다. "상제가 네 앞에 계시니 두 마음을 갖지 말지어다.(대아(大雅)」)"

넷째, 신(神)은 인간의 이성으로는 헤아릴 수 없는 만물의 생성 변화의 신비를 형언한 것이다. 『주역』은 말한다. "음양의 신묘불측한 성질을 신이라 한다.(「계사 상」)" "신이란 만물의 생성 변화에 작용하는 바, 신비하고 오묘한 힘을 말한 것이다.(「설괘전」)" 다시 말하면 신이란 만물을 싹틔우고, 빛 쪼이고, 적셔 주고, 성숙 결실케 하고, 또 새 생명을 배태하여 영원한 생성을 가능케 하는 섭리의 불

동하며, 일상의 모든 일에도 천리(天理)로 유행하여 조금도 쉼이 없습니다."(『經書』, (論語), 240쪽, 小註)

가사의한 힘을 언표한 것이다. 이는 신이 실체적인 것이 아님을 일러 준다. 그것은 만물의 생성 변화에 작용하는 신비로운 자연의 힘을 지칭한 것일 뿐이다. 서양이 이를 신격화하여 절대자의 개념을 만들었다면, 선비는 비록 달리 상제의 관념을 갖고 있기는 하지만 그것을 자연의 신비로 경탄하는 데 그친 셈이다. 앞서 인용한 것처럼 퇴계가 '리'에 관해 "움직이면서도 움직임이 없고, 정지해 있으면서도 정지함이 없다."고 비문법적인 진술을 한 것도 이와 같은 섭리의 신비를 전제로 한다.

선비의 자연관을 살필 때 우리는 이 점을 또한 염두에 두어야 한다. 이러한 신비의 여운을 제거한 채 자연의 섭리를 합리적 이해의 대상으로만 여긴다면 그의 자연관을 올바로 이해할 수 없을 것이다. 세계의 깊이와 자연의 신비는 이성의 눈으로는 결코 헤아리지 못하며, 이성 활동은 오히려 신비로운 자연에 접근하는 길을 방해할 것이다. 이성의 분석과 개념화 작업은 직접적인 현실을 떠나 오직 법칙, 원리 따위의 추상적이고 메마른 언어의 껍질만을 우리에게 제공할 뿐, 자연으로부터 신적인 것을 빼 버릴 것이기 때문이다. 그것이 어쩌면 개념의 파편들로만 세계를 인식하려는 '오성(悟性)의 낙오자'의 한계다. 그러므로 우리는 이성만을 훈련시킬 것이 아니라 우리 안의 또 다른 정신 능력 즉 창조적 감성을 개발하지 않으면 안 된다. 뒤에서 살필 것처럼 그것은 이성이 걸러내고 마는 세계의 깊이와 자연의 신비를 잡아 낼 능력을 갖고 있기 때문이다. 그렇게 해서 "합리성은 신비로움에 의해 보충되어야 한다."[10]

---

10) 켄 윌버, 박병철 · 공국진 옮김, 『현대 물리학과 신비주의』(고려원미디어, 1991), 119~120쪽.

다섯째, '태극'은 '리'와 함께 자주 거론되는 형이상학의 핵심 개념으로서 극(極) 자는 사전적으로는 '끝', '지극하다'고 풀이되지만 원래 '집의 용마루'라는 뜻을 갖는다. 용마루는 집의 가장 높은 중심에 위치하여 온갖 대들보들을 걸치게 해 주는 곳이라는 점에서 바로 더 이상 나아갈 데 없는 '끝'이요 '지극한' 자리가 된다. 『주역』의 이른바 "역(易)에 태극이 있으니 이것이 음양을 낳는다.(「계사상」)"[11]는 태극은 이러한 뜻을 은유적으로 담고 있다. 퇴계는 말한다. "(태)극이라는 말은 지극하다는 뜻만 갖는 것이 아닙니다. 그것은 표준의 뜻으로서, 사방의 한가운데 위치해서 모든 것들이 거기에서 바른 자리를 얻는다는 것을 함께 고려해야만 그 의미가 남김없이 드러날 것입니다."[12]

　　그러므로 태극은, 은유적으로 말하면 천지 자연이라고 하는 무한 무변의 집에서 만사 만물이 그들의 존재와 생성을 걸치는 중앙의 굉대한 용마루라 할 수 있다. 달리 유기체적이고 생성론적인 자연관에 입각해서 말한다면 태극은 만물의 생성 변화를 가능케 하는 자연생명의 대동맥이다. 선비들이 일반적으로 태극을 두고 "생성 변화의 중추요 만물의 뿌리"라고 말한 것도 이러한 은유를 그 배경

11) 여기에서 역(易)이란 자연 만물이 생성 변화하는 현상을 이른다. 주회암은 말한다. "하늘과 땅 사이에는 동정(動靜)의 부단한 순환만이 있을 뿐, 그밖에 다른 일은 없습니다. 이를 일러 역(易)이라 합니다."(『朱子大全 中』(보경문화사 영인본), 「答楊子直」, 40쪽)

12) 『退溪全書 一』, 「答南張甫」, 369쪽. 우암(尤庵) 송시열(宋時烈, 1607~1689)이 주축이 되어 편집한 『朱子大全箚疑』의 다음 글은 이 점을 더욱 분명히해 준다. "예컨대 집의 용마루로 말하면, 사면팔방의 재목들이 아래에서부터 위로 이 자리에 걸치면서 더 이상 나아갈 곳이 없다는 뜻이요, 태극으로 말하면, 64에서 32로, 32에서 16으로, 16에서 8로, 8에서 4로, 4에서 2로, 2에서 1로 이르러서, 많은 상수(象數)가 여기에 이르러서는 더 이상 나아갈 곳이 없다는 뜻이다."(『朱子大全箚疑』(보경문화사 영인본), 234쪽)

으로 한다. 이는 역시 태극이 만물의 생성 변화에 작용하는 역동적인 실재임을 알려 준다. 퇴계는 말한다. "태극에 동정(動靜)이 있음은 천명(天命)이 유행(流行)함을 뜻합니다."[13]

마지막으로 형이상학적인 실재로 가장 많이 거론되어 온 리(理)는 성리학 이후에 등장한 개념으로서, 자연의 섭리라는 뜻을 가장 요약적으로 담고 있다. 이의 함의를 논의하기 전에 먼저 사물을 바라보는 동서양인의 시각차를 지적하는 물리학자 김영덕의 글을 읽어 보자. 그것은 우리에게 '리'의 개념 세계에 진입하는 길을 안내해 준다.

과학이나 철학과 같은 유럽 전통에 따라 세상을 볼 때 두 가지 길이 있다. 하나는 자연이 무슨 밑감(그 기초가 되는 재료: 재질)을 바탕으로 되어 있는가를 따져 보는 접근이고, 다른 하나는 이게 어떤 무늬새(무늬를 이루는 모양: 양태)를 갖는지 살펴보는 접근이다. 서양 문물이 비롯된 그리스 철학에서 유래하는 이 두 접근을 살피면 거의 언제나 '밑감(재질)'의 연구에 치우쳐 온 것을 본다. 가령 물리에서 보면, 물질의 기본 단위로서 원소인 원자가 있으며 이들로 모든 물질 세계를 줄여 잡았다. (……) 이들 원자는 다시 핵과 전자로 줄어들었다. (……) 이에 견주어 동양에서는 정반대다. 중국 문명에는 서양의 물리에 해당하는 학문이 없었다. 사물의 구성 원소가 무엇인지 묻지 않았다. 그런데도 아주 높은 수준의 생물학을 발전시켰다. 한의학 체계를 보면 알수 있다. 인체에 기가 흐르는 무늬새를 정확히 그려 놓았다. 다시 말해

---

13) 『退溪全書 二』, 「答李宏仲別紙」, 216쪽.

동양에서는 사물의 무늬새를 연구하는 것이 학문의 핵심이었다. 사물의 무늬새를 연구하는 이런 연구가 이제는 서양에서도 그 가치를 되찾고 있다. 이를테면 체계론(system theory)이나 혼돈 이론(chaos theory) 등과 같은 첨단 이론들은 모두 '무늬새'가 중요함을 일깨워 주는 개념들이다.[14]

선비가 자연과 사물, 삶의 이치를 말할 때 흔히 동원하는 '리' 개념은, 단순하게 정의하면 바로 이 '무늬새'다. 그것은 원래 '무늬'라고 하는 사전적인 뜻을 갖고 있거니와, 또한 '(옥 또는 나무의) 결', '이치', '도리', '다스리다' 등 그것의 다른 의미들과 일련의 관념 다발을 이룬다. 옥이나 나무는 그 고유의 결 또는 무늬에 따라 다스리는 것이 이치에 맞는다. 결(무늬)을 거스르는 가공은 옥을 망치고 말 것이며, 장작을 팰 때 나무의 결을 무시하면 힘이 몇 배로 더 든다. 마찬가지로 만물은 제각각 존재와 생성의 결(무늬)을 갖고 있으며, 사람들은 그에 입각하여 '순리적으로' 처사하고 삶을 영위해야 한다. 무리(無理)하거나 패리(悖理)한 행동은 자기 존재의 문란과 파괴에 다름 아니며, 따라서 흉한 결과를 면치 못한다. 이러한 '리'는 인간과 만물에만 내재해 있는 것이 아니다. 그것은 이들 모두를 아우르는 유기체로서의 자연에도 당연히 존재한다. 자연의 섭리가 그것이다. 그것은 만물의 생성을 조직하고 주재하면서 그것들에게 전체적인 질서와 조화, 통일성을 부여하는 자연생명의 대동맥이다. 만물은 이러한 자연의 섭리의 그물 속에서 제각기 타고난 존재의 이

---

14) 김영덕, 「옴살스런 세계관」, 《과학사상》(범양사, 1996) 17호, 여름, 118쪽.

치를 실현하면서 자연의 생성 과정에 참여하고 자연의 조화로운 통합에 기여한다.[15]

하지만 인간 사회는 물론 동물의 세계에서 흔히 목격되는 상호간의 침탈이나 살육, 또는 한여름의 우박과 같은 일기의 불순 현상 등을 어떻게 설명해야 하는가? 그것들은 만물의 생성에 질서를 부여하고 이들을 조화롭게 주재해 나가는 자연의 섭리를 부정하지 않는가? 그러나 인간의 미시적인 안목에 비합리적인 것으로 비치는 그러한 현상들도 자연의 거시적인 활동상에서는 매우 합리적일 수 있다. 왜냐하면 자연의 섭리는 결코 고정적이거나 정태적인 것이 아니라 "부단히 변화하는(『주역』「계사 하」)" 역동성을 띠고 있어서, 무질서와 부조화, 소멸 위에서 새로운 질서와 조화, 생성을 전개해 나가기 때문이다. 예컨대 죽음은 생명질서의 부정을 뜻하는 것처럼 보이지만 "하나의 세포는 다른 세포들의 죽음을 통해서 계속 자가 생산되는 상태에 있고, 사회는 그 사회의 개체들의 죽음을 통해서 영원히 자가 생산되는 상태에 있다. 그리고 사회는 그 사회의 존재를 침식함과 동시에 생명력을 지탱해 주는 무질서 적대감, 갈등을 통해서 끊임없이 재조직된다."[16] 바로 이러한 질서와 조화, 생성의 지향성을 우리는 섭리의 속성이라고 말할 수 있으며, 그리하여 자연의 섭리는 정태적인 것이 아니라, 역시 만물의 생성과 변화를 조직하고 총괄하는 최상의 역동적 실재가 아닐 수 없다. 우리는 이와

---

15) 이러한 '리' 관념은 사물의 생성 변화에 작용하는 대립적인 두 힘, 즉 음양(陰陽)의 기(氣)만을 주장하는 기론자(氣論者)들에게는 일종의 옥상옥(屋上屋)에 지나지 않는 것으로 여겨질 수도 있다. 그러나 이기론자들은 그러한 기(氣)의 활동까지도 총괄하고 지배하는 '보이지 않는 손'과도 같은 '리'의 존재를 그 상위에 둔다.

16) 에드가 모랭, 김명숙 옮김, 『인간과 죽음』(동문선, 2000), 8쪽.

같은 실재관을 오늘날에도 재조명해 볼 필요가 있다. 종교학자 길희성은 말한다.

새로운 형이상학의 궁극적 실재는 변화 저편에 있는 부동의 실재라기보다는 사물들과 함께 움직이고 변하는 유동적 실재로 파악되어야한다. 사물들과 함께 변화하되 변화에 방향성과 의미를 부여하는 실재혹은 존재론적 원리여야 한다.[17]

우주적 생명정신

선비는 만물의 생성을 이끌어 나가는 자연의 섭리에서 일종의 우주적인 생명정신을 직관하였다. 섭리가 자연을 원리적인 관점에서 성찰한 결과라면 생명 정신은 유기체적인 관점에서 내린 것으로써, 사실 양자는 별개의 것이 아니다.『주역』은 이러한 생명정신을 "천지의 마음〔天地之心〕"으로 말한다. 예를 들면 「복(復)」 괘의 단사에서 "천지의 마음을 볼 것"을 강조하는데, 천지 사이에 생명 부정의 음기(陰氣)가 아무리 가득하다 하더라도 자연의 생명정신은 변함없이 지속되며, 우리는 그것을 겨울 동짓날 되살아나는 양기(陽氣)에서 확인할 수 있다는 것이다. 퇴계는 제자들에게 "(동짓날) 찬바람과 서리가 휘몰아치는 나머지 앙상한 나뭇가지에 생동의 뜻이 겉으로는 보이지 않는다 하더라도, 새싹 돋아나는 이치는 그 순간에 이

17) 길희성, 「21세기의 종교: 새로운 영성을 향하여」,《철학과 현실》(철학과 현실사, 1997), 가을호, 66쪽.

미 작용하고 있음"[18]을, 그리하여 "천지의 마음은 다만 생성일 뿐으로 (……) 사람이나 초목금수가 무궁토록 그네들의 삶을 이어 나가는 것은 이 생성의 마음에 기인함"[19]을 강조한다. 그는 또한, 폭풍과 뇌우에 마음을 졸이다가 이어 개는 하늘을 보면서 자연의 생명정신을 다음과 같이 노래한다.

(전략)
눈 한 번 깜짝 사이 씻은 듯이 사라지고
만리 공중 갠 빛이 가을 하늘 쪼이누나
태허(太虛)는 현묘하여 아무것도 없거늘
그 누가 일도 없이 이를 주재하는가
한 번 닫고 한 번 열어 제멋대로 뒤흔드니
변화하는 그 신공(神功)을 누가 감히 깔보리오
하느님은 호령을 헛되이 내지 않으니
찢어대고 흔들어도 따뜻한 인(仁)이라네
아까 보던 모든 것들 꿈만 같으니
강가에 바람 쐬며 한 번 웃고 말리라
斯須一眼盡如掃　　萬里晴光曬秋宇
太虛幽幽本無物　　孰居無事爲之主
一闔一闢恣披拂　　變化神功誰敢侮
天公號令不虛出　　催殘震動皆仁煦

---

18) 『退溪全書 四』,「言行錄」, 84쪽.
19) 『退溪全書 一』,「答鄭子中別紙」, 578쪽.

向來所見付幻境　一笑臨風大江滸[20]

우리는 이 시에서 '(따뜻한) 인(仁)'에 주목해 볼 필요가 있다. 그 것은 자연의 생명정신을 보다 분명하게 일러 주기 때문이다. 그것은 단순히 '어질다'거나 또는 '사랑'이라는 뜻에 불과한 것이 아니다. 그것은 '하느님의 호령'과 관계된 만큼, 역시 자연의 생명정신의 관점에서 이해되어야 한다. 그러한 뜻을 퇴계는 다음과 같이 말한다. "인(仁)이란 천지가 만물을 생육하는 마음이다."[21] 그는 또한 임금에 게 말한다. "해와 달은 이 땅에 틈이 있는 곳을 모두 비추며, 천지의 드넓은 사랑은 만물로 하여금 각기 제자리를 얻게 해 줍니다."[22] 이 는 앞서 살핀 것처럼 천지를 하나의 유기체로 여겨 그것의 근본 정 신을 만물 생성의 창조 역량에서 찾는 그의 자연관의 자연스러운 산물이기도 하다.

천지가 마음을 갖고 있다는 선비의 주장은 터무니없는 말처럼 들 릴 수도 있다. 마음을 사물에 대한 감각과 인식과 판단의 능력 정 도로 여기는 우리의 상식적인 사고로는 '천지의 마음'이란 어불성

---

20) 위의 책, 「大雷雨行」, 58쪽.

21) 위의 책, 「聖學十圖 (仁說)」, 206쪽. 인(仁)은 원래 생명정신[生意]의 뜻을 갖고 있다. 예 컨대 복숭아씨와 살구씨를 도인(桃仁), 행인(杏仁)이라 하는 데, 이는 그 씨들이 생의(生意) 를 갖고 있어서 그것을 심으면 생명이 태어난다는 사실에 입각한 것이다. 인(仁)을 인간 세 계에서 '생명애의 정신'으로 풀이할 수 있는 근거가 여기에 있다.

22) 위의 책, 「乞致仕歸田箚子一」, 215쪽. 참고로 서양에서도 '생명 양육의 우주적인 사랑'을 주장하는 목소리가 들려온다. "최근 생명과학 분야로부터 좋은 소식이 들려온다. 자연은 경 쟁적 집단이 주도하고 있다는 다윈주의자들의 주장과는 달리, 생물권은 공생적이고 이타적 이고 자립적인 체계라는 증거가 축적되고 있는 것이다. 전일적(全一的) 과학자들은 마틴 부 버의 '사랑은 보편적인 힘'이라는 말을 확신해도 좋을 것이다. 이 우주의 목적은 생명을 양육 하는 것이다."(존 브룸필드, 박영준 옮김, 『지식의 다른 길』(양문, 2002), 110쪽)

설이기 때문이다. 선비도 물론 '천지의 마음'을 인간의 사고 능력과 같은 것으로 여겼던 것은 아니다. 주회암은 "천지의 마음은 영적인 것인가?" 하는 혹자의 질문에 대해, "천지의 마음이 영적이 아니라 할 수는 없다. 다만 그것이 사람들처럼 사려하는 것은 아니"라고 답변하고 있다.[23] 이는 역시 자연 유기체가 갖고 있는 만물 생성의 신비한 역량을 염두에 두고 한 말일 것이다. 그것은 한편으로 과학자들의 이른바 '(우주 자연의) 역동적인 자기 조직의 원리'를 생각케한다. 그들은 마음 또는 정신에 대한 새로운 이해를 촉구하면서 '우주의 정신'을 밝히려 한다. "마음이란 살아 있는 것의 본질, 또는 유기체의 특성으로서, 자기 조직의 역동성을 나타내는 일련의 과정들과 동일한, 일련의 시스템적 성질들의 발현이다."[24] "정신은 (유기체의 역동적인 자기 조직의 원리로서) 유기체들이 뇌와 고등 신경계를 발달시키기 오래전에 시작된 일정한 복합성의 필요 불가결한 결과다."[25] "정신적 특성은 우주를 조직하는 원리다."[26]

물론 선비가 마음에 관해 이처럼 정교한 성찰을 했을 리는 없을 것이다. 하지만 이성의 추론을 통해 그와 같은 결론을 얻은 과학자들과 달리, 그는 창조적인 감성으로 '천지의 마음'을 본질 직관하였다. 공자가 '밤낮으로 그치지 않는 냇물'을 보고 자연의 섭리의 '유행'성에 감탄한 것이나, 또는 자사(子思)가 "솔개 날고 물고기 뛰는" 연비어약(鳶飛魚躍)의 풍경에서 그 섭리의 '활발'성을 섬

---

23) 『朱子語類』(曺龍承 영인본), 「理氣 上」, 22쪽.
24) F. 카프라, 이성범 · 구윤서 옮김, 『새로운 과학과 문명의 전환』(범양사, 1985), 275~276쪽.
25) F. 카프라, 홍동선 옮김, 『탁월한 지혜』(범양사, 1990), 99쪽.
26) 존 브룸필드, 앞의 책, 100쪽.

광처럼 깨달은 것이 이를 잘 말해 준다.[27] 명도(明道) 정호(程顥, 1032~1085)는 연비어약의 숨은 뜻을 사유 활동 너머에서 깨우칠 것을 강조하고 있는데, 주회암은 이 말을 접하고는 그동안 자신의 공부에 잘못이 있었음을 고백하면서 제자에게 "그 세계는 책을 붙들고 언어에 집착해서는 전혀 알 수 없으니 일상의 삶 속에서 그 뜻을 살필 것"을 충고하였다.[28] 이는 역시 연비어약의 세계를 이성적인 사유로 접근하지 말고 창조적 감성으로 직관할 것을 주장하는 뜻을 담고 있다.

자연에 대한 본질 직관의 정신은 퇴계에게서도 유감없이 드러난다. 우리는 그것을 그의 시 세계에서 쉽게 확인한다. 그는 이성의 기능이 미치지 못하는 자연의 생명정신(생성섭리)을 일상생활 속에서 시적인 감성으로 순간순간 포착하면서 그것을 관조하고 노래하였다. 그러므로 그의 시 문학은 그의 자연관을 이해하는 데 매우 중요한 자료가 된다. 그의 시 두 편을 음미해 보자.

　　하늘 이치 생생하여 형언할 수 없으니

---

27) 주회암에 의하면 공자의 감탄은 '도의 본체'를 직관한 결과라 하며(『經書』, (論語), 239쪽 주 참조), 한편 위의 '활발'이라는 말은 연비어약의 세계에 대해 정이천이 주석한 것이다.(위의 책, (中庸), 788쪽 주 참조) 퇴계에 의하면 '활발'이란 자연의 생성 섭리가 천지에 편재하고 유행하면서(活), 마치 물이 온 사방에 흩뿌려져 내리는(潑) 것처럼 만사 만물에 내재하여 그것들의 조리로 작용함을 뜻한다고 한다.(『退溪全書 四』, 「言行錄」, 82쪽 참조) 그리하여 그는 '연비어약'의 뜻을, "도의 신묘한 작용이 위아래로 밝게 드러나 유동(流動)하여 충만함"으로, "도가 온 천지간에 유행하여 드러나서 없는 곳이 없음"(위와 같음)으로, 또는 "리(理)는 쉼이 없기 때문에 그것의 작용과 유행이 자연히 한순간의 간단도 없음"(83쪽)으로 풀이하고 있다.

28) 『心經』, 340쪽 참조. 퇴계 역시 "자연의 섭리의 전모가 드러나고 그 작용이 유행하는" 연비어약의 약동성은 고정된 언어 문자의 세계 속에서는 파악될 수 없다고 말한다.(『心經釋義』(한적본), 112쪽 참조)

그윽이 만물 관조 즐거움이 깊어라

그대 이리 와서 동쪽으로 흐르는 물을 보소

밤낮으로 이와 같아 잠시도 그치지 않는다오

天理生生未可名　　幽居觀物樂襟靈

請君來看東流水　　晝夜如斯不暫停[29)]

솔개 날고 물고기 뜀을 누가 시켜 그런 건가

섭리 유행 활발하니 하늘 연못 묘하도다

종일토록 강루(江樓)에서 마음 눈이 열리니

『중용』의 「명성(明誠)」편을 세 번 거듭 외우노라

縱翼揚鱗孰使然　　流行活潑妙天淵

江臺盡日開心眼　　三復明誠一巨編[30)]

　　이 시들은 위에서 말한, 공자와 자사가 각각 직관한 섭리의 유행성과 활발성을 퇴계가 자신의 생활 체험 속에서 재천명한 것이다. 이는 일견 모방의 혐의를 받을 수도 있지만, 그러나 그에게 성현들의 말씀은 빈 모형일 뿐이었다. 그는 거기에 그의 시대와 사회, 삶의 정신을 부어넣어 과거의 성현들과는 다른 그 자신의 세계와 인격, 그리고 생활을 빚어냈다. 그리하여 자연 생활 속에서 '마음의 눈이 열려' 섭리의 차원에서 '만물을 관조하는 즐거움'은 그야말로 그에게 고유한 것이었다.

---

29)『退溪全書 三』,「觀物」, 29쪽. 이 시는 앞서 언급한 공자의 '시냇물의 감동'을 퇴계가 자신의 생활 속에서 체험한 것을 노래한 것이다.

30)『退溪全書 一』,「天淵臺」, 104쪽.

이제 이러한 섭리 관념이 갖는 생철학적 의의를 한번 검토해 보자. 무엇보다도 그것은 그에게 천부의 생명을 소중히 돌보고 가꾸며, 또한 물아간 생명으로 소통되는 세계를 꿈꾸도록 만들었다. 정명도는 말한다. "천지가 만물을 생육하는 기상을 보라."[31] 이는 단순히 천지 만물의 생육 현상을 관조하고 향유해 보라는 말이 아니었다. 그것은 사람들에게 자연의 생명정신(생성섭리)을 온몸으로 깨달으면서 자신의 내부에서 생명애의 정신을 일깨우고, 또 그로써 만물을 품 안에 깊이 아우르도록 하려는 뜻을 갖고 있었다. 사람들은 여기에서 나와 너, 물과 아 사이의 생명적 친밀감을 느끼면서 만물의 화해로운 번영의 이념을 품게 될 것이다. 퇴계의 시를 한 편 읽어 보자.

> 온갖 꽃 피고 지는 그 일은
> 만물 생성 천지의 마음
> 심고 가꿔 정원에 가득하니
> 좋은 감상 오랠수록 더욱더 깊어지네
> 開落百花事　　乾坤造化心
> 栽培遍庭院　　佳玩久逾深[32]

이는 그가 단순히 꽃 재배의 취미를 노래한 것이 아니다. 그는 '꽃 피고 지는 일'에서 '천지의 마음' 즉 자연의 생명정신을 엿보면

---

31) 『近思錄』, 42쪽.
32) 『退溪全書 一』, 「蒔花」, 158쪽.

서 꽃과 자신이 하나로 어우러지는 '생명의 정원'을 가꾸고, 그 안에서 자신의 생명정신을 더욱 순화시키려 하였을 것이다. "항상 하늘의 밝은 말씀을 돌아보고, 또 자아를 나날이 새롭게 닦으려"[33] 했던 그의 수행 정신은 바로 이를 위한 것이었다. 그것은 또한 궁극적으로는 '물과 아가 하나되는[物我一體]' 우주적 대아의 성취를 목표로 하였다.

선비의 생명적 자연관은 현실 세계에서 생명 외경과 존중의 정신을 갖게끔 하였다. 이는 자연의 생명정신이 초월적인 무엇이 아니라 만물에 내재해 있다고 여겼던 그의 사고의 당연한 산물이다. 만물이 제각기 자연의 생명정신을 타고난 소우주인 만큼 그는 그들을 소중히 대하지 않을 수 없었을 것이다. 퇴계가 소나무, 대나무, 매화, 국화, 연꽃 등과 우정을 나누었던 것[34]도 이러한 생각을 배경으로 갖는다. 사실 생명 외경과 존중의 정신을 결여한 자에게 그것들은 그저 저만큼 멀리 떨어져 있는 객체적인 사물들일 뿐이요, 자신의 이기적인 삶을 영위하기 위한 이용 수단 이상의 의미를 갖지 못한다. 그러한 그에게서 '물과 아의 하나됨'은 물론 상상조차 할 수 없다.

선비의 생명 외경과 존중의 정신은 적극적으로 만물의 보호와 육성을 위한 노력으로 관심을 확장하였다. 주회암은 말한다. "옛날엔 그물코의 크기를 반드시 네 치로 했고, 물고기의 크기가 한 자가 안되면 시장에 내다 팔거나 사람들이 먹을 수 없도록 했다."[35] 이는 단

---

33) 『退溪全書 二』, 「答李平叔問目」, 258쪽.

34) 『退溪全書 一』, 「溪堂偶興十絶」, 77쪽 참조.

35) 『經書』, (孟子), 458쪽, 註.

순히 물자 절약이라는 실리적 사고의 소산이 아니었다. 그 근저에는 자연의 생명정신과, 생명 외경 및 존중의 정신이 깔려 있었다. 명종 때 한 선비가 종기를 앓았는데, 의원으로부터 "지렁이 즙을 내서 발라야 한다."는 처방을 받고는 "한창 봄에 만물이 생동하는데 지렁이가 비록 미물이긴 하지만 어찌 내 병을 위해 생명 있는 것을 죽이겠는가." 하고 거절한[36] 뜻 또한 이러한 정신에서 나온 것이었다.

그러므로 '생명(정신)'은 선비철학의 핵심 주제였다고 할 만하다. 그것은 자연 형이상학을 근저로 하여 인간에게는 도덕생명으로 규정되었고, 일상의 윤리 생활에서 모든 규범들에 의미를 부여하는 근본 정신으로 작용하였다. 선비의 인간관과 삶의 철학의 중심에 놓여 있는 인(仁)이 이를 단적으로 말해 준다. 그것은 자연의 생명정신과 인간의 도덕생명 정신을 깊이 함의하기 때문이다. 퇴계는 말한다. "인(仁)이란 천지가 만물을 생육하는 마음으로, 사람은 그것을 천성으로 타고났다."[37] 그러므로 우리는 선비의 철학을 조명하는 데 생명(애)의 정신을 그 한가운데 두지 않으면 안 된다. 그가 그것을 어떻게 실천하고자 했는가, 그럼에도 그것이 삶과 사회의 현실 속에 제대로 구현되지 않았다면 그 이유는 어디에 있는가 하는 등의 문제를 진지하게 검토해 보아야 할 것이다.

---

36) 『국역 연려실기술 Ⅲ』(민족문화추진회, 1977), 「安玹」 조, 179쪽. 안현은 벼슬이 좌의정에 이르렀고 청백리로 선발된 인물이다.

37) 『退溪全書 一』, 「聖學十圖(仁說)」, 206쪽.

사물의 본성

자연(의 섭리)은 만물에게 제각기 다양한 본성을 부여하여 그들의 생장 쇠멸을 주재해 나간다. 만물의 관점에서 살피면 사물들은 제각각의 방식으로 자연의 섭리를 개별화하고 자기화하여 자연의 영원한 생성 활동에 참여한다. 이를 한 그루의 나무에 비유하면, 그것은 뿌리로부터 가지와 잎, 꽃과 열매에 이르기까지 그 모든 부분들이 나무의 생리(生理)를 각기 자기화하여 제가끔 존재를 실현하면서 나무 전체의 생명활동에 유기적으로 참여하는 것과도 같다. 사물들의 본성이 바로 이렇게 형성된다. 즉 한 사물의 본성은, 마치 나무의 구성 부분과도 같이, 자연의 섭리를 자신의 특수한 존재 형식으로 개별화한 것이다. 그러므로 사물들의 본성은 제각기 다르지만, 공히 자연의 섭리를 갖고서 그것을 다양한 방식으로 실현해 나간다.

보편자와 개별자의 관계가 여기에서 드러난다. "섭리는 하나지만 그것이 구현되는 방식은 다양하다.〔理一而分殊〕" "만물은 보편적인 본질 속에서도 각자의 개별적 특수성을 잃지 않고 …… 개별적 특수성 속에서도 보편적인 본질을 유지한다.〔一統而萬殊 …… 萬殊而一貫〕"[38] 그것은, 퇴계의 비유를 빌려 말하면 "마치 한 조각의 달이 강과 바다, 그리고 술잔 속에도 두루 비치는"[39] 것과도 같다. 이는 섭리의 일원성과 사(물)리의 다양성을 일러 준다. 자연은 일원의 섭리 속에 다양의 사(물)리를 갖고서 만물을 생성시켜 나간다. 만물은

---

38) 앞의 책,「聖學十圖(西銘)」, 200쪽.

39)『退溪全書 四』,「言行錄」, 85쪽.

그 현상적 다양성에도 불구하고 형이상학적인 세계 본질을 함께 갖고 있으며, 그것을 제각각 다양한 방식으로 구현한다. 이는 현상적 다자(多者)와 형이상학적 일자(一者) 사이의 통합, 분화의 관계를 말해 준다. 사(물)리는 섭리의 분화요, 섭리는 사(물)리의 통합이다. 그리하여 이 세계는 섭리와 사(물)리, 또는 형이상학적 일자와 현상적 다자가 분화 통합하는 역동적 네트워크라 할 만하다.

자연의 섭리와 사물의 본성 사이의 이와 같은 관계를 우리는 초월과 내재의 관점에서 접근해 볼 수 있다. 자연의 섭리는 현상의 사물들을 떠나서 존재하지 않는다는 점에서 그것은 사물 내재적이다. 하지만 그렇다고 해서 그것이 현상 사물들과 시종과 유무를 같이하는 것은 아니다. 그것은 사물의 생성 변화를 '섭리'한다는 점에서 개개 사물에 '앞서' 있으며, 또한 그 '뒤'까지 존재한다. 이 점에서 그것은 초월적이다. 우리는 이를 내재적 초월이라 이름해 볼 수 있다. 자연의 섭리는 만물의 정점에 있다는 점에서 초월적이지만, 그렇다고 해서 그것이 별개의 자리에 독립적으로 존재하는 것이 아니라 바로 사물 내에서 그것의 존재 원리가 된다는 점에서 내재적이다.

이와 같이 자연의 섭리가 내재적 초월성을 띠고 있다는 사실은 일차적으로 세계와 만물의 실재성을 긍정하게 하는 토대가 된다. 개개의 사물들은 그 안에 자연의 섭리를 갖고 있다는 점에서 그 모두 우주적인 본질을 갖는 가치 충만한 진실체들이 아닐 수 없다. 그러므로 그들은 어느 하나도, 조금도 부정되거나 가치 폄하되어서는 안 된다. 인간은 이러한 자연 속에서 자신은 물론 만물의 본성과 가치를 실현해야 할 주체로서 직분과 의무를 다하지 않으면 안 된다. 『서경』은 말한다. "하늘의 일을 사람이 대신해야 한다.(「고요모(皐陶

謨)」"만물의 생성과 발육을 도와 천지인(天地人) 삼재(三才)의 하나로 우뚝 서고자 했던 선비의 세계 이념 또는 우주적 대아의 인간상이 여기에서 그 모습을 분명히 드러낸다. 퇴계가 박시제중(博施濟衆)의 이념 속에서 "만민과 만물로 하여금 어느 하나도 빠짐없이 따사로운 봄바람 속에 생을 영위해 나가게끔"[40] 하고자 했던 염원도 이에 입각한 것이었다.

선비의 '초월적인' 사고는 그가 만물의 본성 즉 인간과 사물의 이치를 탐구함에 있어 그들 각각의 개별적인 의미와 가치에만 집중한 것이 아니었음을 짐작하게 해 준다. 그는 세계 전체, 또는 자연의 섭리의 관점에서 그들의 의미와 가치를 성찰하고 또 실천하려 하였다. 다시 말하면 그는 인간과 만물의 개별성과 특수성에 매몰되지 않고 그들 속에 담긴 자연과 세계의 보편이념을 발견하고 또 실현하고자 하였다. 이를 앞서 살핀 이일분수(理一分殊)의 관점에서 말하면, 그는 사물마다 제각기 다른 분수(分殊)의 현실에만 머무르지 않고, 그것을 초월하여 이일(理一)의 차원에서 그 이치를 밝히고자 하였다. 퇴계가 주회암의 말을 빌려 선조에게 올린 다음의 글은 조금 난해하긴 하지만 이러한 뜻을 깊이 함축하고 있다.

만물이 보편적인 본질 속에서도 각자의 개별적 특수성을 잃지 않으므로, 비록 천하가 한집안이요 세상 사람들이 형제이긴 하지만 그렇다고 해서 무차별적인 사랑에 빠지지 않고, 개별적 특수성 속에서도 보편적인 본질을 갖고 있으므로 친소(親疎)의 정이 다르고 귀천(貴賤)의

---

40) 『退溪全書 二』, 「書周景遊題金季珍詩帖後」, 372쪽.

차등이 있긴 하지만 그렇다고 해서 이기(利己)의 사심에 갇히지 않습니다.[41]

    인간과 만물이 자연의 산물로서 공히 섭리의 '보편적인 본질'을 타고났다는 점에서 우리는 만민과 만물을 널리 사랑해야 하지 '이기의 사심'에 갇혀서 사랑에 제한을 두어서는 안 된다. 하지만 현실 세계 속에서 살피면 그들은 각각 '개별적 특수성'을 갖고 있으므로, 우리는 또한 자타간 '친소와 귀천'에 따라서 그 사랑을 적의하게 실천해야 하지 '무차별적인 사랑'에 빠져서도 안 된다. 이는 이일분수의 윤리적 함의를 사랑의 이념 속에서 밝힌 것이지만, 거기에는 우리가 개개 사물의 특수 가치에 매몰되지 말고 자연의 보편 이념을 발견하여 양자를 조화롭게 실현해야 한다는 뜻이 담겨 있다.

    이처럼 존재의 정점에서 자연의 섭리로 세계와 인간, 만물을 일이관지(一以貫之)하면서 그 가운데에서 그것들의 이치 즉 그 내재적인 의미와 가치를 밝히고 실현하려 했던 선비의 철학적 삶의 정신은, 당시의 불평등한 사회 제도와 질서 속에서 일정한 한계를 면할 수는 없었을지라도, 그 자체만으로 살펴보면 여전히 중요한 의의를 가진다. 오늘날 갈수록 더더욱 원자처럼 분열되어 가는 '분수'의 사회 현실 속에서 사물의 '개별적 특수성'에 매몰되고 '이기의 사심' 속에서 살아가는 우리들에게, 인간과 만물의 '보편적인 본질'을 성찰하고 그것을 삶 속에서 실현할 것을 요구하는 그의 주장은 여전히 값진 약과 침〔藥石〕이 아닐 수 없다.

---

42)『退溪全書 一』, 「聖學十圖(西銘)」, 200쪽.

4 자연의 생성태

원형이정(元亨利貞)

자연의 섭리는 역동적인 만큼 일련의 전개 양태를 갖는다. 그것은 부동의 실재가 아니라 만물의 생성과 변화에 역동적으로 작용하면서 거기에 일정한 질서와 연속성, 방향성과 의미를 부여한다. 선비는 이를 크게 네 가지로 범주화하였다. 원(元), 형(亨), 이(利), 정(貞)이 바로 그것이다. 이는 원래 『주역』「건(乾)」 괘의, "건(乾)은 원(元)하고 형(亨)하고 이(利)하고 정(貞)한다."는 괘사(卦辭)에서 유래하는데, 퇴계는 이를 다음과 같이 부연한다.

리(理)는 본래 하나인데 그 덕이 네 가지로 나뉘는 것은 어째서인가? (……) 만물의 생성 변화의 과정 속에서 살피자면 모든 사물은 반드시 그 시작이 있는 법이요, 시작이 있으면 성장이 있는 법이며, 성장이 있으면 결실이 있는 법이요, 결실이 있으면 완성이 있는 법이다. 그러므로 그 시작과 성장과 결실과 완성의 과정에 네 가지 덕의 명칭이 정립된 것이다. 따라서 총괄적으로 말하면 하나의 리(理)일 뿐이지만, 나누어 말하면 네 개의 리(理)가 있는 셈이다.[1]

요컨대 원, 형, 이, 정은 만물의 생성 변화상 그 시작과 성장과 결실과 완성의 과정에 작용하는 자연의 섭리의 각 국면을 범주화한 것이다. 달리 말하면 그것은 자연의 섭리가 펼쳐 내는 네 가지의 역동적인 전개 리듬이다. 선비는 만물이 생겨나고[生], 자라며[長], 쇠퇴하고[衰], 사라지는[滅] 현상을 보면서 그 이면에 작용하는 자연의 뜻을 그렇게 읽은 것이다. 이에 의하면 사물들의 생장쇠멸은 아무런 뜻도 없이 기계적으로 이루어지는 것이 아니라 자연의 섭리가 부여하는 의미와 방향성의 지배를 받는다. 자연은 그와 같이 원, 형, 이, 정이라고 하는 섭리의 연속적이고 역동적인 전개 속에서 만물을 영원히 생성하고 또 변화시켜 나간다.

하지만 자연의 섭리를 이처럼 범주화할 필요가 있는가? 그것은 너무 자의적이고 조작적이지 않은가? 그러나 그것은 "다만 사람들에게 가르침을 베풀어 자연의 섭리를 따르도록 하려는" 방편일 뿐이었다.[2] 다시 말하면 그것은 단순히 자연에 대한 형이상학적인 사변의 조작과 유희에 불과한 것이 아니라, 이를 토대로 삶의 철학을

---

1) 『退溪全書 三』, 「天命圖說」, 141쪽.

2) 『十三經注疏(周易)』(臺灣 藝文印書館, 中華民國 71년) 12쪽, 孔穎達 註.

정립하려는 뜻을 담고 있다. 이는 이를테면 사람들이 1년을 춘하추동의 사계절과 열두 달, 더 나아가 24절기로 나누어 놓은 이유나 마찬가지다. 그들은 이를 통해 자연의 이치를 일상 속에서 쉽게 헤아리고 따름으로써 삶을 성공적으로 영위하려 하였다. 이 점은 아래에서 살피는 것처럼 원, 형, 이, 정에 담긴 도덕적, 존재론적 함의에서 분명히 드러난다. 이제 그 각각의 뜻을 살펴보자.

먼저 원(元)은 자연의 원초적인 생명정신을 뜻한다. 그것은 만물에게 생명을 부여하고 그들의 생명활동을 지배하며 이끌어 나가는 근원적인 정신이다. 한겨울의 혹심한 추위를 견디고 새싹을 틔우는 봄의 정신은 이의 시적인 영상이다. 『주역』은 이를 다음과 같이 찬탄한다. "위대하구나. 하늘의 원(元)이여. 만물이 그로부터 생명의 기운을 얻나니, 삼라만상의 생성 변화를 총괄하는도다!〔大哉 乾元 萬物資始 乃統天,「건」괘 단전(彖傳)〕" "지극하구나. 대지의 원이여. 만물이 그로부터 생명의 질료를 얻나니, 하늘을 받들어 만물을 생장시키는도다!〔至哉 坤元 萬物資生 乃承順天,「곤」괘 단전〕" 이와 같이 만물의 모태로서 그들에게 생명을 부여하는 자연의 뜻을 본받아, 군자는 자신의 존재 안에 만민과 만물을 깊이 아우르면서 그들에게 생명적인 사랑을 베푼다. 그가 인류의 스승이 되는 것은 이 때문이다. 역시 『주역』은 다음과 같이 말한다. "군자는 천지의 생명정신을 본받아 만민의 어른이 된다.〔君子體仁 足以長人,「건」괘 문언전(文言傳)〕"

형(亨)은 생명 형통의 정신을 뜻한다. 이는 생명을 길러 꽃피우는 정신이다. 모든 생명은 발아에 이어 성장의 단계를 갖는데, 이 때 작용하는 정신이 바로 형이다. 한여름 초목 무성한 모습이 이의 구현

태라 할 수 있다. 퇴계는 이를 다음과 같이 노래한다. "초여름 한 기운이 두루두루 퍼지더니/ 산과 숲 만물들이 다투어 제 모습을 펼치네/ 용공(龍公)이 때맞추어 비 내려 푹 적시니/ 하늘이 은혜롭게 지친 백성 되살리네."[3] 이와 같이 한여름 아름답게 어우러져 자라나는 만물에서 군자는 개체들의 생명활동을 이끌고 그들 모두를 조화롭게 통합하는 자연의 생명질서를 읽는다. 그는 거기에서 자타간의 아름다운 어우러짐과, 더 나아가 사회의 아름다운 통합을 꿈꾸며, 그것은 생명의 질서 있는 교류 속에서만 가능한 것임을 깨우친다. 예의는 자타간 교류되어야 할 그러한 생명질서를 도덕 규범화한 것이다. 이는 예의의 실천이 생명 교류와 조화의 정신을 잃어서는 안됨을 암시한다. 그렇지 않으면 생명 불통의 고통에 빠지게 될 것이다. 『주역』은 말한다. "군자의 아름다운 만남은 예의를 통해서 이루어진다.〔嘉會 足以合禮,「건」괘 문언전)"

이(利)는 생명결실의 정신이다. 만물은 이 단계에서 그들 각각의 본성에 따라 생명을 성숙하고 결실한다. 모든 것이 익어 가는 계절, 가을이 이의 영상이다. 생명결실의 계절인 가을에 군자는 역시 인간의 도덕생명을 결실시켜 주는 정의의 이념을 상념한다. 만물과 마찬가지로 사람들 또한 각자 자신의 본분을 올바르게 수행해 나가는 삶 속에서만 그들의 생명을 훌륭하게 결실할 수 있기 때문이다. 본분의 방기는 자신의 생명을 스스로 부실하게, 쭉정이로 만드는 것이나 다름없다. 더 나아가서 사회를 알차게, 생명으로 충만하게 해 줄 참다운 힘은 바로 이러한 정의의 정신에서 나온다. 『주역』은

---

3) 『退溪全書 一』,「雨晴述懷」, 62쪽.

말한다. "군자는 이타(利他)의 이념을 정의에 부합시켜 펼친다.〔利物 足以和義, 「건」 괘 문언전)"

추운 겨울, 이른바 "백설이 만건곤할 제 독야청청"하는 뜻을 함축하고 있는 정(貞)은 생명완성의 정신이다. 이 완성은 생명의 종결을 뜻하지 않는다. 만물은 한겨울의 혹심한 추위 속에서도 그들의 생명을 굳게 지켜 새 생명을 예비하고 다가올 봄의 새싹을 준비함으로써 자연의 영원한 생성에 참여하는데, 그들은 이와 같이 신생의 씨앗이 되는 데에서 비로소 자신들의 존재를 완성한다. 선비가 평생토록 완성하고자 했던 도덕생명의 정신 또한 이러한 뜻을 갖고 있었다. 퇴계는 말한다. "정(貞)은 만물 완성의 이치이지만 거기에는 또한 시작의 이치가 있다."[4] 그가 원(元)의 근원적인 생명정신성을 말하면서도 동시에 정(貞)의 정신을 중요시한 것도 이에 연유한다. 그것은 한 생명의 평면성을 뛰어넘어 신생(新生)과 영생(永生)에 참여하는 입체성을 갖고 있기 때문이다. 그리하여 선비는 아무리 험난하고 혹독한 시절에도 변절하지 않고 밝은 도덕생명을 굳게 지켜 다가올 새로운 시대를 준비하려 한다. 『중용』은 말한다. "군자는 무도한 세상에서 죽는 순간까지 정절을 변치 않나니, 강하도다." 이렇게 하여 선비의 강고한 도덕생명 정신은 자기 자신을 넘어 남들의, 그리고 현재를 넘어 미래의 생명 사회의 '씨앗'이 된다. 『주역』이 거의 모든 괘효사(卦爻辭)에서 정(貞)의 정신을 강조한 것도 이러한 인식에서 나왔을 것이다. 그 책은 말한다. "군자의 굳건한

---

4) 『退溪全書 三』, 「天命圖說」, 141쪽. 그가 자신의 「天命新圖」 바깥 원에 원, 형, 이, 정의 순환을 도시해 놓아 정을 다시 원에 연결시킨 것도 이러한 사고에서 연유한다. 선비의 존재관상 종시(終始)의 관념을 우리는 여기에서 다시 한 번 확인한다.

생명정신은 만사의 근간을 이룬다.〔貞固 足以幹事,「건」괘 문언전〕"

이상의 원, 형, 이, 정 관념은 선비의 존재관의 일단을 드러내 준다. 사람들은 일반적으로 존재(생명)를 생, 장, 쇠, 멸의 관점에서 바라본다. 이는 사물을 타자와 분리시켜 그 자체 내에서 살피는 단수적이고 개체주의적인 사고의 한 양상이다. 삶은 태어남에서 시작하여 자라고 늙어 죽음으로 끝이 난다는 것이다. 그렇다면 존재의 전후에 놓여 있는 공무(空無)를 우리는 어떻게 설명하고 처리해야 하는가? 이로부터 파생되는 존재와 무의 첨예한 대립은 우리를 실존의 한계 상황으로 내몰면서 허무의식을 증폭시킨다. 개인주의 사회에서 신(神) 관념이 성행하는 것도 이에 연유할 것이다. 창조주인 신만이 저 허무로부터 우리를 구원해 줄 수 있을 것처럼 여겨지기 때문이다.

하지만 원, 형, 이, 정의 관념에는 그러한 허무의식이 결여되어 있다. 거기에 내재한 복수적이고 연쇄주의적인 존재관이 그러한 의식을 차단하기 때문이다. 사물을 생멸(生滅)의 관점에서 살피는 개체주의와는 달리, 연쇄주의는 사물의 본질을 파악함에 있어 한 개체에 국한하지 않고 그 전후(시간)로, 더 나아가 좌우(공간)로까지 그것과 연쇄질서를 이루는 타자에게로 시야를 확대한다. 앞서 살폈던 종시(終始)의 관념이 여기에서도 작용함은 물론이다. 그리하여 그것은 한 사물 안에서 타자를 함께 바라본다. '나'를 독립적인 한 개인으로 여기지 않고 부모(조상)와 자식(후손)과의 관계 속에서 바라보는 우리의 전통이 이의 좋은 실례다. 이에 따르면 사람은 쇠멸과 함께 그의 존재를 허무하게 마감하는 것이 아니라, 오히려 결실과 완성을 통해 존재의 연쇄질서 속에서 새로운 생성에 참여한다.

우리는 여기에서 '쇠멸'의 부정성이 '성숙'의 긍정성으로 극적으로 반전되는 모습을 본다. 우리는 왜 가을날 떨어지는 코스모스 꽃잎에서 생명의 쇠멸을 슬퍼해야 하는가? 사람들은 어째서 그 쇠멸의 순간에 새로운 생을 준비하는 씨앗이 영글어 감을 보지 못하는가? 사람도 이와 다를 것이 없다. '나'는 한 개인으로서는 생사의 허무를 벗어날 길이 없지만, 자식에게서 '나'의 존재를 확인하는 사람에게 늙음은 부정과 허무가 아니다. 그는 오히려 자식(후손)에게서 제2, 제3의 '나'를 자긍하며 존재의 무궁한 지속을 기대할 것이다. 선비의 효도 관념은 이러한 존재론적 사고를 깊게 깔고 있으며, 동시에 이의 보장책이었다. 한편으로 생각해 보면 "불효 중에서 가장 큰 것은 자식을 갖지 않는 일(『맹자』「이루(離婁) 상(上)」)"로 여겼던, 그리하여 씨받이라는 악덕까지 허용했던 우리의 전통도 부모와 자식을 독립적인 존재로 간주하는 개인주의가 초래할 허무 의식의 방어 기제였다고 할 수 있다. 우리는 선비의 사생관(死生觀)을 이러한 관점에서 새롭게 조명해 볼 필요가 있다.

이와 같이 연쇄주의적인 존재관 속에서 일자는 타자의 존재에 내재하여 개체성을 초월, 영원에 참여할 길을 얻는다. 우리는 저 코스모스의 씨에서 종의 기원을 파헤쳐 볼 수 있으며, 자신의 존재 내부에서 조상과 가문의 흔적을 들여다본다. 족보는 바로 이의 추적도다. 그러므로 이 세상에 허무한 것은 아무것도 없으며, 한 사물은 존재연쇄의 타자를 자기 안에 갖는다는 점에서 우주적인 의미로 충만해 있다. 맹자는 말한다. "만물이 모두 나에게 갖추어져 있다.(『맹자』「진심 상(上)」)" 이렇게 살피면 구원자는 이 세상 밖 어딘가에 있는 초월자가 아니라 바로 세계내 만물, 그리고 나 자신 안에 있다.

문제는 만물과 내 안의 우주적이고 신적인 의미들을 얼마나 실현하느냐에 달려 있다. 선비의 학문이 현세 중심적이었던 까닭이 바로 여기에 있다. 한편 그의 학문 과제 가운데 하나였던 궁리(窮理)의 뜻을 우리는 또한 이러한 관점에서 이해해 볼 필요가 있다. 그것은 만물이 갖고 있는 그러한 의미들을 밝혀 실현하려는 노력이었다.『주역』은 말한다. "만물의 이치를 탐구하고 인간의 본성을 실현하여 하늘의 말씀에 다다른다.〔窮理盡性 以至於命,「설괘전」〕"

부모에게 효도하고 노인을 공경해야 한다는 경로효친(敬老孝親) 사상의 존재론적인 뿌리를 또한 여기에서 발견할 수 있다. 도덕과 지혜를 삶의 제일 가치로 여겼던 우리의 전통 사회에서 늙음은 성숙의 대명사로 숭상되었기 때문에, 사람들에게 경로효친의 사고가 자연스럽게 형성되고 또 강조되었던 것이다. 오늘날 전문 지식과 기술을 중요시하는 사회에서는 젊음이야말로 가장 강력한 자본으로서 노인들은 젊은이들에게 밀려 설 자리를 잃고 말았지만, 이는 사실 젊은이들 자신에게도 불행이 아닐 수 없다. 그들에게도 잠시의 젊음 뒤에 다가올 긴 늙음의 세월은 견디기 어려운 고통이 될 것이기 때문이다. 이에 반해 생명의 결실과 완성을 통해 차후의 긴 생의 흐름에 참여한다는 존재연쇄 질서의 관념은 신구 세대 간을 단절시키지 않고 연속으로 맺어 주면서 모든 사람들에게 허무의식을 극복케 해 줄 강력한 심리 기제로 작용할 수 있을 것이다. 1960년대에 일본 관광객들이 한국 노인들의 평화로운 얼굴을 보고서 놀랐다는 한때의 풍문은 저와 같은 우리의 전통을 고려하면 사실무근의 말이 아니었을 것으로 생각된다.

음양오행(陰陽五行)

이상으로 살핀 원, 형, 이, 정이 자연의 섭리를 만물 생성의 각 국면에 따라 네 가지로 범주화한 것이라면, 만물 생성의 질료적인 요인을 분석한 것이 음양오행 이론이다. 만물이 실제로 생성하고 변화하는 데에는 음양과 오행의 기(氣)가 작용한다는 것이다. 기란 딱히 한두 마디로 정의하기 어렵지만, 우선 이해의 필요상 단순화의 위험을 무릅쓰자면 그것은 천지에 충만하여 만물의 생성 변화에 간단없이 작용하는 역동적인 기운(동력)이라 할 수 있다. 말하자면 "자연은 언제나 동적이고, 스스로 조직력을 발휘하고, 스스로 쓸모없는 것을 제거하고, 리듬 있고, 주기적이고, 물결처럼 사인 파를 이루고, 맥동하고, 내부적으로 구르며, 구심성인 흐름"[5]이라면, 거기에 부단히 작용하는 동력이 바로 기(氣)다. 물론 우주 만물을 기로만 설명하느냐, 또는 그 근저에 그것의 활동에 질서와 조화를 부여하는 일종의 '세계 이성'과 같은 상위의 궁극적인 실재[理]를 상정하느냐에 따라 이기론(理氣論)의 유형이 달라진다.

음양은 기의 두 가지 속성으로서, 생성론적으로는 사물의 생성 변화에 작용하는 두 개의 이질적이고 상대적인 동력 또는 성질을 범주화한 것이다. 이에 의하면 모든 생성과 변화 그리고 발전은 하나의 힘이나 성질만 가지고는 이루어질 수 없으며, 그것은 반드시 성질이 다른 또 하나의 상대적인 힘을 필요로 한다. 만사 만물은 이 양자의 상호 작용 속에서 존재하고 생성해 나간다. 이 가운데 생성

---

5) 콜럼 코츠, 유상구 옮김, 『살아 있는 에너지』(양문, 1998), 89쪽.

적이고 진행적인 힘(성질)을 범주화한 것이 양이요, 이와 상대적으로 쇠멸적이고 퇴행적인 힘을 범주화한 것이 음이다. 이는 음양이 이원적인 것이 아니라 한 힘의 역동적인 분화 양상임을 일러 준다. 나아가 음양의 관념은 사물들의 존망(存亡), 동정(動靜), 명암(明暗), 대소(大小), 상하(上下), 내외(內外) 등 존재 현상이나, 인간사의 존비(尊卑), 귀천(貴賤), 길흉(吉凶), 선악(善惡) 등 가치 관념상 각종의 대립적인 성질들까지도 망라한다.

음과 양은 이질적이고 상대적이지만, 그렇다고 해서 고정적이거나 불변적인 것은 아니다. 그것들은 끊임없는 유동과 변화의 역동성을 갖고서 일정한 한도와 주기 속에서 상호 순환적으로 자기 모습을 바꾸어 나간다. 다시 말하면 "어떤 사물이든지 그 끝에 이르면 반전하는[物極則反]" 자연의 이치에 따라 음은 양으로, 그리고 양은 음으로 변한다. 우주 만물의 생성과 변화는 바로 이 두 힘의 부단한 상호 작용 속에서 이루어진다. 콜럼 코츠의 다음 글은 이러한 음양 사상의 과학적인 변주라 할 만하다.

(자연의) 운동은 항상 양극단 사이에서 이루어진다. 그러므로 우주의 동력 체계는 원래부터 불균형을 바탕으로 발생하는 것이다. 다시 말해서 서로 상반된 에너지가 균형을 이룬 평형 상태란 있을 수 없다. 평형 상태란 정지, 정체, 획일, 단조로움을 의미한다. 만약 균형 잡힌 평형 상태가 가능하다면 발전이나 진화가 이루어지지 않는 정체된 상태가 가능하며, 이 상태에서는 어떠한 변화나 생산 활동도 이루어지지 않을 것이다. 그러나 그런 곳은 우주 그 어디에도 존재하지 않는다.

자연계의 동적 균형과 에너지화, 진화, 생명의 탄생은 대립 형질들이 비등가 비율을 유지한 채 상호 작용하는 가운데에서만 이루어진다.[6]

　　음양의 역동성은 100퍼센트의 순수한 양도, 100퍼센트의 순수한 음도 없으며 양자는 상호 내포적임을 암시한다. 왜냐하면 음양은 그 각각 자체 내에 자기 부정의 동력을 갖고 있기 때문이다. 움직임은 그 자체 정지의 힘을 수반하며, 생성은 쇠멸을 수반한다. 나아가 자연이나 사회 내 모든 현상이 자체 그에 상반하는 경향을 수반한다. 이때 수반이란 일자의 전멸 뒤에 타자가 출현한다는 의미의 시간적 계기성을 뜻하지 않는다. 양자는 동시적이다. 움직임의 순간에 이미 정지의 동력이 있으며, 새로운 생성은 기존의 쇠멸 과정 속에서 진행된다. "동(動)과 정(靜)이 서로 상대의 뿌리가 된다."거나 또는 "음 가운데 양이 있고 양 가운데 음이 있으며", 심지어 "음중양(陰中陽) 속에 음(陰), 양중음(陽中陰) 속에 양(陽)이 있다."는 퇴계의 말[7]에 담긴 뜻이 여기에 있다. 이러한 음양 사상은 우리들에게 사물에 대한 정의를 새롭게 할 것을 요구한다. 이에 의하면, 예컨대 빛은 어두움의 부재요 어두움은 빛의 부재를 뜻하지 않는다. 그와는 달리 빛은 어두움이 약한 상태요 어두움은 빛이 약한 상태로써, 양자는 끊임없는 유동과 변화 속에서 자기 모습을 바꾸면서 세월을 이루어 나간다. 우리는 이의 과학적인 이치를 역시 다음의 글에서 확인한다.

---

6) 위의 책, 99, 105쪽. 우리는 여기에서 퇴계의 「天命新圖」상 바깥 둘레에 도시된 불균형과 비등가의 음양 원을 연상한다. 그는 분명히 만물의 생성과 변화가 그러한 음양의 상호 작용 속에서 이루어진다고 생각하였다.

7) 『退溪全書 三』, 「天命圖説」, 142쪽,

빅터는 어떠한 현상의 이면에는 언제나 그 현상과 대립되는 현상이 있게 마련이며, 이 두 형질을 언제나 동시에 고려해야만 자연을 올바로 이해할 수 있다고 주장했다. 따라서 자연에서 일어나는 모든 운동은 이 두 종류의 대립 형질 간의 상호 작용이기 때문에, 둘 중의 한쪽 형질을 완전히 배제한 상태(하나의 형질만으로 이루어진 극한 상태)의 물리 현상은 실제로는 불가능하다. (……) 실재하는 물리 세계에서 대립 형질 간의 비율은 극단적인 경우에도 겨우 96퍼센트 정도까지만 도달할 수 있을 뿐이다. 일단 이러한 극점에 도달하면 반대 형질(대립 형질)이 점점 더 세력을 떨치기 시작하므로 반작용이 위력을 발휘한다.[8]

음양의 상대성은 일견 양자의 상호 반발적이고 모순적인 성질을 뜻하는 것처럼 보인다. 실제로 오늘날 학자들 중에는 음양을 자연 변화 또는 사회 발전상의 모순 현상을 토대로 형성된 관념으로 이해하는 사람들도 있다. 그러나 음과 양은 양립을 거부하면서 서로 배척하기보다는 오히려 자기 발전과 완성의 조건으로 상대를 기다리고 필요로 하며, 나아가 양자는 상호간 생산적인 조화를 지향한다. 서양 양자 역학의 개척자 닐스 보어가 그의 집안의 문양인 음양도(陰陽圖) 아래에 적어 놓은 글귀처럼 "대립적인 것은 상보적이다." 동과 정이 이루어 내는 행위나, 낮과 밤의 하루, 부부(남녀)의 관계가 그러하다. 이는 당연히 사물에 대한 택일적 사고를 거부한다. 일자는 타자를 통해서만 존재하고 자신을 완성할 수 있는 것

---

8) 콜럼 코츠, 앞의 책, 98쪽.

이라면 그 타자를 거부한다는 것은 자신의 존재를 부정하는 것이나 다름없다. 사회 내 인간 관계도 이와 다를 것이 없다. 사람은 상대를 기다려서만, 상대와의 조화로운 관계 속에서만 자신의 존재를 긍정하고 성취할 수 있으며, 상대를 지켜 주고 튼튼하게 받쳐 줄수록 자신을 위대하게 완성할 수 있다. 이와 같은 사고는 더 나아가, 창조와 파괴, 긍정과 부정, 삶과 죽음, 사랑과 미움, 선과 악, 순간과 영원, 과거와 미래의 대립이 서로 화해할 수 있는 길을 마련해 준다.

음양 사상은 사물들 사이의 존재론적 관련을 부정하면서 사물들 각각의 실체성을 강조하는 개체주의적 사고를 거부한다. 그에 의하면 만물은 일자가 타자에게 의존하면서 서로서로 보충해 주는 가운데에서만 존재하고 생성해 나가는 법이기 때문이다. 이 세상에 타자와 상호 교섭 없이 단독자로 존재할 수 있는 것은 아무것도 없다. "천지 만물의 이치상 고립되어 있는 것은 아무것도 없다. 반드시 상대가 있는 법이다."[9] 그러므로 한 사물이 그 주변에서 만나는 각종의 '상대'야말로 그것의 존재 및 생성을 위한 불가결의 조건이다. 이는 우리가 한 사물의 본질을 파악하고자 할 때 그 사물의 내부로만 탐구의 시선을 집중시켜서는 안 되며, 그것의 존재를 지탱해 주는 바깥의 조건들을 함께 검토하지 않으면 안 됨을 일러 준다. 일자는 본질적으로 타자를 그의 존재 안에 내포한다. 그러므로 사람들은 타자의 간섭과 제약을 거부하지 말고 오히려 그것을 자신의 존립과 발전상 유의미한 것으로 받아들여 화해로운 마음 속에서 자타 공동의 이념을 실현해 나가야 한다. 이것이 바로 음양 사상이 배

---

9) 『近思錄』, 43쪽.

태하는 사회 공동체 이념의 원형이다. 우리나라 태극기 한가운데에 그려져 있는 음양도의 교훈적 함의가 또한 여기에 있을 것이다.

오행은 사물의 생성 변화상 다섯 가지의 기본 성질(동력)인 수 (水), 화(火), 목(木), 금(金), 토(土)를 뜻한다. 이 다섯 가지는 그 낱말상 일견 물질의 근본 구성 원소처럼 보이기도 하지만 그러나 그것은 사물의 생장쇠멸에 작용하는 각기 다른 성질들을 그와 같이 분류해 놓은 것일 뿐이다. 『중국의 과학과 문명』의 저자 조 셉 니담은 오행을 "다섯 가지 근본적 과정(Five sorts of fundamental processes)" 또는 "영원한 순환 운동의 다섯 가지 역동적인 힘(Five powerful forces in ever-flowing cyclical motion)"이라 정의한다. 이러한 오행 개념은 우리에게 오행과 음양 사이의 상호 연관 가능성을 시 사해 준다. 왜냐하면 앞서 말한 것처럼 음양 역시 사물의 생성 변화 에 작용하는 두 개의 성질을 범주화한 것이기 때문이다. 선비는 실 제로 오행을 음양의 연장선상에서 이해하였다. 즉 오행은 음양의 상호 작용 속에서 전개되는 다섯 가지 특성이라는 것이다. 퇴계는 양자의 관계를 "부모 사이에서 태어난 다섯 자식"으로 비유하기도 한다.[10] 만물의 조화와 발육은 이 오행에서 비로소 그 구체적인 형 질을 얻는다. 즉 음양의 상호 작용과 오행의 착종 속에서 만물은 다 양하고 또 무궁하게 생성과 변화를 펼쳐 나간다.

오행은 세 가지 다른 방식으로 배열된다. 첫째, 그것은 생성 질서

---

10) 『退溪全書 二』, 「答李宏仲」, 218쪽. 참고로 오행은 앞서 살핀 원형이정과 대응의 상관성 을 갖기도 한다. 퇴계에 의하면 원형이정은 오행의 성질로서, 원은 목과, 형은 화와, 이는 금 과, 정은 수와 상응하며 토는 원형이정 모두에 해당한다.(『退溪全書 三』, 「天命圖說」, 141쪽 참조)

〔生成之序〕상 수, 화, 목, 금, 토의 순서를 갖는다. 오행의 이와 같은 생성 순서는 음양과의 관련 속에서 얻어진 것이다. 즉 음양은 상호 작용 속에서 수기(水氣)를 먼저 낳고 이어 화, 목, 금, 토 순서로 그 형상적인 성질을 드러낸다. 이는 수기 이전에는 아무것도 존재하지 않음을 의미하지는 않는다. 음양과 오행의 생성 변화는 시작도 끝도 없이 이어지는 것이지만, 음양이 오행을 생성할 때에 제일 먼저 드러나는 것은 수기이며, 잠재된 나머지 사행은 그에 이어서 순서대로 서서히 그 형상적인 모습을 드러낸다는 뜻일 뿐이다. 이와 관련하여, 앞에서 말한 것처럼 만물의 생성 발육이 오행에서 비로소 그 구체적인 형질을 얻는다면 형상적 관점에서 살필 때 만물 생성과, 나아가 우주 발생의 시초는 무엇인가 하는 의문에 대한 해답을 그것은 갖고 있다. 퇴계는 말한다. "만물이 생겨나는 데에는 그 처음 물기〔水氣〕를 받아 점점 엉기면서 오랜 뒤에는 굳어져서 형체를 이루게 된다."[11] 또 다른 학자는 다음과 같이 말한다. "하늘과 땅이 처음 열릴 때 물기〔水氣〕가 충만했다. 날로 우주가 점점 엉기면서 목(木)이 되고 단단해지면서 금(金)이 되었다."[12]

둘째, 오행은 목, 화, 토, 금, 수의 전개 질서〔運行之序〕를 갖는다. 이는 음양과의 관련을 떠나 일단 생성된 오행이 자기 스스로 전개해 나가는 순서를 말한 것이다. 목은 화를 낳고 화는 토를 낳으며, 금, 수로 이어져 수는 다시 목을 낳는다. 사람들은 오늘날 이와 관련하여 유가의 순환론적인 세계관을 말한다. 그러나 실제로 오행의

---

11) 『退溪全書 三』, 「天命圖說」, 142쪽.

12) 『栗谷全書 二』(성대 대동문화연구원 영인본), 「語錄 上」, 239쪽. 이는 혹자가 율곡에게 질문하면서 한 말이다.

전개 현상이라고 하는 갑을병정 십간(十干)이나 춘하추동의 순환을 동일한 궤적의 반복 회귀라고 이해한 학자는 하나도 없었다. 사실 그것은 끊임없이 새롭게 변화하는 세계와 사물들의 전개 과정을 다섯 가지 범주로 계통적으로 분류하고 또 질서화하려 했던 것일 뿐이다. 그러한 변화관이 또한 『주역』의 이른바 "하늘의 운행은 역동적(「건」 괘 대상)"이라는 세계관에도 맞는다.

우리 전통 사회에서 사람들이 작명 시에 적용해 온 항렬의 규칙 또한 이러한 오행 사상의 응용 형태다. 이에 의하면 각행의 사람들은 그들의 앞뒤 선조와 후손과의 연쇄적인 존재 질서 속에서 절대로 빠질 수 없는 존재의 한 고리를 이룬다. 그들에게 항렬의 파괴나 거부는 존재 질서의 문란과 파국을 뜻한다. 그리하여 항렬은 사람들에게 각자 가문 내에서 선조와 후손을 이어 주는 존재의 한 고리로서 그들의 사후에도 결코 부정될 수 없는 현존적인 의미를 자각하게 해 준다. 우리는 여기에서 세계와 사물, 그리고 삶을 부조리 속에 두지 않고 그것들을 나름대로 정합적으로 이해하고자 했던 우리 선조들의 형이상학적인 충동을 엿볼 수 있다.

셋째, 오행은 수, 화, 금, 목, 토라는 상극의 질서〔相克之序〕를 갖기도 한다. 이는 오행의 전개 질서의 변형이라 할 수 있다. 왜냐하면 그것은 위의 전개 질서상 한 행씩을 뛰어넘은 것을 차서화하고 있기 때문이다. 이러한 오행 상극의 질서 관념이 구체적으로 어떠한 세계관을 지시하는지는 알기가 어렵다. 옛날에 중국의 전국 시대 추연(鄒衍)과 같은 사람은 그것으로 왕조의 흥망성쇠와 역사 발전의 법칙을 밝히려 한 일이 있었지만, 조선의 학자들은 더 이상 그러한 궤변을 믿지 않는다. 한편 한의학자들은 오늘날에 이르기까지 그것을 가지고 오장(五臟)의 병리 현상을 논하기도 한다.

오행은 그동안 사람들에게 우주 만유의 비밀을 풀어 줄 암호처럼 인식되고 또 이용되어 왔다. 예컨대 그것은 궁상각치우(宮商角徵羽)의 소리나, 청적황백흑(靑赤黃白黑)의 색깔, 시고 쓰고 짜고 달고 매운 맛, 심간비폐신(心肝脾肺腎)의 오장, 심지어는 인간의 인의예지의 본성과 희로애락의 감정까지 포함해 인간과 세계 만물의 존재와 현상을 분류하고 설명해 주는 다섯 가지의 형이상학적인 범주로 쓰여 왔다. 그러나 사실 우리는 그 다양한 사물과 현상들이 오행으로 묶일 만한 어떠한 공통 분모적 성질을 가지고 있는지 알지 못한다. 오히려 그것은 지나치게 자의적이고 조작적이어서 사람들로 하여금 세계와 사물에 대한 합리적 사고를 못하게 만드는 경향이 있는 것처럼 보이기까지 한다. 이 점에서 오늘날 학자들은 오행의 비과학성을 비판하고, 또 그것이 과학의 발달에 악영향을 끼쳤음을 지적하기도 한다.

그러나 오행이 서양식의 과학 발전을 지연시켰다 하더라도, 그것은 그 나름대로 독특한 세계 이해의 논리를 갖고 있다. 사람은 누구나 본래 무질서를 견디기 어려워하면서 그를 둘러싼 자연과 세계 속에서 부단히 어떤 질서들을 찾고자 노력하고, 또 자연과 세계를 일정한 질서 속에서 정합적으로 이해하려 한다. 어찌 보면 인류의 사상사는 자연과 세계의 질서를 발견하려는 사람들의 끊임없는 노력의 과정이요, 그렇게 해서 그들이 발견하고 또 만들어 낸 질서 의식의 시대적인 변주 형식이라 할 만하다. 오늘날의 과학도 따지고 보면 그 근본에 있어서는 이러한 질서 의식의 산물에 지나지 않는다. 현대 영국의 과학자 브로노브스키는 다음과 같이 말한다. "과학은 다듬어지지 않은 자연의 다양성에서 구성 단위를 찾는 것 이상의 그 어떤 것도 아니다."[13] 문화인류학자 레비스트로스 또한 말한다. "현대 화학은 다양한 맛과 향을 탄소, 수소, 산소, 유황, 질소의 다양한 결합으로 설명한다."[14]

오행 사상 역시 기본적으로는 이와 다를 것이 없다. 그것은 학자들이 세계 내 사물들의 존재와 현상을 설명하기 위해서 고안해 낸 훌륭한 부호요 정제된 도식 체계다. 역사 속에서 수많은 술수가들이 거기에 어려운 비의(秘義)들을 덧붙여 그것을 만능의 '열쇳말'로 여김으로써 오히려 사람들로 하여금 사물 이해를 혼란스럽게 만든 점이 있긴 하지만, 그것이 기본적으로 갖고 있는 인문학적인 사고 방식은 여전히 여러 가지로 응용될 여지가 있을 것이다. 오행에서 공명(共鳴)의 사고를 발견한 리처드 니스벳의 다음의 글은 그 한 단서를 제공해 준다.

그리스인들은 공통의 속성을 지닌 것들을 같은 범주로 분류했지만, 철학자 도널드 먼로에 따르면 중국인은 그렇지 않았다. 중국인들은 서로 공명(resonance)을 통하여 영향을 주고받는 것들을 같은 범주에 속한 것으로 간주했다. 예를 들어 중국의 오행설에 따르면 봄, 동쪽, 나무, 바람, 초록은 모두 동일한 범주에 속했다. 왜냐하면 바람의 변화가 나머지 네 가지에 변화를 유발하기 때문이다.[15]

---

13) 더크 보드, 이명수 옮김, 『중국인은 무엇을 생각하고 어떻게 살아왔는가』(여강출판사, 1991), 95쪽.

14) 레비스트로스, 안정남 옮김, 『야생의 사고』(한길사, 1996), 64쪽.

15) 리처드 니스벳, 최인철 옮김, 『생각의 지도』(김영사, 2004), 135쪽.

2부 ◎ 인간

1 우주적 좌표 의식

인간학적 문제의식

우리는 선비정신을 거론하면서 조선 시대 선비들이 남긴 행적들을 많이 인용한다. 예컨대 기묘사화 때 사약 앞에서 태연히 시를 쓰고[1] 독배를 들었던 정암(靜菴) 조광조(趙光祖, 1482~1519)의 높은 기절(氣節)을 우러르기도 하고, 매화나 국화 등과 시를 주고받았던 퇴계의 낭만적인 삶을 음미하기도 한다. 하지만 이러한 행적들은 조각난 단편들로만 전해질 뿐이어서 우리는 거기에서 어떤 통일적인 상을 찾아보기가 어렵다. 과연 퇴계의 물아일체 의식이, 그가 또

---

1) "임금 사랑하기를 어버이 사랑하듯 하고/ 나라 걱정하기를 집안 걱정하듯 했네/ 하늘의 해가 이 땅에 임하니/ 나의 충정 밝게 밝게 비추리〔愛君如愛父 憂國如憂家 白日臨下土 昭昭照丹衷〕"

달리 갖고 있었던 자타 분별의 사회 정신과 어떻게 조화를 이룰 수 있었을까? 또한 위 두 사람의, 나아가 조선 시대 선비들 모두의 삶을 지배했던 통일적인 인간상은 무엇일까? 이러한 일련의 의문을 푸는 데에는 그들의 행적들을 모아 짜맞추는 것만으로는 충분하지 않다. 우리는 거기에서 인간학적인 문제의식을 동원할 필요가 있다.

사실 우리의 삶은 단편적인 행위들의 단순한 집적에 불과한 것이 아니다. 우리가 자각하지 못하고 있을 뿐 거기에는 어떤 내적인 통일성이 내재되어 있으며, 그것은 우리의 행동을 일관되게 엮어 나간다. 이러한 내적 통일성은 우리가 자신의 존재에 대해 형성하는 표상, 즉 인간관이나 자아상에 의하여 부여된다. 이를테면 철학자 아널드 겔렌의 말대로 "자신을 하느님의 피조물로 믿느냐, 아니면 진화된 원숭이라고 여기느냐"에 따라 삶의 전개 방식이 크게 달라질 것이다. 전자가 일거 일동에 동물과는 다른 존엄한 인간상을 세우려 할 것인 데 반해, 후자는 자신의 동물적인 행위를 합리화하고 관용하려 할 것이기 때문이다. 이러한 극단적인 경우가 아니라도 일반적으로 인간관은 일상생활 구석구석에서 효력을 발휘한다. 그러므로 "모든 인생은 그 자체가 해석학적이다."[2] 즉 나의 인생은 내가 갖고 있는 인간관, 자아상을 부단히 실천적으로 해석해 나가는 과정이다.

선비의 학문인 유학은 기본적으로, "인간이란 어떠한 존재이며, 나는 어떻게 살아야 할 것인가?" 하는 물음을 주제로 깊은 사변과

---

2) M. 란트만, 진교훈 옮김, 『철학적 인간학』(경문사, 1979), 17쪽.

성찰을 행하고, 그리고 그것을 실천에 옮겼던 인간학이요 삶의 철학이다. 공자가 "꾀꼴꾀꼴 우는 꾀꼬리여, 언덕 모퉁이에 머무르는구나." 하는 시를 읽고서, "새도 제가 머무를 자리를 아는데 사람이 되어 새만도 못해서야 되겠는가?(『대학』)"라고 말한 것도 이러한 인간학적 문제의식을 그 바탕에 깔고 있다. 그것은 사람들에게 일상에서 자신이 머무르고 있는 삶의 자리를 반성케 할 뿐만 아니라, 더 나아가 인간의 본질까지도 숙고하고 고민하게 하려는 의도까지 담고 있다. 이러한 문제의식은 과거에 많은 선비들이 자신들의 호에 간(艮) 자를 넣었던 데[3]에서도 분명히 읽힌다. 그들은 『주역』 64괘 가운데 하나인 「간」 괘가 바로 머무름의 정신을 주제로 하고 있음에 착안하여 자신들이 머물러야 할 삶(존재)의 자리를 호로써 부단히 자성하려 했던 것이다.

많은 사람들은 선비의 학문 하면 성리학의 이기론을 떠올린다. 하지만 매우 추상적인 이론처럼 보이는 그것도 사실은 만물의 존재 근원과 생성 원리를 규명하는 가운데 궁극적으로는 인간이 머물러야 할 자리를 밝히고, 그에 입각하여 삶의 과제를 수행하려는 데 목표를 두었다. 『주역』은 말한다. "만물의 이치를 탐구하고 인간의 본성을 실현하여 하늘의 말씀에 다다른다.(「설괘전」)" 그러므로 학문과 이론이 아무리 정밀하고 또 심오하다 하더라도 만약 인간과 삶을 외면한다면, 선비는 이를 "마치 말 타고 너무 멀리 놀러 나갔다가 집에 돌아오는 길을 잃어버리고 마는"[4] 것과도 같은 어리석음의

---

3) 『한국인물대사전』(중앙 M&B, 1999)에 수록된 호 일람표를 보면 간암(艮菴), 간재(艮齋) 등 간(艮) 자가 들어 있는 호는 14개나 된다.

4) 『退溪全書 二』, 「答許美叔」, 190쪽.

소치라고 비판해 마지않았다. 선비의 학문은 궁극적으로 '나(의 삶)'의 성찰과 완성에 그 목표를 두기 때문이다. 퇴계는 이를 다음과 같이 시로 읊는다.

사물을 관찰하려면 나의 삶부터 성찰하라
『주역』의 깊은 이치 소강절(邵康節)이 밝혀 놓았으니
나를 버리고 사물만 관찰하려 한다면
솔개 날고 물고기 뛰는 모습도 마음만 번거롭게 하리라
觀物須從觀我生　　易中微旨邵能明
若敎舍己惟觀物　　俯仰鳶魚亦累情[5]

선비의 철학이 인간학, 그것도 도덕적 인간학이 될 수밖에 없었을 이유 한 가지를 우리는 여기에서 발견한다. '나의 삶'을 사변의 중심에 두는 그의 학문정신은 세계와 사물들의 의미와 가치를 항상 나와의 관계 속에서 밝히고 또 그것들을 실천하려 했기 때문에 도덕적일 수밖에 없었다. 그의 자연 인식이나 태극, 리(理) 개념이 윤리적이고 이념적인 성질을 띠었던 것도 이에 기인할 것이다. 오늘날 사람들은 종종 이 점에서 선비철학의 한계를 지적하곤 한다. 그에게는 객관적이고 과학적인 학문정신이 결여되어 있다는 것이다. 그러나 학문이 '나의 삶'의 성찰을 통해 참자아를 발견하고 실현하는 것을 목적으로 하지 않는다면 우리는 무엇을 위해 그것을 하는 것일까? 파우스트가 위대한 학문적 업적에도 불구하고 늘그막에 깊

---

5) 『退溪全書 三』, 「寄題權章仲觀物堂」, 44쪽. 『中庸』은 '솔개 날고 물고기 뛰는 모습〔鳶飛魚躍〕'에서 천지 상하에 충만해 있는 자연의 이치〔理〕를 직관할 것을 가르치고 있다.

은 회의와 허무에 빠져 방황하지 않을 수 없었던 이유를 우리는 곱 씹어 볼 필요가 있다. 그는 바로, '나의 삶'은 배제한 채 '마음만 번거롭게' 연구에 종사하는 우리 학자들의 모습일 수도 있다. 오늘날 이른바 인문학의 위기도 자기 성찰의 관점에서 살피면 '나의 삶'을 되돌아보게 해 주지 않는 현금의 학문 경향을 사람들이 외면한 결과라고 할 수도 있을 것이다. 그러므로 그 위기는 학자들이 자초한 것일 뿐이다. 『심경』은 이러한 학문 경향을 다음과 같이 비판한다.

지금 한결같이 문자만 탐닉하면서 마음을 온통 책 속에 내달리게 만들 뿐 자신의 존재를 잊고 있다면, 당신은 감각이 없어서 아픔과 가려움을 느낄 줄 모르는 사람이나 다름없다. 그러나 그렇게 책을 읽은들 자신의 삶에 유익할 게 무엇 있겠는가?[6]

우주적 대아의 이념

선비가 평생토록 성찰과 실천의 주제로 삼았던 '나'는 개인주의상의 그것과는 전혀 모습을 달리한다. 개인주의자는 말한다. "나는 나 자신을 주변의 모든 것과 분리된 별개의 존재로 간주한다. (……) 나는 주변의 모든 것과 완전히 다르다고 느끼며, 내가 발 딛고 있는 대지, 그리고 나와 닮은 주변의 존재들과도 나를 동일시하지 않는다. 따라서 나는 모든 피조물과 구분되며 나 자신에게만 귀속된

---

6) 『心經』, 320쪽.

다. 내가 일차적으로 소유하는 것은 바로 나 자신이다."[7] 그러나 선비는 그렇게 생각하지 않는다. 맹자는 말한다. "만물이 모두 나에게 갖추어져 있다.(『맹자』「진심 상(上)」)" 퇴계 또한 다음과 같이 말한다. "이치상으로 말하면 천하의 일이 내 밖의 일이 아닙니다."[8] 이들에 의하면 나와 남 사이에는 본질적으로 긴밀한 존재 관련이 있으며, 나는 타자를 자신의 존재 속에 내포하고 있다. 세계와 만물은 나의 탄생과 성장 과정에 내 존재의 '피가 되고 살이 되어' 내 안에 있기 때문이다. 그러므로 나의 존재를 파헤쳐 보면 거기에는 이 세상의 모든 것들이 다 드러난다.

오늘날 상업적으로 많이 회자되는 신토불이(身土不二)라는 유행어도 이와 같은 존재론적 성찰의 연장선상에서 이해해 볼 수 있다. 우리의 잠재의식 속에 아직도 잔존하고 있는 유교의 전통은 우리에게, 나의 정신은 물론 몸까지도 내가 자라난 토양이나 환경과 불가분의 일체를 이루고 있음을, 나는 그 모든 것들을 나의 존재 안에 갖고 있음을 일러 주고 있는 것이다. 그러므로 개인주의는 나에게서 만물과 세계를 빼앗아 나의 존재와 인격을 공동화(空洞化)해 버리는 것이나 다름없다. 정명도가 물아일체의 사랑을 강조하면서 타자를 배제하는 태도를 '수족 마비'의 상태로 비유한 것[9]도 따지고 보면 이러한 문제의식의 소산이었다. 나는 우주 만물에 대해 열린 마음으로 그들을 아우를 때 가장 온전한 존재가 되며, 타자를 외

---

7) 알랭 로랑, 김용민 옮김, 『개인주의의 역사』(한길사, 2001), 73쪽. 개인주의는 서양의 근대사 속에서 조금씩 다른 의미 편차를 드러내지만, 주객 또는 자타의 절대적인 구분 속에서 '나는 나일 뿐이며 나 아닌 것이 아니'라는 과잉된 자의식을 핵심 내포로 하고 있다.

8) 『退溪全書 一』,「與宋台叟」, 276쪽.

9) 『近思錄』, 37쪽 참조.

면하고 배제하는 그만큼 존재의 마비 상태에 빠지고 존재의 질병을 앓게 된다는 것이다.

선비는 이러한 존재론적인 사고 속에서, 타자를 배제한 채 오직 자기 자신만을 위해서 살려는 태도를 거부하였다. 타자와의 본질적인 존재 관련을 믿었던 그는 인간 관계와 사회, 만물에 대해 깊은 관심을 갖고 그것들이 갖는 의미와 가치들을 적극 실현하려 하였다. 그에게는 바로 그것이 자기실현이요 자아 완성의 길이었다. 다음의 글은 이러한 이념을 시공적으로 확장하여 잘 천명한다. "천지를 위해 마음을 세우고, 만민을 위해 도를 세우며, 과거의 성인들을 위해 단절된 학문을 잇고, 영원 만대를 위해 태평 세상을 열리라."10) 『중용』 또한 이를 성인(聖人)의 자아실현 과정으로 아래와 같이 말한다.

천하에 지극히 성실한 성인이야말로 자신의 본성을 남김없이 실현한다. 자신의 본성을 남김없이 실현하므로 남들의 본성을 실현시켜 주며, 남들의 본성을 실현시켜 주므로 만물의 본성을 실현시켜 준다. 만물의 본성을 실현시켜 주므로 천지의 만물 생성과 발육을 도울 수 있으며, 천지의 만물 생성과 발육을 도우므로 천지와 더불어 나란히 설 수 있다.

글이 대단히 함축적이고 다소 난삽하지만 이는 기본적으로, 남이나 만물이 나와의 긴밀한 존재 관련 속에서 내 안에 내재되어 있음을 전제로 하고 있다. 그리하여 이기적인 또는 개인적인 자아 속에

---

10) 앞의 책, 136쪽.

외롭게 갇혀 지내는 보통 사람들과 달리, 성인은 공동체적 자아의 성실한 실현을 통해 자신은 물론 타자까지 성취시켜 주며, 궁극적으로는 만물의 생성 발육을 도움으로써 천지에 비견될 만한 우주적 대아를 완성한다. 이는 선비가 개인주의자들처럼 자신의 사적인 발전과 성공이 아니라, 남들의 삶과 만물의 생성을 돕는 데에 평생의 과제를 두었음을 알려 준다. 그의 치국 평천하의 이념도 사실은 이러한 인간학적 과제 의식의 정치적인 표명이었다. 이러한 관점에서 살피면 과거 역사의 현장을 어지럽게 만들었던 벼슬아치들의 권력 의지는 선비정신에서 한참 벗어난다.

선비가 추구했던 존재 열락의 세계가 여기에서 열린다. 그는 참 자아의 실현을 통해 타자의 성취와, 나아가 만물의 생성 발육을 도움으로써 천지와도 짝할 만한 존재의 풍요를 누리려 하였다. 맹자는 말한다. "만물이 모두 나에게 갖추어져 있으니, 그 이치를 내 몸에 돌이켜서 성실히 행하면 이보다 큰 즐거움이 없을 것이다.(『맹자』「진심 상(上)」)" 여기에서 '그 이치'란 곧 '나에게 갖추어져 있는 만물'의 의미와 가치를 뜻한다. 그러므로 그가 이어 "서(恕)의 노력만큼 사랑을 얻는 데 긴절한 것은 없다."고 말한 것은 이의 자연스러운 귀결이다. 역지사지의 사고 속에서 상대방의 처지를 이해하고 또 그를 배려하려는 '서'의 정신은 자타 분별의 개인을 벗어나 만물의 생성 발육을 돕고자 하는 물아일체의 사랑을 일깨워 줄 것이기 때문이다. 이는 선비의 사랑의 이념이 규범적인 요구를 넘어서 존재론적인 의미를 함축하고 있음을 시사한다.

선비의 우주적 대아의 이념은 만물에 대한 존재 유대의 의식과 친화감을 강화할 것이다. 퇴계는 말한다. "만민은 나의 형제요 만물

은 나와 더불어 지내는 이웃이다.〔民吾同胞 物吾與〕"[11] 그는 실제로
소나무와 대나무, 매화, 국화, 연꽃 등을 벗으로 여기면서 그들과 함
께 하는 생활에 "마음 흐뭇하다."고 노래하고 있으며,[12] 또 세상을
떠나기 며칠 전 설사병이 생겨 방 안에서 용변을 보는데 그동안 길
러 온 분매를 다른 방으로 옮기도록 당부하기도 하였다. 그는 말한
다. "매형(梅兄)에게 불결할 터이니 내 마음이 편치 못하다."[13] 이러
한 행적들은 단순한 취미나 또는 감상의 소산이 아니었다. 그것은
생명애의 정신을 담고 있었다. 그의 생명애는 물론 자신이 만물과
근원을 함께 한다는 존재론적인 사고를 뿌리로 한다. 그의 시를 한
편 읽어 보자.

> 마음을 비우고 창가의 책상 마주하니
> 풀들이 생기 띠고 뜨락에 가득하네
> 그대, 물과 아가 일체임을 알려면
> 만물 생성의 처음 근원을 보게나
> 人正虛襟對窓几　　草含生意滿庭除
> 欲知物我元無間　　請看眞精妙合初[14]

　물론 그가 이처럼 "물과 아가 일체임"을 주장했다 해서 곧 현실

---

11) 『退溪全書 一』,「聖學十圖(西銘)」, 200쪽.

12) 위의 책,「溪堂偶興十絶」, 77쪽 참조.

13) 『退溪全書 四』,「言行錄」, 109쪽.

14) 『退溪全書 二』,「次韻金惇敍」, 535쪽. 이 시의 마지막 행 眞精妙合이란 원래 주렴계(周濂
溪)의 「태극도설(太極圖說)」상 "무극의 진(眞)과 음양오행의 정(精)이 신묘하게 합하여〔無
極之眞 二五之精 妙合而凝〕"라는 말을 줄여 쓴 것인데, 위와 같이 축약하였다.

의 분별상을 부정했던 것은 아니다. 우리가 여기에서 주목해야 할 것은, 그가 자신을 '만물 생성의 처음 근원' 즉 자연의 정점에 위치시켜 인간과 만물의 근원적 일체성을 깨달으면서 생명애의 정신으로 만물을 대면하고 있다는 점이다. 그리하여 자타와 물아의 분별상에만 매몰되어 시시 비비하고 대립 상쟁하는 여느 사람들과 달리, 그는 사물들의 현상적인 차이를 인정하면서도 근원적으로 서로 교감하고 상통하면서 화해로운 생명의 세계를 열어 나가려 하였다. 이를테면 집 주변의 풀들을 성가신 잡초쯤으로 여겨 없애 버리려는 사람들의 '나' 중심적인 태도와는 달리, 그는 저 근원적인 안목으로 그들과 생명을 교감하고 공명하는 가운데 그들의 생성과 발육을 도우려 하였다. 염계(濂溪) 주돈이(周敦頤, 1017~1073)가 혹자로부터 뜨락의 풀들을 제거하지 않는 이유를 질문받고는, "그들도 나의 뜻과 마찬가지"라고 대답한 것도 이와 같은 마음에서였다.[15]

순리(順理)의 정신

선비의 우주적 대아의 이념은 그로 하여금 자기중심적인 사고를 크게 경계하도록 만들었다. 왜냐하면 그것이 야기하는, 자타간 분단과 대립의 성향은 타자를 외면하면서 자신의 존재 밖으로 밀어내고 말 것이기 때문이었다. 주회암은 말한다. "내 마음속에 사의(私意)가 조금이라도 있으면 얇은 막의 안과 밖이 마치 호(胡)나라와 월

---

15) 앞의 책, 「答金而精」, 98쪽 참조.

(越)나라 사이만큼이나 벌어지고 만다."[16] 선비가 평소에 '크게 열린, 공변된(廓然大公)' 마음을 갖고자 한 이유도 여기에 있었다. 이는 역시 만물을 자신의 존재 깊이 아우르면서 그들의 생성 발육을 도우려는 뜻에서였다. 그는 여기에서 천지와도 짝할 만한 우주적 대아의 성인(聖人)을 그린다. 『예기』는 삼무사(三無私)의 정신을 문답의 형식으로 다음과 같이 말한다.

　자하(子夏)가 여쭈었다. "삼왕(三王)의 덕이 천지에 합했다 하는데, 어떻게 해야만 덕이 천지에 합한다고 말할 수 있습니까?" 공자가 대답하였다. "세 가지 무사(無私)의 정신을 본받아 천하를 위해 일하는 것이다." 자하가 다시 여쭈었다. "세 가지 무사의 정신이란 무엇을 말합니까?" 공자가 대답하였다. "하늘은 사사롭게 덮는 것이 없고, 땅은 사사롭게 싣는 것이 없으며, 해와 달은 사사롭게 비추는 것이 없다. 이 세 가지를 본받아 천하를 위해 일하는 것, 이것을 세 가지 무사의 정신이라 한다. (「공자한거(孔子閑居)」)"

　선비의 공변(公) 의식의 세계가 여기에서 열린다. 그것은 사회 생활상 지공무사(至公無私)한 정도에 그치지 않고 인간 세상을 넘어 '하늘과 땅, 해와 달'의 자리에, 더 나아가 모든 존재의 정점인 태극의 자리에 자신을 세워 '만물을 덮어 주고 실어 주며 비추어 주려' 하였다. 이러한 우주적 대아의 안목은 만물을 결코 자신과 무관한 별개의 무엇으로 여기지 않을 것이다. 그는 오히려 자연의 요람

---

16) 『大學或問』(二以會 영인본), 214~215쪽.

속에서 "만민은 나의 형제요 만물은 나와 더불어 사는 이웃"이라는 친화 의식으로 그들 모두의 생성과 발육을 도우면서 물아간 화해로운 삶을 영위하려 할 것이다.

이에 반해 사(私) 의식은 개인의 독립성과 고유성에 주목하면서 모든 일을 자신의 관점에서 바라보려 한다. 그것은 말하자면, "자기의 이해관계나 자기의 정념이나 또 단순히 자기의 편견의 포로일 뿐만 아니라, 또한 더 본질적으로 각자를 자기중심적으로 만드는, 즉 자기의 관점에 따라서만 모든 것을 숙고케 하는 그런 경향의 포로가 되려는 성향"(가브리엘 마르셀)[17]이다. 이러한 자기중심적인 '나'는 당연히 자기 안에 갇혀 타자와 분리되고 대립되는 결과를 피할 수 없을 것이다. 정이천은 말한다. "공변된 마음은 물아를 일체로 여기고, 사의(私意) 속에서는 나와 남 사이가 현격한 거리를 갖는다."[18] 선비가 사(私)에 대해 그토록 강한 거부감을 갖고서 그것의 극복을 공부의 중요한 과제로 삼았던 이유가 여기에 있다. 그것은 '만물을 갖추고 있는' 자아의 본래적인 존재성을 훼손하고, 우주적 대아의 이념을 못 갖도록 만들 것이기 때문이다. 율곡은 임금에게 말한다.

하늘과 사람은 하나로서, 양자 사이에는 원래 구별이 있는 것이 아닙니다. 다만 천지는 사(私)가 없는 데 반해 사람은 사를 갖기 때문에 천지처럼 위대하지 못한 것입니다. 성인은 사를 갖지 않기 때문에 그

---

17) 김형효, 「현대 문명 속에서의 유교의 존재론적 의미와 윤리적 가치」, 『21세기의 도전, 동양 윤리의 응답 Ⅰ』(아산사회복지사업재단), 77쪽.

18) 『近思錄』, 44쪽.

의 덕이 천지와 합하고, 군자는 사를 없애 나가므로 그의 행동이 성인에 합치합니다. 공부하는 사람은 힘써 사를 극복하여 넓은 도량을 회복하여 군자와 성인의 경지에 이르도록 해야 할 것입니다.[19]

이에 따라 선비는 '사를 극복하여 천지와도 같이 넓은 도량을 회복'하기 위한 수행 방법을 다양하게 개발하였다. 궁리(窮理)가 바로 그중 하나다. 그는 천지 만물의 이치(理)를 공변된 삶의 준거로 여겨 그것의 탐구와 실천을 학문의 한가지 주제로 삼았다. 이를테면 그는 만물을 공평 무사하게 '덮어 주고 실어 주며 비춰 주는' 천지 일월의 덕, 즉 자연의 생성 섭리를 밝혀 실천하려 하였다. 그것을 도덕적으로 각색한 것이 바로, 만물을 아우르며 그들의 생성 발육을 돕는 사랑(仁)이다. 사랑이야말로 자타 분단의 사 의식을 일거에 깨트리고 타자를 '덮어 주고 실어 주며 비춰 주는' 정신이기 때문이다.

공자가 한 제자로부터 사랑(仁)에 관해 질문을 받고는 "나를 초극하여 예를 회복해야 한다.(克己復禮)"고 답변한 것도 이와 같은 사고의 소산이었다. 여기에서 예(禮)는 천리(天理)를 도덕 규범화하고 행위 지표화한 것이고 보면, 참다운 사랑을 위해 리를 탐구하고 예를 학습하는 일은 선비에게 중요한 공부 사항이 될 수밖에 없었다. 예(리)를 잃은 사랑은 삶(생명)의 질서를 혼란에 빠뜨릴 것이기 때문이다. 『주역』은 말한다. "만물의 이치를 탐구하고 인간의 본성을 실현하여 하늘의 말씀에 다다른다.(「설괘전」)" 여기에서 '하늘의

---

19) 『栗谷全書 一』 「聖學輯要」, 487쪽.

말씀'은 어떤 절대자의 명령을 뜻하지 않는다. 그것은 선비가 자신의 내면 깊은 곳에서 듣는 존재의 명령이었다. 말하자면 사물의 이치를 탐구하고 인간의 본래적인 존재성을 밝혀 "만민과 만물이 따사로운 봄바람 속에서 삶을 영위해 나가게끔"[20] 조력하는 것을 그는 평생 실현해야 할 천부의 과제로 여겼다. 다음의 글을 보자.

성현은 만물을 그들 각각의 본성에 의거하여 계도해 나간다. 예컨대 곤충과 초목에 대해서조차 그들의 본성을 따르지 않음이 없어서, 그들을 취하는 데 시절을 맞추고, 이용하는 데 절제를 보인다. 만물이 싹트는 봄에는 새끼를 죽이지 않으며, 새둥지를 부수지 않으며, 새끼 밴 것을 죽이지 않으며, 초목의 잎이 다 떨어진 뒤에 산림에 들어가 나무를 벤다. (……) 성현이 만물로 하여금 제각각 존재의 자리를 얻도록 해주는 것은 그들이 천지의 만물 생성의 정신을 남보다 앞서 알고 있기 때문이다.[21]

그러므로 선비의 궁리 정신은 본래 만사 만물의 이치, 의미와 가치를 실현하려는 것이었지, 단순히 박학을 자랑하려거나 또는 주지주의적 관심을 충족시키기 위한 것이 아니었다. 만물은 그에게 단순히 객관적인 탐구의 대상에 그치지 않고, 그가 그들의 생성 발육을 도우면서 그들과 더불어 화해롭게 살아야 할 자신의 이웃이었다. 그러므로 그는 만물을 종속적인 위치에 두어 지배와 이용 수단

---

20) 『退溪全書 二』, 「書周景遊題金季珍詩帖後」, 372쪽.
21) 『朱子全書 坤』(중화당 영인본), 「性命」, 245쪽.

으로 여기지 않고, '그들 각각의 본성'을 존중하면서 '제각각 존재의 자리를 얻도록' 하려 하였다. 물론 사람이 살아가는 데 그들을 전혀 이용하지 않을 수는 없는 일이지만, 선비는 그 순간에도 자연의 섭리에 맞추어서, 이를테면 '초목의 잎이 다 떨어진 뒤에 산림에 들어가 나무를 베는' 식으로 처사하려 하였다.

사실 그가 평생토록 추구했던 물아일체의 이념과 사랑만 하더라도 자타간 목적과 수단의 사고 속에서는 불가능한 일이다. 타자가 이용 수단으로 인식되는 순간 그것은 나와 전혀 별개의 대상이 되어 나의 존재로부터 저 멀리 떨어져 나갈 것이기 때문이다. 바닷가에서 평소 갈매기들과 사이좋게 어울려 지내던 어떤 노인이 어느 날 그들을 잡아 요리하려는 마음을 먹고 다가가자 그들이 멀리 날아가 버렸다는 우화는 이의 훌륭한 영상이다. 이와는 반대로 퇴계가 매화 앞에서 매형(梅兄)이라 나직이 속삭이고, 또 국화나 매화와 시를 주고받았던 사실은 그가 그들을 자신과 동일한 존재의 층위에 두고서 '그것'이 아니라 '너'로 대면하면서 교감했음을 알려 준다. 거기에서 물과 아는 존재의 거리를 좁혀 하나로 어우러지면서 '아름다운 하늘 향기'를 피워 낸다. 그가 한양에 살면서 분매(盆梅)와 주고받은 시를 한번 읽어 보자.

고맙게도 매화 신선 외로운 나를 벗해 주니
소쇄한 객창(客窓)에서 꿈속 혼이 향기롭네
고향으로 돌아갈 때 그대 함께 못하니
서울의 먼지 속에 아름다움 간직하게
頓荷梅仙伴我凉　　客窓蕭灑夢魂香

東歸恨未携君去　　京洛塵中好艶藏[22]

들자 하니 도산 신선 우리처럼 쓸쓸하니

임 가시길 기다려 하늘 향기 피우리라

바라노니 임께서 우릴 보고 생각할 때

깨끗하고 참한 기품 함께 잘 간직하세

聞說陶仙我輩凉　　待公歸去發天香

願公相對相思處　　玉雪淸眞共善藏[23]

　선비가 처사 및 행위의 준거로 주목했던 리(理)의 관념과 관련하여 우리는 오늘날까지도 사람들이 일상 용어로 흔히 사용하는 순리(順理)라는 말에 유의해 볼 필요가 있다. 거기에는 세계와 만물을 대하는 선비의 사고 흔적이 남아 있기 때문이다. 순리란 사전적으로는 "도리를 따른다."는 정도로 간단하게 풀이되지만, 주회암에 의하면 순(順)은 "사물의 고유한 이치를 따를 뿐, 사(私) 의식을 허용하지 않는 것"[24]을 뜻한다. 즉 순리란 사물의 인식 및 처사에 있어서 이기적이고 개인적이며 심지어 만물에 대해 인간 중심적인 사의식을 배제하고, 사물들이 각기 고유하게 타고나는 이치만을 고려하고 따르는 태도를 말한다. 선비는 그처럼, 마치 맑은 거울이 대상 사물을 왜곡이나 굴절 없이 있는 그대로 비추듯이, 공변된 마음으로 사물을 인식하고 처사하려 하였다. 퇴계가 경(敬) 공부에서 그토

---

22) 『退溪全書 一』,「漢城寓舍盆梅贈答」, 148쪽.

23) 위의 책,「盆梅答」, 148~149쪽.

24) 『周易 利』「升」괘, 373쪽. 小註.

록 강조해 마지않은 명경지수(明鏡止水)의 마음도 이를 위한 것이었다. 사 의식은 바로 그러한 마음을 흐리게 만들고 굴절시키는 근본 요인이다.

이처럼 사 의식을 떨쳐 명징한 눈앞에 전개되는 세계는 어떠한 모습을 띨까? 아마도 자연의 섭리 속에서 만물이 제가끔 생명을 광대하게 펼쳐 나가면서 아름다운 조화를 이루는, 그리하여 나도 그들의 한 이웃으로 동참하여 섭리에 따라 살고 싶은 도원(桃源)의 이상향이 열리지 않을까? 정명도의 유명한 시를 한번 읽어 보자.

한가롭게 지내니 일마다 여유가 있네
잠을 깨니 해가 벌써 동창에 발갛구나
고요히 바라보니 만물 모두 제자리를 얻었고
사계절의 아름다운 흥취는 사람과 한가지로다
도는 천지의 형상 밖까지 통하고
사념은 풍운의 변화 가운데 든다
부귀에도 미혹되지 않고 빈천해도 열락을 누리니
남아가 이 정도면 호걸 영웅 아닌가

閑來無事不從容　　睡覺東窓日已紅
萬物靜觀皆自得　　四時佳興與人同
道通天地有形外　　思入風雲變態中
富貴不淫貧賤樂　　男兒到此是豪雄

여기에서 '만물이 모두 제자리를 얻었음'을 깨닫는 시인의 '고요한' 마음은 그저 조용하고 적막하기만 한 상태를 뜻하지 않을 것이다. 그것은 부귀 빈천의 모든 욕망을 떨치고, 심지어는 '나'의 존재조차 초탈하여 '천지의 형상 밖'까지 통하여 도의 경지에서 열리는, 그야말로 하늘과도 같이 밝고 평화로운 정신세계일 것이다. 이와 같이 사 의식을 벗어나 도의 관점에서 세계를 고요히 바라보는 시인은 마치 맑은 거울이 사물의 원근 대소를 있는 그대로 비추듯이, '동창에 발갛게 비치는 해'를 역시 바알간 마음으로 받아들이고, '만물의 제자리' 속에 들어가 그들과 몸짓을 함께하며 또 사계절의 변화에 자신의 몸을 실어 그 '아름다운 흥취'에 동참하기도 했을 것이다. '풍운의 변화 가운데' 있으면서도 세상사의 잡답을 멀리 벗어나 이처럼 사계절의 만물과 어우러지는 호걸 영웅의 기상은 역시 다른 데 있지 않다. 그것은 그가 사 의식을 말끔히 씻어 버리고 자신을 세계의 한 중심인 '도(리)'에 우뚝 세워 그에 따라 사는 우주적 대아의 순리의 정신에 있을 것이다.

법자연의 문화

선비의 순리의 정신은 일견 자연주의자인 도가의 삶을 연상케 한다. 그는 자연 속에서 '나'의 존재를 흐리고 물과 아를 융화함으로써 인문적인 가치를 거의 고려하지 않는 것처럼 보인다. 한편으로 그는 자연이 속세의 정념과 욕망에 흐려진 자신의 존재를 맑게 정화시켜 주는 위대한 힘을 갖고 있음을, 그리고 주객 대립의 긴장을 벗어나 물아간 화해로운 가운데 평화와 안식을 느끼게 해 주는 삶의 요람임을 알아 그리로 귀의하고자 하였다. 자연을 노래한 많은 시들은 이러한 뜻을 다양하게 펼쳐낸다. 퇴계의 시를 다시 한번 음미해 보자.

> 도홍경(陶弘景)의 언덕 구름 언제나 사랑스러워
> 혼자서 즐길 뿐 남에게 못 전하네
> 늘그막에 집을 짓고 그 가운데 누우니
> 한가한 정 절반을 들사슴과 나누노라.

일본의 한 학자가 "중국인은 때를 만나면 유가가 되고, 때를 만나지 못하면 도가가 된다."[25]고 한 말을 우리는 이러한 관점에서 논의해 볼 수 있다. 때를 만났는가 그렇지 못한가에 따라 처세 방법이 달라진다고는 하지만 사실 유가 철학의 한켠에는 이미 도가의 사유가 잠복하고 있었다. 아니 어쩌면 한 사람의 철학 속에 유가의 것과 도가의 것이 함께 내재되어 있다가 시대의 치란에 따라 그것들의 작동 방식이 달라졌다고 말해야 할지도 모른다. 이는 아마도 공맹의 이상주의가 부조리한 현실에서 겪은 좌절로 인해 택할 수밖에 없었을 정신의 부득이한 피난처요, 한편으로는 성리학의 발흥에 도가 사상이 교접되면서 남긴 유전 인자의 산물인 것처럼 생각된다. 세조의 왕위 찬탈과 사육신의 사화 뒤에 생겨난 이른바 청담파(淸談派)가 전자의 한 예라면, 성리학의 수양론에서 매우 강조되었던 바, 나를 비워 고요 속에 두는 허정(虛靜)의 정신은 후자의 예에 해

---

25) 사토 히토시(佐藤仁), 「이퇴계의 자연 존중의 정신」, 《退溪學報》(퇴계학연구원, 1992) 75·76집, 212쪽. 그는 또한 "이와 같은 사실이 퇴계에게도 적용될 수 있는 것이 아니겠는가." 하고 덧붙인다.

당될 것이다.

하지만 선비가 자연을 존재의 근원이자 생명의 요람으로 여겨 그리로 돌아가고자 했다 하더라도, 그 길이 도가의 그것과 꼭 같은 것은 아니었다. 그가 자연을 읽고 그에 접근하는 방식은 도가와 달리 역시 유가적이었기 때문이다. 즉 도가가 자연[道]을 인위와 인문이 배제된, 심지어 언어에 의해서조차 규정될 수 없는 것이라고 생각한 반면 선비는 그것을 적극적으로 인위의 언어로 규정하여 가치 개념화하고 실천 논리화하였다. 전자가 정신적 물질적으로 꾸밈없는 무위자연의 삶을 추구했던 것과 달리, 후자가 적절한 꾸밈의 인문 세계를 창설해 나간 것도 이러한 사고에 연유한다. 선비의 그와 같은 태도는 도가가 보기에는 자연에서 벗어난 유위(有爲)의 타락일 뿐이겠지만, 이와 반대로 선비의 안목에 도가는 '현묘하고 허무한 것[玄虛]만 숭상하여' 인간 세계를 거부하는 자로 비쳤다.[26)]

이처럼 선비는 일견 도가처럼 자연 속에서 물과 아가 하나로 어우러지는 삶을 사는 것 같았지만, 그에 이르는 길은 도가와 사뭇 달랐다. 이러한 뜻은 사실 그의 순리의 정신에도 매우 함축적으로 담겨 있다. 즉 그는 만물의 모태인 자연에서 섭리를 모색하여 그것을 절대의 가치 표준으로 적극 규정하고 그에 입각하여 만물의 생성을 도우며, 한편 사물의 이치를 탐구하고 그것을 규범화하여 준행하려 하였다. 그의 생명애의 이념[仁]은 바로 자연의 생성섭리에서 연역한 것이었고, 각종의 예(禮) 역시 섭리와 사리를 인간의 행위 지표로 규범화한 것이었다. 노자(老子)는 예를 두고 인간의 소박한 자연

---

26) 『退溪全書 一』, 「陶山雜詠」, 102쪽 참조. 퇴계는 자신의 친자연적인 생활에 도가의 여운을 자각하면서 도가를 위와 같이 비판하고 있다.

성을 해치는 '혼란의 첫머리'라고 비판했지만, 선비는 "자연의 질서인 예〔禮者 天地之序也,『예기』「악기(樂記)」〕"를 모르면 "사람으로 설 수가 없다.〔不知禮 無以立,『논어』「요왈(堯曰)」〕"고 여겼다. 그리하여 그는 예의로써 개인 및 사회의 생명질서를 확립하고 문화 세계를 건설하려 하였다.

선비의 문화관이 여기에서 드러난다. 그는 자연의 섭리와 사물의 이치를 인문의 가치로 제도화하고 규범화하여 실현하려 하였다. 이를테면 『훈민정음(訓民正音)』에 의하면 한글의 제작 원리는 음양 사상에서 비롯된 것이요, 『악학궤범(樂學軌範)』 역시 음악의 5음 12율이 음양오행에 입각한 것이라 한다. 그 밖에 남녀(부부)의 행위 규범의 근저에는 음양 사상이 놓여 있고, 우리의 세시 풍속상 오곡밥이나 오일장, 오색의 색동저고리, 또 사람들이 이름을 짓는 데 준거하는 항렬 등은 오행 사상을 뿌리로 한다. 서울의 동대문과 남대문을 각각 흥인지문(興仁之門)과 숭례문(崇禮門)이라 이름한 것도 자연 방위에 가치 관념을 부여한 대표적인 사례다. 사람들은 해가 뜨는 동쪽을 생명의 발원으로 여겨, 거기에서 생명애의 정신인 인(仁)을 상념하였고, 온갖 초목들이 무성하게 자라면서도 그것들 사이에 생명질서를 정연하게 유지하는 따뜻한 남쪽에서 도덕 질서 개념인 예를 이끌어 냈다.[27] 그리하여 사람들은 평소 그 문들로 드나들며 흥인(興仁)과 숭례(崇禮)의 도덕정신을 되새김은 물론 암암

---

27) 흥미로운 사실로, 동대문의 '흥인지문'과 달리 남대문의 '숭례문' 현판 글씨를 세로로 적은 데에는 두 가지 의도가 있다 한다. 하나는 남쪽은 오행상 화(火)에 해당하는데 글씨를 불이 오르는 형상으로 씀으로써 불로 불을 제압하려 한 것이요, 또 하나는 남대문이 정면으로 마주하고 있는 관악산이 화(火)산이라서 그 화기를 역시 불로 제압하려 한 것이라 한다. 말하자면 자연 현상의 위해를 자연의 이치로써 다스리려 한 것이다.

리에 법자연의 문화 의식을 키웠을 것이다. 예를 한 가지만 더 들어 보자. 조선의 임금들은 경복궁 근정전(勤政殿)에서 백관들의 조회를 받았는데, 임금의 좌석을 남향으로 한 것은 밝고 따뜻한 남방의 기운을 상징화한 것이었다. 임금은 정사를 논할 때마다 남방의 상징적인 의미를 되새기면서 백성들을 밝고 따뜻하게 살게 해 주어야 할 책무를 잊어서는 안 된다는 것이다.[28]

자연을 준법하려는 선비의 문화 의식은 『주역』의 공부를 통해서 더욱 강화되었을 것이다. 그 책은 선비의 마음속에 법자연의 문화관을 심어 주는 핵심 경전이었다. 그것은 사람들에게 음양의 자연 현상에서 양을 제고하고 음을 억제하는 부양억음(扶陽抑陰)의 인문 가치를 추출하여 제시하고 또한 8괘 즉 건(乾), 태(兌), 이(離), 진(震), 손(巽), 감(坎), 간(艮), 곤(坤)의 자연적인 상징(하늘, 연못, 불, 우레, 바람, 물, 산, 땅)에 인문적인 가치(굳건함, 기쁨, 밝음, 움직임, 공손함, 험난함, 머무름, 유순함)를 마치 그것들의 속성인 양 덧붙여 자연의 이치에 따라 살도록 가르친다. 더 나아가 64괘의 「대상(大象)」들은 저러한 상징들의 복합적인 상호 작용이 함의하는 자연의 교훈을 각양으로 인문 가치화하고 있다.

예를 들어 보자. "하늘의 운행은 역동적이다. 군자는 이를 본받아 자강불식한다.(「건」 괘 대상)" "땅의 형세가 순후하다. 군자는 이를 본받아 온후한 덕으로 만물을 품어 안는다.(「곤」 괘 대상)" "위에 하늘이 있고 아래에 연못이 있는 모습이 이(履)다. 군자는 이를 본받

---

28) 『周易』 「說卦傳」은 「이(離)」 괘에 관해 밝음을 상징하는 남방의 괘라 하면서 "성인이 남향을 하고서 천하의 일들을 들으면서 밝은 사회를 위해 정사를 다스리는 것은 이 괘에서 뜻을 취한 것"이라고 말한다.

아 위와 아래를 분별하여 민심을 안정시킨다.(「이(履)」 괘 대상)" 선비는 사회 불평등 질서의 자연법적인 근거를 이 「이」 괘에 둔다. 자연 세계에서 '하늘'과 '연못'이 위아래에서 만물의 생성 활동의 토대로 작용하는 것처럼, 인간 사회도 상하의 질서 속에서만 안정과 평화를 얻을 수 있다는 것이다. 이는 윗사람의 지배 이익을 보호하기 위한 술책이 아니었다. 『주역』은 사회적인 손익의 판단 준거를 아랫사람에게 두어, '윗'사람의 것을 덜어 '아랫'사람에게 보태 주는 것을 이익으로 여긴다. 「익(益)」 괘는 이러한 뜻을 다음과 같이 말한다. "익(益)은 위를 덜어 아래를 보태는 것이니 백성이 한없이 기뻐할 것이요, 위에서부터 아래로 내려오니 그 도가 크게 빛을 발한다.(「익」 괘 단사)"[29]

예를 한 가지 더 들어 보도록 하자. "하늘과 땅이 교감하는 것이 태(泰)다. 임금은 이를 본받아 천지의 도를 마름질하여 성취하고, 천지의 올바른 이치를 보완하여 백성을 이익되게 한다.(「태」 괘 대상)" 이처럼 하늘과 땅의 상호 작용 속에서 만물 생성의 세계가 펼쳐진다고 생각한 선비는 그러한 하늘과 땅의 도와 이치를 탐구하고 그것을 인문 가치로 '마름질하여' 그로써 인간 사회의 흥성을 도모하였다. 이를테면 그는 만물의 생성 과정에 따라 24절기를 획정하고, 일월의 운행 변화에 입각하여 날의 길흉을 살핌으로써 사람들에게 의식주 생활 전반을 자연의 이법에 따르게 하도록 하려 하였다. 오

---

29) 이 역시 법자연적인 사고에서 나온 것은 물론이다. 「익」 괘의 괘형상 제일 아래의 양효(陽爻)는 위의 제4효를 덜어 위에서 아래를 보탠 것이기 때문에 그 괘를 익이라 이름한 것이다. 이에 반해 「손(損)」 괘 제일 위의 양효는 아래의 제3효를 덜어 아래에서 위를 보탠 것이기 때문에 손이라 하였다.

늘날까지도 연초마다 출간되는 책력은 후대인들이 '천지의 도와 이치를 마름질하여 성취하고 보완하려' 했던 "재성보상(財成輔相)" 정신의 산물이다. 거기에는 농사의 일정에서부터 혼인하고 이사하며 술이나 장을 담그기에 좋고 나쁜 날 등등이 기록되어 있는데, 이러한 일들이 선비의 주된 관심사는 아니고 때때로 술수로 흘러나가기까지 했지만 그 역시 거슬러 올라가면 음양오행 사상과 『주역』의 법자연의 문화 정신에 근원한다.

우리는 여기에서 선비의 문화관을 다음과 같이 정리할 수 있다. 원래 문화란 초목금수처럼 자연 그대로 살 수 없는 인간 존재의 특성상 사람들이 자연을 갖가지로 가공하여 삶을 영위하는 과정에서 이룩해 나가는 유무형의 모든 형식들을 말한다. 이러한 관점에서 살피면 도가의 무위자연은 인간의 문화적인 본성 자체를 부정하거나, 아니면 적어도 그것에 대한 인식이 소홀하다는 점에서 정당성을 얻기 어렵다. 문화는 제2의 천성이라 한 것처럼, 사람은 자연 그대로 살 수 없으며, 문화의 세계에서만 비로소 사람됨의 의미를 얻을 수 있기 때문이다.

한편 인간과 자연을 이원화하면서 자연을 개발과 정복의 대상으로 여기고 그러한 방식으로 문화를 창조해 온 서양인들은 애당초부터 자연을 본받으려 하지 않는다. 그들에게 자연은 신의 저급한 작품일 뿐이다. 공자는 "인자(仁者)는 산을 좋아한다.〔仁者樂山, 『논어』「옹야(雍也)」〕"고 했지만, 그들은 산을 "자연의 얼굴 위에 생긴 사마귀, 혹, 물집"으로 여겼다.[30] 그리하여 그들은 문명 세계를 건설

---

30) 멜빈 레이더, 버트람 제섭, 김광명 옮김, 『예술과 인간 가치』(이론과 실천, 1994), 219쪽. "수세기에 걸쳐 인간은 산을 '수치심과 사악', '자연의 얼굴 위에 생긴 사마귀, 혹, 물집'으로

하기 위해 미개하고 야만스러우며 사람들을 불편하게 만드는 자연을 개조 변형하고 파괴하는 것을 당연한 일로 여긴다. 이는 도가의 문화관과 서양인의 그것이 서로 대척적임을 알려 준다. 전자가 문화 부정의 자연주의라면 후자는 자연 부정의 문화주의라 할 수 있을 것이다.

선비의 문화관은 이 양자의 중간에 일종의 절충형으로 놓여 있다. 그는 자연을 존중하면서도 인간의 문화적인 본성을 소홀히 하지 않으며, 문화를 긍정하면서도 그것을 자연의 이법에 맞추려 하였기 때문이다. 그의 "재성보상"의 정신은 자연의 이법을 골간으로 하여 문화 세계를 설계하고 완성하려 하였다. 물론 그가 본받고자 했던 자연의 이법이란 객관적이고 과학적인 것이 아니라, 형이상학적이고 윤리적이며 때로는 심미적이기까지 하였다. 퇴계가 도산에 은거하면서 쓴 44수의 시들은 그 대표적인 예에 해당된다. 아래에서 그중 「열정(洌井)」한 수를 음미해 보자.

돌 사이 우물물 달고도 시원하네
찾는 이 없으나 마음 어찌 상하리오
은둔 생활 여기에 집을 지으니
표주박 한잔 물에 뜻이 서로 맞는구나
石間井洌寒　　自在寧心惻
幽人爲卜居　　一瓢眞相得[31]

간주하였다. (……) 수 백 년 동안 산에 올랐던 대부분의 인간들은 벌벌 떨며 억지된 필요성을 원망하면서 등산했으며 약간의 미적인 만족을 위한 경우조차 드물었다."

31) 『退溪全書 一』, 「洌井」, 104쪽.

『주역』「정(井)」괘의 내용을 소재로 한 위의 시는 사람들에게 은자의 정신을 가르친다. 그는 산속의 우물이 그러한 것처럼 사람들이 자신을 알아주거나 찾아 주지 않는다 해서 마음 아파하지 않는다. 저 '달고도 시원한' 우물물과 같이 근원에서부터 쉼없이 맑혀 내는 자기 존재의 순수함만으로도 그는 삶을 자족할 수 있기 때문이다. 퇴계는 도산을 최후의 은둔처로 정해 그곳에 집을 지으면서 아마 그러한 '우물' 의식을 가졌을 것으로 보인다. 그는 그곳이, 사람들이 찾아와 마셔 주면 더욱 좋고, 그렇지 않다 하더라도 '마음 상할 것 없는' 세상의 우물이 되기를 바랐을 것이다. 그가 평생토록 행한 학문은 바로 이를 위한 것이었다. 그에게 그것은 자신의 '존재의 우물'을 부단히 쳐내고 맑히는 노력을 뜻하는 것이었다. 우리는 여기에서 도산서당과 우물, 서당의 정신과 우물의 맑음이 한데로 어우러진 아름다운 정경을 상상해 볼 수 있다.

이처럼 선비는 자연을 배경으로 자연의 이법을 인문 정신으로 치환하여 인간의 삶과 문화를 아름답게 꾸미려 하였다. 다시 이를 도가나 서양의 그것과 대비해서 살펴보면, 도가는 인간을 자연 속에 흐려 버리려 한다. 동양의 산수화가 우리에게 잘 보여 주듯이 그들은 사람들이나 집들을 마치 자연의 일부처럼 처리한다. 거기에서는 인간 고유의 무늬를 찾기가 어렵다. 미술 전공자들이 일반적으로 지적하는 것처럼 동양화에 원근법이 결여된 데에는 이러한 인간관과 자연관이 작용하기 때문일 것이다. 인간은 만물과 마찬가지로 같은 크기로 자연 속의 한 자리를 차지하고 있는 존재일 뿐인 것이다. 이와는 반대로 서양인들은 만물과는 다른 인간의 특수성에 주목하면서 자연을 이용하고 개발해야 할 대상으로만 여긴다. 서양화의 원근법이 시사하는 바와 같이, 자연은 멀리 뒤에 놓여 있는 배경일 뿐이며, 시선의 초점과 주제는 역시 인간과 삶이다. 오늘날 서양의 여행객들이, 아름다운 산천 경개를 구경하려는 우리나라 사람들과 달리, 주로 유적지나 고건축과 같은 인공물에 관심을 갖는다는 것도 이러한 사고방식의 소산일 것이다.

하지만 선비는 자연과 조화를 이루는 삶을 추구한다. 그는 자연 속에 인간의 모습을 흐리지 않으며, 인간에 주목하되 자연의 배경을 잊지 않는다. 그에 의하면 자연은 그 자체 지고의 가치를 갖고 있지만, 인간의 삶 속에서 그것만으로는 안 되며 사람들은 그것을 인문화하여 실현하지 않으면 안 된다. 세계는 그렇게 함으로써 최고의 완성도를 보일 것이다. 이를테면 도산이랄 것도 없이 그저 아름답기만 한 산보다는 그 안에 서당이 조화롭게 들어서서, 사람들이 그곳에서 낭랑하게 글을 읽고 서로 예를 갖추며 진지하게 학문을 강론하는 삶과 문화가 더해질 때 자연과 인간을 아우르는 세계의 아름다움이 훨씬 뜻깊을 것이다. 천인합일(天人合一)의 삶과 문화가 여기에서 완성된다. 『주역』은 이를 다음과 같이 압축적으로 표명한다. "대인(大人)의 덕은 하늘 땅과 합일하고, 공명함은 해 달과 합일하며, 삶의 질서는 사계절과 합일하고, 일의 길흉은 귀신과 합일한다.(「건」괘 문언전)"

2 인간의 본질

도덕생명

'나'는 타자와 절연된 채 마치 절해의 고도처럼 독립적으로 존재하는 개인이 아니다. 사회 속에서 인간 관계를 맺지 못하고 사는 사람을 우리는 상상할 수 없다. 옛날 숲 속에서 발견된 늑대 소년처럼 그에게서는 인간적인 그 무엇도 찾아볼 수 없기 때문이며, 인간의 내용은 자타 관계와 사회, 역사 속에서만 형성되고 규정되는 법이기 때문이다. 프랑스 철학자 라캉이 "'코기토로부터 출발하는 모든 철학"에 반대한 이유도 여기에 있다.[1] 타자의 존재를 전제하지

---

1) 한자경, 『자아의 연구』(서광사, 1997), 331쪽 참조. 여기에서 코기토란 데카르트 철학의 제일 명제인 "나는 생각한다, 고로 존재한다.(Cogito ergo sum)"를 두고 한 말이다. 데카르트는 세계 만물의 존재를 의심하다가, 자신이 의심(생각)한다는 사실만큼은 의심할 수 없음을 깨달

않는 직접적인 자아의식인 코기토는 우리의 생각이 가공해 낸 환상에 불과하다는 것이다. 그러므로 인간 관계와 사회를 배제한다면 그는 그만큼 자아의 정체성에 대한 공허감과 위기감을 겪게 될 것이다.

이미 살핀 것처럼 선비는 "만물이 모두 나에게 갖추어져 있음"을 알아 참자아의 완성과 타자의 성취를 동시에 추구하였다. 『중용』은 말한다. "성인은 넓고 두터운 덕으로 만물을 부양해 주고, 높고 밝은 덕으로 만물을 감싸안아 주며, 무궁한 덕으로 만물을 성취시켜 준다." 이는 단순히 지식인의 사회적인 의무감에서 나온 것이 아니었다. 그것은 자타간 존재공동체의 정신에서 우러나오는 자발적인 노력이었다. 나는 본질적으로 타자를 내 안에 갖고 있는 만큼, 그렇게 '만물을 부양해 주고 감싸안아 주며 성취시켜 줌'으로써 자아의 완성을 기할 수 있다고 생각했기 때문이었다.

선비는 초목금수와 다른 인간의 본질을 바로 여기에서 찾았다. 그에 의하면 인간이나 초목금수 모두 자연의 보편적인 생명정신을 공히 타고났지만, 그것을 자기 안에 폐쇄시켜 이기적으로밖에는 살 줄 모르는 자리(自利)의 초목금수와 달리, 인간은 그것을 개방적으로 실현하여 타자를 성취시켜 줄 수 있는 이타(利他)의 능력을 천부적으로 타고났다. 퇴계는 말한다. "초목금수는 천명(天命)을 넓힐 수 없지만 사람은 그것을 넓혀 나갈 수 있습니다. (……) 그렇게 해야만 사람이 초목금수보다 존귀한 이치를 저버리지 않게 될 것입니다."[2] 그가 "사람은 천지의 빼어난 자식"[3]이라 말한 이유가 여기에

왔다고 한다. 그러므로 그의 '존재'는 의심스러운 세계 만물과는 독립된 '생각하는' 존재다.

2) 『退溪全書 二』, 「答申啓叔」, 281쪽. 한편 그는 「천명도(天命圖)」에서 초목과 금수, 인간의 본성을 각각 다르게 도시해 놓고서 그 옆에 "완전히 막혀 통하지 않음〔全塞不通〕", "부분적

있다. 또한 그가 "천명을 항상 되돌아보고" "천명을 확립하며" "천명에 이르고자"[4] 한 것은 바로 '천지의 자식'으로서의 직분을 다하기 위해서였다. 여기에서 천명이란 초월자의 말씀을 뜻하지 않는다. 그것은 천지가 인간에게 명한 직분, 즉 개방적인 생명정신을 말한다. 군자와 소인의 차이는 바로 이러한 생명정신의 개폐 여부에 있다. 세간에서 흔히 오가는 "짐승보다도 못한 놈"이라는 비난도 어쩌면 이와 같은 인간학적인 판단에 기초하는 것으로 보인다.

인간의 개방적인 생명정신은 달리 살피면 도덕생명의 정신에 다름 아니다. 왜냐하면 생명의 개방이란 타자를 아우르면서 그를 배려하고 또 성취시켜 주고자 하는 노력인 만큼, 거기에는 시비 선악의 판단과 도덕 실천의 의지가 뒤따를 수밖에 없기 때문이다. 이는 '만물을 그의 존재 안에 갖춘' 인간의 특성이기도 하다. 즉 그는 자신 안에 내재되어 있는 타자의 의미와 가치를 성찰하고 실현하려는 성향을 생래적으로 갖는다. 다시 말하면 "천하의 일이 모두 내 밖의 일이 아닌"[5] 이치상 세상만사가 내 안에서 도덕적인 요구를 일게 만들 것이다. 물론 그것은 욕망과 이해관계의 현실 속에서 자주 은폐되기도 하지만 그렇다고 해서 아주 없어지는 것은 아니다. 그것은 마치 초목의 남벌에도 불구하고 땅속에서 끊임없이 활동하는

으로 통함(或通一路)", "인의예지신 오성이 전면으로 통함(五性旁通)"이라 적어 놓고 있다. 여기에서 '통함' 여부는 자연으로부터 타고난 생명정신(天命)의 개폐를 뜻하며, 금수에 대해 "부분적으로 통한다." 한 것은 짐승들의 새끼 보호 본능이나 개의 충성 등을 염두에 두고 한 말이다.

3) 『退溪全書 一』, 「戊辰經筵啓箚二」, 195쪽.

4) 『退溪全書 二』, 「答申啓叔」, 281쪽.

5) 『退溪全書 一』, 「與宋台叟」, 276쪽.

그 뿌리의 생명력과도 같이 마음속에 내밀한 힘으로 변함없이 존재한다. 우리는 그것을 측은지심(惻隱之心)과 수오지심(羞惡之心) 등 이른바 사단(四端)에서 확인한다. 그러므로 도덕생명이야말로 인간 고유의 본질이다.

성리학상 성(性) 개념의 지평이 여기에서 열린다. 그것은 도덕생명의 성품으로서, 만물을 내 안에 깊이 아우르면서 동시에 나를 그들에게로 열어 향하게 해 주는 부동의 존재 중심이다. 인의예지는 바로 이러한 도덕생명의 근저에 놓여 있는 본래적인 인격을, 일상생활에서 흔히 발로되는 측은, 수오, 공경(恭敬), 시비(是非)의 도덕 감정을 토대로 네 가지로 범주화한 것이다. 이에 관해 주회암의 글을 읽어 보자.

성(性)은 혼연(渾然)한 태극의 본체로서 본래 무어라 형용할 수 없습니다만, 그 가운데에는 만 가지의 이치가 갖추어져 있습니다. 인의예지는 그중 네 가지의 커다란 줄기와 조리를 일러 말한 것입니다. 공자 당시에는 그러한 말이 없었는데 맹자가 그와 같이 명명한 것은 (……) 그때에 이르러 이단들이 봉기하여 왕왕 성악설을 주장하였기 때문에 이를 염려하여 그 이치를 밝히려 한 것이었습니다. 마음의 이치를 포괄적으로만 말하면, 그것은 마치 눈금 없는 저울이나 치수 없는 잣대와도 같아서 세상 사람들을 깨우칠 수가 없겠기에, 그것을 네 개의 영역으로 나누어 말씀하신 것이며, 사단설이 여기에서 정립된 것입니다.[6]

---

6) 『朱子書節要』, 「答陳器之」, 353쪽. 그는 또한 "성(性) 속에 인의예지가 마치 돌무더기처럼 쌓여 있는" 것처럼 오해하고 있는 혹자에 대해 다음과 같이 답변한다. "성은 본질적으로 이 네 가지를 떠나 있지 않지만 네 가지는 어떤 형상이나 위치를 갖고 있는 것이 아니며 (……) 거기에 실제로 어떤 장벽이나 칸막이 같은 분별처가 있는 것은 아닙니다. 이 부분은 말로 형

사람들은 이에 대해, 인의예지란 인간 관계와 사회생활상 요청되는 사랑, 의로움, 예의, 지혜의 덕목들을 그와 같이 천부의 본성으로 절대화한 것일 뿐이라고 주장할지도 모른다. 하지만 이에 관해서는 달리 생각해 볼 수도 있다. 즉 그것은 인류가 수백만 년을 살아 오면서 각종의 사회적인 의무와 규범들을 끊임없이 부과해 오는 동안 서서히 무의식으로 침전된 결과일 수도 있다. 사람들은 그들의 무의식 속에 그 규범들을 일일이 새겨 두지 않는다. 그들은 다만 가치 판단과 윤리 지향의 성향을 심층화할 뿐이다. 그것의 혼돈된 모습을 무어라고 정확하게 짚어 말하기는 어렵지만, 그러나 우리는 경험적으로 그것의 단서를 확인할 수 있다. 측은, 수오, 공경, 시비의 본능적인 도덕감정이 그것이다. 인의예지는 이러한 단서를 토대로 범주화하고 동시에 삶의 과제로 이념화한 것이다. "마음의 이치를 포괄적으로만 말하면, 그것은 마치 눈금 없는 저울이나 치수 없는 잣대와도 같아서 세상 사람들을 깨우칠 수가 없겠기에" 말이다. 이는 인의예지를 단순히 규범적으로만 이해해서는 안 됨을 일러 준다. 그 안에는 인간의 도덕생명의 모든 것이 깊이 담겨 있다.

언하기가 극히 어렵기 때문에 맹자 또한 (사단과 같은) 성의 발로처에서 말씀하셨던 것입니다.(같은 책, 「答林德久」, 383쪽) 참고로 이는 다산 정약용의 다음과 같은 비판이 오해에서 나온 것임을 일러 준다. "어찌 인의예지 네 개의 덩어리가 돌무더기처럼 쌓여, 마치 복숭아씨나 살구씨와도 같이 사람의 마음속에 감추어져 있겠는가."(『與猶堂全書 二』(경인문화사 영인본), 「孟子要義」, 105쪽)

선악의 문제

이상으로 살핀 도덕생명(성)의 관념에 의하면 인간은 당연히 천부적으로 선한 존재가 아닐 수 없다. 형이상학적으로 살피더라도 자연의 섭리(생명정신) 자체가 '선'하므로, 그것을 온전히 타고난 인간 역시 선하지 않을 수 없다. 자연의 세계 기획상 악은 존재하지 않는다. 그렇지 않다면 만물의 생성 변화가 뒤죽박죽 혼란을 면치 못하여 세계는 일찍이 파국을 면치 못했을 것이다. 하서(河西) 김인후(金麟厚, 1510~1560)는 이를 다음과 같이 읊는다.

> 천지 사이 지극한 선 가득히 작용하니
> 궁리하기 쉽잖으나 어려울 일 또한 없네
> 만물의 생성 변화 무궁한 그 뜻을
> 깨우쳐 편안히하면 일마다 한가하리
> 至善油然塞兩間   格來無易亦無難
> 生生萬化無窮意   就得安時事事閒[7]

그러므로 악은 다만 후천적으로 사람들이 삶을 영위하는 과정에서 지어내는 일탈 행위일 뿐 인간의 본래적인 품성이 아니다. "의지에서 선악의 기미가 나뉜다."[8]고 한 퇴계의 말뜻이 여기에 있다. 악은 사람들이 일에 임해서 자신의 이해 득실을 계산하고 영리

---

7) 『李朝初葉名賢集選』(성대 대동문화연구원 영인본),「贈孟明」, 624쪽.
8) 『退溪全書 三』,「天命圖說」, 143쪽.

를 꾀하는 마음에서 싹튼다는 것이다. 선비가 평소에 마음을 경건히 갖고 마음속 낌새를 엄밀히 성찰하려 했던 것도 이 때문이었다. 『대학』은 그 자리에서 다음과 같이 경고한다. "스스로를 속이지 말라.〔毋自欺〕"

더 나아가 "군자는 사물을 보거나 듣거나 하지 않는 순간에도 경계하고 조심(『중용』)"하면서 의지가 발동하기 전, 마음의 원초로 거슬러 올라가 선한 본성을 체험하려 하기까지 하였다. 그는 맹자의 이른바 야기(夜氣), 즉 사위가 캄캄하고 조용한 한밤중 하루의 일과를 모두 끝낸 뒤에 고요 속에서 현전되는 맑고 밝은 마음의 기상을 통해 순수한 도덕생명의 힘을 느끼며 키우려 하였다. 회재(晦齋) 이언적(李彦迪, 1491~1553)의 시를 통해 그 세계를 엿보자.

> 소슬히 비 내리는 산중에 꿈에서 깨니
> 창밖에 꿩 우는 소리 홀연히 들려오네
> 세상만사 모든 생각 다 사라지고
> 다만 마음 한 점 맑게 떠오르네
> 山雨蕭蕭夢自醒   忽聞窓外野鷄聲
> 人間萬慮都消盡   只有靈源一點明[9]

이러한 기상은 물론 밤에만 가질 수 있는 것은 아니다. 어두운 밤은 사람들을 조용히 자기 안으로 침잠케 해 줄 좋은 환경일 뿐이며, 저 '맑은 마음'은 노력 여하에 따라서는 한낮 일상의 생활 속에서도

---

9) 『晦齋全書』(성대 대동문화연구원 영인본), 「存養」, 45쪽.

충분히 체험할 수 있다. 즉 당면의 일이 없을 때 마음을 욕망과 잡념 없이 고요 속에 두면 저러한 '맑은' 기상이 마음의 지평 위에, 마치 새벽 동녘의 여명처럼 떠오를 것이다. 정이천은 말한다. "고요 속에서 만물을 보면 모든 것이 자연히 봄의 뜻을 갖고 있음을 알게 되리라."[10] 이는 맑고 고요한 마음이 지적이거나 감정적인 흔적을 갖지 않지만 그렇다고 해서 텅 빈 것은 아니며, 거기에는 만물을 약동시키는 춘풍화기의 도덕생명 기상이 어릴 것임을 함의한다. 그것은 어쩌면 인간 존재의 심층에 놓여 있는바 남들과 화해롭게 지내고자 하는 본능과 열망[11]이 삶의 표면에서 작동되는 의지와 욕망의 방해를 받지 않고 '맑고 고요한 마음' 속에 드러난 모습일 수도 있다. 이른바 사단은 이처럼 인간 존재의 심층에서 표출되는 꾸밈없는 감정을 네 가지로 적시한 것이며, 인의예지는 이를 미루어 인간의 본성을 도덕 범주화한 것이라 할 수 있다.

사람들은 이에 대해 성악(性惡)의 주장으로 비판하려 할지 모른다. 그들은 일상생활 속에서 이기적이고 공격적이며 투쟁적인 모습들을 훨씬 많이 체험하고 또 견문하기 때문이다. 하지만 비록 현실은 그렇다 하더라도 그것이 곧 인간 본성의 악함을 주장할 결정적인 근거가 될 수 있는지 반문해 볼 필요가 있다. 그것은 어쩌면 맹자가 말한 것처럼, 마치 초목이 소와 양들에게 뜯기고 사람들의 도

---

10) 『近思錄』, 212쪽. 이의 주에는 정명도의 유명한 시 일부가 실려 있다. "고요히 바라보니 만물은 모두 제자리를 얻었고/ 사계절의 아름다운 흥취는 사람과 한가지로다."

11) 이러한 본능과 열망은, 남들과의 연대와 친밀한 관계를 거부하고 자기 자신에게만 관심을 갖는 사람들에게 질병이 많다는 의학자들의 임상 보고를 통해 반증될 수 있다. 이에 의하면 인간은 분리와 고독의 실존적인 두려움 속에서 본능적으로 남들과 연대하고자 하며 타인과 친밀하게 지내려는 마음을 갖고 있다고 한다.

끼와 톱으로 잘려 나간 민둥산을 보면서 사람들이 "저것이 산의 본래 모습"이라고 단정하는 것과도 같아 보인다. 다시 말하면 성악의 주장은 사람들의 언행의 표면만 관찰한 결과일 뿐, 마음의 근원으로 거슬러 올라가서 거기에 내재해 있는 도덕생명의 은밀한 힘이나 또는 존재 심층의 본능과 열망을 간과하고 있다. 사실 사람들이 저 민둥산과도 같은 현실의 심성 앞에서 스스로 황량한 마음을 갖거나 알 수 없는 불안감에 휩싸이는 것도 역으로 살피면, 민둥산 초목의 뿌리들처럼 부단히 생명의 꿈을 꾸는 심층의 선한 본성이 발동한 결과일 수도 있다. 그들이 악행에서 생명의 위축과 부정을 느끼고, 선행에서 성취 의식과 충만감을 갖는 것 또한 선한 본성이 작용하기 때문일 것이다.

혹자는 이에 대해 성악의 주장으로부터 한 발 물러서서 선악의 공존을 주장하기도 한다. 하지만 생물학자들 가운데에는 인간에게 선이야말로 본래적이며, 악은 뒤에 생긴 것이라고 주장하는 사람들도 있다. 즉 동물들에게도 사회적인 본성이 있음을 고려할 때 인간의 악은 사회적인 본성의 선 뒤에 '진화'한 결과라는 것이다. 그러므로 악은 "선의 옆이나 바로 맞은편이 아니라 선보다 한결 낮은 곳에 위치한다."고 할 수도 있다. 성선을 주장하는 철학자 알렝 핑켈크로트의 글을 읽어 보자.

레비나스의 새로움은 선을 종국 목표(유토피아의 천국, 역사가 완결한 빛나는 미래)에 위치시킨 것이 아니라, 시작(타인과의 만남이라고 하는 태곳적부터의 경험)에 위치시킨 점에 있다. 대타적 존재의 원래 의미는 투쟁이 아닌 윤리이다. 타인과의 대면은 우리에게 책임감을 느끼게 할 뿐, 투쟁으로 인도하지는 않는다. (……) "윤리적 관계는 여러 가지 자유의 출현에 선행한다. 또 헤겔이 말하는 역사의 동인이 되는 전쟁에 선행한다."(레비나스) 이 말은 전쟁이 일어나기 전에 세상이 모두 평화로웠다는 말이 아니다. 사실 '윤리적 폭력'이 의식의 충돌이나 적대 관계보다 선행하고 있다는 말이다. 선은 나를 사로잡고 내동의 없이 내게 부과된다. 내가 선을 선택하기 이전에 그것이 나를 선택하였다. "악은 바로 죄이다. 본의 아니게 책임을 회피한 것에 대해서 져야 할 책임이다. 악은 선의 옆이나 바로 맞은편에 위치하지 않고, 다음 자리에, 선보다 한결 낮은 곳에 위치한다."(레비나스)[12]

말할 것도 없이 인간의 본성이 선한가 아니면 악한가 하는 문제는 단순히 이론적인 논쟁거리에 그치지 않는다. 그것은 실제적으로 사람들의 삶과 사회에 지대한 영향을 미친다는 점에서 대단히 중요한 의의를 갖는다. 성악을 주장하는 사람들은 선을 삶과 사회의 유지상 요청적인 것으로 받아들이면서 자기 보존을 위해 최소한의 선행만을 하려 할 것이다. 그러므로 그들에게서 자기희생의 선행을 기대할 수 없음은 물론 그들이 선을 자발적으로 행하는 일은 없을 것이며, 사회적인 제재가 약한 자리에서는 본성대로 악행을 저지를 개연성이 높다. 그들은 "만인의 만인에 대한 투쟁"의 사회에서, 약육강식의 법칙이 지배하는 정글 사회에서 자신들의 모질고 험악한 마음과 악행을 인간의 악한 본성상 당연한 것으로 변호하고 싶어

---

12) 알랭 핑켈크로트, 권유현 옮김, 『사랑의 지혜』(동문선, 1998), 37쪽. 그 밖에 오늘날 일부 과학자들 역시 생물학적 관점에서 인간 본성의 선함을 주장하고 있다. 달라이 라마 · 하워드 커틀러, 류시화 옮김, 『달라이 라마의 행복론』(김영사, 2002), 66쪽 참조.

할 것이다. 그리하여 성악의 인간관은 아름답고 고상하며 의미 깊은 삶을 꿈으로 키우기가 어려울 것이다.

이에 반해 성선의 인간관은 악행을 자기 부정과 파괴의 짓에 다름 아니라고 여기기 때문에, 사람들은 현실적인 필요나 사회적인 요구에 앞서 자신의 존재를 확인하고 자긍케 해 줄 선행의 의지를 강화할 것이다. 그들은 남들에 대한 불신과 적의를 부끄러운 생각으로 자책하면서 믿음과 사랑으로 나서려 할 것이다. 이기적인 태도 속에서 자타간 대립과 투쟁을 마다하지 않는 성악의 인간관과 달리, 성선의 그것은 자아의 개방, 즉 도덕생명의 실현을 통해 남들을 아우르며 그들과 화해롭게 지내고자 할 것이다. 인간의 존엄성을 확립 실현하고 아름답고 뜻깊은 삶을 살 수 있는 길이 여기에서 마련된다. 선비의 성선 관념에 담긴 삶의 철학을 우리는 이러한 관점에서 여러 각도로 조명해 볼 필요가 있다. 그의 성선의 신앙은 과거 우리 문화의 핵이었기 때문이다.

덕치주의, 즉 도덕사회를 꿈꾸었던 선비의 정치 이상은 바로 이러한 성선의 인간관에서 나온 한 예다. 성악 사상이 인간에 대한 근원적인 불신 속에서 사람들의 악성을 다스릴 수 있는 타율적이고 강제적인 수단을 마련하는 데 관심을 집중하는 것과는 달리, 성선의 그것은 인간에 대한 믿음 속에서 사람들로 하여금 자신들의 악행을 자율적이고 자발적으로 고쳐 선한 삶을 살도록 도덕적으로 교화하는 데에 초점을 맞춘다. 퇴계는 한 제자에게 말한다. "치국(治國)은 가정 내 효도와 공경과 자애를 근본으로 하여 사회의 모든 사람들이 사랑과 예양(禮讓)과 충서(忠恕)의 마음으로 살도록 하는 것입니다."[13] 조선 시대에 정치 명령을 교령(敎令), 전교(傳敎), 정교(政教) 등 교(教) 자 돌림으로 많이 한 것도 이러한 사고에 연유한다. 천하일가 사해동포(天下一家 四海同胞)라고 하는 가정적 사회 이상 또한 이에 뿌리를 둔다. 사회를 한 가정처럼, 만민을 부모 형제와도 같이 여겨 인격과 도덕으로 교류하려는 마음 속에는 성악의 의심이 끼어들 여지가 없다. 악(Evil)을 연역 명제로 여기는 서양인에 대비하여 오늘날 한국인의 선악 관념을 실증적으로 분석한 미국 학자 프레드 알포드의 다음 글을 읽어 보자. 이는 오늘날 우리나라 사람들에게 아직까지도 작용하고 있는 성선의 집단 무의식적인 잔상을 잘 보여 주고 있다.

  (한국 사회에서) 사람들은 악한 일이나 행동을 경험할 수는 있다. 그러나 일반화되고 만성적인 악을 상정하는 것은 마치 온 세상이, 그리고 우리가 사랑하는 모든 것이 악하다고 말하는 것이 되며, 이것은 너무나도 무섭고 엄청난 일이다. (……) 사회가 하나의 커다란 가족이라면, 모든 인간 관계가 가족 관계를 모델로 하고 있다면, 그래서 낯선 사람일지라도 우리가 그에게 할아버지니 아주머니니 하는 식으로 가족 구성원에게나 사용할 호칭을 부여한다면, 악(Evil)이 존재할 자리가 없다. 이런 상황에서 우리가 악을 이야기한다는 것은 "나의 가족이 악하다."라고 말하는 것과 다름없다.[14]

---

13) 『退溪全書 二』, 「答李平叔」, 268쪽.

14) C. 프레드 알포드, 김강석 옮김, 「한국인의 선과 악」, 《전통과 현대》(전통과 현대사, 1997) 창간호, 347~348쪽. 저자에 의하면 영어의 'Evil'을 한국어로 번역할 개념적 숙주(宿主)가 없다고 한다.

도덕성 관념의 약점

이상으로 살핀 선비의 도덕(성) 관념은 어떤 약점을 갖고 있는 것으로 보인다. 인간의 존재공동체적인 본질을 내면의 도덕성에서 발견하여, 거기에서 타자와, 나아가 만물에 대해 행해야 할 의무와 과제의 자발적인 근거를 찾은 그의 철학은 사실 대단히 중요한 의의를 갖는다. 그것은 사람들이 윤리 도덕을 밖으로부터 강요당하지 않고 그들 스스로 내면 깊은 곳에서 자신의 도덕적인 본성을 깨닫고 또 그것을 자발적으로 실천할 수 있도록 해 주기 때문이다. 다시 말하면 천부적으로 타고난 성품 안에서 하늘과 땅, 만물의 이치를 발견하는 사람은 그것을 자신의 존재 의미로 여기고 삶의 이념으로 삼아 적극적으로 실현하고자 할 것이다.

하지만 사람들이 일단 자기 내면의 도덕성에 주목하기 시작하면 거기에 내포된 존재공동체적인 본질에 대한 의식이 점점 약화되지 않을까? 그들이 성리학 속에서 심성 자체에 관심을 집중하다 보면, 그것이 밖으로 지향하는 만물 생성과 발육의 의지가 자기도 모르게 약해지기 쉽겠기 때문이다. 이른바 '텅 비고 영묘하며 어둡지 않은[虛靈不昧]' 내면의 세계에 침잠하고 도덕성의 함양에 치중하다 보면 사람들과 사회에 대한 관심이 줄어들 수밖에 없을 것이다. 이러한 문제점은 선비의 심학(心學)에서 강조되어 마지않던 각종 공부론에 잘 드러난다. 이를테면 퇴계의 「심학도(心學圖)」상 경(敬)의 글자를 중심으로 둥그렇게 배치되어 있는 신독(愼獨)과 계구(戒懼), 극복(克復)과 조존(操存), 정심(正心)과 양심(養心) 등의 요목들은 원래 도덕생명의 폐쇄 요인을 제거하여 그것을 바깥 세계를 향해 개방하고 실천하기 위한 것이지만, 그러한 심성 함양 공부에는 타자를 성취시켜 주려는 노력이 전혀 드러나지 않는다. 이러한 문제점은 위의 그림에 덧붙여진 글에서 단적으로 나타난다. "마음은 몸의 주재자요 경(敬)은 또한 마음의 주재자로, 배우는 사람들이 주일무적(主一無適)의 설과 정제엄숙(整齊嚴肅)의 설과 기심수렴(其心收斂)의 설과 상성성(常惺惺)의 설을 익히 궁구하면 공부가 극진하고 넉넉해져서 성인의 경지에 들어감도 어렵지 않을 것이다."[15] 하지만 '성인'의 경지는 인류애의 정신으로 박시제중(博施濟衆)하는 사람에게서만 이야기될 수 있는 것이라는 공자의 말씀을, 더 나아가 "성인은 만물의 본성을 실현케 해 주어 천지의 만물 생성과 발육을 돕는다."는 『중용』의 뜻을 그것은 망각하고 있다.

성리학자들의 본성 관념에 내재된 심학화(心學化)의 약점은 도학(道學) 이념의 사회 정치적인 실천이 제반 현실의 저항과 위협을 받으면서 더욱 심해졌던 것으로 보인다. 그들은 세상사가 자신들의 뜻대로 되지 않는다는 것을 정치 생활 속에서 체감했을 뿐만 아니라, 특히 수많은 도학자들을 죽음으로 내몬 조선 중기 여러 차례의 사화들은 그들의 실천 정신을 약화시키는 데 결정적인 요인으로 작용하였다. 결국 그들은 사회 정치적인 이념을 접고는 저와 같이 학문의 이름 아래에서 추상적인 심성의 세계에 서서히 빠져들어 갔다. 그것 또한 한편으로는 궁리(窮理) 하는 학자로서의 정체성을 확인시켜 주는 것이기도 했다. 하지만 이는 달리 살피면 그들의 도덕 생명의 위축 또는 빈곤화를 뜻한다. 이 점은 물론 학자들마다 다양

---

15) 『退溪全書 一』, 「聖學十圖(心學圖)」, 208쪽. 위에 인용된 네 개의 설은 경의 공부론으로서, 간단히 풀이하면 마음의 오롯함, 엄숙함, 거두어들임, 깨어 있음을 뜻한다.

한 편차를 드러내겠지만, 일반적으로 말하면 심성(心性)에 관한 논의가 심화될수록 천지 만물을 향해 열려 있는 도덕생명에 대한 자각과 그 실천은 약화될 수밖에 없을 것이다. 세계와 만물, 그리고 인간이 이(理), 기(氣), 심(心), 성(性) 등 몇몇의 암호언어로 압축되어 공식화되면서 그것들의 존재는 추상적인 언어 문자로 박제화되어 일상의 현실에서 직접 체험되기 어려워지기 때문이다. 16세기 초엽 사화로 얼룩진 도학 시대를 지나 이후로 일기 시작한 성리학계의 이기심성론은 점점 그 치밀함을 더하면서 한편으로 이와 같은 문제점을 갈수록 키워 갔던 것으로 보인다. 일례로 퇴계의 말을 들어 보자. "인(仁)과 의(義)를 성(性)의 관점에서 말하면 모두 체(體)요, 정(情)의 관점에서는 모두 용(用)이며, 음양(陰陽)으로 말하면 의체인용(義體仁用)이요, 마음과 일로는 인체의용(仁體義用)입니다."[16]

우리는 여기에서 한 가지 가정적인 문제를 논의해 볼 만하다. 우주 자연 속에서 인간의 좌표를 찾고 도덕생명에서 자신의 본질을 발견했던 그들이 만약 심학에 경주하지 않았다면, 그들은 인간의 존재공동체적인 본질 또는 도덕생명의 실현을 차단하는 현실 앞에서 삶의 행로를 과연 어떻게 잡았을까 하는 것이다. 만약 심성의 내면 세계로 퇴각하여 비밀스러운 자족을 구하는 길을 알지 못했더라면, 그들은 자신의 인간관을 수정하지 않는 한 자기 부정의 혼란과 고통을 면하기가 어려웠을 것이다. 그리하여 퇴로를 갖지 못한 막다른 골목에서 그들은 부조리한 사회 현실에 끊임없이 저항하면서 개혁을 꿈꾸는 적극적인 사고를 보였을지도 모른다. 맹자의 혁

16) 『退溪全書 二』, 「答李宏仲問目」, 224쪽.

명 사상은 그 대표적인 예에 해당될 것이다. 물론 성리학의 도덕성 관념이 일면 맹자에 연원하는 것은 사실이지만, 그는 당시 무도한 사회로부터 물러나서 열락을 누릴 수 있는 내밀한 심학의 은둔처를 깊이 마련하지 못했던 점에서 성리학자들의 태도와는 사뭇 다르다.

성리학의 심성론에 대한 다산의 비판을 우리는 이러한 관점에서 이해해 볼 수 있다. 앞서 지적한 것처럼 그가 성리학의 도덕성 관념을 일면 오해한 것은 사실이지만, 아래의 주장은 우리의 논의 주제와 관련하여 중요한 함의를 갖는다. "인의예지라는 명칭은 그것을 실천한 뒤에 성립된다. 그러므로 남을 사랑한 뒤에 인(仁)하다고 말할 수 있는 것이지, 사랑하기 전에는 인이라는 이름이 성립되지 않는다."[17] 이는 성리학자들이 심성(心性)의 밀실 속에 가두어 버린 인의예지의 도덕생명성을 복원하는 의의를 갖는다. 인의예지의 세계 지평은 수행의 마음을 넘어 일상의 실천 속에서만 열릴 수 있다는 주장은 바로 거기에 내포되어 있는 만물 생육의 이념을 되살려 내는 뜻에 다름 아닐 것이기 때문이다.

문제는 이것으로 끝나지 않는다. 선비는 도덕성의 내포로 언필칭 인의예지를 든다. 우리는 이에 관해, "마음의 이치를 포괄적으로만 말하면, 그것은 마치 눈금 없는 저울이나 치수 없는 잣대와도 같아서 세상 사람들을 깨우칠 수가 없겠기에" 성현들이 교육의 방편상 그것을 네 가지로 범주화했다는 주장을 일단 수긍할 수는 있다. 하지만 그것은 "만 가지 이치가 갖추어져 있어서" "무어라 형용할 수 없는" 도덕성을 자칫 네 가지의 규범 안에 가두어 버릴 수도 있

---

17) 『與猶堂全書 二』, 「孟子要義」. 105쪽.

다는 점에 문제가 있다. 성현들은 그러한 방편적인 의미를 알아 도덕성 안의 '만 가지 이치'를 남김없이 실천했겠지만, 그 이하의 사람들은 그것에 관해 과거의 성현들이 제시한 규범적인 의미들만 받아들이려 할 것이기 때문이다. 교조적이고 율법적인 사고가 여기에서 생겨난다. 그들은 인의예지를 도덕생명의 실현 양상으로 체험하기보다는 단지 '성현의 말씀'이기 때문에 규범적으로 따르려 할 것이기 때문이다. 그중 예(禮)의 규범은 결정적이다. 우리가 조선 시대 윤리 도덕 교습서였던 『소학(小學)』을 읽으면서 숨 막히는 느낌을 갖는 것도 기본적으로 이에 연유할 것이다. 이는 인의예지의 실천 규범들이 도리어 도덕생명의 실현을 제약할 수도 있음을 시사한다. 선비들 개개인의, 더 나아가 공맹 이후 모든 유학자들의 철학을 우리는 이러한 관점에서 평가해 볼 필요가 있다.

부질없는 가정일 수도 있겠으나, 만약 그들이 인의예지의 '교육 방편적인' 의미에 집착하지 않고, 그것이 궁극적으로 지향했던 도덕생명의 실현이라는 본래적인 목적 이념을 견지했다면 그들의 삶과 사회는 아마도 크게 달라졌을 것이다. 어쩌면 그들의 도덕 철학은 통시적인 적응력을 갖고서 오늘에까지 융통되었을지도 모른다. 왜냐하면 도덕생명의 정신은 인의예지로 규정되기 이전에 인간의 초시대적인 본질이자 이념으로 포괄성을 띠고서 각 시대와 사회에 맞는 삶의 도덕들을 개발해 낼 것이며, 그것은 봉건 시대의 유물이 아니라 여전히 '지금, 이 자리'에 소용되는 것으로 사람들에게 다가올 것이기 때문이다. 우리는 인의예지를 이러한 도덕생명의 정신 아래에서 새롭게 검토하면서 그 의미를 다시 추슬러 볼 필요가 있다. 오늘날 유가 철학을 연구하는 사람들의 한 가지 과제가 여기에 있다.

3 생명애의 이념

생명적 사랑

　선비는 인의예지의 도덕성 가운데에서도 인(仁)을 가장 핵심에
둔다. 그에 의하면 인은 의, 예, 지뿐만 아니라 인간 관계와 사회생
활상 모든 덕목들의 근간으로 작용한다. 하지만 이러한 사고방식은
오늘날 연구자들을 매우 당혹스럽게 만든다. 워낙 포괄적이고 복합
적이라 그 의미를 분명하게 파악하기 어렵기 때문이다. 그렇다고
해서 그 용어를 온갖 덕목들의 총합 부호로 적당히 이해하여 답습
할 수도 없는 일이다. 그러한 태도는 "인이라는 글자를 어디에도 귀
착할 곳이 없게 만들고 말"[1] 것이다. 그리하여 그 의미의 귀착지를

---

[1] 『朱子書節要』, 「答將敬夫問目 又論仁說」, 75쪽. 이는 학자들이 인을 본성의 차원에서만 논
의하면서 정작 그 핵심 정신인 '사랑'을 놓치고 있음을 비판한 글이다.

알지 못하고 행하는 모든 논의는 공허함을 넘어서 사람들의 사고에 혼란만 가중시키게 될 것이다.

그러면 인의 핵심적인 의미는 과연 무엇일까? 우리는 그것의 형이상학에서 단서를 찾을 수 있다. 퇴계는 말한다. "인이란 천지가 만물을 생육하는 마음으로서, 사람은 그것을 본성으로 타고났다."[2] 이미 살핀 것처럼 자연은 보편적인 생명정신으로 만물을 생육한다. 그것이 곧 '천지의 인'이다. 말하자면 "이 우주의 목적은 생명을 양육하는 것이다."[3] 인간은 이러한 만물생육, 또는 생명양육의 정신을 천부적으로 타고났다. 생명정신의 개방적인 행사를 통해 만물의 생성과 발육을 도울 수 있는 능력이 바로 그것이다. 그러므로 인은 도덕생명 정신 자체라 할 수 있다. 선비가 인을 모든 덕목들의 근간으로 여겼던 데에는 이와 같은 뜻이 함축되어 있다.

이러한 인은 일상의 현장에서 폭넓고 다양한 외연을 드러내겠지만, 그 핵심은 생명애의 정신을 내포로 갖는다. 정이천은 말한다. "인은 곡식의 씨앗이 품고 있는 생명의 뜻이요, 사랑은 따뜻한 햇볕 속에서 움트는 새싹과도 같다."[4] 또 진신안(陳新安)은 다음과 같이 말한다. "만물에게 생명을 부여하는 것이 천지의 위대한 덕이다. 사람은 천지의 덕을 타고났으므로 생명을 사랑한다. 이른바 '천지가 만물을 생육하는 마음을 사람이 본성으로 타고났다.'는 것은 곧 생

---

2)『退溪全書 一』, 「聖學十圖(仁說)」, 206쪽.

3) 존 브롬필드, 앞의 책, 110쪽.

4)『近思錄』, 50쪽. 인의 뜻을 사랑에서 찾는 학자들은 그 밖에도 많다. 예를 들어 보자. "사랑의 덕을 인이라 한다."(주렴계, 같은 책, 24쪽) "인의 뜻을 알고자 한다면 사랑에서부터 미루어 나가는 것이 제일 좋습니다."(주회암,『朱子書節要』, 「答張敬夫」, 68쪽) "인은 사랑의 이치다.(『退溪全書 一』, 「聖學十圖(仁說)」, 173쪽)

명을 사랑하는 덕을 말한다."[5] 인간은 이처럼 생명애의 정신을 천부의 본성으로 타고났다. 그가 삼재(三才)의 하나로 위대하게 살 수 있는 것은 바로 이에 근거한다. 그러므로 "군자가 사랑을 버리면 어떻게 군자라는 이름을 얻을 수 있겠는가.(『논어』「이인(里仁)」)"

『주역』의 이른바 "천지와 합일하는 대인의 덕"이 여기에서 그 내막을 드러낸다. 생명애의 정신은 만물의 생육을 돕는 노력 속에서 물아간 존재의 유대와 합일의 의식을 조성함으로써 그를 우주적인 대아로 성취시켜 줄 것이다. 이는 물아일체의 사랑이야말로 사람들을 실존의 고독과 허무로부터 구제해 줄 수 있는 강력한 힘을 갖고 있음을 시사한다. 고독과 허무는 자타간 존재의 분단 의식에서 나오는 것이기 때문이다. 진화론적인 관점에서 살피면 인간은 어쩌면 인류의 시초에 고독과 죽음의 운명을 알게 되면서부터 자기 구원의 필요상 이러한 사랑의 정신을 생리적으로 끊임없이 개발해 왔을 수도 있다. 뇌생리학상 인간이 죽음 의식을 갖게 된 순간부터 자기를 초월하여 영원한 무엇과 일체감을 느끼려는 두뇌의 신경 구조를 발달시켜 왔다는 것처럼 말이다.[6] 사랑의 정신은 바로 이 '두뇌의 신경 구조'의 산물일 수도 있다. 그러므로 그것은 역시 천부의 본성이다.

　　생명애의 정신은 인간에게만 눈을 두지 않는다. "사람들을 사랑하고 만물을 이롭게 하려는 따뜻한 마음"[7]은 인류를 넘어 모든 살

---

5) 『孟子』, 515쪽, 小註, 新安陳氏說.

6) 이에 관해서는 앤드류 뉴버그, 이충호 옮김, 『신은 왜 우리 곁을 떠나지 않는가』(한올림, 2001)를 참조할 것.

7) 『退溪全書 一』, 「聖學十圖(仁說)」, 207쪽. 퇴계는 인을 이와 같이 정의한다.

아 있는 것들을 그의 품 안에 아우르면서, 그야말로 "별을 노래하는 마음으로/ 모든 죽어 가는 것을 사랑"하려 한다. 일화를 하나 들어 보도록 하자. 주렴계는 자기 집 뜨락의 풀들을 베지 않고 그야말로 자연 그대로 놓아 두었다. 정명도가 그 이유를 묻자, 그는 "그들도 나의 뜻과 마찬가지"라고 대답을 하였다. 퇴계는 이에 대해 "염계의 생각은 그 자체 사랑의 본질"이라고 논평하였다.[8] 이는 염계의 생명애의 정신이 풀들과 생명을 교감, 상통하면서 물아의 합일을 이룬 것을 두고 행한 말이다. 우리는 여기에서 문득 마르틴 부버의 목소리를 듣는다. "하나와 하나가 하나가 되면 벌거벗은 존재가 벌거벗은 존재 안에서 빛난다."[9] 사랑은 이처럼 존재를 밝게 빛나게 해 주는 위대한 힘이다. 선비의 사랑은 이러한 생명애의 정신을 핵으로 갖고 있다. 요컨대 그것은 나와 너의 분리를 넘어 '하나됨'의 의식 속에서 자타간 생명을 교감하고 상통하는 가운데 그의 생성과 발육을 돕는 노력이다. 선비가 부단히 마음을 맑히려 했던 것도 사실은 이를 위해서였다. 순수생명의 의식을 갖지 않고서는 자타간 생명의 교감과 상통이 가능하지 않겠기 때문이다.

맹자의 말대로 사람이라면 누구나 갖는바 "차마 (모질게) 못하는 마음〔不忍之心〕"도 실은 이러한 생명애 정신의 반사적인 발로다. 그러한 마음은 생명 부정적이고 파괴적인 사태 앞에서 자기도 모르게 본능적으로 드러내는 거부 반응이기 때문이다. 맹자는 그 구체적인 사례를 "짐승이 살아 있는 모습을 보고서 그것이 죽는 것을 차마 보

---

8) 『退溪全書 二』, 「答金而精」, 98쪽.

9) 마르틴 부버, 표재명 옮김, 『나와 너』(문예출판사, 1992), 114쪽.

지 못하고, 죽음을 앞두고 슬피 우는 소리를 듣고서 그 고기를 차마 먹지 못하는(『맹자』「양혜왕 상」)" 군자의 마음에서 본다. 그러므로 "군자는 푸줏간을 멀리한다." 조선 시대에 백정의 직업이 그토록 천시되었던 것도 따지고 보면 이처럼 생명을 소중히 여기고 사랑했던 선비정신의 '폭력'일 것이다.

한편 옛날에 천자는 사냥을 할 적에, 살기 위해 도망가는 짐승들을 잡지 않고 그들이 달아날 수 있도록 세 방면에서만 몰아 포위망의 한 면을 열어 놓았다 한다. 선비는 이를 삼구지례(三驅之禮)라 하거니와,[10] 이 역시 생명애의 발로였음은 물론이다. 글을 한 편 더 인용해 본다.

천지는 만물을 생육하는 위대한 역량을 갖고 있고, 성인은 사랑으로 그의 자리를 지킨다. 공자의 말씀에 "나무 한 그루 자르고 짐승 한 마리 잡는 것조차 때를 감안하지 않으면 효도가 아니라." 하셨으니, 그것은 천지의 이치에 역행하는 짓이기 때문이다. 그것만 해도 불효가 되는데 하물며 사람의 목숨에 대해 소중히하지 않을 수 있겠는가?[11]

선비는 이러한 생명애의 정신을 자신의 본분이요 평생의 과제로 여겼다. 공자의 제자 증자는 말한다. "선비는 뜻을 넓고 굳세게 갖

---

10) 이는 『주역』「비(比)」 괘 구오효(九五爻) 효사(爻辭)의 내용이다. 그것은 사냥시에 죽고 싶어 달려드는 짐승들만 잡겠다는 뜻이다. 정이천은 이에 대해 "생명을 사랑하는 인(仁)"이라 해설한다.

11) 『經書(孟子)』, 592쪽, 小註 范氏說. 위에서 말하는 '때'란 초목이 낙엽 진 계절이나, 또는 제사시 등을 뜻한다. 또 인용된 공자의 말씀은 『禮記』「祭義」의 한 구절이다. 이 책은 생명 존중의 정신을 여러 곳에서 강조하고 있다.

지 않으면 안 된다. 짐은 무겁고 길은 멀기 때문이다. 사랑을 자신의 짐으로 여기니 또한 무겁지 아니한가. 죽은 다음에야 그것을 그만 둘 테니 또한 멀지 아니한가.〔士不可以不弘毅 任重而道遠 仁以爲己 任 不亦重乎 死而後已 不亦遠乎,『논어』「태백」〕" 퇴계 또한 한 제자에게 다음과 같이 말한다. "거의 죽게 된 지경에 이르렀다 하더라도 숨결이 아직 끊어지기 전에는 사랑의 실천의 뜻을 잠시도 게을리 하지 말아야 합니다."[13] 이러한 '임중도원(任重道遠)'의 과제 의식은 천인합일의 이상이라는 관점에서 살피면 당연한 것이기도 하다. '만물을 생육하는' 천지 자연과 하나가 될 우주적인 대아는 나의 존재를 열어 만물을 아우르며 그들의 생육을 돕는 사랑의 마음에서만 현전되고 성취될 것이기 때문이다. 그러므로 선비에게 생명애의 정신은 역시 그의 가치와 이념의 최상에 자리한다. 다만 뒤에 살피는 것처럼 그가 그 실천 규범에 관심을 기울이면서 그것은 상당히 흐려지기도 하였다.

측은지심

생명애의 정신은 모든 도덕심의 근원으로 작용하여 다양하게 발로되겠지만, 그것은 직접적으로는 두 가지의 양상으로 드러날 것이다. 이타(利他)의 마음과 측은지심이 그것이다. 전자는 내가 호의와 기쁨 속에서 "만민을 사랑하고 만물을 이롭게 하려는 따뜻한 마음"

---

13)『退溪全書 二』,「答柳希范別紙」, 249쪽.

이다. 우리는 이를 '박애'라는 한마디로 요약할 수 있다. 한유(韓愈, 768~824)는 말한다. "박애를 인(仁)이라 한다.〔博愛之謂仁〕"[14] 이에 반해 후자는 남의 슬픔과 고통 앞에서 나의 생명정신이 손상을 당하면서 드러내는 마음이다. 이를테면 옛날 어떤 임금이, 도살장에 끌려가면서 두려움에 떠는 소의 눈빛을 차마 보기 어려워 "양으로 바꾸라."고 지시했던 것은 이러한 측은지심의 소산이었다. 물론 이타의 마음과 측은지심이 전혀 별개의 것은 아니다. 많은 경우 전자는 후자의 발전 형태일 것이다.

측은지심은 사람됨의 중요한 징표다. 남의 슬픔이나 고통을 함께하는 그것은 나와 남을 유대시켜 주면서 드넓은 생명 세계로 나가게 해 주는 위대한 힘이다. 주회암은 말한다. "측은지심이 내 몸 안에 충만함을 깨닫는다면, 만물이 나와 일체로서 자타간에 더 이상의 분별이 없음을 알게 될 것입니다."[15] 천인합일의 삶도 여기에서 비롯된다. 그러므로 측은지심이 많은 사람일수록 남들을 보살피면서 서로가 화해롭게 어우러지는 생명 세계를 이루고 싶어 할 것이다. 공자가 당시 세상을 등지고 은둔해 사는 사람들의 비난을 듣고서 "나는 새나 짐승과는 함께 살 수 없다. 사람들을 버리고 누구와 살란 말인가.(『논어』「미자(微子)」)" 하고 탄식했던 것도 인간에 대한 가없는 측은지심의 발로였다. 불교가 강조하는 동체대비(同體大悲)의 정신도 사실은 이러한 측은지심을 뿌리로 할 것이다. 그것은

---

14) 『近思錄』, 50쪽. 성리학자들은 심성론상에서 그가 인(仁)의 본성과 애(愛)의 심정을 혼동하고 있다고 비판하지만 그들 역시 삶의 이념과 일상의 도덕에서는 그의 정의를 인정한다.(같은 책 참조)

15) 『朱子書節要』, 「答張敬夫問目」, 74쪽.

사멸할 수밖에 없는 모든 살아 있는 것들에 대해 동일체적으로 느끼는 존재의 아픔과 슬픔 속에서 그들을 나의 품 안에 깊이 아우르면서 따뜻하게 위로하고 보살피려는 사랑에 다름 아니기 때문이다. 역시 불교는 이를 자비(慈悲)라는 한마디로 압축한다.

그러므로 "측은지심을 모르면 사람이 아니다.(『맹자』「공손추 상 (上)」)" 측은지심을 모르는 사람은 비정하고 잔인하다는 남들의 비난은 둘째 치고 도덕생명의 위대한 힘을, 우주적 대아의 길을 제 스스로 버리는 것이나 마찬가지며, 자타가 함께 어우러지는 밝은 세상을 외면하고 생명의 온기가 사라진 차가운 어둠의 세계로 들어가는 것이나 다름없다. 그는 생명 세계와 통하는 창문을 닫고 남들과의 생명적인 공감과 교류를 끊은 채 자기 속에 갇혀 외롭게 살 것이기 때문이다. 이는 역시 측은지심이야말로 사람들이 생명 세계에 참여하여 남들과, 만물과 화해롭게 살아갈 핵심적인 도덕감정임을 일러 준다. 요컨대 "측은지심은 사람의 삶의 길"이다.[16]

측은지심은 일차적으로는 남의 슬픔이나 고통을 지나치지 못하고 그와 아픔을 함께하는 마음이지만, 근원적으로는 생명의 유한성과 사멸성에 대한 실존의 비극 감정을 뿌리로 하고 있는 것처럼 보인다. 죽음에 대한 두려움과 고통 의식이 죽어 가는 모든 것들에 대해 연민과 동정을 유발하면서 자타 동일체 의식 속에서 그들의 생명을 아우르고 보살피려 하는 것이다. 그러므로 측은지심이야말로 어쩌면 모든 도덕심의 뿌리다. 그것은 사랑을 유발할 뿐만 아니라, 생명에 대한 외경 의식, 생명 부정의 사태를 바로잡으려는 정의감

---

16) 『退溪全書 一』, 「答鄭子中別紙」, 578쪽.

등까지도 수반할 것이기 때문이다. 역으로 말하면 측은지심의 바탕이 결여된 도덕은 생명의 온기를 갖지 못한, 차갑고 건조한 율법에 지나지 않을 것이다. 그러고 보면 참다운 도덕은 감정에서 독립된 이성의 실천 명령이 아니다. 감정이야말로 세계로 나아가는 일차적인 관문이요 이성은 그 이후에 전개되는 정신의 이차적인 기능인 만큼, 도덕 역시 측은지심이나 기타 자타 소통의 감정이 갖는 의의와 가치를 이성이 다양한 행위 원리로 조율해 낸 것이다.

이러한 측은지심은 이미 맹자의 그것을 뛰어넘는다. "우물에 빠지려는 어린아이를 보는 순간 자기도 모르게 드러내는" 맹자의 그것은 이러한 측은지심의 한 유형일 뿐이다. 그것은 "사단(四端)상 수오와 공경과 시비는 물론 측은의 정까지도 관류하는"[17] 도덕생명의 근원적인 정조다. 다시 말하면 그것은 우리의 도덕생명 정신이 저와 같이 네 가지의 도덕감정으로 분별 발로되기 이전에, 세계에 대해 원초적으로 품고 마음속에서 혼연히 작용하는 도덕생명의 감정 자체다. "몸 안에 가득 찬 것이 측은지심이다."[18] 어떤 사람이 자신의 잘못을 지적받고는 부끄러움에 얼굴을 붉히자, 정명도가 그것을 두고 '수오지심'이라 하지 않고 '측은지심의 발로'라고 말한 까닭도 여기에 있다.[19] 그러므로 측은지심의 함양이야말로 여타의 모든 도덕심의 제고와 도덕생명의 완성을 위한 불가결의 조건이 아닐

---

17) 위의 책, 「聖學十圖(仁說)」, 206쪽 참조.
18) 『近思錄』, 43쪽. 주회암은 이에 대해 "마치 칼이나 침이 내 살에 닿는 순간 느끼는 아픔과도 같은 것"이라고 주석한다.
19) 『心經』, 198~199쪽 참조.

수 없다.

퇴계는 측은지심의 함양을 위해 "유아(有我)의 사(私)를 깨뜨려 무아(無我)의 공(公)을 넓혀 나갈 것"[20]을 강조한다. 왜냐하면 사의식은 자신을 '나' 안에 가두어[有我] 자타간 생명적인 공감과 상통의 정신을 갖지 못하게 만들기 때문이다. 이기주의는 물론 '나'를 세계 인식과 처사접물(處事接物)의 중심에 두는 개인주의 역시 이에 해당된다. 이러한 사의식에는 측은지심이 싹틀 여지가 없다. 이에 반해 '공'의 정신은 자기중심적인 태도를 버리고 '나'를 넘어[無我] 타자를 목적적인 존재로 대면하고 존중함으로써 자타간 생명적인 공감과 상통, 화해를 이루게 해 줄 것이다.

'무아의 공을 넓혀 나가야 할' 이유가 여기에 있다. 그것은 도덕 생명의 근원 정조를 함양하여 만물을 아우르면서 천지 자연의 광대한 생명 세계에 참여하도록까지 해 줄 것이다. 퇴계는 말한다. "그것은 물과 아 사이의 간격을 없애 그 사이에 사 의식이 조금도 깃들지 못하게 함으로써, 천지를 한 집안으로, 만민을 형제로 여겨 그들의 가려움과 아픔을 모두 내 몸의 것처럼 느끼는 사랑의 정신을 얻게 해 줄 것입니다."[21] 우리는 여기에서 측은지심이 단순히 연민의 정에 불과한 것이 아님을 다시 한 번 확인한다. 그것은 물아일체의 근원적인 생명 정조 속에서 인류와 만물, 모든 살아 있는 것들에게 보내는 따뜻한 눈빛을 간직하고 있다. 진정한 사랑은 이러한 측은지심에서 발원된다. 퇴계는 또한 말한다. "나의 몸에 충만한 측은지

---

20) 『退溪全書 一』, 「西銘考證講義」, 218쪽.
21) 위의 글.

심이 만물에 관류하여 막힘없이 두루 통하는 것이 사랑의 본질입니다."[22]

물아일체의 지평

이제 우리는 선비의 생명애의 정신이 펼치는 자타간, 물아간 생명 교감과 상통의 세계를 좀 더 세밀하게 들여다보도록 하자. 프로이트는 사랑을 "자기의식과 외부 세계 간의 경계를 무디게 하는 병적인 특성"이라고 부정적으로 규정했지만 선비는 오히려 사랑에서, 나와 너의 분별적인 사고를 넘어 존재의 경계가 무너진 물아일체의 건강한 정신 지평을 보았다. 그는 더 나아가 천지 만물을 아우르고 상호 교감하면서 그들의 생성과 발육을 도우려 하였다. 우리는 이를 퇴계가 매화나 국화 등과 주고받은 여러 편의 시들에서 확인한다. 한편 정명도는 그 세계를 아래와 같이 형용한다.

인자(仁者)는 천지 만물을 자기 자신과 한 몸으로 여긴다. 만물을 자신의 일부로 생각하니 그의 사랑이 어느 한 사물엔들 미치지 않겠는가. 만약 사물을 자신과 다른 것으로 여기면 그것은 나와 상관없는 것이 되어 버리고 말 것이다. 이는 마치 수족의 마비로 인해 혈기가 통하지 않아 그것이 내 몸이 아닌 것처럼 느껴지는 것과도 같다.[23]

---

22) 위의 글.
23) 『近思錄』, 37쪽.

사랑은 원래 대상을 나와 일체시하는 정서를 특징으로 갖는다. 부부 사이를 두고 흔히 말하는 일심 동체(一心同體)가 그 전형적인 예다. 그렇다면 그 대상을 무한히 확대하여 인간을 넘어 만물까지도 자신의 존재 깊이 아우르면서 그들의 생성과 발육을 돕는 우주적 대아의 사랑은 어떠할까? 그는 당연히 '나'를 벗어나 존재의 정점에서 '만물을 자기 자신과 한 몸으로, 자신의 일부로' 여길 것이다. 하늘 땅 만큼이나 광대한 사랑의 정신 지평이 여기에서 열린다. 앞서 인용했던 퇴계의 시를 다시 한 번 음미해 보자.

마음을 비우고 창가의 책상 마주하니
풀들이 생기 띠고 뜨락에 가득하네
그대, 물과 아가 일체임을 알려면
만물 생성의 처음 근원을 보게나

사실 인간의 원형적 자아는 타자와 분단되고 대립된 것이 아니라, 오히려 자타간 불가분의 유기적인 일체를 이루고 있다. 우리가 신토불이를 수긍한다면 물아일체를 부정해야 할 이유가 없다. 진정 위대한 사람은 이러한 원형적 자아를 깊이 깨닫고 실현하여, '자신의 일부로 여기는 만물'의 생성과 발육을 도울 것이다. 이에 입각하면 자타를 분별하면서 타자에 대해 존재의 장벽을 세우는 '나' 의식은 그만큼 자신의 생명정신을 스스로 위축시키고 또 자아를 축소시키는 것이나 다름없다. 그것은 마치 '혈기가 통하지 않는 수족의 마비'와도 같이, 타자와 생명을 교감하고 상통할 줄 모르는 존재의 마비요 질병이다. 그 타자가 설사 개미나 하찮은 풀과 같은 미물에 불과할지라도 사정은 마찬가지다. 오늘날 사람들이 겪고 있는 존재 빈곤의 현상을 우리는 이러한 관점에서 원인 분석해 볼 수 있다. 그들이 개인주의 속에서 남들을 자신의 존재 밖으로 배제하는 것이나, 인간과 만물을 이원화하면서 자연을 정복하고 파괴하는 것은 따지고 보면 그 곧 자기 소외요 자기 파괴의 짓에 다름 아닐 것이다. 디팍 초프라는 말한다.

그대는 세계 속에 있는 자신을 보고 나는 내 속에 있는 세계를 본다. 이 하찮은 인식의 전환이 속박과 해방의 모든 차이를 만든다. (……) '저 밖에' 있는 세계를 위협으로 보지 않는 사람은 스트레스 반응이 가져오는 손상에서 해방되어 환경과 공존할 수 있다. 늙지 않는 세계를 경험하기 위해 당신이 할 수 있는 가장 중요한 일은 세계가 바로 당신 자신임을 확인시켜 주는 지식을 더욱 풍부하게 가지는 것이다.[24]

물아일체의 세계는 '나'를 삶의 한 중심에 두고서 타자를 수단화하고 부정하는 사고 속에서는 결코 열리지 않지만, 그렇다고 해서 그것은 '나'의 절대적인 부정을 뜻하지도 않는다. 주객 어느 쪽이건 일자의 부정 속에서는 물아간 참다운 합일이 일어나지 않는다. 그것은 물과 아의 분단 의식을 버리고 '만물 생성의 처음 근원'인 자연의 섭리를 깨우치면서 양자가 동등하게 만나는 자리에서만 현전된다. 그 순간 나는 대상을 자신의 존재 깊이 아우르는 확대된 자아를 경험하게 될 것이다. 그리하여 천지 만물을 향해서까지 자신을

---

24) 디팍 초프라, 앞의 책, 49~50쪽.

최대한 개방할 때, 나는 삼재의 하나로 우주적인 대아를 성취할 것이다. 퇴계는 선조에게 말한다. "하늘과 땅은 세상 만물의 큰 부모이므로, 만민은 모두 나의 형제요 만물은 모두 나와 더불어 지내는 이웃입니다."[25] 이처럼 하늘, 땅, 만민, 만물이 마치 가족이나 이웃처럼 나와 혼연히 어우러지는 세계에서 우리는 존재의 마비 현상을 조금도 찾아볼 수 없다. 그것은 오히려 유한한 자신을 초월하여 만물과의 유대 의식 속에서 천지 자연의 영원하고 무한한 생명 세계에 참여하게 해 줄 것이다.

물아일체의 사랑이 갖는 존재 유대의 힘에 관해 좀 더 논의해 보자. 의학자들의 보고에 의하면 가까운 친구나 사랑하는 이가 있는 사람들에게는 심장마비의 확률이 적으며 면역력이 높다고 한다. 사랑은 자타간 긴장과 경쟁, 대립을 해소시켜 줄 뿐만 아니라, 저와 같이 유대와 합일의 환희로운 생명 세계에 참여시켜 주기 때문일 것이다. 그러므로 다시 한 번, "하나와 하나가 하나가 되면 벌거벗은 존재가 벌거벗은 존재 안에서 빛난다." 사람들이 남녀간의 사랑에 그토록 관심이 많은 것도 어쩌면 이와 같이, '하나와 하나가 하나가 되어' 생명의 환희와 존재의 빛 속에서 살고자 하는 원형적인 자아의 발원인지도 모른다. 하지만 그저 열정에만 내맡기면서 대중가요의 한 구절처럼 마치 '연필로 썼다가 지우듯이' 하는 사랑의 힘은 허약하기 그지없다. 그러한 감정은 깊은 생명애로 승화되지 않는 한 오래 지속되기 어려운 법이기 때문이다.

오늘날 개인주의 사회에서 이혼율이 갈수록 증가하는 것도 어쩌

---

25) 『退溪全書 四』, 「言行錄」, 74쪽.

면 이처럼 잘못된 사랑의 당연한 결과일 것이다. 지나친 자의식 속에서 자타간 존재의 거리를 좁힐 방법을 알지 못하는 외로운 개개인들에게 부부(남녀)의 결합은 존재 구원의 묘약처럼 보인다. 하지만 나는 나, 너는 너라는 개체 의식을 벗어나 근본적으로 긴밀한 존재 유대 의식을 갖지 않는 한, 한때의 열정으로 맺어진 그 관계는 점점 권태를 느끼면서 풀어질 수밖에 없을 것이다. 그들을 결합시킨 감정의 열기도 만성이 되면 식어 갈 것이기 때문이다. 이것이 일시적인 만족만을 추구하는 '고식적인' 사랑의 피할 수 없는 결말이다. 그들의 사랑에는 깊이 있는 인격의 교류와 생명의 유대, 그리고 '벌거벗은 존재의 빛'을 찾으려는 의지와 노력이 결여되어 있는 탓이다. 퇴계는 임금에게 말한다. "군자는 사랑을 덕으로 하고, 소인은 사랑을 고식적으로 합니다.〔君子之愛人也 以德 小人之愛人也 以姑息〕"26)

한편 물아일체라 하지만 그 곧 인간과 만물을 일률적으로 똑같이 대하고 사랑함을 뜻하지 않는다. 그것은 물과 아의 근원적인 일체성을 말하려 한 것일 뿐이며, 한편으로 일상의 실천 현장에서 사랑을 대상에 따라 달리 행하려 한다. 이른바 차등애(差等愛)가 그것이다. 이를테면 사람들은 살아가면서 제일 먼저 가까운 부모 형제와 자식을 사랑해야 하며, 그로부터 이웃과 사회로, 그리고 더 나아가 만물에게 사랑을 추급해 나가야 한다. 어버이에 대한 사랑〔親親〕과 만민에 대한 사랑〔仁民〕, 그리고 만물에 대한 사랑〔愛物〕이 같을 수 없다고 주장한 맹자의 뜻이 여기에 있다. 사랑의 정신은 똑같지

---

26) 『退溪全書 一』, 「西銘考證講義」, 223쪽. 이는 『禮記』 「檀弓 上」에서 인용된 구절이다.

만, 어버이와 만민과 만물에 대한 애정의 정도가 같을 수 없으며, 또 그 방법상 어버이에 대해서는 혈육의 정에 입각한 공경과 봉양으로, 사람들에 대해서는 따뜻한 배려와 인격의 존중으로, 그리고 만물에 대해서는 그것들을 아끼고 보호하는 마음으로 행사되어야 하는 것이다. 물론 이처럼 사랑이 대상에 따라 달리 펼쳐질 수밖에 없지만, 그렇다고 해서 거기에 매몰되어 차별과 편파에 빠지는 것은 아니다. 물아일체의 사랑은 '차등애' 속에서도 만물의 근원적인 일체성을 자각하면서 생명애의 정신으로 그들에게 다가가 화해로운 생명 세계를 만들고자 하는 뜻을 잊지 않는다.

이러한 차등애의 정신은 매우 실제적인 의의를 갖는 것처럼 생각된다. 사실 인류애와 생명애가 더할 나위 없는 이상임에는 틀림없지만, 그러나 그것들은 막연하고 다분히 관념적이어서 사람들에게 일상생활 속에서 책임감이나 구체적인 문제의식을 갖기 어렵게 만든다. 가령 매일 굶주림과 질병에 시달리며 죽어 가는 지구상의 수많은 이들에 대해 관심을 가질 것을 아무리 인류애의 이름으로 호소한다 하더라도, 그들 가까이서 그러한 참상을 직접 보지 못하는 사람들에게 그것은 공허한 구호로만 들릴 것이다. 설사 거기에 공감한다 하더라도 그들이 할 수 있는 일이란 대개는 기껏 의례적인 자선 행위가 고작일 것이다. 하지만 그것이 그들에게 사랑을 실천했다는 만족감을 일시적으로 줄지 모르지만, 당연히 사랑은 한두 차례의 헌금에 있는 것이 아니다.

이와는 달리 선비는 사랑을 평소 측은지심의 부단한 함양을 통해 가까운 데에서부터 실천해 나가고자 하였다. 그것은 마치 동심원의 중심과도 같다. 동심원의 물결이 점점 멀리 퍼져 나가는 것과도 같이, 그는 측은지심을 마음속에 키우면서 사랑을 가까운 데에서부터, 멀리는 모든 살아 있는 것들에 이르기까지 널리 행해 나가고자 하였다. 공자가 한 제자로부터 박시제중의 사랑에 관해 질문을 받고는, "인자(仁者)는 자신이 나서고 싶을 때에는 남이 나서도록 도와주고, 자신이 뜻을 펴고 싶을 때에는 남이 뜻을 펼치도록 도와준다.〔仁者 己欲立而立人 己欲達而達人, 『논어』「옹야」〕"고 대답한 것도 이러한 뜻을 갖는 것이었다. 만민을 구원하리라는 거창한 구호를 내걸기보다는 내 가까이서부터 사랑을 실천해 나가야 한다는 것이다.

사랑과 공경

선비는 '고식적인' 사랑을 거부하고 '덕으로 하는' 사랑을 강조한다. 이 덕은 상투적으로 말하면 인의예지의 도덕이라 하겠지만, 그것은 도덕생명 정신을 가치 범주화한 것이라는 점에서 우리는 그것을 달리 이해해 볼 수도 있다. 즉 덕은 인간이 자신의 생명을 금수처럼 자기 안에 폐쇄시키지 않고 개방적으로 행사할 수 있는 인격의 힘이다. 물론 사람이라면 누구나 그것을 잠재적으로 타고나지만, 동시에 사(私)의식이 갖는 생명 폐쇄적인 성향은 그것을 무력화시킬 수도 있다. 사람들에게 덕의 수행이 필요한 이유가 여기에 있다. 수행이란 한마디로 말하면 생명 폐쇄적인 자리(自利)의 요인을 제거하여 이타(利他)의 도덕생명 정신을 회복하기 위한 노력이다.

'덕으로 하는 사랑'의 내막이 여기에서 드러난다. 거기에는 상대방과 인격을 교류하고 생명을 상통하면서 그의 삶을 제고, 성취시켜 주고자 하는 활동이 펼쳐진다. 당연히 그 이면에는 공경의 정신이 작용한다. 그저 좋아하는 감정 내키는 대로 상대방을 설만하고 무례하게 대하는 방종한 마음에는 생명 제고와 성취의 사랑이 원천적으로 깃들 수 없다. 참다운 사랑은 상대방의 인격을 존중하면서 그에게 조심스럽게 다가가는 노력 속에서만 완성될 수 있다. 주회암은 말한다. "비록 사랑을 하고자 한다 해도 공경의 마음을 갖지 않으면 사랑을 이룰 수 없습니다." "사랑의 실천에 관한 제자들의 질문에 공자께서 답변하신 것이 다 달랐지만, 그러나 그 큰 요점은 공경으로 입문처를 삼으셨다는 점입니다."[27] 공자가 한 제자로부터 사랑〔仁〕에 관해 질문을 받고서 마치 동문서답하듯 한 것도 실은 이러한 뜻에서였을 것이다. "문을 나서 사람들을 만날 때에는 마치 큰 손님을 대하듯 정중하고, 사람들에게 일을 시킬 때에는 큰 제사를 받들듯 경건해야 한다.〔出門如見大賓 使民如承大祭, 『논어』「안연」〕"

덕으로 하는 사랑은 이처럼 공경의 정신을 그 바탕에 갖고 있다. 아래에 소개하는 퇴계의 편지는 부부간의 사랑에서 공경이 얼마나 중요한지를 잘 일깨워 준다. 그는 갓 결혼한 손자에게 "부부는 인륜의 시작이요 만복의 근원이므로 아무리 친밀하다 하더라도 역시 서로 방정하게 행동하고 조심해야만 하는 사이"임을 강조한 뒤에 다음과 같이 훈계한다.

---

27) 『朱子書節要』, 「答張欽夫」, 76쪽. 「答石子重」, 192쪽. 맹자는 아예 다음과 같이 단언한다. "사랑만 했지 공경할 줄 모르면 이는 상대방을 개처럼 키우는 것이나 다름없다.(『孟子』「盡心上」)"

세상 사람들은 모두 예의와 공경심을 잃고서 그저 가깝게만 지내다가 마침내는 서로 얕보고 업신여겨 못하는 짓이 없는데, 이 모두 서로 손님처럼 공경하지 않는 데에서 생겨나는 일이다. 그러므로 집안을 올바르게 지켜 나가려면 마땅히 부부 사이부터 조심하지 않으면 안 된다. 천만 경계하여라.[28]

이처럼 "서로 공경하기를 손님 대하듯이〔相敬如賓〕"[29] 함으로써만 사랑을 완성할 수 있다는 부부의 윤리 정신은 양자에게 순수한 인격으로 정중하고 예의바르게 다가갈 것을 요구한다. 공경은 본래 그런 깊은 함의를 갖고 있다. 그것은 단순히 윗사람에게 표하는 예의 형식에 불과한 것이 아니라, 상대방에게 나의 온 존재를 기울여 조심스럽게 다가가는 마음을 함의한다. "공경은 덕의 산물"이라 말한 이유도 여기에 있다. 그러므로 상대방과의 관계에서 재물 따위의 물리적인 힘에 기대거나, 또는 그의 인격을 무시하면서 무례하게 나선다면 그 사랑은 결코 이루어질 수 없다. 한 세대 전까지만해도 우리 어른들이 대화의 형식에서부터 부부 사이에 서로 존댓말을 썼던 것도 기본적으로 이러한 인식에 연유할 것이다. 『예기』는

---

28) 『退溪全書 二』, 「與安道孫」, 311~312쪽.

29) 이 말은 『춘추좌씨전(春秋左氏傳)』에 그 고사를 두고 있다. 당시 어떤 정치인이 들길을 지나다가 마침 밭에서 일하는 농부와 그 아낙을 만났는데, 두 사람 사이에 언행을 주고받는 것이 마치 손님을 접대하듯이 공손하였다. 그는 "상경여빈(相敬如賓)이로다!" 하고 감탄하고는 조정으로 돌아와 임금에게 다음과 같이 아뢰면서 그 남편을 천거하였다. "공경은 덕의 산물입니다. 그러므로 공경할 줄 아는 사람은 틀림없이 덕이 있을 것입니다. 백성을 덕으로 다스려야 하는 것이니, 임금님께서는 그를 등용하시길 바랍니다. 신이 들으니 '문을 나서 사람들을 만날 때는 손님을 대하듯 하고, 일에 임해서는 제사를 받들듯이 하는 것〔出門如賓 承事如祭〕이 사랑의 법도'라 합니다."(「僖公 下」 33년)

말한다. "친밀하게 지내면서도 공경하고, 경외하면서도 사랑해야 한다.〔狎而敬之 畏而愛之,「곡례 상(曲禮 上)」〕" 예나 지금이나 참다운 사랑은 바로 이와 같은 정신 속에서만 완성될 수 있을 것이다.

공자가 사랑의 실천 방법으로 "극기복례(克己復禮)할 것"을 강조한 뜻을 우리는 이러한 관점에서 살펴볼 수 있다. 사랑은 상대방을 나의 존재의 품 안에 아우르고 그와 생명을 감통하면서 자타 공동의 넓은 생명 세계를 열어 나가는 행위일진대, 나와 너를 분단하고 격절시키는 자기중심적인 '나〔己〕'의 의식 속에는 사랑이 자리할 여지가 없다. 그와 같은 의식은 이기주의는 물론 개인주의까지 포함한다. 왜냐하면 "내 안을 들여다보고, 오직 나 자신과 관계하며, 끊임없이 자신을 생각하고 다스리며 음미"[30]하려는 개인주의 역시 기본적으로 자타간의 분리를 훌륭한 덕목으로 여기는 경향이 있기 때문이다.

사랑은 이러한 개인성의 초극〔克己〕 위에서만 피어난다. 사랑의 세계는 자신 안에 갇혀 있는 '나'를 벗어나 자타간 긴밀한 존재 유대의 의식 속에서 상대방을 공경하는 가운데에서만 열린다. 이 '공경'은 물론 개인주의에서와 같이 인간 관계와 공동생활의 유지를 위해 요청되는 에티켓 의식과 같은 것이 아니다. 그것은 자타가 사랑으로 어우러지는 삶 속에서 사람들이 지켜야 할 인격 존중의 예의 정신을 핵심으로 갖고 있다. 우리는 이러한 사랑과 공경의 정신을 "향리에서 아무리 비천한 사람에게라도 반드시 예를 다하셨"고, "손님이 오면 그가 아무리 나이 어리다 해도 반드시 계단을 내려와

---

30) 알랭 로랑, 김용민 옮김 『개인주의의 역사』(한길사, 2001), 38쪽.

서 맞이하시고, 전송도 그렇게 하신"[31] 퇴계의 삶에서 확인한다.

그러므로 사랑은 자기중심적인 '나'의 의식을 버리고 자타간의 경계를 허물어서 남을 공경히 대면하고 예의로 맞이하는 가운데 그의 생명을 제고시켜 주려는 노력이다. 선비의 예절은 이렇게 나의 존재를 열어 남에게로 나아가는 데에 요구되는 공경지심을 행위 지표화하고 도덕 질서화한 것이다. 사람들이 사랑을 위해 '나를 초극〔克己〕'해야 함은 물론 '예를 회복〔復禮〕'하지 않으면 안 되는 이유가 바로 여기에 있다. 이는 역으로, 자기중심적인 의식 속에서 상대방을 종적인 위치에 놓고 소유의 대상으로 여기는 사랑이나, 또는 공경과 예의를 모르고 그저 감각적인 친밀만을 찾으려 하는 사랑이 모두 잘못된 것임을 일러 준다.

극기복례의 사랑은 사람들에게 정신적으로 자타 합일의 풍요롭고 환희로운 생명 세계를 열어 줄 뿐만 아니라, 그들의 신체 건강에도 매우 유익할 것으로 보인다. 아래에 소개하는 심리학자 래리 셔비츠의 흥미로운 임상 보고는 극기복례의 사랑과 건강의 함수 관계를 훌륭하게 대변해 준다. "인자(仁者)는 오래 산다.〔仁者壽,『논어』「옹야」〕"는 공자의 말 또한 여기에서 심리학적 근거를 얻는다. 반면에 그것은 자타간 대립과 경쟁을 유발할 수밖에 없는 자기중심적인 사고의 개인주의가 인간의 본성에서 어긋난 것임을 강력히 시사하고 있다.

캘리포니아 대학교의 심리학자인 래리 셔비츠는 600명 가량의 사

---

31) 『退溪全書 四』,「言行錄」, 56, 57쪽. 이는 퇴계의 제자들이 선생의 행실을 기록한 것들이다.

람들의 대화를 녹음하였는데, 그중 3분의 1은 심장질환을 앓고 있었고 나머지는 건강하였다. 이 녹음테이프를 들으면서 그는 이들이 '나', '나의', '나를' 등의 말을 얼마나 자주 쓰는지 세어 보았다. 이 결과를 심장병의 발병 빈도와 비교해 본 결과 셔비츠는 1인칭 대명사를 가장 자주 사용하는 사람이 심장에 이상이 생길 위험성이 가장 높은 것을 발견했다. 그리고 몇 년 동안 이 환자들을 추적해 본 그는 자신에 대한 이야기를 습관적으로 많이 하는 사람일수록 실제로 관상동맥 질환에 걸릴 확률이 높은 것을 발견했다. 어떤 사람이 '나'라고 말하는 횟수를 세는 방법은 자아도취의 정도를 수량화하는 재치 있는 방법이었다. 그리고 타인에게 마음을 닫아 놓을수록 심장은 더욱 고통 받는다는 사실에는 나의 생각과 일치하는 면이 있다. 셔비츠가 결론 내린 처방은 좀 더 베푸는 사람이 되라는 것이다. 즉 "다른 사람이 말할 때 존중심을 가지고 귀 기울이고, 자신의 시간과 에너지를 남에게 쓰며, 남들이 저대로의 방식을 가지도록 내버려 두라. 자신의 필요를 확대시키는 일 외의 다른 일을 하라." 이 말 속에서 그는 수량화할 수 있는 데이터를 넘어서서 사랑과 연민의 문제를 언급하고 있다. 이것은 마음이 열려 있고 사랑이 많은 사람은 반드시 늙어서 건강하다는 직관적인 통념에 비추어 매우 호소력 있게 들린다.[32]

---

32) 디팍 초프라, 앞의 책, 104~105쪽. 이와 관련하여 심신의학자 이케미의 임상 보고도 우리의 흥미를 끈다. "그는 이어서 암의 자연 퇴축의 예(발생한 암이 저절로 소멸되거나 축소되어 환자가 예상 이상으로 오래 사는 예)에 대한 조사 결과에 관해 이야기했다. 이케미는 이와 같은 환자 대다수에 '실존적 전환'이라고도 할 만한 인생관의 전환이 일어났다는 것을 확인했다고 한다. 동양의 철학은 자기중심적인 집착을 넘어설 것을 가르치고 있다. 이들 환자는 암에 의한 죽음에 직면했을 때 자기중심적인 죽음에의 반항보다는 남들과 더불어 사는 삶에 대한 깊은 감사로 전환되어 있다는 것이었다."(유아사 야스오(湯淺泰雄) 해설, 박희준 옮김, 『과학 기술과 정신세계』(범양사, 1989), 147쪽)

충서(忠恕)의 정신

선비는 자타 분단의 자기중심적인 의식을 타파할 수 있는 효과적인 방법으로 충서(忠恕)의 윤리를 제시하였다. 그것은 사전적으로 풀이하면, 진실한 마음[忠]으로 남의 처지를 헤아려 그를 배려하는 [恕] 것을 뜻한다. 배려의 행위에 진실한 마음을 요구하는 것은, 거짓된 마음으로 행하는 그것은 자기기만이거나 이기의 술수에 지나지 않겠기 때문이다. 공자는 한 제자에게 평생의 삶의 지침으로 서(恕)를 제시하면서 그 뜻을 다음과 같이 부연한다. "내가 원하지 않는 일을 남에게 행하지 말라.[己所不欲 勿施於人,『논어』「위령공(衛靈公)」]" 물론 그것은 이처럼 소극적인 것만은 아니며, 다른 한편 적극적으로 아래의 뜻을 갖기도 한다. "인자(仁者)는 자신이 나서고 싶을 때에는 남이 나서도록 도와주고, 자신이 뜻을 펴고 싶을 때에는 남이 뜻을 펼치도록 도와준다.(『논어』「옹야」)" 이는 나의 뜻을 포기하고서 무조건 남의 후원자가 되어야 한다는 말이 아니다. 그것은 사람들이 제각각의 삶의 자리에서 소망을 이룰 수 있도록 그들을 직간접으로 도와줄 것을 의미한다.

충서의 정신은 중심의 전이(轉移)라고 하는 심리 기제를 갖는다. 그것은 자기중심적인 '나'의 자리에서 벗어나 상대방의 입장에 서서 사물과 세계를 살피는 역지사지의 마음을 갖고 있기 때문이다. 그리하여 그것은 남 역시 나와 마찬가지로 그 자신에게는 삶의 목적이요 세계의 중심이라는 열린 인식 속에서 그의 처지를 이해하고 용납하며 그를 도와주려는 심리를 배태한다. 맹자는 임금에게 말한다. "나의 부형을 섬기는 마음으로 다른 사람들의 부형을 섬기

고, 나의 아이들을 사랑하는 마음으로 다른 사람들의 아이들을 사
랑하면 천하를 손바닥 안에서 굴릴 수 있을 것입니다.(『맹자』「양혜
왕 상」)" 퇴계가 회고하는 할아버지의 훈계 또한 이러한 뜻을 잘 함
축하고 있다. "공은 당신의 자제들이 노비들에게 화내는 것을 보시
면 반드시 훈계하기를 '만약 너희들이 다른 사람 밑에서 일을 한다
면 잘못하는 일이 전혀 없겠느냐? 무얼 모르는 그들을 인정으로 용
서할 것이지 어찌 심하게 책망하느냐.' 하셨다."[33]

우리는 여기에서 충서의 정신에 존재 변환의 기제가 담겨 있음을
본다. 즉 그것은 폐쇄적인, 또는 자기중심적인 '나'를 벗어나 남들을
아우름으로써 그만큼 넓어진 존재의 세계에 진입하게 해 준다. 달
리 말하면 그것은 자타간, 물아간 존재의 장벽 속에서 "혈기가 통하
지 않는" 생명의 마비를 풀어 "만인의 가려움과 아픔을 모두 내 몸
의 것처럼 느끼"면서 물아일체의 새로운 존재 지평을 열어 준다. 그
리하여 자타의 분단과 격절 속에서 '참을 수 없는 존재의 가벼움'에
시달리던 사람도 그가 '충서'하는 만큼 확대된 자아의식 속에서 존
재의 넉넉함을 체험할 것이다. 이는 충서가 존재 구원의 비방이 될
수 있음을 일러 준다. 즉 충서의 정신으로 자기중심적인 의식을 깨
뜨리고 존재공동체의 세계 속에서 만민을 자신의 품에 아우르는 사
람은 존재의 불멸성을 얻을 것이다. 그것은 물론 사람들만을 향한
것은 아니며, 더 나아가 만물에까지 펼쳐질 수 있다. 옛날 우리 선
조들이 콩을 세 알씩 심으면서 "하나는 땅 속의 벌레를, 하나는 하
늘의 새를, 그리고 나머지 하나는 나를 위한 것"으로 여겼다는 자타

---

33) 『退溪全書 三』, 「先祖考兵曹參判諱繼陽事蹟」, 148쪽.

공생적이고 친화적인 사고도 기본적으로 이에 연유할 것이다.

퇴계는 충서의 정신을 윤리의 바탕으로 천명하기도 하였다. 이는 선비의 윤리가 본래, 사람들이 흔히 오해하는 것처럼 상하 수직적인 것이 아님을 알려 준다. 자기중심적인 사고를 탈피하여 남을 이해하고 배려하며 또 그를 사랑으로 아우르는 충서의 정신은 오히려 그러한 상하의 인간 관계를 거부할 수밖에 없을 것이다. 그것은 자타간 분단과 격절을 인정하고 또 조장하는 이기주의에 다름 아니기 때문이다. 그는 오륜의 다섯 명제 아래에 "사람을 대하는 요점"으로 다음의 두 가지를 적어 놓는다. "내가 원하지 않는 일을 남에게 행하지 말라." "하는 일이 뜻대로 되지 않거든 돌이켜서 자기 자신에게서 문제점을 찾으라."[34]

우리는 여기에서 상대방 앞에서 권위를 내세우면서 그에게 일방적으로 충성과 복종을 강요하는 모습을 전혀 찾아볼 수 없다. 저 '요점'은 오히려 중심의 전이 속에서 상대의 입장과 처지를 충분히 고려할 것과, 자타간 갈등 시에는 상대를 비난하기에 앞서 자기 자신의 잘잘못부터 반성할 것을 요구한다. 이를테면 오륜의 인간관계에서 임금은 신하를, 어버이는 자식을, 남편은 부인을, 윗사람은 아랫사람을 역지사지하는 가운데 이해하고 존중해야 하며, 양자 사이에 불화가 생길 경우에는 그 원인이 나에게 있는 것은 아닌지 자성해야 한다는 것이다. 이와 같이 선비의 윤리에는 상호 존중과 배려의 정신이 근본 토대로 작용하였다. 퇴계가 세간에 처를 박대하는 사람들을 비판하면서 "도리에 맞게 처신할 것이요, 부부의 예를 잃

---

34) 『退溪全書 一』, 「聖學十圖(白鹿洞規)」, 203쪽.

지 말도록"[35] 제자들에게 강조했던 것도 이러한 충서의 윤리 정신의 산물일 것이다. 이는 선비의 윤리가 단순히 인간관계와 사회 질서를 유지하기 위해 정립된 것이 아니라, 궁극적으로 자타간 존재의 화해로운 유대와 통합을 겨냥하고 있음을 알려 준다.

더 나아가 선비는 충서의 정신을, 일상의 윤리 영역을 넘어 정치 사상으로까지 발전시켰다. 퇴계는 한 제자에게 말한다. "제가 치국은 효도와 공경과 사랑과 예양(禮讓)과 충서에, 치국 평천하는 혈구(絜矩)에 요점이 있습니다."[36] 여기에서 혈구란 사실상 충서의 뜻과 다르지 않다. 사람들이 보편적인 잣대(矩)로 물건의 크기를 헤아리는(絜) 것처럼, 치자는 만인의 마음을 잣대로 백성의 뜻을 헤아려 정치를 해야 한다는 것이다. 『대학』은 이에 관해 다음과 같이 말한다.

윗사람이 나를 대하는 태도가 싫으면 내 아랫사람을 그러한 태도로 대하지 말고, 아랫사람이 나를 받드는 태도가 싫으면 내 윗사람을 그러한 태도로 받들지 말라. 앞사람이 나에게 앞서는 태도가 싫으면 내 뒷사람에게 그러한 태도로 앞서지 말고, 뒷사람이 나를 따르는 태도가 싫으면 내 앞사람을 그러한 태도로 따르지 말라. 오른쪽 사람이 나와 사귀는 태도가 싫으면 왼쪽 사람과 그러한 태도로 사귀지 말고, 왼쪽 사람이 나와 사귀는 태도가 싫으면 오른쪽 사람과 그러한 태도로 사귀지 말라.

---

35) 『退溪全書 四』, 「言行錄」, 50쪽.
36) 『退溪全書 二』, 「答李平叔問目」, 258쪽.

이는 역시 "내가 원하지 않는 일을 남에게 행하지 말라."는 충서의 정신을 상하 전후 좌우의 모든 인간관계의 사례로 들어 말한 것이지만, 『대학』은 이를 '혈구'의 이름으로 정치 원리화하였다. 치자는 자기중심적인 이해 득실의 생각을 버리고 백성의 관점에서 그들의 처지를 헤아림으로써 혐오 받지 않는 정치, 백성의 뜻을 만족시켜 주는 공론의 정치를 해야 한다는 것이다. 이러한 사상은 맹자와 제나라 임금과의 대화에서도 잘 드러난다. 왕도 정치를 행할 것을 촉구하는 맹자에게 임금이 "재물 좋아하고 여자 좋아하는" 자신의 병통을 이유로 난색을 표하자, 맹자는 임금에게 다음과 같이 말한다. "재물을 좋아하고 여자를 좋아하는 그 마음으로 백성의 똑같은 마음을 헤아려 충족시켜 준다면 왕도를 행하는 데 무슨 어려움이 있겠습니까.(『맹자』「양혜왕 하」)"

혈구의 정치사상은 궁극적으로는 "만민과 만물이 하나도 빠짐없이 따사로운 봄바람 속에서 삶을 영위하는" 사랑의 사회를 지향한다. 그것은 치자에게 막강한 지위와 권력으로 나서지 말고 생명감통의 정신으로 백성에게 다가가 그들의 삶을 보살피고 성취시켜 줄 것을 요구하기 때문이다. 『대학』에서 "어린아이를 보호하듯〔如保赤子〕" 정치를 하라고 말한 것이나, 맹자가 왕도의 이름으로 사랑의 정치〔仁政〕를 말한 이유도 여기에 있다. 이처럼 백성을 혈구하고 사랑하는 치자는 사회를 서로 경쟁하고 대립하는 사람들의 이해집단으로 여기기보다는, 인정이 감도는 푸근한 가정과도 같이 여길 것이다. 퇴계가 치국의 요점으로 '효도와 공경과 사랑과 예양과 충서'를 든 것도 이러한 인식에 연유한다. 그의 혈구 정신은 정치 현장에서조차 사회를 가정의 연장선상에서 살펴, 만민을 부모 형제처럼 여기면서 사랑과 공경으로 보살피려 한 것이다. 이는 공적인 영역과 사적인 영역을 혼동한 공상이라는 비판을 받을 수도 있겠지만, 아무튼 그것은 충서의 정신과 사랑의 이념이 개인의 삶은 말할 것도 없고 정치 현장까지 지도하는 일이관지의 도(道)임을 역설적으로 증언해 준다.

그런데 우리는 여기에서 한 가지 의문을 갖는다. 선비의 사회 정치적인 이상이 정말 그와 같았다면, 그는 당시 현실 사회를 지배했던 귀천의 신분질서를 어떻게 받아들였을까 하는 것이다. 사실 그 질서는 천한 신분의 입장에서는 충서의 정신과는 거리가 먼 일방적 횡포요, 그것을 전제하는 한 자타간 거리와 간격을 좁혀 화해로운 통합을 이루고 사랑과 공경의 사회를 도모한다는 것은 공상에 불과하다. 실제로 당시의 성리학자들이 그러한 신분질서를 비판하거나 부정하지 않았던 점을 생각하면 충서의 정신과, 더 나아가 사랑의 사회 이념은 언행 불일치의 기만적인 관념에 불과한 것처럼 보인다. 천한 신분에 대해 가하는 제도적인 폭력이 충서와 사랑의 정신을 짓밟아 버릴 것이기 때문이다.

하지만 그들이 정치 사회에서 혈구의 실천을 가로막았던 불평등한 신분질서를 적극적으로 비판하고 개혁하려 하지 않았던 점은 커다란 한계로 지적될 수 있지만, 충서의 정신은 제도를 떠나 선비들 개개인의 삶 속에서는 여전히 진지하게 실천되었다. 우리는 그 실례를 퇴계에게서 확인한다. 앞서 인용한 것처럼 그는, "향리에서 아무리 비천한 사람에게게라도 반드시 예를 다하셨"고, "손님이 오면 그가 아무리 나이 어리다 해도 반드시 계단을 내려와서 맞이하시고, 전송도 그렇게 하셨다." 그의 충서와 사랑의 정신은 귀천이나 상하

등 자타를 분단하고 격절시키는 세속적인 관념들의 벽을 허물어 사람들을 순수 인격으로 만났던 것이다.

　다른 한편 생각해 보면 충서의 정신은 오히려 고래로 전승된 상하귀천의 신분질서가 야기해 온 폐단들을 줄이는 데 기여했을 것으로 보인다. 퇴계의 경우 그가 사회 개혁의 의지를 적극적으로 갖지는 않았지만, 사람의 인격을 존비와 귀천의 관념으로 평가하려는 세속의 폐풍에 대해서는 반대의 뜻을 분명히 하였다. 그는 마을 사람들의 자리 배치 문제로 제자들과 종일토록 논쟁을 벌이며 그들을 설득하기도 했는데, 그의 주장은 제자들까지도 이해하기 어려울 만큼 가히 파격적이었다. 효도와 공경의 윤리가 지배해야 할 향리에서는 귀천이 아니라 나이 순서대로 앉아야 한다는 것이다. 이에 대해 그의 제자들은 "천한 사람들 아래에 앉는 것은 수치"라 하여 선생의 주장에 수긍하려 하지 않았다. 그는 이들에게 훌륭한 예법을 지키고 이끌어야 할 책임이 선비에게 있음을 지적하면서 "마음 내키는 대로 남을 이겨 먹으려고만 하면서 한 때 한 자리의 편치 못함을 이유로 자신의 편안함만을 찾을 뿐 (……) 현인과 군자가 처신하는 기상을 전혀 갖지 못했음"을 탄식하였다.[38] 이는 역시, 귀천의 차별을 넘어 모든 사람들을 순수 인격으로 존중하면서 아우르고자 했던 그의 사랑의 발로로 여겨도 좋을 것이다. 그가 사람들 사이의 인격적인 대면을 제도적으로 제약하고 가로막는 귀천의 신분질서 자체에 대해 비판 의식과 개혁 의지를 갖지 못한 한계는 있지만 말이다.

---

38) 『退溪全書 一』, 「與趙士敬」, 573쪽 및 『退溪全書 二』, 「答趙起伯問目」, 270~271쪽 참조.

사랑, 의로움, 예, 지혜

일반적으로 말하면 사랑, 의로움, 예, 지혜는 각기 가치 영역을 달리하는 개별적인 덕목들에 해당한다. 하지만 인간의 고유한 본질을 도덕생명, 그것도 일차적으로 사랑(생명애)의 정신에서 찾았던 선비 철학에 의하면 사랑이야말로 여타의 덕목들에게 근거와 정당성을 부여하는 도덕의 원천이다. 퇴계는 말한다. "사람이 타고나는 덕에는 인의예지 네 가지가 있는데, 인이 그 네 가지를 포함한다."[39] 이는 사랑이 의로움, 예, 지혜와 같은 다른 덕목들을 관류하는 근본 덕목이라는 뜻이지만, 동시에 그것은 자기 완결적인 것이 아니라 다른 덕목들의 지지를 받아서만 완성되는 지고의 도덕 이념이기도 함을 함의한다.

이처럼 사랑이 다른 덕목들, 즉 의로움과 예, 그리고 지혜의 정신을 빌려서만 완성될 수 있다는 생각은 매우 타당하면서도 동시에 어떤 약점을 갖고 있는 것으로 보인다. 사실 잘못된 사랑은 파괴적이고, 예를 모르는 사랑은 난잡하며, 지혜가 결여된 사랑은 무분별에 빠지기 쉽다. 그러므로 사랑만큼 엄밀한 이성적 숙고를 요하는 것도 없을 것이다. 과연 나의 사랑이 상대의 생명을 올바로 성취시켜 주고 있는가, 그에 대해 공경의 마음과 예의를 갖추고 있는가, 사리 판단을 제대로 하고 있는가 하는 등의 문제를 신중하게 따져 보아야 하기 때문이다. 선비가 의로움과 예, 지혜를 사랑의 완성을 위한 방법론적인 도덕 원리로 여긴 이유가 여기에 있을 것이다. 하지

---

39) 『退溪全書 一』, 「聖學十圖(仁說)」, 206쪽.

만 이러한 문제의식은 자칫 방법론에 지나치게 주목하게 함으로써 정작 그 목적 이념에 소홀하게 만들 수도 있다. 이에 관해서는 뒤에서 재론하기로 하고, 여기에서는 사랑과 여타 덕목들과의 관계를 먼저 알아보자.

인(仁)은 마음속 생명의 이치로서 쉼없이 활동하여 시종 간단이 없다. 만약 이것이 없으면 마음은 죽은 것이나 다름없다. 사람을 대하고 손님을 접하는 데 공경의 마음이 어디에서 나오겠는가. 그렇게 되면 이른바 예(禮)가 없어지게 될 것이다. 처사(處事)에 마름질할 수 없게 되어 이른바 의(義)가 없어지게 될 것이며, 시비에도 멍청히 지각 없게 되어 이른바 지(智)가 없어지게 될 것이다.[40]

이 인용문에서 '마음속 생명의 이치'란 달리 표현하면 도덕생명, 그 중에서도 가장 직접적으로는 사랑의 정신을 뜻한다. 의로움과 예와 지혜는 이로부터 발원하는 하위 개념이요 가치들이다. 먼저 의로움은 사랑을 마름질하는〔仁之裁制〕 정신이다. 마름질이란 옷감이나 재목 등을 치수에 맞게 자르는 것을 뜻하는 말로서, 사랑도 맹목적이어서는 안 되며 사리에 알맞게 마르지 않으면 안 된다는 것이다. 이를테면 부모가 자식의 잘못을 묵과하고 감싸는 것은 사랑이 아니다. 올바른 사랑은 자식의 잘못, 즉 그의 도덕생명에 찍힌 오

---

40) 『性理大全』(경문사 영인본), 「性理九」, 606쪽. 이 책은 또 말한다. "인은 생명정신〔生底意思〕으로서 네 가지의 덕목을 관류한다. 인은 생명정신 자체〔仁之本體〕요, 의는 생명정신을 마름질하는 것〔仁之裁制〕이요, 예는 생명정신을 규범화한 것〔仁之節文〕이요, 지는 생명정신을 분별하는 것〔仁之分別〕이다."

점을 씻어 주는 노력 속에 있다. 그것은 훈계가 될 수도 있고, 심지어는 회초리일 수도 있다.

마찬가지로 사회악을 저지른 인물에 대해서 무조건 사랑의 이름으로 용서하는 것 또한 옳지 못하다. 그의 죄와 벌을 공명 정대하게 처리하면서 동시에 '측은한 마음'으로 그를 생명 사회에 참여하게끔 교도하는 노력에 참사랑의 정신이 있다. 이처럼 사랑은 남들을 나의 품에 아우르면서 동시에 그들의 생명을 제고하고 성취시켜 주기 위한 갖가지 마름질 속에서만 완성될 수 있다. 사랑에 의로움의 정신이 필요한 이유가 여기에 있다. 한마디로 의로움은 적실한 사랑의 실천 원리다. "사랑은 의로움의 근본〔仁者 義之本〕"이라는 『예기』「예운(禮運)」의 글 가운데 진호(陳澔)가 붙인 다음의 주석은 이러한 뜻을 비유적으로 잘 전해 준다. "나무에 비유하면, 뿌리로부터 가지와 잎사귀들에 이르기까지 전체적으로 유행하는 생명의 뜻이 사랑이요 …… 뿌리와 가지, 잎사귀들이 하나하나의 이치 속에서 때에 따라 영고 성쇠하여 각기 그 마땅함을 얻는 것이 의로움이다."[41]

오늘날 논란의 여지가 많은 '사랑의 매'도 이러한 관점에서 이해해 볼 수 있다. 사랑이란 상대방을 무조건 감싸 안는 맹목적인 행위가 아니요, 사려 깊은 성찰 속에서 그의 생명을 보살피고 키워 주려는 노력일진대, 그가 저지른 생명 부정과 파괴의 '불의'에 대해 그에 상응하는 일정한 제재나 징계는 불가피할 것이다. 물론 이러한 문제의식을 갖지 못하고 그의 인격과 생명을 업신여기는 '매질'은 의롭지 못하고 당연히 사랑도 아니다. 또한 그 제재와 징계라는 것

---

41) 『禮記』(경문사 영인본), 289쪽. 진호는 송나라 말엽의 학자다. 조선 학자들이 일반적으로 읽었던 『禮記』는 그의 주석이 달린 것이다.

이 어느 수준이어야 하는지도 판단하기 쉽지 않다. 이는 사랑의 적실한 실천이 매우 어려울 것임을 짐작케 해 준다. 공자가, "오직 인자(仁者)라야 남을 사랑할 수도 있고 미워할 수도 있다.(『논어』「이인(里仁)」)"고 말한 뜻도 여기에 있을 것이다. 말하자면 참다운 사랑은 상대방의 의롭지 못한 행동을 미워하지만 그 순간에도 그를 측은지심으로 품에 아우르면서 그의 생명을 돌보고 키워 주려는 마음을 잊지 않는다.

　예는 사랑을 규범화한(仁之節文) 것이다. 사랑은 그저 내키는 대로의 감정을 마음대로 주고받는 행위가 아니다. 그러한 사랑은 자칫 과불급에 빠져 삶을 문란케 할 염려가 있으며, 한편 감정의 만족에 따라 이내 시들어 버리고 말 것이다. 이는 당연히 사랑의 궁극목적인 생명 제고의 이념에 반한다. 사랑을 행하는 데 나름대로의 질서가 필요한 이유가 여기에 있다. 예는 바로 자타간 생명 감통(사랑)의 질서를 도덕 규범화하고 행위 지표화한 것이다. 장횡거는 말한다. "삼백 가지 예의(禮儀)와 삼천 가지 위의(威儀)가 어느 하나 사랑 아닌 것이 없다."[42] 그리하여 이를테면 남녀 사이에 지켜야 할 사랑의 예는 자칫 방종이나 외설에 흐르기 쉬운 감정과 행위를 절제시켜 주는 의의를 갖는다. 아니 그 이상으로 공경지심을 바탕으로 실천되는 예는 상대방의 인격과 생명을 외경하고 존중함으로써 사랑을 아름답게 성취시켜 줄 것이다. 이에 반해 예를 모르는 사람은 결코 사랑을 완성할 수 없다.

　예는 사랑을 동물적인 수준에 그치지 않고 인간적인 품위와 고상

---

42) 『近思錄』, 56쪽. 위의란 예의의 세부 절목을 말한다.

함으로 빛나게 해 주는 의의를 갖는다. 『예기』는 말한다. "예에는 정을 절제시키는 것도 있고 의도적으로 정을 흥기시키는 것도 있다. 우러나는 정 그대로 행하는 것은 오랑캐의 짓이다. 예의 정신은 그런 것이 아니다.(「단궁 하」)" 사람들은 이에 대해 과연 사랑을 규범화할 수 있는 것인지, 규범적인 사랑은 이미 생동성을 잃어버린 것이 아닌지 하는 의문을 갖고 비판할 수도 있다. 하지만 법과 같이 타율적이지 않고 사람들의 내면에서 자발하는 예는 오히려 '오랑캐'와 같은 야만의 감정과 행위를 벗어나 문화인으로 자기 쇄신케 하고 향상되게 하는 의의를 가질 것이다. 물론 사람들이 사랑의 목적 이념을 망각하고 예 자체에 매달릴 경우 그것은 삶을 구속하는 요인으로 작용하기도 할 것이다. 실제로 그러한 현상이 많았을 것으로 보이지만, 선비는 그 점을 처음부터 의식하고 또 경계하였다. 주회암은 말한다. "크고 작은 예의 절목들이 그 어느 하나도 사랑과 공경, 성의와 측은의 마음의 발로 아닌 것이 없다. 그래서 '삼백 가지 예의와 삼천 가지 위의가 어느 하나 사랑 아닌 것이 없다.' 한 것이다. 만약 그렇지 않다면 예는 그저 공허한 형식에 지나지 않는다."[43]

지혜는 사랑을 분별하는[仁之分別] 정신이다. 그것은 범연하게는 "시비를 판단하는 마음[是非之心]"이라 하지만 그 판단에는 역시 도덕생명 정신이 지배한다. 사랑이 근본에 있어서 생명을 보살피고 제고하려는 목적을 갖고 있는 만큼, 지혜의 정신은 무엇이 생명적이며 그렇지 않은지를 엄밀하게 따질 것이며, 더 나아가 생명을 굳

---

43) 앞의 글, 註.

게 지키려는 의지까지 동반한다. 참다운 앎은 실천을 지향할 것이기 때문이다. 퇴계가 「천명신도(天命新圖)」에서 지(智)를 방위상 겨울 쪽에 배열해 놓은 것도 이러한 사고에 연유한다. 혹심한 추위 속에서도 생명을 굳게 지키며 새봄의 새싹을 예비하는 만물의 모습에서 그는 어떠한 난관이나 시련, 위협에도 굴하지 않고 올바른 생명정신으로 세상에 나서며 생명적인 사랑의 마음을 기르는 참다운 지혜를 배우려 했던 것이다.

그러므로 지혜를 동반하지 않는 사랑은 상대의 생명을 올바르게 키워 주지 못함은 물론 오히려 그르치기까지 할 것이다. 주회암이 "사랑이 여러 덕목들의 첫머리이지만, 지혜는 그것들에 시종 일관한다."[44]고 말한 것도 이 때문이다. 사랑이 의로움과 예의와 지혜의 근본적이고 지도적인 이념인 것은 사실이지만, 지혜가 없으면 그것들의 판단과 실천이 오류를 면하기 어렵기 때문에 '지혜가 그것들에 시종 일관'하는 것이다. 이는 사랑과 의로움과 예도 지혜를 가져야만 건강할 것임을 일러 준다. 선비가 격물치지(格物致知)의 공부를 그토록 중요시했던 한 가지 이유도 여기에 있다. 그는 그것을 단순히 지식 세계를 확장하고 유희하기 위해서가 아니라, 지혜를 터득하여 궁극적으로는 자신의 삶과 사회에 사랑과 의로움과 예의 이념을 올바르게 구현하는 데에 목적을 두었던 것이다.

이상으로 의로움과 예와 지혜가 사랑과 관련하여 갖는 의미를 대체적으로 살펴보았다. 네 가지 덕목, 또는 이념들 사이의 이와 같은 의미 체계는 공맹 유학에서부터 마련되었던 것은 아니다. 그것

---

44) 『周易』(이이회 영인본), 「乾」 괘, 289쪽, 小註.

들의 관계가 단편적이고 함축적으로 언급되기는 했지만, 성리학 이전까지 그것들은 대체로 도덕 실천의 장에서 각기 고유하고 독자적인 실천 영역과 논리를 갖고 있었을 뿐이다. 그러던 것이 성리학자들의 형이상학과 인간학 속에서 변모를 보였다. 자연의 생명정신에 주목하고 인간의 천부적인 본성을 거기에 연결시킨 그들은 맹자의 사덕(四德)을 이끌어다가 저와 같이 자신들의 독특한 이론을 구성해 낸 것이다. 거기에는 아마도 사랑을 최고의 이념으로 간주했던 공자의 사상도 영향을 미쳤을 것이다.

하지만 사랑의 궁극 이념에 의로움과 예와 지혜가 보조적인 실행 원리라고는 하지만 그것들은 사실 일상생활 속에서 각기 독립적이고 자족적인 이념이 될 수 있다. 게다가 공자도 인정했듯이 사랑의 이념 실현이 지난한 일이요 의로움조차도 역시 그 판단과 실천이 결코 쉬운 일이 아니고 보면, 선비는 상대적으로 용이한 예의 준행에 관심을 기울였을 개연성이 높다. 예는 객관적인 행위 지표로 그들 앞에 이미 제시되어 있는 규범인 만큼, 사랑이나 의로움처럼 고도의 식견을 요하는 것이 아니기 때문이다. 조선 후기의 예학 사조가 이를 잘 말해 준다. 이는 달리 살피면 사랑의 이념이 당시 예 의식의 과잉 속에서 퇴색했을 가능성을 암시해 준다. 이에 관해서는 뒤에서 상론하기로 하고, 이제 아래에서는 의로움과 예, 그리고 지혜의 독자적인 의미들을 검토해 보자.

4 의로움의 정신

인간의 본질가치

'의로움'이란 흔히 사람들이 마땅히 행해야 할 올바른 행위에 대한 사전 계도적 또는 사후 평가적인 말로 쓰이지만, 선비의 이념적이고 철학적인 사고 속에서는 더 정교한 의미를 갖는다. 그것은 공맹 이래 삶의 도리로 강력하게 천명되어 왔을 뿐 아니라, "수오지심(羞惡之心)은 의(義)"라 하여 인간 본성의 중요한 내용으로 여겨지면서 인간학의 실천적 과제로 중요하게 다루어졌다. 맹자는 말한다. "사랑은 사람의 편안한 집이요 의로움은 사람의 바른 길이거늘, 편안한 집을 비워 두고 살지 않으며 바른 길을 버리고 걷지 않으니, 슬프다!(『맹자』「이루 상」)" 또한 그의 다음과 같은 웅변은 아마도 이후 모든 사람들의 마음에 의로움의 정신을 깊이 새겨 잊지 못하도록 만들었을 것이다.

물고기는 내가 좋아하는 음식이요 곰 발바닥 또한 내가 좋아하지만 두 가지를 다 먹을 수 없다면 물고기보다는 곰 발바닥을 먹겠다. 삶도 내가 원하는 바요 의로움 또한 내가 원하는 바지만, 두 가지를 다 취할 수 없다면 삶을 버리고 의로움을 취하겠다. 삶 또한 내가 원하는 바지만 삶보다 더 바라는 것이 있기 때문에 구차하게 살려 하지 않는 것이며, 죽음 또한 내가 싫어하는 바지만 죽기보다 싫은 것이 있기 때문에 (죽음의) 환난을 피하지 않는 것이다. 만약 어떤 사람이 삶 이상으로 바라는 것이 없다면 살 수 있는 모든 수단을 어찌 쓰지 않겠으며, 그가 죽음 이상으로 싫어하는 것이 없다면 환난을 피할 수 있는 모든 수단을 어찌 쓰지 않겠는가. 의로운 마음이 있기 때문에 살 수 있음에도 그 수단을 쓰지 않는 것이며, 의로운 마음이 있기 때문에 환난을 피할 수 있음에도 그 수단을 쓰지 않는 것이다. 그러므로 삶보다 더 바라는 것이 있는 것이며 죽기보다 더 싫은 것이 있는 것이니, 이러한 마음은 현자들만 갖는 것이 아니다. 모든 사람이 다 갖고 있지만 현자는 그러한 마음을 잃지 않는 것일 뿐이다.(『맹자』「고자(告子) 상(上)」)

조선 시대 여러 차례의 사화 당시 죽음 앞에서 당당했던 선비들의 기개는 이러한 의로움의 정신의 소산이었다. 그 저변에는 물론 그들의 도덕적인 인간관이 작용하였다. 그들은 인간의 본래적 존재됨과 삶의 가치를 사랑과 의로움 등에서 찾고 그것들을 이념화하여 그 실현을 최대 과제로 내걸었으며, 그리하여 그들에게 의로운 죽음은 인생의 좌절과 소멸이 아니라 오히려 도덕생명을 성취시켜 줄 합당한 자리로 여겨졌다. 기묘사화 때 신진 사류의 영수였던 정암 조광조가 훈구파의 음모로 유배지에서 사약을 받고 쓴 시를 한번 읽어 보자.

> 임금 사랑하기를 어버이 사랑하듯 했고
> 나라 걱정하기를 집안 걱정하듯 했네
> 하늘의 해가 이 땅에 임하니
> 나의 진정 밝게 밝게 비추리
> 愛君如愛父　　憂國如憂家
> 白日臨下土　　昭昭照丹衷[1]

이와 같이 선비는 의로움의 정신을 인간의 본질가치요 삶의 의미 근원으로 여겨, 물건을 주고받는 등 일상의 사소한 일에서부터 일신의 거취와 진퇴에 이르기까지, 더 나아가 죽음의 위협에 맞서서조차도 그에 입각하여 의연하게 처사하려 하였다. 퇴계가 한양에 살 때 가을철 담장을 넘어와 드리운 가지에서 떨어지는 이웃집 밤나무의 알밤들을 자신의 물건이 아니라 하여 담 너머로 일일이 던져서 돌려주었다는 일화[2]도 이러한 정신에 기인한다. "의롭지 않으면 지푸라기 하나라도 남에게서 취해서는 안 된다.(『맹자』「만장(萬章) 상(上)」)"고 생각했기 때문이다. 그는 말한다. "선비가 세상에 태어나 벼슬을 하거나 그에서 물러나거나, 또는 때를 만나거나 못 만

---

1) 『국역연려실기술 Ⅱ』, 315쪽.
2) 『退溪全書 四』, 「言行錄」, 102쪽 참조.

나거나 간에, 요컨대 자신을 깨끗이하고 의로움을 행할 뿐 화복은 논할 바가 아닙니다."[3] 그러므로 의로운 죽음은 그에게 존재의 소멸이 아니라 오히려 그 완성으로 여겨졌다. 이에 반해 의로움을 저버린 삶은 아무리 복을 누린다 하더라도 사람됨의 의미와 가치를 상실한 허울에 지나지 않는다.

의로움이란 무엇을 뜻하는가? 퇴계에 의하면 그것은 "일을 마름질하는 도리"[4]로서, "마치 날카로운 칼로 물건을 마름질하여 그 장단과 대소에 각기 알맞음을 얻어 내는"[5] 목수의 정신과도 같다. 이 때 마름질의 기준은 일의 이치〔事理〕다. 그러므로 의로움이란 사물 또는 사태의 시비와 곡직을 그 이치에 따라 엄밀하고 정확하게 판단하며 처사하는 내재적인 도덕률이라 할 수 있다. 주회암은 말한다. "이치에 따라 처사하는 것이 의다."[6] 이는 의로움의 정신이 단순히 '자신의 잘못을 부끄러워하고 남의 잘못을 미워하는 마음〔羞惡之心〕' 이상으로, 이치를 준거로 처사하려는 고도의 도덕적 합리성을 갖고 있음을 일러 준다. 그리하여 그것은 궁극적으로, 마치 목수가 잣대로 마름질한 재목들을 가지고 집을 짓듯이, 이치에 따른 일의 성취와 행위의 완성을 지향한다.

선비는 이처럼 의로움의 정신이 준거하는 이치를 일상생활과 자신의 일거일동에서 찾아 실천하려 하였다. 그가 궁리(窮理)의 공부

---

3) 『退溪全書 一』, 「答奇明彦」, 403쪽.

4) 『退溪全書 二』, 「答李平叔問目」, 258쪽.

5) 위의 책, 「答李宏仲問目」, 215쪽.

6) 『심경』, 48쪽. 또한 정이천은 말한다. "사물 상에서는 리(理)가 되고 처사 상에서는 의가 된다."(『近思錄』, 33쪽)"

를 그토록 중요시했던 이유도 여기에 있다. 그것은 단지 지식의 축적을 목표로 하는 것이 아니었으며, 또한 그 이치란 객관적인 것이 아니라 실천 지향의 가치적인 성질을 띠었다. 퇴계는 말한다. "격물 궁리는 일의 시비와 선악을 밝혀 옳은 것은 취하고 그른 것은 버리기 위한 것일 뿐입니다."[7] 이와 관련하여 우리는 『대학』이 사물의 탐구와 앎의 성취〔格物致知〕를 공부의 출발점으로 삼았던 이유를 생각해 볼 필요가 있다. 그것은 단지 '아는 것이 힘'이기 때문이 아니었다. 그것은 사람들이 인간과 세계의 이치를 부단히 학습하고 탐구함으로써 그에 입각하여 의로운 삶과 사회를 완성하도록 가르치려는 뜻을 갖고 있었다.

의로움의 정신은 당연히 불의에 대한 강한 척결 의지를 동반한다. 사람들이 저지르는 불의는 인간과 세계의 이치를 혼란시키고 부정하는 주요 요인이기 때문이다. 달리 도덕생명의 관점에서 살피면 의로움의 정신은 사람들의 삶과 사회에서 생명 부정의 병리 현상을 도려내어 참생명을 보호하려 한다. 그것은 개인적으로든 사회적으로든 생명을 잠식하고 부패시키는 불의를 수오(羞惡)하면서 그를 응징함으로써 참생명을 결실하려 한다. 그것이 가을의 정신에 은유되는 것도 이러한 인식에 기인한다. 조선 시대 형조의 벼슬을 추관(秋官)이라 별칭했던 이유도 여기에 있다. 범죄자를 처벌하여 사회 생명을 보호하려는 형벌의 집행은 가을의 추수를 연상시키기 때문이다.[8] 그러므로 의로움의 정신은 도덕생명을 결실하는 최고의

---

7) 『退溪全書 一』, 「答李叔獻別紙」, 372쪽.

8) 『禮記』는 가을에 형벌을 집행하는 것이 순리라고 말하고 있다. 「月令」 참조.

원리라 할 수 있다. 앞서 살핀 것처럼 생명애[仁]의 이념도 이러한 정신이 없이는 공허한 것이 되고 만다.

의로움의 정신은 사회적으로는 경제정의의 이념을 내포한다. 경제정의가 재화 분배의 형평을 추구하는 것이라면, 선비는 그것을 치국의 기본 원리로 여겨 실현하고자 하였다. 이 점은 맹자가 토지를 균등하게 분배할 것을 주장한 데에서 잘 드러난다.[9] 더 나아가 공자는 말한다. "나는 들으니, '나라를 다스리는 자는 인구가 적음을 걱정하지 말고 재화의 불균등한 분배를 걱정하고, 재정의 빈곤을 걱정하지 말고 민심의 불안정을 걱정해야 한다.'고 한다. 백성에게 재화가 균등하게 분배되면 가난은 문제되지 않을 것이요, 사회가 평화로우면 인구의 다과는 문제되지 않을 것이며, 민심이 안정되면 나라는 무너지지 않을 것이다.(『논어』「계씨(季氏)」)" 이는 오늘날의 문법으로 풀이하면, 성장과 분배 어느 쪽을 우선할 것인가 하는 문제에 대한 선비의 입장을 분명하게 전해 준다. 사실 가난은 극복해야 할 불편임이 분명하지만 어쩌면 그 이상으로 심각한 문제는 사람들 사이에 빈부의 격차로 인해 생기는 갖가지 폐해에 있을 것이다. 빈부의 격차는 생활의 불편을 넘어 사람들로 하여금 상대적 박탈감 속에서 시기와 질투의 마음을 키우고 갈등과 투쟁 의식을

---

9) 참고로 장횡거의 다음 글 역시 토지와 관련한 경제정의 이념을 잘 밝혀 준다. "인정(仁政)은 반드시 토지를 균등하게 분배하는 데에서부터 시작되지 않으면 안 된다. 빈부가 불균등하고 백성들의 교화에 법도가 없다면 정치에 관해 말하고자 한들 모두 다 구차한 짓일 뿐이다. 오늘날 토지 개혁을 꺼리는 자들은 처음부터 '부자들의 전답을 급작스럽게 빼앗아서는 안 된다.'라고 말들 한다. 그러나 다수가 그러한 개혁을 환영할 테니, 만약 일정한 처리 원칙을 갖고서 몇 해만 시행해 나간다면 한 사람도 벌주지 않고도 훌륭한 세상을 만들어 낼 수 있을 것이다. 다만 문제는 그것을 결행하려는 의지가 통치자에게 없다는 점이다."(『經書』, (孟子), 551쪽 註)

조장하게 만들어 결국 사회를 혼란 속에 빠뜨리고 말 것이기 때문이다. 공자가 사람들의 삶과 사회에서 재화의 불균등한 분배를 가난보다 더 위험한 요인으로 여긴 이유가 여기에 있다.

선비의 경제정의의 이념은 가진 자보다는 못 가진 자를 배려하고 그의 권익을 보호하려는 뜻을 갖고 있었다. 『대학』은 이를 다음과 같이 말한다. "말을 기르는 대부의 집에서는 닭과 돼지를 기르지 않고, 상제례(喪祭禮)에 얼음을 사용할 수 있는 공경의 집에서는 소와 양을 기르지 않는다." 닭과 돼지, 소와 양 등은 하층민의 주요한 생계 수단이므로 상류의 지배 계층은 그들에게서 그것을 빼앗으려 해서는 안 된다는 것이다. 이는 일견 당시의 신분질서 사회 속에서 가진 자들이 자신들의 지배적인 지위를 잃지 않기 위해 아래의 백성에게 베푸는 은전으로 비칠 수도 있다. 하지만 선비가 경제정의를 실현하려는 것은 단순히 정치적으로 분배의 형평성과 민심의 안정만을 생각해서가 아니었다. 거기에는 정치 행위 이전에 소외당하기 쉬운 하층의 사람들을 혈구의 정신으로 이해하고 배려하려는 사랑의 마음이 깔려 있다. 허동양(許東陽)은 말한다. "윗사람은 아랫사람들을 혈구하여 그들의 이익을 침해하지 말아야 한다. 닭이나 돼지를 기르는 것과 같은 조그만 이익이라도 백성과 다투어서는 안 되거늘, 하물며 임금된 자가 가렴주구나 일삼으면서 백성을 학대해서야 되겠는가."[10] 선비의 경제정의는 이와 같이 하층의 사람들에 대한 혈구의 사랑을 실천하기 위한 방법이었다. 그것은 그리하여 궁극적으로 사랑과 정의의 지배 속에서 구성원 모두가 이익을 함께

---

10) 『經書』, (大學), 43쪽, 小註 東陽許氏說.

누리는 화해로운 공동 사회의 건설을 지향하였다. 다만 그 이념은 참으로 고상했지만 제도화되지 못하고 지배 계급의 도덕적 의무로만 강조되었기 때문에 제대로 실현되기 어려운 약점과 한계를 면할 수 없었다.

가치 합리적 정신

의로움의 정신은 공리 의식과 극명한 대조를 이룬다. 『심경』은 양자를 "목적의식 없이 행하는 것〔無所爲而然者〕"과 "목적의식을 갖고 행하는 것〔有所爲而然者〕"으로 나누어 말한다.[11] 즉 행위의 목적이나 결과를 계산하는 공리 의식과 달리, 의로움의 정신은 순수하게 오직 그 행위 자체에 내재하는 가치〔理〕를 올바르게 실현하려 한다. 위의 책은 또한 말한다. 의로움을 올바로 행할 뿐 이득을 도모하지 않고, 도리를 밝힐 뿐 공명(功名)을 계산하지 않는다.〔正其義 不謀其利 明其道 不計其功〕"[12] 이와 같이 의로움의 정신은 공리 의식을 배제하고 사람으로서 마땅히 행해야 할 도리만을 밝히려 한다는 점에서 철저히 가치 합리적이다. 이와 관련하여 합리 정신을 가치 합리적인 것과 목적 합리적인 것으로 나누는 브루베이커의 말을 들어 보자.

---

11) 『心經』, 279쪽 참조. 위의 원문에서 "위하는 바가 없다/있다"라는 말은 목적의식의 유무를 뜻한다.
12) 위의 책, 276쪽.

전자(가치 합리적 행동)는 어떤 행동 고유의 것이라고 사료되는 가치의 구현에 집중되는 것이고, 후자(목적 합리적 행동)는 어떤 행동으로부터 연유하는 것으로 기대되는 목적 달성에 집중된다. 가치 합리적 행동은 행동의 본질적인 고유성에 맞춰지는 것이고, 목적 합리적 행동은 그 행동에서 기대되는 의도된 결과에 맞춰진다.[13]

말하자면 의로움의 정신은 행위의 공리성 여부를 떠나 순수하게 오직 그 행위에 고유한 것으로 믿어지는 가치[理]를 올바르게 실현하려는 것으로, 일종의 정언명령과도 같다. 이에 따르면 사람들이 참으로 실현해야 할 가치는 행위의 목적이나 결과에 의해 산정되어서는 안 된다. 가치를 수단화하는 목적주의나 결과주의는 결국 몰가치적 사고를 조장하여 삶과 사회를 황폐화시키고 말 것이기 때문이다. 어느 학자는 공리주의에 대해 다음과 같이 비판한다. "강물이 바닷속으로 사라지듯이 덕이 이익 속으로 사라진다."[14] 그러므로 설사 그 행위가 아무리 커다란 이익을 가져다 준다 해도 사람들은 '덕'을 실종시키는 그것을 결연하게 거부하지 않으면 안 된다.

선비의 반공리적인 사고는 맹자와 그 제자 사이에 벌어졌던 이른바 "왕척직심(枉尺直尋)"(『맹자』「등문공(滕文公) 하(下)」)의 논쟁에서 극명하게 드러난다. 제자가 선생에게 은근히 요구한 "한 자[尺]를 굽혀서 여덟 자[尋]를 펴는" 행위는 공리와 실용의 관점에서 살피면 아주 '목적 합리적'이다. 그것은 '일곱 자'라고 하는 결과의 이

---

13) R. 브루베이커, 나제민 옮김, 『합리성의 한계』(법문사, 1985), 63~64쪽.

14) 앙드레 베르제즈 · 드니 위스망, 남기영 옮김, 『실천과 목적』(삼협종합출판부, 2000), 96쪽.

익을 가져다 줄 것이기 때문이다. 하지만 거기에는 이해 득실의 계산만이 행해지고 있을 뿐, 행위의 가부와 시비에 대한 가치 판단이 결여되어 있다는 점에 문제가 있다. 게다가 제자가 선생에게, '여덟 자'의 큰 이익을 도모하기 위해서는 '한 자'의 불의(不義)와 실절(失節)쯤은 무릅쓸 필요가 있다고 암시하고 있는 데는, 목적을 위해서는 수단 방법을 가릴 것 없다는 마키아벨리즘적 사고까지 엿보인다. 맹자가 이에 대해 "만약 '여덟 자'를 굽혀 한 자를 펴서〔枉尋直尺〕 이익을 얻을 수 있다면, 그래도 할 것인가?" 하고 반문한 것도 이를 예상하고 비판하려는 것이었다. '한 자'어치라도 이익이 될 만한 것을 얻기 위해서는 여덟 자의 굴욕과 변절도 마다하지 않을 가치 불감증을 그는 질타하고 있는 것이다.

맹자는 이어 사냥할 때 순전히 꾀와 술수로 짐승들을 많이 포획하려는 탐욕스러운 소인에 대해 "말몰이의 법도를 잃지 않고 공중을 가르듯 활을 쏘는" 군자의 위풍당당한 모습을 말하고 있는데, 이 역시 의로움의 정신을 잘 형용한다. 소인은 짐승의 포획이라는 목적적 관점에 충실한 데 반해 군자는 사냥의 법도, 즉 그 행위 자체의 가치에 의미의 무게를 두기 때문이다. 사람들은 그러한 가치가 이익의 효과를 내지 못한다 해서 그것을 무시하려 하지만, 군자는 오히려 그러한 목적 합리적 사고 속에 사람들의 삶과 사회가 황폐화될 것을 우려한다. 인간의 본질가치인 의로움의 정신을 도외시한 채 바깥의 이익만을 추구하는 사람은 자신의 존재를 스스로 공동화시켜 삶을 허무로 몰아넣게 될 것이기 때문이다. 퇴계가 "의(義)는 삶의 길이요 이(利)는 죽음의 길"[15]이라고 극언한 뜻도 여기에 있다. 죽음이 인간 존재의 사실적인 부정을 의미한다면, 가치 부재의 이익 지향적인 삶은 정신적 죽음에 이르는 길이다. 더 나아가 의로움을 모르고 이익만을 추구하는 사회는 권모술수의 난무로 인해 "만인의 만인에 대한 투쟁"의 장으로 변하고 말 것이다. 역시 퇴계는 임금에게 말한다. "예〔禮〕와 의로움〔義〕와 청렴〔廉〕과 부끄러움〔恥〕의 정신이 없으면 그 나라는 망하고 맙니다."[16]

이처럼 의로움의 정신은 세속적 손익 계산의 사고에서 벗어나 사람됨과 삶의 의미를 부단히 성찰하고 실천하면서 당당하게 세상에 나선다. 조선 시대 여러 차례의 사화 당시에 선비들을 곧추세웠던 기개의 핵심이 여기에 있다. 그것은 그들로 하여금 예상되는 죽음을 의연하게 받아들이게 하고, 그로써 오히려 사회를 살게 해 주었다. 사람들은 그들의 의로운 삶과 죽음을 보고 들으면서 부끄러운 마음으로 자신들이 살아가는 모습을 되돌아보고, 한편으로 비극적인 감동 속에서 스스로 의로움의 정신을 일깨웠을 것이다. 선비의 춘추필법(春秋筆法) 또한 그 핵심은 여기에 있었다. 춘추 시대의 인물 포폄에 있어 공자의 붓끝에서 행사된 의로움의 정신이 이후 난신적자(亂臣賊子)의 패륜을 저지할 정도였다는 것은, 그것이 인간과 사회를 넘어 역사를 지켜 주는 위대한 정신임을 일러 준다. 사회가 의로움의 정신을 소중히 여겨야 할 이유가 여기에 있다. 그러므로 "나라는 재리(財利)를 이익으로 여길 것이 아니라 의로움을 이익으로 여겨야 한다.(『대학』)"

이익 의식을 경계하고 배척했던 선비의 의로움의 정신은 가난을

---

15) 『退溪全書 二』, 「答金彦遇問目」, 59쪽.

16) 『退溪全書 一』, 「乞解職歸田箚子」, 212쪽.

자초할 수밖에 없었을 것이다. "재물이란 기름과도 같은 것이라서 그것을 가까이하면 사람이 더러워진다."[17]고 여기는 그에게 경제적인 여유는 고사하고 생활의 유지조차 간단치 않았을 것이다. 퇴계는 자식에게 보낸 편지에서 말한다. "가난과 궁핍은 선비의 일상사인 것을, 개의할 게 또한 무엇 있겠느냐. 네 아비는 그 때문에 남들로부터 웃음도 많이 샀다만, 꿋꿋이 참고 순리대로 처신하면서 스스로를 닦아 하늘의 뜻을 기다리는 것이 옳다."[18] 아래 화담(花潭) 서경덕(徐敬德, 1489~1546)의 시를 한 편 읽어 보자.

> 젊어 글 읽을 시절에는 세상의 경륜에 뜻을 두었지만
> 늘그막에 이르니 안자(顔子)의 가난이 도리어 좋구나
> 부귀는 다투는 사람 많으니 손 내밀기 어렵고
> 숲과 샘은 막는 이 없으니 몸 편안히 할 수 있어라
> 산나물 캐고 낚시질하여 그런 대로 배를 채우고
> 달을 노래하고 바람 읊조리며 마음껏 심사를 펼친다
> 배움이 회의(懷疑)를 넘어 쾌활함을 알겠으니
> 인생 백년 헛되게 사는 것은 면했어라
> 讀書當日志經綸　　晩歲還甘顏氏貧
> 富貴有爭難下手　　林泉無禁可安身
> 採山釣水堪充腹　　詠月吟風足暢神

---

17) 위의 책, 「盧寡悔贈金而精一絶其題有財猶膩也近則汚人之語警人深矣次韻贈之」, 150쪽. 이는 소재(蘇齋) 노수신(盧守愼, 1515~1590)의 말이다. 퇴계는 이를 두고 "사람을 깊이 깨우쳐 준다."라고 하면서 차운하여 시를 썼다.
18) 『退溪全書 四』, 「言行錄」, 51쪽.

學到不疑知快活　　免教虛作百年人[19]

　가난을 찬송하는 듯한 그의 이러한 삶은 나쁘게 생각하면 자신의
무능력을 드러내는 것 같기도 하고, 좋게 평가한다 해도 초연함을
가장하고 있는 것처럼 보인다. 그가 '세상의 경륜'에 관해서는 공부
했는지 모르지만 자신의 인생을 경영할 능력조차 갖지 못하여, 체
념 속에서 인생을 달관한 듯이 자신을 호도하고 있지 않은가 하는
것이다. 하지만 참다운 능력으로 따지자면 가난에도 불구하고 진리
와 도의를 수호하려는 정신만큼 이 세상에 강인하고 창조적이며 위
대한 힘은 없을 것이다. 산림(山林)의 가난한 선비 한 사람이 왕비
열 명을 누를 기개를 가졌다는 사실이 이를 잘 말해 준다. 조선 시
대 선비들의 청빈 사상이나 안빈낙도의 정신을 우리는 이러한 관점
에서 이해해 볼 필요가 있다. 앞서 인용한 것처럼, 가난 속에서도 굴
하지 않고 인간의 본질가치인 사랑과 의로움, 예의의 정신을 지켜
밝히고자 했던 선비의 호연하고 당당한 '대장부'의 기상을 다시 한
번 음미해 보자.

　이 세상에서 가장 넓은 집(사랑)에서 살고, 이 세상에서 가장 바른
자리에 서며(예), 이 세상에서 가장 큰 길(의로움)을 걷나니, 뜻을 펼
기회가 주어지면 이를 만민과 더불어 행하고, 그렇지 않으면 혼자만이
라도 그 길을 가리라. 이 뜻을 부귀도 어지럽히지 못하고, 빈천도 변절
시키지 못하며, 권세나 무력도 꺾지 못할 것이니, 이를 일러 대장부라

19) 『李朝初葉名賢集選』, 「述懷」, 190쪽.

한다.(『맹자』「등문공 하」)[20]

정명(正名)의 정신

의로움의 정신은 명분(名分) 관념과 밀접한 관련을 갖는다. 앞서 "의로움의 정신은 이치에 따라서 일을 판단하고 처사한다."라고 했 거니와, 사실 그 이치란 사람들이나 사물들의 갖가지 이름(名)에 내 포되어 실현될 것이 기대되고 또 요구되는 의미와 가치에 다름 아 니다. 이는 우리가 의로움 여부의 판단을 저 '이름' 속에서 행해야 할 것임을 일러 준다.『춘추좌씨전』(환공(桓公) 3년 정월)은 말한다. "이름으로 의로움을 마름질한다.(名以制義)" 그러므로 우리가 의로 운 삶을 살기 위해서는 사회생활상 갖는 수많은 이름(名)들에 담겨 있는 의미를 숙고하고, 그로써 자신이 수행해야 할 과제와 본분(分) 을 알아 그것을 실천하지 않으면 안 된다. 의로움의 정신이 명분을 중요시하는 까닭이 여기에 있다. 우리는 그 실례를, 과거에 사관들 이 죽음을 무릅쓰고 역사 사실을 정론 직필했던 춘추대의(春秋大 義)의 정신에서 확인한다.『춘추좌씨전』(양공(襄公) 25년 5월)에 의 하면 한 신하가 왕위를 찬탈하기 위해 임금을 시해한 사건이 발생 하였다. 이에 당시 사관이 그 사실을 직필하자 찬탈자는 그의 목숨 을 빼앗았다. 이어 사관의 직책을 계승한 그의 동생 역시, 임금의 시해는 물론 사관을 죽인 사실까지 기록함으로써 형과 마찬가지로

---

20) 위의 번역문상 괄호 안의 뜻은 주회암의 주석에 입각한 것이다.

죽음을 당하였다. 그의 둘째 동생 또한 그 직책을 계승하고는 그러한 일련의 사실들을 모두 기록하자 찬탈자는 그를 더 이상 죽이지 못하였다.

그들이 이처럼 죽음을 각오하면서까지 대의를 밝히는 직필을 마다하지 않은 이유는 다른 데에 있지 않았다. 그것은 그들이 정론 직필을 사관의 '명분'으로 믿어 의심치 않았기 때문이다. 그들에게는 자신들의 존재에 참의미를 부여해 주는 명분과, 그로부터 나오는 의로운 정신이야말로 죽음의 위협에 맞서 오히려 삶을 완성시켜 주는 요소였다. 우리는 여기에서도 의로움의 '가치 합리적인' 정신을 확인한다. 만약 그들이 자신들의 직업을 생계나 출세 수단쯤으로 여겼다면 그들의 '목적 합리적인' 정신은 아부와 곡필을 마다하지 않았을 것이다. 하지만 그들은 자신들의 행동이 초래할 죽음의 결과를 충분히 예상했음에도 사관의 직책에 고유한 가치의 구현에만 집중하였다. 대의명분(大義名分)의 위대한 힘이 바로 여기에 있다.

정명의 정신은 이처럼 이름에 내포되어 있는, 또는 이름이 지시하는 대의명분을 구현하려 한다. 공자가 "임금은 임금다워야 하고 신하는 신하다워야 하며, 어버이는 어버이다워야 하고 자식은 자식다워야 한다.[君君臣臣父父子子, 『논어』 「안연」]"고 주장한 뜻이 여기에 있었다. 사람들은 군, 신, 부, 자 등 사회적 존재로서 여러 이름들을 갖고 살아가면서 그것들이 지시하는바 자신들의 본분과 과제를 올바로 실천하지 않으면 안 된다. 이러한 과제 수행의 노력을 게을리하는, 또는 그 과제를 방기하는 사람이 있다면 그는 결국 그 이름을 박탈당하고, 끝내는 존재 자체를 부정당하고 말 것이다. 공자는 이 점을 다음과 같이 비유적으로 말한다. "(모난) 술잔이 술잔 같지 않다면 그것을 술잔이라 할 수 있겠는가!〔觚不觚 觚哉 觚哉,『논어』「옹야」〕" 사람들은 이에 따라 저 '술잔'에 자신들이 갖고 있는 수많은 이름들을 대입해 볼 필요가 있다. 남편이 남편답지 않으면 남편이라 할 수 있는가. 선생이 선생답지 않으면 선생이라 할 수 있는가. 사람이 사람답지 않으면 사람이라 할 수 있는가.

맹자가 폭군을 두고 독부(獨夫)라고 폄척한 이유도 여기에 있다. 임금이 임금답지 못하고 오히려 백성에게 포악을 부린다면, 그는 더 이상 임금이 아니라 어느 누구의 지지도 받지 못하는 외로운 필부에 지나지 않는다는 것이다. 그의 혁명 사상의 근거가 여기에 있다. 신하가 임금을 내쫓고 죽이는 일은 불충과 대역의 범죄일 것처럼 생각되지만, 그에 의하면 민심에 이반된 학정의 통치자는 더 이상 임금이 아니기 때문에 그것은 애당초 시군(弑君)이라는 범죄의 구성 요건에 해당하지 않는다. 은(殷)나라 탕(湯)임금과 주(周)나라 무왕(武王)의 혁명에 대해 "신하가 임금을 죽이는 것이 가당한 일인가?"라고 물은 제(齊)나라 임금에게 맹자가 행한 다음의 답변은 비수와도 같이 날카롭다. "나는 탕 임금과 무왕이 필부 한 사람을 죽였다는 말은 들었지만 그들이 임금을 죽였다는 말은 듣지 못했습니다."(『맹자』「양혜왕 하(下)」)

이렇게 사람들이 그들의 이름이 갖는 의미와 과제의 수행 속에서만 자신을 올바로 세우고 삶을 완성할 수 있는 것이라면, 사회의 정의 또한 정명(正名)을 통해서만 이룰 수 있다. 『주역』은 이를 사회의 최소 구성 단위인 가정의 영역에서 다음과 같이 말한다. "어버이는 어버이답고, 자식은 자식답고, 형은 형답고, 동생은 동생답고, 남편은 남편답고, 부인은 부인답게 행동할 때 가정의 도가 바로 선다.

가정을 바로 세워야 세상이 안정될 것이다.〔父父子子兄兄弟弟夫夫婦婦而家道正 正家而天下定矣,『주역』「가인(家人)」괘 단사〕"마찬가지로 정의로운 사회 역시 구성원들이 각자 그들의 이름에 담긴 직분과 과제를 숙고하고 실천하는 가운데에서만 구현될 수 있다. 사람들이 그들'답게' 살아가지 않는 사회에서는 정의가 깃들 여지가 없다. 이는 정명이 사회의 건강 정도를 재는 하나의 척도가 될 수 있음을 일러 준다.

정명의 정신은 현실 사회를 넘어서 역사 바로 세우기의 자리에서도 중요한 역할을 할 수 있다. 그것은 과거의 사람들이 이름과 과제수행의 관점에서 역사적 평가를 제대로 얻고 있는지 여부를 판단케하며 기왕의 잘못된 역사를 바로잡아 줄 또 하나의 척도가 된다. 이와 관련하여 일화 한 가지를 소개해 본다. 명종 때 사림을 도륙했던 을사사화의 장본인 윤원형(尹元衡)은 한동안 무소불위의 권력을 휘두르다가 말년에 실각한 뒤 결국 죽기 전에 죄를 받아 거의 모든 관작을 삭탈 당하였다. 그러나 그가 을사년에 얻은 '사직을 보위한 공신〔衛社功臣〕'의 이름(훈장)만은 그의 사후에까지 지워지지 않았다. 명종의 뒤를 이은 선조 당시 파사현정(破邪顯正)을 시대적 소명으로 알았던 율곡은 이를 그냥 지나치지 않았다. 그는 정명의 정신에 입각하여 윤원형의 저 거짓된 훈장을 떼어 버릴 것을 강력하고도 끈질기게 요구하였다. 윤원형이 얻은 그 이름은 사직 보위의 과제 수행 결과 주어진 것이 아니기 때문에 역사를 왜곡하고 있다는 것이었다. 아니, 오히려 사직을 혼란과 불행에 빠뜨린 그의 불의한 소행으로 따지면 그 이름은 원천적으로 무효이며 그러므로 당연히 박탈되어야 한다는 것이었다. 요컨대 윤원형이 얻었던 모든 관직과 훈장은 거짓된 이름들로서, 저 거짓을 그대로 두는 한 사람들로 하여금 정의를 신뢰하면서 바른 사회를 이루게 하기란 불가능하다는 것이었다. 이것이 당시 주위 사람들로부터 과격하다는 비난을 받으면서도 굽히지 않았던 율곡의 정명의 역사 정신이었다. 그는 끈질기게도 무려 41차에 걸친 상소 끝에 드디어 임금의 재가를 받아 내었다.[21]

그러나 정명 사상에도 한 가지 문제는 있다. 저 '다움'이라는 것, 즉 이름에 담긴 과제를 누가 어떻게 정할 것인가? 엄밀히 따지면 그것은 과거에 이름을 만들어 사용한 사람들이 정해 놓은 것으로, 현재를 사는 사람들은 학습을 통해 그것을 각자 자신의 것으로 내면화한다. 예컨대 남편다움과 부인다움의 뜻을 우리는 우리들 자신의 이성으로 구성해 낸 것이 아니다. 그것은 하나의 전통으로 우리의 무의식 속에 침전되어 우리의 일거수일투족을 지도하고 안내한다. 하지만 삶이란 사람들 각자에게 고유한 것인 만큼, 과거의 사람들이 그들의 인생관과 세계관 속에서 설정해 놓은 이름들의 과제만으로 현재인들의 삶의 필요를 다 충족시킬 수는 없는 일이다. 신구 세대 간 갈등의 한 가지 원인도 여기에 있을 것이다. 이는 같은 이름 속에서도 그것이 지시하는 의미와 과제는 시대와 사회의 변화에 따라 가감되고 또 첨삭될 수밖에 없음을, 그리하여 그것은 부단한 생성과 변형의 과정 속에 있는 것임을 일러 준다. 우리는 그 실상을 오늘날 우리 사회에서 광범하게 일어나고 있는 남편(남)과 부인(여)의 '다움'의 지각 변동 현상에서 본다.

---

21) 『栗谷全書 一』, 「論尹元衡疏」, 48~50쪽; 「東湖問答」, 329쪽; 『栗谷全書 二』, 「行狀」, 345쪽 등 참조.

명분 관념의 함정이 여기에서 드러난다. 사실 명분 자체는 삶을 이끌어가는 동력으로서 매우 중요한 의의를 갖는다. 하지만 그것의 시대적인 개변 가능성을 도외시한 채 과거에 정립된 내용만을 고집한다면 그러한 사람은 결코 자신의 삶을 올바르게 완성할 수 없을 것이다. 이름의 의미와 과제가 현실의 토대를 상실했기 때문이다. 예컨대 오늘을 살면서 남녀(부부) 유별 시절의 그 '다움'을 찾는 사람은 어떠한 남녀(부부) 관계도 성공적으로 이루어 낼 수 없을 것이다. 율곡은 이러한 문제점을 다음과 같이 지적한다. "만약 옛 것에 집착할 줄만 알았지 일의 이치를 오늘날에 시행하지 못하고, 이름만 좇으려 할 뿐 그 실상을 외면한다면, 이는 어리석은 선비의 식견이다."[22]

명분 관념에 내재된 의로움의 가치도 이와 다를 것이 없다. 만약 어떤 사람이 그것을 판단하고 실천하는 데 현실 상황을 고려하지 않고 지난날 성현들이 제시해 놓은 것만 준거하려 한다면, 그는 자신의 시대와 삶을 사는 사람이 아니다. 그처럼 교조적이고 율법적인 태도는 사실 의로움의 정신에도 어긋나며, 엄밀히 따지면 자기 사견의 고집에 지나지 않는다. 공자는 말한다. "군자는 세상의 일에 대해 꼭 이렇게 하겠다고 고집하지도 않고, 하지 않겠다고 고집하지도 않는다. 오직 의로움을 따를 뿐이다.(『논어』「이인」)" 참다운 의로움의 정신은 이처럼 처사의 원칙과 기준을 미리 세워 두지 않는다. 그것은 진리에 대해서조차 교조적인 태도를 거부한다. 그는 진리도 변화하는 시대와 삶의 상황 속에서 창조적으로 응용될 때에만

---

22) 『栗谷全書 二』, 「聖學輯要」, 34쪽.

진정한 의의를 얻는다는 사실을 알기 때문이다. 이는 무규범의 방종과 가치 허무주의를 가르치려는 것이 아니다. 그것은 사람이 진리에 봉사하지 않고 진리가 사람에게 봉사케 하도록 하려는 것이다. 퇴계가 비유한 대로 목수가 "날카로운 칼로 물건을 마름질하여 그 장단과 대소에 각기 알맞음을 얻어 내는" 것처럼, 참다운 의로움의 정신은 이렇게 사물 또는 행위를 마름질하는 데 변화하는 시대와 사회, 삶을 함께 고려하면서 수시 변통하는 상황 윤리의 성질을 강하게 띤다.

권도(權道)

선비는 이러한 의로움의 정신을 윤리 도덕뿐만 아니라, 더 나아가 일상의 모든 처사에 응용하면서 그것을 권도로 제시하였다. 먼저 공자의 말을 들어 보자. "배운다 해서 누구나 다 진리를 지향하는 것은 아니요, 진리를 지향한다 해서 누구나 다 진리를 확립하는 것은 아니며, 진리를 확립한다 해서 누구나 다 권도를 행할 수 있는 것은 아니다.(『논어』「자한(子罕)」)" 여기에서 '권도'란 저울〔權〕에 비유된 상황 윤리 정신의 일종이다. 사람들은 물건을 저울판 위에 올려놓고서 저울추를 움직여 그것과 평형을 이루는 저울대의 눈금으로 무게를 잰다. 사람들의 행위도 이와 다를 것이 없다. 그들은 어떤 상황에 처해서 그것을 마음의 저울로 재어 형평에 맞는 올바른 '행위의 눈금'을 찾는다. 그러한 '눈금'이 다수의 사람들에게, 그리고 긴 세월 속에서 공인될 경우 그것은 보편성을 얻으면서 한 사

회의 규범으로 자리 잡게 된다. 사람들이 일상생활에서 일반적으로
서로 기대하고 또 주문하는 윤리 도덕이나 행위 원칙과 같은 것이
모두 그에 해당한다.

그런데 이렇게 확립된 규범 윤리는 어떤 한계를 갖는다. 즉 그것
은 일반적인 행위 상황을 예상 또는 전제하고 있는 만큼, 그 상황을
벗어난 새로운 사태 앞에서는 적절성을 잃고 만다. 다시 저울의 비
유를 들어 말하면 저울대의 '행위의 눈금'은 저울판 위 '일정한 상
황'의 무게를 형평에 맞게 올려놓은 산물이기 때문에, 변칙적인 상
황의 무게가 놓이면 그것은 종전의 평형, 즉 지도 지침으로서의 적
합성을 상실한다. 미생(尾生)의 고사는 상황의 변화에도 불구하고
이미 설정된 '행위의 눈금'에 집착하는 자의 어리석음을 전한다. 약
속을 지켜야 한다는 원칙은 일반적인 행위 상황을 전제하고 있는
것인데, 그는 약속 장소가 장마로 인해 잠기는 비상시까지 그 원칙
을 고집하여 결국 익사하는 불행을 자초했기 때문이다. 공자의 제
자 자로(子路)가 난리 와중에 적의 칼에 갓끈이 끊기자 "군자는 죽
더라도 갓을 벗어서는 안 된다." 하면서 갓끈을 다시 매다가 적에게
찔려 죽은 사실(『춘추좌씨전』 애공(哀公) 16년 2월) 역시 규범 윤리
의식의 한계를 극단적으로 예증한다.

사실 삶은 사람들이 예상하는 일반적인 상황 속에서만 영위되
지는 않는다. 오히려 그들은 교과서적인 '행위의 눈금'으로는 처신
하기 어려운, 그리하여 그것을 무시하고 그들 스스로의 판단에 따
라 새롭게 마름질해야 할 변칙적인 상황에 수없이 봉착한다. 예컨
대 상중에는 고기를 먹지 않는 것이 자식된 자의 도리라 하지만 기
력이 쇠약해졌을 경우에는 어떤 방법으로라도 보신을 해야 할 것

이며, 임금에게 충성을 다하는 것이 신하의 의리이지만 포악한 임금에 대해서는 혁명을 통해서라도 도탄에 빠진 민생을 구원해야 할 것이다. 요컨대 은유적으로 말하면 아무리 "군자는 대로행(大路行)"이라 하지만 목전의 상황이 여의치 않을 경우에는 소로(小路)를 택해서라도 목적하는 곳에 이르러야 한다.

권도가 여기에서 의의를 얻는다. 그것은 일정한 '행위의 눈금'이 전제하고 있는 '상황의 무게'가 바뀌어 그 눈금이 평형을 잃을 경우, 저울추를 옮겨 변칙적인 상황의 무게와 평형을 이루는 새로운 눈금을 저울질하는 정신이다. 맹자가 "남녀간에 물건을 직접 주고 받지 않는 것은 예(禮)요, 형수가 물에 빠졌을 경우 손을 내밀어 구해 주는 것은 권(權)"(『맹자』「이루 상(上)」)이라 한 뜻이 여기에 있다. 말하자면 예가 일반적인 상황의 행위 눈금이라면, 권은 변칙적인 상황 속에서 탐색된 새로운 눈금이다. 그는 또한 순 임금이 자신의 결혼을 용납하지 않는 부모의 허락을 받지 않고 처를 얻은 일을 두고 다음과 같이 변호한다. "순이 부모님에게 고하지 않고 처를 얻은 것은 후손을 잇지 못할까 염려해서다. 그러므로 군자는 순이 부모님에게 고한 것이나 마찬가지라고 여긴다." 주회암은 이에 대해 다음과 같이 주석한다. "부모에게 고하는 것은 예요, 고하지 않는 것은 권이다."[23] 이 경우에도 예와 권은 위의 것과 똑같은 함의를 갖는다.

"정도(正道)를 지키고 권도(權道)를 행해야 한다.[守經行權]"는 명제가 여기에서 마련된다. 정도는 사회와 역사 속에서 수많은 사

---

23) 『經書』, (孟子), 599쪽 註.

람들에 의해 공인되고 실천되어 온 인간 존재의 의미와 가치를 지표화한 것으로, 그것은 처사를 바르고 품위 있게, 그리고 삶을 고상하게 만들어 줄 것이다. 하지만 원칙주의자들에게서 흔히 목격되는 것처럼, 그에 집착한다면 현실 상황에 대해 올바른 마름질을 못하고 창조적인 응변력을 잃어 오히려 일과 삶의 실패를 초래하고 말 것이다. 권도를 행해야 할 이유가 여기에서 드러난다. 그것은 수시 변통의 지혜로 당면의 상황을 예리하게 저울질하여 일을 성공적으로 수행하게 해 줄 상황 윤리의 정신을 갖고 있기 때문이다.

하지만 여기에도 문제는 있다. 권도는 정도의 실천이 불가능한 상황 속에서 행사되는 것이라 하지만 정작 그것은 정도의 한계를 깨달으면서 정도를 파괴하기 때문이다. 다시 한 번 저울의 비유를 들면, 권도로 저울질하여 새롭게 옮긴 '행위의 눈금'은 정도의 그것을 무시하고 부정하는 것이나 다름없다. 사람들은 이처럼 그 속성상 정도를 부정하는 권도를 구실로 자신의 무도한 짓을 합리화하기도 한다. 예컨대 어떤 자는 자신의 역모와 반역을 부득이한 권도라고 강변한다. 정권 탈취의 야욕으로 쿠데타에 성공한 세력들은 자신들의 거사를 구국의 혁명이라고 조작하고 선전한다. 이는 권도가 숭상될수록 상대적으로 정도가 경시되면서, 대신 자리(自利)의 술책이나 권모술수만 횡행할 염려가 있음을 시사한다.

선비가 권도를 존중하면서도 그것의 행사를 조심스러워했던 이유가 여기에 있다. 그의 판단으로는 사람들은 권도의 행사에 앞서 정도 의식을 투철하게 갖고 있어야 하며, 당면의 상황이 과연 정도의 실천을 불가능하게 하는지 여부를 올바르게 판단해야 하며, 권도의 행사가 불가피하다 해도 정도가 궁극적으로 보호하고 이루려는 가치와 이념을 잊어서는 안 된다. 정도를 모르면 권도 자체를 말할 수 없고, 상황 판단이 그릇되면 정도는 물론 권도의 행사도 실패를 모면하기 어려우며, 정도의 이념을 잊어버린 권도는 처세의 술수와 편법으로 전락하고 말 것이기 때문이다. 그러므로 권도가 일견 정도를 부정하는 것처럼 보이지만, 사실 권도의 중심에는 여전히 정도의 정신이 놓여 있다. 달리 말하면 정도야말로 삶과 사회를 지탱해 주는 커다란 힘인 만큼, 사람들은 권도 행사의 그 어떤 자리에서도 정도의 정신을 잃어서는 안 된다. 권도가 변통의 술수나 임기 응변책과 다른 점이 바로 여기에 있다.

그렇지만 우리는 여기에서 권도 의식의 한계를 엿본다. 그것은 권도가 정도의 보조 윤리로서 그 행사의 조건이 매우 까다로운 데 기인한다. 권도는 시대의 변천과 사회의 변화 속에서 처사의 정신으로 사람들에게 적극 권장될 법도 한데, 강한 정도 의식은 그것을 예외적인 수단으로만 인정하고 있는 것이다. 학자들은 말한다. "권도는 대현(大賢) 이상이 아니면 행할 수 없지만, 정도는 모든 사람들이 힘쓰지 않으면 안 된다." "세상에는 정도와 권도가 있다. 정도는 영원불변의 것이요, 권도는 일시의 응변책이다. 정도는 사람들이 누구나 따를 수 있지만, 권도는 도를 완전히 깨우친 사람이 아니면 불가능하다."[24]

사실 현실의 상황 판단과 처사에 자신을 갖지 못한 대부분의 사람들에게 정도는 강력한 버팀목이자 보호막으로 작용한다. 역사 속에서 수많은 현자들의 실천적인 검증을 받아 온 정도는 처사의 실

---

24)위의 책, 491쪽, 小註 慶源輔氏說 및 599쪽, 註 范氏說.

패를 최소화해 줄 것이며, 설사 실패를 겪는다 하더라도 정도의 권
위로 자신을 위안하고 또 남들에게 당당히 나설 수 있기 때문이다.
다른 한편 권도에 대한 저와 같은 조심성은, 권도가 허용되면 될수
록 그에 반비례해서 정도가 무시되어 삶과 사회가 혼란에 빠지고
말 것이라는 염려도 깔려 있을 것이다. 특히 그것은 정도의 학습과
실천을 평생의 과제로 여겨 온 선비에게는 도저히 용납되기 어려운
일이었을 것이다. 하지만 그러한 의식의 토양에서는 창조적인 처사
의 정신의 발아와 성장을 기대할 수 없다. 그 집단적인 현장을 우리
는 조선 중기 이후, 특히 구한말 시대와 사회 상황의 변화에 아랑곳
하지 않고 과거 성현들의 정도만 고집했던 성리학자들의 언행에서
본다.

하지만 성현들의 정도란 무엇인가? 그것은 그들이 자신들의 시
대와 사회, 삶 속에서 찾아낸 '올바른 삶의 길'이다. 그러므로 그것
이 아무리 인간과 세계에 대한 깊은 통찰을 토대로 초시대적 진리
성을 담지하고 있다 하더라도, 사람들은 그것을 실천하는 데 역시
자신들에게 고유한 시대와 사회 그리고 삶을 바탕으로 현실 상황을
잘 저울질하지 않으면 안 된다. 또 다른 미생과 자로가 되지 않기
위해서 말이다. 『중용』은 경고한다. "지금 세상에 태어나서 옛날의
도로 돌아가려 한다면 그런 사람에게는 반드시 재앙이 몸에 미칠
것이다." 우리는 여기에서 권도를 다시금 주목할 필요가 있다. 다만
과거와 같이 정도의 보조 윤리에 그치지 않고, 정도를 존중하되 그
것을 이 시대에 융통하고 또 때로는 수정과 보완, 비판까지 하면서
새로운 정도를 개척하는 창조적인 정신으로 말이다.

예와의 관계

　의로움의 가치는 사람들의 판단에 좌우되는 주관적 성질을 갖는
다. 그것은 사람들이 상황을 어떻게 마름질하는가에 따라 전혀 달
라질 수도 있다. 이를테면 어떤 물건이 정당한 선물인가 아니면 불
의로운 뇌물인가 하는 문제는 그 물건의 수수 행위의 정황을 사람
들이 어떻게 판단하느냐에 따라 답이 달라진다. 퇴계가 한 제자와
나눈 다음의 대화는 이러한 뜻을 잘 전해 준다.

　　"공자께서는 친구가 주는 선물이라면 말이나 수레까지도 사양하지
　않았는데, 이는 어째서입니까?"
　　"의리로 주는 것이기 때문에 사양할 도리가 없었던 것이다."
　　"그렇다면 선생님은 어째서 김이정이 주는 나귀를 받지 않으셨습니
　까?"
　　"옛사람들은 부모가 살아 계실 때에는 말이나 수레까지 선물하지는
　않았다. 그것은 사람들에게 감히 부모 허락 없이 제 마음대로 선물해
　서는 안 됨을 알려 주기 위해서였다. 그 사람도 부모가 살아 계신데 내
　가 어떻게 그것을 받을 수 있겠느냐."[25]

　그러므로 의로움의 판단은 사람들에 따라 과불급의 편차를 상당
히 드러낼 수밖에 없을 것이다. 오늘날도 마찬가지지만, 역사적으로
선비들이 출처 의리에 대해 시비 분분했던 수많은 사례들이 이를

---

25) 『退溪全書 四』, 「言行錄」, 55쪽.

잘 일러 준다. 선비가 격물치지의 공부를 강조했던 것도 바로 이 때문이었다. 그는 평소에 책 속에서, 또 실제의 생활 현장에서 갖가지 사례의 연구와 분석을 통해 의로움의 판단 능력을 제고하고 처사의 의로움을 도모하였다. 하지만 그 객관적인 기준을 알기도 어려울 뿐더러, 고도의 안목을 요하는 그것을 누구에게 기대할 수 있을까? 그것은 사리에 따라 올바르게 처사하려는 정신이라 하지만 과연 어떠한 것이 사리인지 정확하게 판단하기란 결코 쉬운 일이 아니다. 이 점은, 벼슬길의 진퇴를 예로 들어 말하면, 퇴계의 은둔 결행이 당시의 여러 학자들로부터 비판을 받았던 사실에서 잘 드러난다. 그는 이에 대해 다음과 같이 자신을 변호한다. "의로움은 사람에 따라 때에 따라 달라서 일정하지 않은 법입니다. 여러분에게는 벼슬길에 나가는 것이 의로운 일이지만, 여러분이 나에게 그것을 요구하려 해서는 안 됩니다. 나의 경우에는 벼슬길에서 물러나는 것이 의로운 일이지만, 내가 여러분에게 그것을 요구하려 해서도 안 됩니다."[26]

예 관념은 의로움의 도덕 가치가 갖는 이와 같은 약점을 보완해 주는 의의를 갖는다. 즉 예는 사리의 판단과 실천을 개개인의 주관에 내맡기지 않고 그것을 행위상 객관 지표화한 것이다. 『예기』는 말한다. "예는 의로움을 제정한 것이다.(「예운」)" 이는 의로움의 정신을 객관적인 도덕 규범으로 만듦으로써 모든 사람들이 쉽게 실천할 수 있게끔 하려는 의도에서였다. 역시 『예기』에 이른 바 "도덕과 사랑, 의로움은 예가 아니면 이루어질 수 없다.〔道德仁義 非禮不成,

---

26) 『退溪全書 一』, 「答奇明彦」, 448쪽.

4 의로움의 정신　205

「곡례 상」」라는 글에 대한 여남전(呂藍田)의 해설은 이러한 뜻을 잘 전해 준다.

　　도덕과 사랑, 의로움은 자아 완성의 길이다. (……) 사랑과 의로움, 도덕이 모두 인간의 본성에 고유한 것인 만큼, 이에 근본하여 행동하면 비록 적중하지는 못한다 하더라도 그로부터 크게 벗어나지는 않을 것이다. 하지만 그것을 규범화하지 않으면 과불급에 빠져 결국 도가 밝혀지지 않고 또 행해지지 않을 것이다. 예가 아니면 도덕과 사랑, 의로움이 이루어질 수 없는 이유가 여기에 있다.[27]

　　조선 시대에 『소학』이 그처럼 중시된 것도 이러한 연유에서였을 것이다. 그 책은 사람들이 사랑과 의로움의 이념을 실현하는 데 의거하지 않으면 안 되는 행동 지침 즉 예를 수백 수천 가지로 교시해 주고 있기 때문이다. 하지만 일단 예가 정립되고 나면 그것은 그 자체의 실천 논리를 가져 자칫 저 목적 이념을 배제하고 자기 목적화되는 경향을 띠며, 이에 따라 도리어 의로움의 정신이 그에 종속되는 현상을 초래한다. 말하자면 예의 타당성이나 현실 적합성 여부를 따져야 할 의로움의 정신이 이미 제정된 예에 갇혀 그 내부의 것이 되고 마는 것이다. 그리하여 그것은 부단히 변화하는 시대와 사회 속에서 기존의 예를 비판적으로 검토하면서 새로운 예를 모색하고 창출할 상황 윤리의 정신을 잃어버린다. 『예기』는 이러한 문제점을 다음과 같이 지적한다. "예를 행하는 데 의로움에 근본을 두지

---

27) 『禮記』, 「曲禮上」, 10쪽, 註 藍田呂氏說.

않으면, 이는 마치 밭을 갈기만 했지 씨를 뿌리지 않는 것이나 마찬가지이다.(「예운」)" 조선 후기에 성행했던 예학은 이러한 문제점을 특히 심하게 드러내었다. 그것은 생명적인 삶과 사회의 성취라고 하는 의로움의 본래 정신을 상실하고 예의 미시적인 의리 분석에만 치중했기 때문이다. 우리는 이러한 관점에서 예의 명암을 세밀하게 따져 볼 필요가 있다.

사실 예는 긴 세월에 걸쳐 정립되고 전승되어 온 객관적 규범 윤리이기 때문에 자칫 시의성과 상황성을 잃을 수도 있다는 점에서, 그것이 지금도 여전히 타당하고 적절한가 하는 문제를 진지하게 검토하지 않으면 안 된다. 그 검토의 주체는 바로 의로움의 정신이다. 그것은 예의 목적 이념이자 시의의 판단에 엄밀한 합리 정신이기 때문이다. 그러므로 만약 어떤 사람이 이를 몰각한 채 기존의 예만을 준수하려 한다면 그의 율법주의적인 태도는 정작 그것이 지향해야 할 올바른 삶의 성취에 실패할 것이다. 앞서 소개한 자로의 고사가 이를 잘 말해 준다. 사회도 이와 마찬가지다. 사회는 끊임없이 변해 가는데 과거의 전승 규범인 예를 의로움의 정신에 입각해 부단히 새롭게 검토하지 않고 구태의연하게 고집하려고만 한다면, 그것은 삶의 현실로부터 괴리되면서 형해화한 규범으로만 남아 사람들의 삶을 옥죄고, 더 나아가 사회의 발전에 지장을 초래하게 될 것이다. 이는 예치(禮治)의 사회일수록 의로움의 정신이 항상 살아 움직여서 예의 사회적 생산성 여부를 감리해야 함을 가르쳐 준다.

5 예의 정신

예의 인간학

예란 일반적으로 말하면 사람들이 인간관계와 사회생활상 지켜야 할 규범 형식을 총칭한다. 그것은 당위성을 띠고 있기는 하지만 사실 사람들은 그에 대해 별로 거부감을 느끼지 않고 대체로 그것을 자연스럽게 행한다. 그들은 어려서부터 그것을 부단히 학습하고 어른들로부터 주의와 훈계를 들으면서 자신들의 것으로 내면화해 왔기 때문이다. 그리하여 사람들은 예 의식에 깊이 젖어 그것을 강제가 아니라 자발적이고 인간적인 것으로 여긴다. 그들이 예를 사람됨의 일차적인 평가 잣대로 삼으면서, 예의 준수와 실천을 통해서만 인간으로서의 품위를 유지할 수 있다고 믿는 것도 이에 기인한다. 예는 이렇게 하여 사람들의 몸과 마음 전반을 지도하고 규율

한다. 그것은 개개인의 기거 동작으로부터 사회의 구조 형성에 이르기까지 삶과 사회의 구석구석에서 사람들을 안내하는 행동의 모형이다. 『예기』는 말한다. "예가 없으면 안내자 없는 장님, 촛불 없는 캄캄한 방과도 같아서 우리의 수족과 이목을 어디에도 둘 수가 없게 된다.(「중니연거(仲尼燕居)」)"

그러므로 예는 단순히 잡다하고 번거로운 행위 형식에 불과한 것이 아니라 사람됨의 의미를 깊이 담지하고 있다. 퇴계가 "예를 한 번 잃으면 오랑캐가 되고 두 번 잃으면 금수가 된다."[1]고 말한 데에는 이러한 인간학적 인식이 깔려 있다. 그는 예의 준행 여부에서 사람됨의 수준을 파악했던 것이다. 『춘추좌씨전』(소공(昭公) 7년 9월) 또한 다음과 같이 말한다. "예는 사람의 골간이다. 예를 모르면 사람으로 설 수 없다." 공자도 말한다. "예를 모르면 사람으로 설 수 없다.(『논어』「요왈(堯曰)」)" 우리는 이를 과거 선조들의 케케묵은 사고에 불과하다고 치부해 버릴 일이 아니다. 그와 같은 생각은 오늘날의 우리들에게도 여전히 지배적이기 때문이다. 이 점은 우리가 일상생활에서 흔히 상대방의 예의바른 행동을 두고 "사람이 됐다."라고 칭찬하고, 반면에 무례한 사람에 대해서는 "못된 놈"이라고 비난하는 데에서 함축적으로 드러난다. 모든 사람들이, 심지어 악한조차도 남들 앞에서 예모를 갖추려 하는 것도 예의 이와 같은 의의를 평소 체험하면서 익히 알고 있기 때문일 것이다. 예는 그처럼 고금을 막론하고 사람들의 삶에 변함없이 중요한 인간학적 의의를 갖는다. 다음의 글을 읽어 보자.

---

1) 『退溪全書 二』, 「論四學師生文」, 338쪽.

예는 자체의 '마술적' 특성으로 인해서 예에 참여하는 사람들을 인간으로 형성시키며 인간화하는 신성한 힘을 가진 '인간적 교제의 구체적 행위들'을 의미한다. 따라서 예는 행위의 있는 그대로의 양식이 아니라 이른바 종교적, 도덕적, 미학적 의미들의 담지자로서의 행위 양식이다. 무엇보다도 예는 물리적 강제나 강제적 위협이 아니라 우리들의 일상적인 인간적 교제에 있어서의 무수한 자연적, 자발적인 정중한 행동들에서 보이는 일종의 '마술적' 동의에 이상적으로 기초한 행위를 의미한다.[2]

이는 서양의 어느 학자가 공자의 예에 관해 말한 것이지만, 예의 인간학적인 의의는 사실 서양 문화를 지배하는 에티켓에도 그대로 타당할 것이다. 프랑스 사상가 콩트스퐁빌은 말한다. "예의가 항상 친절, 공정성, 연민, 감사를 고취시키는 것은 아니지만, 그렇더라도 예의는 적어도 외양을 갖추게 함으로써, 안으로는 그렇지 않을지라도 겉으로나마 사람을 그렇게 보이게 만들어 준다."[3] 그는 한편으로 '공손한 악한'의 파렴치를 예로 들어 예의의 허구적인 외양을 비판하고 있지만, 역으로 생각하면 그 악한이 공손한 것도 사실, 예의가 사람을 그렇게 보이도록 만들어 준다는 사실을 경험적으로 잘 알고 있기 때문일 것이다.

그러므로 예가 행위의 외양만을 갖춘 형식일 뿐이라 해서 부정

2) 벤자민 슈월츠, 나성 옮김, 『중국 고대 사상의 세계』(살림, 1996), 117~118쪽.

3) 앙드레 콩트스퐁빌, 조한경 옮김, 『미덕에 관한 철학적 에세이』(까치, 1997), 18쪽. 저자는 예의를 "미덕의 외관"일 뿐이라 하여 비판하면서도, "미덕이 바로 거기에서 비롯됨"을 인정한다.(19쪽)

하려 해서는 안 된다. 그것은 설령 관습의 한 형태에 불과하다 할지라도 사람들의 행동과 사회생활을 인간적이게 해 주는 의의를 가진다. 거기에는 사람됨의 의미와 가치가 담겨 있기 때문이다. 우리는 이 점에서 자유분방한 젊은이들이 흔히 예의 행위 구속성에 반발하면서 저지르는 무례한 행동의 이면을 들여다볼 필요가 있다. 거기에는 전통의 예에 내포되어 있는 인간학적 의미를 거부하는 뜻이 다소 담겨 있을 것이다. 하지만 단지 이유 없는 반항에 그칠 뿐 그들 스스로가 생각하는 사람됨의 의미를 담아낼 새로운 예를 모색하고 정립하려는 또 다른 열망과 노력을 동반하지 않는다면, 그들은 많은 인간적인 것들을 놓치고 말 것이다. 그들이 부정하는 전통의 예는 어쨌든 한 사회와 문화 속의 인간상을 농축해 두고 있기 때문이다.

한편 위에서 예를 관습이라 했지만, 사실 관습의 예와 도덕 사이에 경계를 명백히 나누기는 쉽지 않아 보인다. 칸트의 말을 들어 보자. "다른 사람들에게 보여 주는 선한 태도는 우리에게 의미가 없지 않다. 왜냐하면 존경할 수 없다고 할지라도, 존경하는 태도를 취하다 보면 정말 존경할 수도 있기 때문이다."[4] 말하자면 다른 사람을 존경하는 태도로서의 예는 사람들이 어려서부터 모방과 학습을 통해 취하는 관습의 일종에 해당된다. 하지만 존경하는 태도를 취하다 보면 정말 존경할 수도 있는 것이고 보면, 그처럼 존경심 위에서 드러나는 존경 어린 태도는 관습을 벗어나 미덕의 영역 안에서 살펴야 할 것처럼 생각된다. 물론 존경심을 결여한 그것은 여전히 관

---

4) 위의 책, 19쪽.

습에 머무를 뿐이다.

공자는 예의 '미덕'성을 다음과 같이 환기시킨다. "예라 예라 하지만 보석과 비단을 주고받는 것이나 뜻하겠는가.(『논어』「양화(陽貨)」)" 그는 자타간에 관행적으로 주고받는 선물의 예를 부정하면서, 공경심을 토대로 하는 예의 미덕을 강조하고자 한 것이다. 이어 맹자가 아예 예를 인간의 도덕적 본성으로 유형화하기까지 한 것을 보면 그들은 역시 예를 단순한 관습과 구별하려 했던 것으로 생각된다. 하지만 그것은 사실상, 『예기』라는 책이 다양하게 보여 주는 것처럼, 관습과 도덕의 중간 지대에서 양면적인 모습을 함께 갖고서 사람들의 삶을 안내하고 규제해 왔으며, 이로 인해 많은 문제점과 폐단들을 노정하기도 하였다.

선비는 예를 학문의 중요한 주제로 여겨 매우 깊이 있게 논의하고 또 정교하게 이론화하였다. '예학'이라는 이름이 생길 정도로 그가 예에 대해 그토록 관심을 기울였다는 사실은 그것이 그의 인간학과 삶의 철학에 무언가 심대한 의의를 갖고 있다고 여겨졌기 때문일 것이다. 아닌 게 아니라 그는 예에서 종교적, 도덕적, 미학적인 의미뿐만 아니라, 더 나아가 인간 자체를 살폈다. 우리는 이에 대한 논의와 검토를 『예기』의 다음 글에서부터 시작해 보자.

천하의 예에는 다섯 가지 목적이 있다. 사람들에게 만물의 근본으로 돌아가며, 귀신에게 치성을 드리며, 재물을 알맞게 이용하며, 도의를 흥기시키며, 겸양의 마음을 기르도록 하려는 것이다.(「제의(祭義)」)

이 글은 문면 그대로만 따지면 예가 원래 사람들에게 종교 신앙과 조상숭배의 마음을 고취시키고, 재화를 절용케 하며, 사회 윤리와 도덕 심성을 흥기시키려는 목적을 갖고 있음을 일러 준다. 하지만 이 가운데 재화의 절용에 관한 문제는 예에 고유한 것이 아니므로 우리의 논의에서 제외시켜도 좋을 것이다. 그 나머지 것들은 시대가 흐르면서 선비의 예 의식 속에 심화되었으므로 우리는 그것들을 종교적, 철학적, 사회적, 그리고 도덕적인 관점에서 정밀하게 검토해 볼 필요가 있다. 거기에 더하여 미학적인 의미까지 덧붙여 살펴볼 수도 있다. 이를 주제별로 나누어 논의해 보자.

꾸밈의 도덕

예는 일반적으로 살피면 사람들이 행동거지의 품위를 얻기 위해 꾸며낸 각종의 행위 규범이라 할 수 있다. 하지만 거기에는 어떤 은밀한 뜻이 숨어 있는 것처럼 보인다. 사람들은 행동거지를 예로 꾸밈으로써 자신이 본능대로 사는 동물과는 다른 존재임을 자긍하고 또 내외에 알리려 하는 것이다. 이를테면 "결혼식이란 동물적인 교합에 반대하는 인간의 항의의 표현이며, 내분비의 예속에 반대하는 최초의 은밀한 항의의 표현이다."[5] 장례 의식도 이와 마찬가지다. 그것 역시 사람들이, 죽으면 아무렇게나 버려지거나 또는 남들에게 먹히는 짐승과 자신은 다르다는 것을 보이기 위해 그와 같이 죽음을 여러 가지 형식으로 꾸며 놓은 것이다. 사람들은 이처럼 예를 통

---

5) 앙드레 베르제 · 드니스 위스망, 남기영 옮김, 『인간학 · 철학 · 형이상학』(정보여행, 1996), 237쪽.

해 사람됨의 의미를 확인하고 싶어 한다. 공자가 "예가 아니거든 보지도, 듣지도, 말하지도, 행동하지도 말라."고 가르친 뜻을 우리는 이러한 관점에서 이해해 볼 수 있다. 사람들이 시, 청, 언, 동을 예로써 꾸며야만 품위를 얻을 수 있음은 물론이요, 거기에 담겨 있는 사람됨의 의미는 그들을 '오랑캐'나 '금수'와는 다른 문화인으로 자긍하게 해 줄 것이다.

예에 내재되어 있는 인간학적인 의미는 관혼상제는 물론 일상생활의 모든 예에 걸쳐 작용한다. 사람들은 희로애락의 표현 방식에서부터 서로간 주고받는 인사의 예절과, 나아가 저승의 조상과 천지산천에 행하는 각종 배례에 이르기까지 몸과 마음을 다양하게 꾸미며 그로써 삶의 의미와 가치를 표현하려 한다. 사람들이 예의 실천에서 편안함을 느끼는 이유도 어쩌면 거기에 내재된 의미와 가치를 몸소 체험하고 확인하기 때문일 것이다. 역으로 살피면 예를 벗어난 행위는 그만큼 삶의 의미와 가치를 축소시키고 배제하면서 인간관계를 여러 가지로 불편하게 만들 것이다. 공자는 예로 절제되지 않은 행위의 문제점을 이렇게 지적한다. "예로 절제되지 않은 공손은 사람을 힘들게 만들고, 예로 절제되지 않은 조심성은 사람을 위축시키며, 예로 절제되지 않은 용맹은 좌충우돌의 난을 야기하며, 예로 절제되지 않은 정직은 인간관계를 박절하게 만든다.(『논어』 「태백」)"

그런데 예가 몸과 마음을 꾸미고 표현하는 데에는 일정한 원칙이 작용한다. 중용의 정신이 그것이다. 예는 사람들의 감정이나 행동거지가 자칫 과불급으로 흐르기 쉽다는 염려에서 그것들을 중용의 절도에 맞추려 한다. 『예기』(「단궁 하(下)」)는 이를 다음과 같이 말한다. "예에는 정을 억제시키는 것도 있고 의도적으로 흥기시키는 것도 있다. 우러나는 정 그대로 행하는 것은 오랑캐의 짓이다. 예의 정신은 그런 것이 아니다." 이를테면 남녀유별의 예는 이성간 자칫 방종이나 외설에 흐르기 쉬운 감정과 욕망을 분별의 정신에 입각하여 절제시키려는 것이요, 상주(喪主)에게 술과 고기를 멀리하도록 한 것은 슬픔의 정을 키우려는 의도를 갖고 있다. 술이나 고기는 사람들의 기분을 쾌락하게 만드는 성질을 띠고 있기 때문이다. 그리하여 예는 "심사가 지나친 자에게는 굽히도록 하고, 미치지 못하는 자에게는 북돋우도록 해 준다.(『예기』「단궁 상(上)」)" 요컨대 "중용은 예가 알맞음을 얻는 자리다."[6] 퇴계의 한 제자가 돌아가신 부모에 대한 효심에 못 이겨 삼년상을 치르고도 계속 시묘(侍墓)살이를 하며 무덤에 조석으로 밥을 올리는 비례(非禮)를 선생이 꾸짖은 이유도 여기에 있다.[7]

하지만 여기에는 한 가지 문제가 있다. 예는 몸과 마음을 적절하게 꾸미고 또 그렇게 함으로써 삶의 의미와 가치를 드러내려는 것이라 하지만 실제로 사람들이 예를 행하면서 그러한 문제의식을 갖는 경우는 드물다는 점이다. 그들은 그저 '의례적으로' 또는 '예의상' 자신들의 태도를 겉으로 꾸밀 뿐, 그 내재적인 의미에 관해서는 별로 유념하거나 주목하지 않는다. 예가 아무리 미덕을 돕는다고 해도 그저 관습의 한 형태에 불과하다는 주장도 이 때문일 것이다. 그렇지만 예를 단순히 관습으로만 치부해 버리면 그와 함께 거기에

6) 『退溪全書 二』, 「答李宏仲問目」, 223쪽.

7) 『退溪全書 一』, 「與李景昭」, 400쪽 참조.

담긴 인간학적 의미도 약화되고 말지 않을까? 그에 따르면 사람들이 일상생활에서 예로써 표현하고자 하는 품위와 고상함도 인간의 본질을 현시하는 것이 아니라 겨우 관행적인 외양에 지나지 않겠기 때문이다.

선비는 이러한 문제의식을 분명히 갖고 있었다. 그는 예를 관습에서 도덕의 영역으로 끌어들이려 하였다. 이를 위해 그는 예가 인간의 심성과, 나아가 자연의 섭리에 근본하고 있음을 주장하였다. 공자는 말한다. "사람이 사랑을 모른다면 예를 행한들 무슨 의미가 있겠는가.(『논어』「팔일(八佾)」)" 주지하는 바와 같이 맹자는 아예 공경(사양)지심을 예의 심리적인 뿌리로 제시하였다. 더 나아가 뒤에서 살필 것처럼 성리학자들은 예의 형이상학적인 근원까지 탐색하였다. 예에 대한 이와 같은 일련의 반성적인 성찰과 논의는, 비록 긴 시대에 걸친 것이긴 하지만 역시 관습적인 예의 문제점을 자각한 결과였던 것으로 여겨지거니와, 그들이 그처럼 예의 정신으로 사랑과 공경을 강조하고 또 예의 형이상학까지 전개한 데에는 그것의 인간학적인 의미를 확실히 하기 위한 의도가 담겨 있을 것이다. 하지만 객관적으로 살피면 문제가 그리 간단하지는 않다. 예의 정신과 행위 사이에는 항상 상호 괴리와 단절의 여지가 있기 때문이다. 이에 관해서는 뒤에서 상론하려 한다.

예는 사람들의 몸과 마음을 적절하게 꾸미려는 것이라 하지만 선비는 그에 앞서 갖추어야 할 마음의 바탕을 강조하였다. 공자가 예를 말하면서, "그림을 그리는 것은 흰 바탕을 갖춘 뒤의 일(『논어』「팔일」)"이라고 비유한 것이 이러한 뜻을 잘 전해 준다. 흰 종이, 그것도 고품질의 종이 위에서 좋은 그림이 나올 수 있는 것처럼 예도 진실하고 정성스러운 마음 위에서만 아름다울 수 있다는 것이다. 그가 "예는 세련된 꾸밈보다는 차라리 검소한 편이 낫고, 상례는 꾸밈이 부족하더라도 차라리 슬픔의 정을 다하는 것이 좋다.(『논어』「팔일」)"고 말한 것도 이와 사고의 궤를 같이한다. 이 역시 예는 외양의 꾸밈에 앞서 무엇보다도 마음가짐을 근본으로 가져야 함을 뜻한다. 만약 외형적인 꾸밈만 일삼는다면, 그러한 '의례적인' 태도는 문자 그대로 허례허식에 지나지 않아 예가 본래 의도하는 삶의 의미와 가치를 밝혀 주지 못하겠기 때문이다.

그러면 외양의 꾸밈에 앞서 갖추어야 할 마음의 바탕은 구체적으로 어떠한 것일까? 선비는 그것을 공경의 마음에서 찾았다. 『춘추좌씨전』은 공경이 예의 근간이 됨을 다음과 같이 강조한다. "공경의 마음은 예를 싣는 수레와도 같다. 공경의 마음이 결여되면 예가 행해질 수 없다.(「희공(僖公) 상(上)」 11년 봄)" 선비는 이처럼 예를 공경의 마음에 토대하게 함으로써 관습에서 도덕의 차원으로 진입시키려 하였다. 이 점은 그가 향원(鄕原)을 비난한 데에서도 잘 드러난다. 향원은 도덕성의 발로나 양심의 자각 속에서, 또는 인간과 삶에 대한 깊은 통찰 위에서 윤리 도덕을 행하려 하기보다는 단지 주위 사람들의 이목에 맞추어 그것을 지키고 따르는 사람을 말한다. 그러므로 그는 겉으로는 공손하고 예의가 발라서 주위 사람들로부터 좋은 사람이라는 칭찬을 듣지만, 사실 그는 자신의 행동을 사회적인 관행에 맞추고 세상에 영합하려고만 할 뿐 바람직한 삶의 규범과 이념을 모색하고 실천하려는 창조적인 사고를 갖고 있지 않다. 그에게는 사람들의 이목과는 무관하게 경건한 마음 위에서 자신을 진지하고 존엄하게 세우려는, 그리하여 오히려 사람들을 꾸짖고 세상을 거스르기도 하는 준엄한 도덕정신이 결여되어 있다. 공자가 "향원은 덕을 해치는 자(『논어』「양화」)"라고 말한 것도 그의 이와 같은 사이비성 때문이었다. 맹자는 이 말을 이어받아 다음과 같이 말한다.

비판하자니 딱히 그 근거가 없고 책망을 하자니 책망할 거리를 찾기 어려운데, 그는 세속에 묻혀 더러운 세상에 영합한다. 그는 생활에 성실한 것 같고 행동이 청렴결백한 것처럼 보여 사람들이 모두 그를 좋아하고 그 역시 자신이 옳다고 여기지만, 그와는 함께 요순의 도에 들어갈 수 없기 때문에 공자께서 그를 두고 "덕을 해치는 자"라 하신 것이며 (……) 공자께서 그를 미워하신 것은 그가 덕을 어지럽힐까 염려하셨기 때문이다.(『맹자』「진심 하(下)」)

예의 심리적 바탕인 공경은 외경의 정신을 핵심으로 갖는다. 그것은 퇴계가 임금에게 강조한 것처럼, "문밖을 나서 사람들을 대할 때에는 마치 손님을 뵙듯이, 일에 임해서는 제사를 받들 듯이[出門如賓 承事如祭]"[8] 엄숙하고 경건한 마음으로 처신하고 사람들을 대면하며, 나아가 삶 자체를 그렇게 영위하려는 뜻을 갖고 있다. 예모 있는 행동거지는 이의 자연스러운 표출 현상이다. 엄숙하고 경건한 마음은 자신의 일거일동에 절도와 조화를 부여할 것이요, 남들과의 대면에서 정중하고 예의바른 태도를 갖도록 해 줄 것이기 때문이다. 그러한 예모가 외견상 사회적 관습을 따르는 것이라 해서 그의

---

8) 『退溪全書 一』, 「聖學十圖(敬齋箴)」, 209쪽.

덕성을 부정하거나 폄하할 일은 아니다. 그것은 향원의 가식적인 꾸밈과는 달리 진지하고 경건한 삶의 정신에서 우러나오는 도덕적 활력을 갖고 있기 때문이다. 『예기』는 말한다. "예는 부정한 마음을 녹이고 아름다운 바탕을 키워 준다.(예기(禮器)」)" 퇴계의 한 제자는 선생의 그와 같은 모습을 사람들에게 이렇게 전한다.

사람들을 대하실 적에는 상대방의 신분과 인품 여하를 막론하고 예를 다하지 않음이 없으셨고, 손님이 오면 그가 아무리 미천한 신분일지라도 항상 계단을 내려가 영접하셨으며, 자신이 나이가 많다거나 신분이 높다 해서 상대방을 낮추 보지 않으셨다.[9]

주회암이 아동의 예절 교육서인 『소학』을 편제하면서 거기에 「경신(敬身)」 편을 둔 이유도 여기에 있을 것이다. "몸가짐을 경건히 할 것[敬以持身]"을 내용으로 하는 그것은 아이들에게 행동에 앞서 엄숙하고 경건한 마음을 바탕으로 갖추도록 하려는 것이었다. 외양만 꾸민 예의범절은 도덕적인 자발성을 결여하고 있어서 아이들을 향원으로 만들 염려가 있기 때문이다. 더 나아가 그 책이 포괄적인 언사로 "경건하지 않으면 안 된다.[毋不敬]"고 강조한 데에는 오륜으로 표방되는 자타간의 윤리적인 교제 이전에 세상에 엄숙하고 경건하게 나설 것을 사람들에게 요구하는 뜻이 담겨 있다. 경건의 정신으로 삶을 완성하라는 것이다. 퇴계가 임금에게 "경(敬) 한 글자는 성학(聖學)의 처음이자 끝"이라 하면서 경건의 정신을 기를 것

---

9) 『退溪全書 四』, 「言行錄」, 18쪽.

을 강조한 것[10]도 이러한 이유에서였다.

공경의 마음은 그 안에 도덕 이념은 물론 더 나아가 참자아를 완성하겠다는 선비의 인간학과 진지한 수행 의식을 깊이 깔고 있다. 그는 "성인이라도 생각이 없으면 미치광이가 되고, 미치광이라도 생각을 가지면 성인이 된다.(『서경』「다방(多方)」)"는 예민한 실존 의식 속에서 불안정하고 타락하기 쉬운 자아를 보전하고 궁극적으로는 참자아를 완성할 최상의 방법을 공경에서 찾았다.『소학』은 말한다. "공경의 마음이 게으름을 이기는 자는 흥하고, 게으름이 공경의 마음을 이기는 자는 망한다.(「경신(敬身)」)"

공경의 마음은 내면의 수행 정신에 그치지 않고, 더 나아가 밖으로 불의한 사태를 과감하게 비판하고 개선하려는 적극적이고 진취적인 의지까지 갖는다. 그 마음이 품고 있는 도덕 이념은 불의에 순종하거나 또는 그것을 방관하지 못하고 어떻게든 바로잡으려 할 것이기 때문이다. 맹자의 말을 한번 들어 보자. 그가 임금에게 불경하다는 혹자의 비난을 듣고 행한 임기응변은 다소 억지스럽다는 느낌이 들기도 하지만, 어쨌든 그것은 이후 선비들의 공경 의식에 다대한 영향을 끼쳤을 것이다. 실제로 주회암은 단순히 공손한 태도의 "작은 공경"에 대하여 맹자의 불경을 "큰 공경"이라 해석한다.[11]

제(齊)나라 사람들이 사랑과 의로움을 임금에게 말하지 않는 것이 어찌 사랑과 의로움이 아름답지 않은 것이라 여겨서겠는가. 그들이 마

---

10)『退溪全書 一』,「聖學十圖(小學)」, 202쪽.

11)『經書(孟子)』, 526쪽 註 참조.

음속으로 "사랑과 의로움을 임금에게 말해서 무엇 하겠는가." 하고 생각해서 그런 것일 테니, 이보다 더 불경한 일이 없다. 나는 요순의 도가 아니면 감히 임금에게 개진하지 않으니, 제나라 사람들 중에 나만큼 임금을 공경하는 사람이 없을 것이다.(『맹자』 「공손추 하(下)」)

임금에게 요순의 도를 실천할 것을 요구하는 것을 공(恭)이라 하고, 선을 개진하여 사악한 마음을 갖지 못하도록 하는 것을 경(敬)이라 하며, "우리 임금은 안 돼." 하고 단념하는 것을 '임금을 해친다.'고 하는 것이다.(「이루 상(上)」)

하지만 예의 꾸밈과 공경의 마음 사이에는 한 가지 문제가 내재한다. 선비는 공경의 마음을 예의 내면 바탕으로 여겼지만, 사실 역사적인 관점에서 살피면 사람들이 일상에서 행하는 수백 수천 가지의 예의범절들은 한 문화의 전통으로 계승되어 온 관습의 성격을 강하게 갖고 있다. 선비는 거기에 공경의 마음을 강조함으로써 그것들을 모두 불변의 도덕 영역에 편입시키려 했지만, 그러나 사실 그것들은 사안에 따라서, 그리고 그것들을 실천하는 사람에 따라서 관행이 되거나 또는 도덕이 될 수도 있는 것이었다. 예컨대 퇴계가 예에 관해 제자들한테서 질문 받았던 것들 가운데 죽은 사람을 염할 때 사용하는 베는 몇 폭으로 해야 하는가, 처의 부모 및 처족에 대한 호칭은 어떻게 해야 하는가, 소금이나 간장은 제사상의 어느 자리에 두어야 하는가 하는 것들은 관습의 문제이지 도덕과는 전혀 무관한 일이다. 물론 앞서 살핀 대로 양자의 경계를 분명히 나누기가 어려운 만큼, 예를 들어 사당에 매일 배알하는 것도 분명히 관습의 일종이긴 하지만 어떤 사람이 조상을 추념하는 지극 정성의 마음에서 그것을 행한다면 그의 배례를 미덕으로 칭송해도 좋을 것이다.[12] 이에 관해서는 예학의 문제점으로 뒤에서 다시 논의하려 한다.

사회 규범

오늘날 연구자들은 예의 기원을 일반적으로 원시 종교의 의례, 특히 제사 의식에서 찾는다. 제사시 금기 사항이나 신에게 접근하는 절차와 같은 것들이 점차 세속화되면서 일상의 생활 규범으로 자리 잡게 되었다는 것이다. 그러면 원시인들이 거행했던 제사 의식은 무엇을 위한 것이었을까? 그것은 개인적으로는 사람들이 신으로부터 복을 받고자 한 염원의 산물이었겠지만, 한편 사회적인 관점에서 살피면 그들이 신을 그 사회의 중심에 세워 숭배함으로써 구성원들의 유대감을 고취하고 또한 사회 질서의 유지와 강화를 도모하려는 의도를 함께 갖고 있었을 것이다. 사회 구성원들이 각자 자기의 이해관계에 따라 뿔뿔이 흩어져 좌충우돌 개별 행동을 하지 않고, 그들이 신앙하는 신을 정점으로 해서 내부적으로 정해진 절

---

12) 옛날에는 사당에 조석으로 배례하는 것이 관례였다. 그것이 부모님께 아침저녁으로 인사드리는 이른바 혼정신성(昏定晨省)의 정신에 부합하였기 때문이다. 그러나 주회암은 그것을 아침에 한 차례만 행하면서 그 이유를 다음과 같이 밝힌다. "저번에 조 승상을 보니 매일 사당에 혼정신성의 예를 행하는데, 때로는 저녁에 술자리를 가진 뒤에도 했습니다. 나는 그러한 경건하지 못한 태도가 마음 편치 못해 항상 고례(古禮)를 따라 새벽에만 배례했던 것입니다."(『朱子書節要』, 「答葉味道」, 356쪽)

차와 질서에 따라 조화롭게 살아가게끔 하려 한 것이다. 여기에는 물론 사람들 상호간 존중과 양보를 강조하고 일련의 행위 질서와 절차를 준수하도록 함으로써 자타간에 일어날 수 있는 갈등과 충돌을 미연에 방지하게 해 주는 기능이 작동된다. 사람들은 그와 같이 행동함으로써 상대방의 행위를 이해하고 예측하며, 자타간 갈등과 대립의 긴장을 완화하고 우호적인 의사를 교류하면서 안정과 평화를 누렸을 것이다.

예의 사회적인 기원이 아마도 여기에 있을 것으로 생각된다.[13] 그것은 발생 초기에는 당연히 타율적인 규범성을 강하게 띠었겠지만, 사회가 발전해 나감에 따라 지배자들은 통치의 편의를 위해 그것을 도덕에 편입시키면서 정교하게 내면화시켜 나갔을 것이다. 말하자면 그들은 자타간 갈등과 충돌의 방지책으로 상호 존중과 양보의 정신을 강조하였고, 사회생활상 모든 교제 질서를 예의범절의 이름 속에서 자발적인 것으로 변화시켜 나갔다. 예와 법의 분기점이 여기에서 드러난다. 양자가 공히 사회 질서를 유지하고 사람들의 일

---

13) 우리나라에 『문학과 예술의 사회사』로 유명한 아르놀트 하우저에 의하면, 신석기 시대의 기하학적 모양을 위주로 하는 장식적이고 형식주의적 예술은 "경제 활동을 엄격하고 보수적으로 조직화하며 독재적인 지배 관계를 수립하고, 사회의 모든 정신 생활을 종교와 예배 중심으로 영위하는 경향" 또는 "통일적 조직을 만들려는 경향과 영속적인 질서, 그리고 대체로 현세의 피안을 지향하는 세계관"을 사회학적 기본 요인으로 하며, 이는 "개인주의적이고 무정부적인 생활 양식과, 일종의 무전통성(無傳統性) 및 고정된 관습의 결여, 그리고 현세적 세계관과 결부되어 있는" 구석기 시대의 자연주의적 예술과 대조를 이룬다고 한다.(아르놀트 하우저, 백낙청 옮김, 『문학과 예술의 사회사 1』(창작과 비평사, 2004), 28, 32쪽) 이는 (동서양을 막론하고) 종교 의례가 사회를 조직화하려는 신석기 시대인들의 작품이며, 그것이 사회 조직의 원리로 이용되면서 서서히 세속적인 예의 형태로 분화되어 갔을 것임을 추측하게 해 준다. 그것은 특히 신석기 후기에 형성된 농경 사회의 집단 생활 속에서 더욱 두드러졌을 것으로 보인다. 즉 그 시기에는 집단의 규범과 관습을 갈수록 중시하면서 점점 추상적인 예의 범절들을 강화해 나갔을 것이다.

탈 행위를 통제하는 기능을 갖고 있지만, 이를 위해 법이 국가의 권위와 권력을 빌려 타율적이고 강제적인 힘을 사용하는 데 반해 예는 사람들 개개인의 내면에 호소하면서 그들의 자발적이고 자율적인 태도를 유도한다. 그리하여 법이 외재적인 힘으로 사람들을 사회에 강제로 참여시키려 한다면, 예는 예양의 덕으로 자발적인 참여를 이끌어 낸다.

물론 양자 사이에는 기본적으로 인간과 사회를 바라보는 시각의 차이가 있다. 법치(法治)가 이른바 "만인의 만인에 대한 투쟁"의 자연 상태를 강제로 다스려 사회를 보호하는 것을 목표로 하면서 사람들 개개인의 삶에 대해서는 사적인 영역으로 여겨 그들 각자에게 내맡긴다면, 예치(禮治)는 인간에 대한 믿음 속에서 각종의 교화책으로 사람들의 양심을 일깨우고 그로써 그들 스스로 도덕적인 삶과 사회를 완성하게끔 하려는 원대한 이상을 갖는다. 선비의 덕치(德治) 이념을 대변하는 것으로 알려져 있는 공자의 다음 말은 이러한 함의를 깊게 갖는다. "백성을 법령으로 이끌고 형벌로 규제하면 그들이 형벌은 피하겠지만 (악행의) 부끄러움을 모를 것이다. 백성을 덕으로 이끌고 예로 규율하면 그들은 부끄러움을 알면서 선한 삶을 살게 될 것이다.〔道之以政 齊之以刑 民免而無恥 道之以德 齊之以禮 有恥且格, 『논어』「위정(爲政)」〕"

예는 이렇게 하여 사회생활 전반에 걸쳐 사람들의 행위를 지도하고 인간관계를 관리하는 기능을 갖는다. 사람들은 예를 통해서 자신이 지켜야 할 행동, 누려야 할 생활을 사전에 자각함으로써 자타 간 생길 수 있는 갈등과 대립을 예방하려 한다. 이는 예가 일면 남들과의 관련 속에서 한 개인이 갖는 행동상의 본분(분수)을 규범화한 것임을 알려 준다. 『예기』의 다음 글은 이러한 뜻을 분명하게 반영하고 있다. "군신, 상하, 부자, 형제의 관계는 예가 아니면 안정될 수 없다.(「곡례 상」)" 그러므로 어떤 사람이 예의바르다는 것은 그가 다른 사람들과의 관계에서 자신의 본분을 잘 알아 지혜롭게 처신함을 뜻할 것이다. 예나 지금이나 윗사람들이 예(교육)를 강조하는 이유도 여기에 있을 것이다. 그것은 상하의 관계 질서와 기존의 사회 질서를 유지시켜 줄 강력한 안전 장치이기 때문이다. 『예기』는 또한 말한다. "사람들을 교화하고 풍속을 바로잡는 일은 예가 아니면 안 된다.(「곡례 상」)"

예에 내재된 이러한 본분 관념은 모종의 분별 의식을 전제로 한다. 사람들이 연령이나 성별, 또는 사회적인 지위를 달리하는 만큼, 교제의 예는 자타 부동의 현실에 입각할 수밖에 없겠기 때문이다. 그야말로 "찬물도 위아래가 있는 법이다." 이러한 분별의 윤리는 더 나아가 형이상학화되어 자연의 섭리를 그 근원으로 갖기까지 한다. 『예기』는 다음과 같이 말한다.

하늘은 위에 있고 땅은 아래에 있으며 그 가운데 만물이 제각기 다르니 (자연의) 예가 행해진다. (……) 하늘은 높고 땅은 낮으니 군신의 예가 정해지고, 연못은 낮고 산은 높으니 귀천의 자리가 정해지며, (……) 만물은 부류에 따라 모이고 또 무리에 따라 나뉘니 그들의 성정(性情)이 그처럼 같지 않다. 하늘에는 일월성신이 있고 땅에는 갖가지의 물건들이 있으니, 그러므로 예란 하늘과 땅의 다름에 입각한 것이다.(「악기(樂記)」)

선비는 어쩌면 여기에서, 만물이 제각기 다른 존재의 자리를 갖고서 서로 부딪치지 않고 어우러져 조화롭게 생성해 나가는 하늘땅의 거대한 광경을 상상했을지도 모른다. 『중용』은 말한다. "만물은 함께 생장하면서 서로 침해하지 않고, 계절과 일월은 순환 운행되면서 서로 거스르지 않는다. 만물의 생장과 계절 일월의 운행은 마치 냇물이 쉬지 않고 흐르는 것과도 같고, 섭리는 저 생장과 운행을 영원 무궁하게 주재해 나간다. 천지가 위대한 소이가 여기에 있다." 이처럼 광대 무변한 천지 자연의 무대 위에 만물이 각각 제자리에서 동작을 펼치는 것처럼, 사람들도 각자 그와 같이 자신의 분수에 따라 살면서 자타간 관계하고 교류할 때 사회는 아름다운 화음과 율동이 펼쳐지는 이상적인 삶의 공간이 될 수 있다고 생각했을 것이다.

선비는 이렇게 사람들의 조화로운 삶의 이상을 분별의 윤리 속에서 추구하였다. 자타가 다를 수밖에 없는 세상에서 무분별한 태도는 삶과 사회를 혼란과 파탄에 빠뜨리고 말 것이기 때문이다. 하지만 그는 한편으로 분별 의식의 과잉을 경계하였다. 그것은 자칫 자타간의 생명적 교류와 공동체적 화합을 저해할 염려가 있기 때문이다. 그가 예와 함께 음악을 강조했던 이유가 여기에 있다. 그는 화합의 정신을 특징으로 갖는 음악의 학습을 통해 예의 분별 의식이 초래하는 문제점과 폐단을 예방하려 하였다. 『예기』는 예약에 관해서 다음과 같이 말한다.

음악은 화합의 정신을 주조로 하고, 예는 분별의 정신을 주조로 한다. 화합의 정신은 사람들을 서로 가깝게 만들어 주고, 분별의 정신은 서로 조심하게 만든다. 음악의 정신이 지나치게 강하면 사람이 방종해지고 예의 정신이 지나치게 강하면 거리감을 갖게 된다. 그러므로 (거리감을 좁혀) 사람들의 마음을 화합케 하고 (방종을 막아) 행동거지를 꾸미는 것이 예악의 정신이다.(「악기」)

그러므로 "예악을 잠시라도 몸에서 떼어놓아서는 안 된다."(위와 같음) 이는 선비가 예악의 학습과 실행을 통해 분별과 화합의 통합적인 세계로 나아가려 했음을 알려 준다. 하지만 오늘날과 달리 음악을 일상으로 접하기 어려웠을 당시에 그가 기대했던 바 음악을 통한 화합의 정신을 배양하기란 실제로 쉽지 않았을 것으로 보인다. 그가 비록 음악의 가사에 해당되는 수많은 시들을 외우고 또 창작하기도 했지만, 악기의 조화로운 연주가 결여된 채 가사만으로 음악의 효과를 거둔다는 것은 난망한 일이다. 결국 그의 예 의식은 화합의 정신을 얻기 어려워 자타, 상하, 귀천간 지나친 분별의 폐단에 빠지고 말 개연성이 높다. 예의 한 가지 약점이 여기에서 드러난다.

예는 거시적으로는 사회 통합의 기능을 갖는다. 그것은 사람들의 도덕 심리로 내면화되어 강력한, 인간적인 힘을 갖고서 사회 질서를 유지시키고 또 강화해 준다. 사람들은 예 의식 속에서 사회가 요구하는 각종 의무와 행동 강령을 자신들 천성의 본분[天分]으로 여겨 자발적으로 따른다. 이렇게 예를 통해 조성되고 강화되는 사람들 사이의 유대와 사회의 결속에 관해 『예기』는 다음과 같이 말한다.

예가 나라를 바로잡음은 저울이 무게의 경중을 바로잡는 것, 먹줄이 선의 곡직을 바로잡는 것, 그림쇠가 모양의 방원(方圓)을 바로잡는 것과도 같다. (……) 그러므로 조근(朝覲)의 예는 군신의 의(義)를 밝히는 도리이고, 빙문(聘問)의 예는 제후들로 하여금 상호 공경케 하는 도리이고, 상제(喪祭)의 예는 신자(臣子)의 은혜를 밝히는 도리이고, 향음주(鄕飮酒)의 예는 장유의 질서를 밝히는 도리이고, 혼인의 예는 남녀의 분별을 밝히는 도리이다. 예는 혼란의 발생 원인을 막아 주는 것이니, 이는 마치 제방이 수해를 방지해 주는 것과도 같다.(「경해(經解)」)

그리하여 예는 자타 상관의 공동체적, 또는 사회적 본질을 밝히는 도덕 원리로서, 군신〔義〕, 부자〔恩〕, 장유〔序〕, 남녀〔別〕 등 오륜의 윤리 질서를 토대로 사회 질서의 유지와 강화에 막강한 힘을 발휘한다. 예는 행위의 '경중과 곡직과 방원'을 알려 주는 객관적인 지표로서, 사람들은 그것을 따를 때에만 자타의 인간관계에서 상대방으로부터 인정과 존중을 받을 수 있으며 사회생활에 참여할 수 있음을 잘 알기 때문이다. 향음주의 예를 들어 말하면 그것은 사람들에게 장유간의 인간적인 도리를 가르치면서 향촌의 질서를 확립하고 강화해 준다. 그 예를 벗어나는 행동을 하는 자는 향촌 사회에서 "(사람이) 못 된 놈"으로 낙인 찍혀 외면 당하고 말 것이다.

그런데 우리는 여기에서 한 가지 간과할 수 없는 문제를 발견한다. 이러한 예에는 모종의 권력 관계가 내재해 있다는 점이다. 사회 질서의 유지와 강화에 이바지하는 예는 위계질서와 신분 계층 질서를 옹호하는 기능을 갖고 있기 때문이다. 예컨대 오륜의 예는 군신, 부자, 남녀, 장유의 분수와 위계를 사람들에게 각성시키고 그로써 사회 질서를 공고히 한다. 사농공상이나 양반과 천민이라는 신분 계층의 예 또한 이와 마찬가지다. 이는 예가 모종의 불평등 관념을 갖고 있음을 암시한다. 그것은 사람들에게 상하의 계층 질서 속에서 그들 각각의 신분에 맞게 살도록 가르친다. 신분을 벗어난 행위는 자타간의 관계 질서를 무너뜨리고 결국 사회를 혼란시킬 것이다. 퇴계가 「예안향약(禮安鄕約)」에 "사족(士族)을 능멸하는 서인(庶人)"의 무례를 처벌하도록 규정한 것도 그와 같은 문제의식을 바탕에 깔고 있다. 이러한 불평등 관념은 오늘날의 관점에서 살피면 어불성설이지만, 그러나 그것은 아직까지도 고민거리가 될 그 나름의 철학을 배경으로 갖고 있다. 이에 관해서는 사회사상을 논하는 자리에서 자세히 살펴보려 한다.

철학적 의미

선비에 의하면 자연은 만물의 혼란스럽고 무질서한 집합체에 불과한 것이 아니다. 자연은 만물의 생멸 변화를 주재하면서 그것들에게 질서와 조화를, 그리고 전체적인 통일성을 부여하는 하나의 거대한 역동적 생명 시스템이다. 그것은 마치 유기체와도 같은 일련의 생성질서요 생명적인 전체다. 만물은 이러한 자연 안에서 마치 유기체의 세포들처럼 제각각의 존재 원리와 생성질서를 갖고 상호 의존하고 보충하면서 자연의 한 부분으로 생명활동을 펼쳐 나간다. 자연의 일원(一元)의 섭리와 만물의 다양(多樣)의 사(물)리 관념이 여기에서 나타난다. 만물은 제각각의 방식으로 자연의 생성 섭리를 자기의 존재 원리로 개별화하고, 자연은 이러한 만물을 유기적으로 조직하면서 끊임없이 생성의 신진대사를 해 나간다. 그러므로 자연 만물은 추상적으로 말하면 리(理), 곧 섭리와 사리의 역동적인 조직 체계라 할 수 있다.

만물이 그러한 것처럼 인간에게도 당연히 그의 고유한 존재 이치와 생명질서가 있다. 그것이 과연 무엇인가 하는 문제에 대해서는 쉽게 대답할 수 없지만, 어쨌든 그것은 인간의 생명을 지탱해 주는 신경 체계와도 같다. 그의 삶이나 존재의 실현은 그 위에서만 가능하다. 만약 그것을 부정하고 거역한다면 그는 마치 신경 체계가 혼란에 빠진 환자처럼 자신의 존재 자체를 지탱할 수 없을 것이다. 이 점은 가치의 영역에서도 마찬가지다. 이치에 닿지 않고 무질서한 삶 속에서는 진리와 도덕과 아름다움과, 더 나아가 성스러움의 그 어떤 세계도 성취할 수 없다. 이치와 질서의 부정은 가치의 타락이요 파멸에 다름 아니다. 그러므로 사람들은 삶의 이치와 질서를 존중하지 않으면 안 된다. 사회 또한 그 위에서만 존립할 수 있으며 번영을 기약할 수 있다.

선비는 이러한 이치(질서) 관념을 유달리 깊게, 많이 갖고 있었다. 이는 아마도 세상을 바라보는 그 특유의 시각에 기인할 것이다. 그는 사물을 개별자나 단독자로 바라보지 않고 자타 상관의 유기적인 관련성 속에서 살피려 하였다. 주회암이 세계를 마치 대나무 살이 종횡으로 엮인 소쿠리와도 같다고 비유한[14] 데에서 드러나는 것

---

14) 『朱子全書 坤』, 「性理五」, 319쪽 참조.

처럼, 선비는 만물이 상하 좌우, 사면 팔방의 존재연쇄 질서 속에서 상호 의존하고 상생 상성하는 것으로 여겼다. 이러한 관념에 입각하여 인간의 존재 이치와 교류 질서를 삶의 장에서 가치 규범화한 것이 바로 예다. 그것은 깊게는 자연 만물의 생성질서(리)를 형이상학적인 뿌리로 갖는다. 『예기』는 말한다. "예는 천지의 질서다.(「악기」)" "예는 리(理)다.(「중니연거」)" 말하자면 예는 사람들이 생명활동이나 자타간 교류의 장에서 지켜야 할 질서와 실현해야 할 도덕생명의 이치[리]를, 더 나아가 자연의 생성섭리[리]를 각종의 행위 원리로 도덕 규범화해 놓은 것이다. 주회암은 이를 다음과 같이 정리한다. "예는 천리를 규범화한 것으로서, 인간 생활에서 지켜져야 할 법칙이다."[15]

선비는 도덕생명의 이치(질서)를 삶 전반에서 찾았다. 이를 토대로 그는 내면의 감정에서부터 시작하여 일거일동, 타인과의 교제, 심지어는 죽은 사람과의 관계에서까지 사람들이 실천해야 할 예를 강구하였다. 먼저 이를 감정의 영역에서부터 살펴보자. 『예기』는 말한다. "군자는 예로써 정을 꾸민다.(「증자문(曾子問)」)" 감정은 그 자체 맹목성을 띠고 있어 사람들이 그것을 적절히 다스리지 않으면 생명질서의 혼란을 초래할 것이기 때문이다. 그렇다고 해서 그가 감정 자체를 억압하려 하기만 했던 것은 물론 아니다. 그는 오히려 감정의 생산적이고 창조적인 성질을 인정하였다. 이 점은 『주역』이 만물의 생성소멸과 인간사의 길흉 화복을 자타간 감정의 소통 여부에서 찾고 있는 데에서 잘 드러난다. 그 책은 말한다. "하늘과 땅이

---

15) 『經書』, (論語), 68쪽 註.

교감하여 만물이 생성된다.(「함(咸)」괘 단사)" "하늘과 땅이 교감하지 않으면 만물이 흥성하지 않는다.(「귀매(歸妹)」괘 단사)" "부드러운 힘이 위로 오르고 굳센 힘이 아래로 내려가 두 기운이 감응하여 어우러지면서 조용히 기쁨을 누린다. 남자가 여자의 아래로 내려가므로 형통한다. 다만 교감의 길이 발라야 한다. 부인을 얻으면 길하리라.(「함」괘 단사)"

감정은 일상생활 속에서 과불급의 노출로 인하여 생산적인 기능을 잃어버리기 일쑤다. 과불급의 감정이 도덕생명을 혼란에 빠뜨리고 자타의 관계를 어지럽게 만들기 때문이다. "군자가 예로써 정을 꾸미려" 했던 것은 바로 이런 까닭에서였다. 그리하여 "즐거워하되 탐닉하지 않고, 슬퍼하되 상심에 빠지지 않는〔樂而不淫 哀而不傷, 『논어』「팔일」〕" 감정의 절도와 조화 속에서 그는 도덕생명을 강화하고, 또 화해로운 인간관계를 조성하고자 하였다. 이와 관련하여 "록 음악은 생명체를 약화시킨다."는 한 의학자의 흥미로운 글을 읽어보자. 그것은 감정 질서가 사람들의 건강한 생명활동에 매우 중요한 요소임을 역설적으로 잘 말해 주고 있다.

건강한 성인 남성의 삼각근은 40~45파운드의 힘을 견딜 수 있으나 헤비메탈이나 하드 록 같은 록 음악을 장시간 들려준 후에는 음악의 부정적 영향으로 삼각근의 저항력이 10~15파운드까지나 줄어들었다. 첫 번째 박자를 강조하는 '**다**-다-다'로 하는 박자는 심장의 고동소리를 닮은 자연적인 리듬이다. 그러나 록 음악은 신체에서 나오는 자연적인 신호와 마찰을 일으키는 '다-다-**다**'가 되며, 이는 시의 운율에서 말하는 약약강격(弱弱强格)의 박자다. (……) 인체를 구성하는 각

각의 분자에는 제각각 공명하는 별도의 주파수가 따로 있어 다른 파장
(빛)이나 진동(소리)에 의해서 정상 상태보다도 촉진되거나 억제되기
때문이다.[16]

또 다른 과학자 역시 기발한 실험을 통해 이와 유사한 보고를 한
다. 헤비메탈 음악이 자연의 생명질서를 해할 뿐만 아니라, 심지어
언어 문자까지도 그것에 영향을 끼친다는 것이다. 그에 의하면 음
악을 틀어 놓고 물을 순간적으로 얼리면서 그 결정(結晶)의 형태
를 사진으로 찍었을 때 "아름다운 고전 음악은 제각기 다른 개성적
인 결정을 만들었지만, 분노와 반항의 언어로 가득한 헤비메탈 곡
은 결정이 제멋대로 깨진 형태로 나타났다."고 한다. 한편 유리병
두 개에 물을 넣고서 각각 "고맙습니다."와 "망할 놈"이라는 글을
적은 종이를 물 쪽으로 붙여 사진을 찍었는데, 이 역시 위의 실험과
똑같은 현상이 생겼다고 한다.[17] 이는 우리가 아름다운 음악을 듣고
예쁜 꽃을 보았을 때 마음은 물론 몸까지도 아름답고 예쁜 '결정'을
만들어 줄 것임을 추측케 해 준다. 우리의 몸을 구성하고 있는 60조
개의 세포 하나하나가 깨어 있어서 그에 민감하게 반응할 것이기
때문이다. 이 점은 우리 신체의 70퍼센트가 물이라는 사실을 고려
할 때 더욱 분명해진다.

　사람들이 고운 말을 쓰고 아름다운 음악을 들어야 한다는 도덕과

---

16) 콜린 코츠, 앞의 책, 71~72쪽.

17) 에모토 마사루, 양억관 옮김, 『물은 답을 알고 있다 1』(나무심는 사람, 2002), 23쪽. 이 저
자는 "고맙습니다." "망할 놈"이라는 말을 한국어를 포함하여 여러 나라의 문자로 적어 붙여
놓고 실험하였다. 이 책은 결정체의 사진들을 다양하게 싣고 있다.

교양상의 요구가 생명 과학에도 부합한다는 사실을 우리는 여기에서 확인한다. 그것들은 심신의 '자연적인 리듬'에 합치되어 생명질서를 강화해 줄 것이기 때문이다. 그러므로 우리는 감정을 그저 이목구비의 즉물적인 반응에 내맡겨 둘 일이 아니다. 그것이 생명에 끼칠 해악을 염려하여 그것을 적절하게 조절하고 계도하며, 또 순화할 필요가 있다. 이러한 도덕적 훈시는 감정의 방임과 방종을 찬미하는 이 시대의 사람들에게는 마치 성직자의 제복을 입는 것만큼이나 답답하고 거북살스럽겠지만, 예의로 절제되고 순화된 감정이야말로 생활에 건강과 아름다움을 더해 줄 것이다. 『예기』는 사람의 감정을 밭에 비유하면서, 그것을 잘 일구고 또 수확하는 군주의 노력을 다음과 같이 말한다. "인정(人情)은 성왕(聖王)의 밭과도 같다. 예를 닦아서 인정을 갈고, 의로움을 펼쳐 인정에 씨를 뿌리고, 학문을 밝혀 인정을 김매고, 사랑에 근본하여 인정을 거두고, 음악을 전파하여 인정을 편안하게 해 준다.(「예운」)"[18] 선비는 이처럼 감정을 예와 의로움과 지혜와 사랑과 음악으로 다스리고 가꾸어 알차고 아름다운 도덕생명으로 결실하려 하였다.

선비는 이러한 노력을 정치 사회의 현장에서만 행하려 한 것이 아니었다. 그의 예치(禮治)는 태아 발육의 단계에서부터 태교(胎敎)의 이름으로 실천되었다. 그는 임신부로 하여금 일상의 거동은 물론 사고와 감정까지 예에 맞게 다스리고 가꿈으로써 태내의 생명을 정신적으로나 신체적으로 건강하고 훌륭하게 육양하게 하려 하였다. 『소학(小學)』은 말한다.

---

18) 이 책은 이 글에 앞서 '인정'을 喜怒哀懼愛惡欲의 칠정으로 정의한다.

옛날에는 부인이 아이를 배면 가로 누워 자지 않았고, 몸을 한쪽으로 기울여 앉지 않았으며, 삐딱하게 서지 않았다. 나쁜 음식은 먹지 않았고, 음식물을 칼로 자른 모습이 반듯하지 않으면 먹지 않았으며, 좌석이 반듯하지 않으면 앉지 않았다. 눈으로는 요사스러운 색깔을 보지 않았고, 귀로는 음란한 소리를 듣지 않았으며, 밤이면 음악 하는 사람을 시켜 시를 낭송하게 하였고, 예의에 맞는 일만 말하였다. 이렇게 하면 출생하는 아이의 형용이 단정하고 재주가 뛰어날 것이다.(「입교(立教)」)

선비가 이처럼 '요사스러운 색깔'과 '음란한 소리'를 경계했던 것은 그것들이 감정의 자연적인 리듬을 거스름으로써 생명질서를 교란한다는 사실을 알았기 때문이었을 것이다. 다른 한편 거기에서 그가 예(의)를 통해서 건강한 생명을 키우려 했다는 사실은, 어쩌면 예야말로 자연적인 리듬에 맞는 감정 및 행위의 객관적인 지표라고 여겼기 때문일 것이다. 우리는 여기에서, 예가 감정과 행위에 내재된 생명질서와 자연의 섭리를 도덕 규범화한 것임을 다시 한 번 상기할 필요가 있다. 퇴계가 "위를 보고 반듯이 누워 잠자는 것은 예에 맞지 않는다.(仰臥非禮)"고 하면서 눕는 데에서까지 예를 찾는, 우리의 상식으로는 이해하기 어려운 주장을 한 것도 이와 같은 예 관념에 연유한다. 그러한 잠자리의 태도는 마치 생명을 잃은 시체의 모습처럼 보이기 때문이었다.[19] 선비는 이렇게 예의 준수를 통해

---

19) 『退溪全書 二』, 「答金惇敍」, 74쪽 참조. 이는 "(공자가) 주무실 때에는 시체처럼 눕지 않으셨다.(寢不尸)"는 『논어』의 글뜻을 풀이한 것이다. 참고로 『동의보감』은 이에 관해 다음과 같이 말한다. "잠잘 때에는 몸을 옆으로 눕히고 무릎을 구부려야 심기(心氣)가 보익(補益)되

도덕생명을 성취하고, 더 나아가 궁극적으로는 자연과 합일하는 삶을 살고자 하였다. 『예기』는 말한다. "예는 선왕이 하늘의 도를 이어받아 인정을 다스리기 위해 제정한 것이다. 그러므로 예를 잃는 자는 죽고 예를 얻는 자는 살 수 있다.(「예운」)" "예의는 (……) 천도(天道)를 통달하고 인정을 순화하기 위한 큰 방편이다.(위와 같음)"

물론 선비가 실천하고자 했던 예는 '선왕이 제정한 것'에만 국한되지 않는다. 사람들의 행위와 감정의 질서를 낱낱이 규범화하고 명문으로 규정한다는 것은 불가능한 일이기도 하거니와, 예는 그 이전에 사람들이 지켜야 할 생명질서 자체를 추상적으로 총칭하기도 한다. "예가 아니면 보지도, 듣지도, 말하지도, 행동하지도 말라."는 공자의 말은 이러한 예 관념을 전제로 한다. 시청언동상 감정과 행위의 자연적인 리듬을 혼란시키고 흐트러뜨리는 비례(非禮)를 범하지 않음으로써 도덕생명을 소중하게 보전하도록 해야 한다는 것이다. 물론 일상에서 과연 어떤 것이 비례인가를 객관적으로 판단하고 말하기는 쉽지 않겠지만, 사람들은 그것을 생활 현장에서 어렵지 않게 체험할 수 있다. 이를테면 아름다운 꽃 앞에서 느끼는 환한 만족감과는 달리, 미인을 바라보면서 일으키는 유혹적인 욕망이 그 한 예에 해당될 것이다. 공자가 정(鄭)나라의 음란한 음악을 배척한 이유도 아마 여기에 있을 것이다.

선비가 감정의 영역을 넘어 행위의 세계에서 제시한 예 역시 생명 내재적인 질서에 입각한 것이었다. 그에게 예는 단순히 방종과 태만을 막기 위해 요청된 외재적인 규범에 불과한 것이 아니었다.

고, 깨어나서는 서서히 몸을 펴야 정신이 흐트러지지 않는다. 늘어지게 누우면 악귀를 불러들일 것이니, 공자가 잠잘 때에 시체처럼 눕지 않았던 것은 아마도 이 때문이었을 것이다."

그것은 인간 고유의 생명(존재)질서를 행위 지표화하고 도덕 규범화한 것이었다. "극기하여 예를 회복한다.〔克己復禮〕"는 공자의 말을 그는 이러한 관점에서 이해하였다. 주회암은 말한다. "예란 사람이 본래 갖고 있는 것이기에 회복한다고 말씀한 것이니, 극기를 기다려서 비로소 예를 얻는 것이 아니다. 사욕을 극복하는 그만큼 천리(天理)를 회복하는 것이다."[20] 『예기』의 이른바 구용(九容), 즉 "발걸음은 장중하게, 손놀림은 공손하게, 시선은 바르게, 입은 과묵하게, 목소리는 조용하게, 머리는 똑바로, 기상은 엄숙하게, 서 있는 모습은 덕성 있게, 얼굴빛은 엄정하게〔足容重 手容恭 目容端 口容止 聲容靜 頭容直 氣容肅 立容德 色容莊, 「옥조(玉藻)」〕"하라는 가르침에 담긴 행동거지의 규율 또한 이러한 예 의식을 전제하고 있다. 이처럼 절제되고 엄숙하며 장중한 일거수일투족에 대해서 일반 사람들은 숨막힐 것 같은 느낌을 갖겠지만, 선비는 오히려 그것을 도덕 생명의 성취로 여기며 자부하였다. 정이천이 혹자와 주고받은 다음의 대화를 들어 보자.

어떤 사람이 정자(程子)에게 다음과 같이 위로의 말을 하였다. "사오십 년 동안 예를 힘써 행해 오셨으니 매우 힘들고 고통스러우셨겠습니다." 정자가 대답하였다. "나는 날마다 편안한 땅을 밟아 왔는데 힘들고 고통스러울 게 무엇 있겠습니까. 남들은 날마다 위태로운 땅을 밟고 있으니 그들이야말로 힘들고 고통스러울 것입니다."[21]

20) 『心經』, 86쪽.
21) 위의 책, 184쪽.

이 대화에서 우리는 인간과 삶에 대한 두 가지의 상반적인 인식 태도를 본다. 하나는 보통 사람들의 생각을 대변하는 것으로, 그들은 예를 인간관계상 불가피하게 지켜야 할 '힘들고 고통스러운' 자기 구속으로 여긴다. 그러므로 그들은 어느 때든 비례를 범할 의사를 갖는다. 자리에 따라 그리고 필요에 따라 그러한 예의 굴레를 벗어 던지고 자유롭게 행동하려는 것이다. 아니, 그들은 말로는 저와 같이 위로하지만 내심 상대방을 위선적인 도덕 군자라고 비웃으면서 오히려 '비례'야말로 인간의 자연스러운 태도라고 여기고 싶어 할 것이다. 공자가 주장하는 시청언동의 예는 그들의 눈에는 인간의 자연한 성품을 거스르는 인위적인 꾸밈에 지나지 않는 것으로 비칠 것이다. 그들은 여기에서 모든 인위를 거짓이라고 배격하면서 무위자연을 강조했던 노자의 글을 인용하려 할지도 모른다. "예는 진정성과 신의가 박약한 상태로서, 혼란의 첫머리다.〔禮者 忠信之薄 而亂之首〕"

하지만 이와 같은 태도는 선비의 관점에서 보면 오히려, 사람이 딛고 살아야 할 '편안한 땅'을 버리고 비인간의 '위태로운 땅'으로 나서는 것이나 다름없다. 예는 인간 고유의 생명질서를 규범화한 것으로, 사람들이 도덕생명의 완성을 위해 적극 받아들여야 할 아름다운 구속이기 때문이다. 저들이 내세우는 자유롭고 자연스러운 삶만 해도 그렇다. 사실 인간은 동물과는 달리 자연대로, 자유롭게만 살 수는 없도록 되어 있다. 인간은 본질적으로 문화적인 존재로서 삶 전체를 갖가지의 인위적인 형식으로 꾸며 구속거리들을 스스로 지어낸다. 예란 바로 그러한 것이다. 그것은 일상적이고 또 미세한 문화의 한 유형으로서, 사람들은 거기에서 자신이 금수와 같은 자연 상태를 벗어나 인간다운 삶을 살고 있다고 자부할 것이다.

선비의 예의 정신은 바로 이러한 인간관과 삶의 철학을 바탕으로 한다. 물론 선비가 예만을 알고 살았던 것은 아니다. 그는 그것을 일종의 방법론적 도덕 원리로 여겼다. 공자는 말한다. "사람이 사랑을 모른다면 예를 차린들 무슨 의미가 있을 것인가." 이는 예가 사랑을 목적 이념으로 갖고 있음을 알려 준다. 예의 실천에 특히 힘썼던 장횡거는 말한다. "예는 사람의 덕성을 길러 준다."[22] "크고 작은 예의가 모두 사랑이 아님이 없다."[23] 예는 이처럼 참자아의 실현을 위한 도덕적 방편으로서, 궁극적으로는 인간애의 이념을 지향한다.

더 나아가 선비는 예에서 천인합일의 길을 발견하여 그것을 준행하고자 하였다. 거기에는 천지 자연의 질서(천리)가 내재되어 있기 때문이다. 그러므로 그것이 보통 사람들의 눈에는 그저 힘들고 고통스럽게만 보일지 모르지만, 그러한 예로 절제된 행동, 단아한 생활이야말로 우주적 대아의 실현을 열망하는 구도자의 모습에 더없이 어울릴 것이다. 이렇게 살피면 저들은 '힘들고 고통스러운' 예의 실천을 비웃거나 또는 위로하려 하지만 그것은 오히려 자아를 진지하게 성찰하지 못하고 세상을 마음 내키는 대로만 살려는 그들의 빈곤하고 부박한 의식을 스스로 폭로하는 것이나 다름없어 보인다.

예는 그 자체 나름대로 정합적인 논리와 내용을 갖고 있다. 이에 관해 두 가지 사례를 들어 보자. 먼저 예는 원래 '꾸밈'의 정신을 기본으로 하지만, 『예기』는 경우에 따라 꾸밈 없는 소박함을 최상의

---

22) 위의 책, 85쪽.

23) 『近思錄』, 56쪽. 이의 주에 의하면 "예의 대소가 모두 사랑과 공경, 정성과 측은지심의 발로가 아님이 없다. 만약 그런 것이 아니라면 예는 다만 공허한 형식일 뿐"이라고 한다.

예로 여기기도 한다. 가령 임금이 하늘에 제사지낼 때에는 따로 제단을 만들지 않고 땅바닥을 쓸기만 한다든지, 또 화려하게 치장하지 않고 검은 염소가죽을 입는 것이 예다. 왜냐하면 제천 의식과 같이 지극 정성을 요하는 자리에서는 형식적인 꾸밈이 별로 의미 없기 때문이다.[24] 또 다른 사례로, 퇴계는 한 제자로부터 "부모의 기제(忌祭)나 삼년상에 이미 돌아가신 한 분을 함께 제사지내도 되는지" 여부의 질문을 받은 일이 있었다. 그는 이에 대해 "기제에는 속례(俗禮)에 따라 혹 그럴 수도 있지만 삼년상에서는 전혀 이치에 맞지 않는 일"이라고 답변하였다. 왜냐하면 부모 중 한 분은 삼년상을 이미 마쳤고 다른 한 분은 아직 거상중에 있을 경우에, 전자는 축문(祝文)을 준비하는 길례의 대상이고 후자는 애곡(哀哭)해야 할 흉례에 해당되므로 양자를 한자리에 모시고 제사를 치를 수는 없기 때문이다.[25]

그 밖에 예의 의미와 정합성 여부를 따지는 선비들의 논의는 헤아릴 수 없이 많다. 특히 그들은 거상 기간 동안 예서(禮書)를 읽는 관례 속에서 상제례에 관해 실제로 갖가지 의문들에 부딪히면서 사제간에, 혹은 동학들 사이에 수많은 질의 응답을 벌였다. 그들은 예가 단순히 편의대로 바꿀 수 있는 생활 관습에 불과한 것이 아니라 불가변의 삶의 진리와, 더 나아가 천지 자연의 이치까지도 함축하고 있다고 여겼기 때문에 그것을 학문의 대상으로 삼아 그 의미를 정확하게 헤아려 실천하고자 하였다. 이와 같은 노력 속에서 그들

---

24) 『禮記』(「禮器」)는 꾸밈이 많아야 할 자리와 적어야 할 자리, 커야 할 자리와 작아야 할 자리들을 다양하게 예시하고 있다.

25) 『退溪全書 二』, 「答鄭子中別紙」, 16쪽 참조.

은 그토록 복잡 다단한 예들을 조리 있고 일목요연하게 요해해 나갔다.

그러고 보면 17세기 이후 조선 유학계의 그 유명한 예송(禮訟)들은 어쩌면 이러한 예학의 필연적 산물이었을 것이다. 그들의 해박하고 투철한 예 의식은 상례의 미비점이나 의문 사항들을 그냥 지나칠 수 없었을 것이기 때문이다. 다만 그들의 합리적인 사고가 실체적이지 못하고 절차적이었다는 데 문제가 있다. 즉 그들이 과거 성현들의 권위를 벗어나 자주적이고 자율적인 이성으로 예의 본래 의미와 기능을 판단, 논의하지 못하고 주로 『예기』나 『주자가례(朱子家禮)』 등 성문화된 경전들에 입각하여 그 전거와 실행 절차상 정합성만 따졌다는 점에서 그들의 예 의식은 커다란 한계를 갖는다.

선비는 타인과의 교제 질서를 뜻하는 예에서도 어떤 천부의 의미를 찾았다. 교제의 예는 현실적인 필요에 의해 정립된 것이 아니라 그것 역시 인간에게 본래적이라는 것이다. 이러한 뜻은 『서경』(「고요모」)이 오륜의 근거를 천지의 질서(天序, 天秩)에 두고 있는 데에서 잘 드러난다. 이와 같은 예 의식은 개인주의의 그것과 좋은 대조를 이룬다. 그 사회의 예는 사람들이 계약적인 인간관계 속에서 공존 공생의 필요상 상호 합의를 거쳐 내놓은 교제의 에티켓 정도로 여겨질 것이다. 그러므로 그것은 시대와 사회의 변천, 사람들의 사고의 변화에 따라 당연히 바뀔 수 있다.

그러나 사람은 남들과 떨어져 살 수 없으며, 본질적으로 사람들 사이에서만(人間) 사람(人間)일 수 있다는 선비의 존재공동체적인 사고는 인간관계의 윤리를 생존의 필요에 따른 후천적 요청이 아니라 인간의 선천적 조건으로 여긴다. 이에 의하면 자타간의 교제 질서는 사회생활 속에서 필요에 따라 만들어지고 폐지되는 것이 아니라, 마치 나무의 결과도 같이 모든 사람들에게 존재(생명)의 결로 천부적으로 내재되어 있다. 예는 그러한 존재의 결을 도덕 규범화한 것이다. 선비가 오륜을 초시대적인 철칙으로 여겨 그것의 개변을 상상할 수 없었던 이유도 여기에 있다.

선비의 예는 이처럼 사회적인 생존의 필요 이전에 공동체적 본질의 근원적인 요청에 입각한 것이었기 때문에, 그는 예의 실천을 통해 자타간 존재의 유대를 긴밀하게 갖고 또 강화해 나갔을 것이다. 강한 자의식을 갖고 있는 개인주의의 에티켓이 자타간 존재론적인 거리를 좁히지 못하고 주로 대인 관계의 기술과 처세의 방식으로 이용되는 데 반해, 선비의 예는 나와 너의 경계를 넘어 서로가 함께 어우러지는 존재공동체의 세계를 지향하였다. 이를테면 "문을 나서 사람들을 만날 때 큰 손님을 대하듯(『논어』「안연」)" 하는 예의 정신은 자타간 정중하고 화해로운 만남의 자리를 조성할 것이다. 공자가 극기(복례)를 말한 뜻도 여기에 있다. 남과의 진정한 만남을 가로막는 개인주의의 자기중심적인 나(己)를 극복하지 않고서는 예의 실천이 불가능하겠기 때문이다.

혹자는 예에 숨겨진 지배, 복종의 미시적 권력 의지를 거론하면서 위와 같은 예의 이념을 거짓된 것으로 비판할지 모른다. 뒤에서 살피겠지만 예에는 부분적으로 그러한 권력 관계가 내재해 있는 것이 사실이다. 그러나 그것을 예의 전부로 단정해서는 안 된다. 예의 본래 정신은 남에 대한 지배 의지를 갖지 않는다. 예가 궁극적으로 지향하는 존재공동체의 이념은 오히려 권력 의지를 포기해야만 실현될 수 있는 것이었다. 남을 지배 대상으로 여기는 자기중심적 권력 의지는 오히려 '나의 존재 깊이 내재되어 있는 타자(의 이치)'를 구현하는 데 방해만 될 뿐이다. 가령 가정생활에서 남편이 부인을 지배하려 한다면, 그는 부부간 상호 공경의 예의 생활 속에서 함께 누릴 수 있는 존재 열락의 세계를 스스로 외면, 파괴하고 이기적인 자기 안에 외롭게 갇히고 말 것이다.

예의 본래 정신은 당연히 그러한 것이 아니다. 선비는 자타간 교제의 예가 '공경지심' 위에서 서로 존중하는 가운데에서만 실질적인 의의를 갖는다는 사실을 잘 알고 있었다. 그에게 학문이란 오히려 자기 안의 권력 의지를 다스리려는 부단한 노력이었다. 물론 유학자들 가운데에는 예를 악용하여 지배 권력을 누린 소인유(小人儒)도 많았을 것이다. 그러나 그들의 행태를 두고 예의 문제를 논단하려 해서는 안 된다. 이에 관해서는 뒤에 다시 상론하려 하지만, 이들과는 달리 미시적인 권력 의지가 일상적으로 작용할 사제간의 관계에서 퇴계가 보여 준 고매한 인품은 예의 본래 정신을 잘 밝혀 준다. 그의 한 제자는 이에 관해 다음과 같이 기록하고 있다. "선생님은 제자들 대하기를 마치 친구 대하듯 하셨으며, 나이 어린 제자들에게조차 이름을 빼놓고 '너'라고 호칭하지 않으셨다. 그들을 맞이하고 보낼 때에는 예를 차리고 공경을 다하셨다."[26]

---

26) 『退溪全書 四』, 「言行錄」, 57쪽.

종교적 의미

선비의 예는 일견 세속적인 생활 규범만 지칭하는 것처럼 보이지만 그것은 종교적인 의미까지 담지하고 있다. 이를 논의하기에 앞서 유교의 종교성을 먼저 검토해 보도록 하자. 종교란 매우 다의적인 개념이기 때문이다. 만약 종교를 신 중심의 신앙 체계라고 생각하면 우리는 유교에서 종교를 논할 여지가 없다. 하지만 종교란 "삶의 궁극적 기반에 대한 헌신"[27]이며, "인간의 삶의 모든 측면에 궁극적인 의미를 제공하는 모든 인간 존재의 영적 원천"[28]이라고 정의한다면 우리는 유교의 종교적인 특징을 어렵지 않게 찾아볼 수 있다. 선비 역시 그에게 삶의 근원적인 의미를 제공해 주는 인간 존재의 궁극적인 기반과 영적인 원천을 분명히 갖고서, 일정한 의식 속에서 그것을 신앙하고 숭배하며 그것에 대한 헌신의 삶을 살려하였기 때문이다. 우리는 이를 그의 상제(上帝) 관념이나 조상숭배 신앙에서 분명히 확인할 수 있다.

먼저 상제 관념은 선비의 철학적 사변 속에서 태극, 리(理) 등의 개념들과 동의어처럼 받아들여지면서 초월적인 성분이 많이 탈색되었으나 그럼에도 여전히 종교적인 신비의 여운을 갖고 있었다. 선비들이 자주 인용하고 있는바 "위대한 상제께서 사람들에게 참마음을 부여하셨다.(『서경』「탕고(湯誥)」)"라거나, 또는 "상제가 네 앞에 계시니 두 마음을 갖지 말지어다.(『시경』「대아」)"라는 글들이 이

---

27) 길희성, 「21세기의 종교: 새로운 영성을 위하여」, 《철학과 현실》(철학과 현실사), 1997년 가을호, 49쪽.
28) 조셉 M. 기타가와, 이진구·신광철·이옥 옮김, 『동양의 종교』(사상사, 1994), 21쪽.

점을 잘 말해 준다. 여기에는 인간 존재의 궁극적인 기반이나 원천을 이성으로만 설명하기 어렵다는 인식이 깔려 있다. 그들은 그것을 태극이나 리의 개념으로 해명하려 하면서도, 그것만으로는 납득되지 않는 존재의 신비를 '상제'에 대한 종교적 각성을 통해 풀려 했던 것이다. 『대학』은 말한다. "하늘의 밝은 명령을 항상 돌아보라." 이처럼 하늘(상제)의 명령과 인간의 돌아봄이야말로 종교의 특성임을, 마르틴 부버는 다음과 같이 말한다. "본질을 같이하는 신과 인간은 언제나 참다운 둘이며 근원 관계를 맺고 있는 두 당사자로서, 이 근원 관계는 신으로부터 인간에게는 보내심과 명령이 되고 인간으로부터 신에게는 바라봄과 들음이 된다."[29]

그러므로 선비의 상제관은 초월자 중심의 신앙으로 발전하지 않는다. 그는 상제를 단지 인간 존재의 신비로운 원천으로만 설정하고 상제의 후광 속에서 무언의 말씀을 들으며 자신의 삶을 경건하고 엄숙하게 영위하고자 하였다. 주회암이 『시경』의 위 시구를 "사념(邪念)을 막고 성심을 지키는(閑邪存誠)" 도덕 수행의 뜻으로 이해한 것[30]을 두고 퇴계는 한 제자에게 다음과 같이 말한다. "나는 주자의 그 말씀을 매우 좋아해서 이를 음미할 때마다 감격과 분발의 마음을 이기지 못하겠습니다."[31] 우리는 여기에서 온몸으로 성찰하고 또 체험하는 선비의 공부 정신을 목격하거니와, 주회암은 또한 「경재잠(敬齋箴)」에서 다음과 같이 말한다. "의관을 바르게 차리고, 시선을 존엄하게 가지며, 마음을 고요히 상제를 우러르듯 하라.

---

29) 마르틴 부버, 앞의 책, 112쪽.
30) 『心經』, 37쪽.
31) 『退溪全書 一』, 「答趙士敬」, 563쪽.

발걸음은 장중하게, 손놀림은 조신하게, 땅도 가려서 밟아 개미 둔덕까지도 돌아서 가라."[32] 이처럼 마음 한순간부터 일거일동에 이르기까지 상제를 의식하고 있다는 사실은 선비의 일상생활에 종교적인 경건성과 엄숙성이 지배하고 있음을 일러 준다. 『시경』(「대아」)의 다음 시구는 이러한 뜻을 더더욱 극명하게 보여 준다. "은밀하고 으슥한 곳이라 나를 못 볼 것이라고 생각하지 마라. 신은 누구도 모르게 어디든 임하시나니, 네가 태만히 할 수 있겠는가."

상제 의식이 조성하는 경건하고 엄숙한 삶의 정신은 예의 그것과 그대로 상통한다. 예 역시 심신의 경건성과 엄숙성을 강조하기 때문이다. 사실 선비는 상제가 인간에게 부여한 존재의 과제를 예의 실천을 통해서 성취하려 하였다. 달리 말하면 선비의 행동거지와 삶이 흐트러짐 없이 엄정하고 경건했던 데에는 '삶의 궁극적 기반'에 대한 헌신 의식이 작용하였다. 그가 외경〔敬〕의 정신을 그토록 강조했던 것도 그러고 보면 우연이 아니었을 것이다. 그의 예가 상당히 율법적이었던 것 또한 이러한 관점에서 이해해 볼 수 있다. 그는 자기 안에서 '상제의 뜻'이나 또는 '하늘의 명령'을 되새기면서 그것을 예의 규범으로 일상화하여 삶의 구석구석에서 펼치고자 했기 때문이다. 그가 예를 시대에 따라 변할 수 있는 생활 관습으로 여기지 않고, 거기에 목숨을 걸 만큼 절대성을 두었던 것도 이처럼 그 밑에 배어 있는 종교적인 성질에 기인하는 것으로 보인다.

선비의 조상숭배 의식 또한 그의 종교적인 면모를 잘 드러낸다. 종교가 이성으로는 해결할 수 없는 실존의 근원적인 불안과 좌절을

---

32) 위의 책, 「聖學十圖(敬齋箴)」, 209쪽.

극복케 해 줄 일련의 신앙 체계라고 한다면, 선비의 조상숭배 역시 그 전형적인 모습을 우리에게 보여 준다. 그는 조상을 탄생 이전과 죽음 이후 자신이 의존하는바 존재의 원천이요 귀의처로 여겨 신앙 하였다. 게다가 그의 신앙은 그러한 실존 문제의 해답을 초월자나 내세에서 구하지 않고 바로 현세와 자기 자신의 내부에서 찾아내고 있다는 점에서 특징적이다. 그에게 조상의 세계는 저승의 '약속된 땅'이 아니라 바로 현세 자손들의 삶 속에 혼합 편성되었기 때문이 다. 그리하여 그는 조상을 저 세상으로 보내지 않고 오히려 이 세상 으로 다시 모셔 와 마음속에서 "당신들의 들리지 않는 말씀을 듣고 보이지 않는 모습을 보면서〔聽於無聲 視於無形,『소학』〕"조상과 부단 히 교류하였다. 상제례는 이를 위한 구체적인 지침의 기능을 갖는 다. 그것은 산 자와 죽은 자를 다시 이어 주는 가교요 삶과 죽음을 화해시켜 주는 매개 수단이며, 더 나아가 인간 존재의 영적 원천에 참여케 해 주는 통로의 역할을 한다.

상례는 '당신은 떠나셨지만 그래도 당신을 보내지 못하는' 자식 의 애절한 마음이 '당신'을 일정 기간 안에 천천히 보내 드리는 절 차를 규정해 놓은 것이며, 제례는 '이미 보내 드렸지만 그래도 잊 히지 않는 당신'에 대한 그리움의 정 속에서 행하는 흠모와 추념의 절차에 해당한다. 요컨대 상제례는 산 자와 죽은 자 사이의 특별한 교류 질서를 규정해 놓은 것이다. 자식은 이를 통해서 죽음의 충격 을 완화하고 또 생사 혼성의 삶을 준비한다. 그는 돌아가신 '당신' 을 자신의 삶 속에 새로운 모습으로 부활시켜 '당신'과 수시로 만나 교류한다. 제사의 의미는 바로 이러한 것이다. "제(祭)란 교제한다 〔際〕는 뜻이다. 사람과 귀신이 서로 교제하는 것이다. 사(祀)란 같다〔似〕는 뜻이다. 죽은 사람을 볼 것 같은 것이다."[33] 한편 상주는 소상(小祥) 때 축문을 써서 '당신'에게 다음과 같이 말을 건넨다.

아, 모년 모월 모일 고자(孤子) 아무개는 높으신 아버님께 감히 고합니다. 세월이 흘러 어느덧 소상에 이르렀습니다. 밤이나 낮이나 슬프고 사모하는 마음이 가이없어, 삼가 맑은 술과 여러 음식으로 정성을 다해 제사를 올리오니 부디 흠향하시옵소서.[34]

선비의 이와 같은 태도는 마치 부모의 품을 한없이 그리워하는 어린아이와도 같이 소아적이고 퇴행적인 성향을 노출하고 있는 것처럼 보이기도 한다. 하지만 거기에는 깊은 인간학적 함의가 담겨 있다. 사람은 상호 의존적이며 남들과의 관계 속에서만 존립할 수 있다는 선비의 존재공동체적인 사고에 따르면 자식은 부모를 자신의 삶에서 한시도 배제하지 못한다. 부모와 자식은 원초적으로 상호 의존 관계에 있기 때문이다. 이와 같은 사정은 부모의 사후에도 변함이 없다. 사람들은 횡적으로만 남들에게 의존하는 것이 아니라 종적으로도 선조 및 후손과 불가결한 의존 관계에 있어서, 부모는 비록 세상을 떠난다 하더라도 자식의 종적인 존재 질서의 한 고리를 이룬다. 선비의 조상숭배 의례는 그의 존재의 역사성에 대한 이와 같은 인식의 산물이다. 그는 상제례를 통해 자신의 내부에서 여전히 살아 숨쉬는 조상을 확인하고 조상과 무언으로 교류하면서 존

---

33) 『小學集註增解』, 「明倫」, 221쪽 주.
34) 『四禮便覽』(영인본), 「喪禮」, 100쪽. 위의 번역은 원문중 연호(年號)나 관직 등을 뺀 것이다.

재의 유구한 의미를 되새기며 체감하였다. 『예기』가 제사의 의의로 말하는 "근본에 보답하고 시원으로 돌아간다.〔報本反始, 「교특생」〕"는 뜻이 여기에 있다.

이러한 역사적 존재 의식은 삶과 죽음을 단순히 '존재와 무'의 이 차원으로 바라보지 않을 것이다. 사람들은 어려서부터 상례와 제례에 참여하면서 무심결에 "나도 죽어서 자식과 후손들의 삶 속에서 다시 살리라." 하는 믿음을 갖게 될 것이다. 선비의 상제례가 갖는 죽음학적인 의의가 여기에 있다. 죽음의 불안이 존재의 상실 자체보다는 현존 교섭 관계의 전면적 단절에서 오는 것이라면, 상제례는 그러한 교섭 관계를 사후에도 여전히 지속시켜 준다는 점에서 그러한 불안을 약화 또는 차단시켜 주는 강력한 기제가 될 것이다. 선비가 상제례를 그토록 중요시했던 이유도 이처럼, 이성으로는 감당하지 못할 죽음의 문제를 일정하게 해결해 주었기 때문일 것이다. 따라서 그에게 상제례는 적당히 변통할 수 있는 생활 관습에 불과한 것이 아니라 역시 인간 존재의 근원과 그에 대한 헌신의 방법을 성찰케 해 주고, 삶과 죽음을 화해시켜 줄 종교적 의의를 담지하고 있었다.

미학적 의미

『예기』를 읽다 보면 때때로, 천지 자연을 무대로 꾸미는 연극의 대본을 읽고 있는 것 같은 느낌이 든다. 다음의 글을 보자. "하늘은 위에 있고 땅은 아래에 있으며 만물이 각양의 모습을 띠고서 예가 행해진다. 그 사이에 생성의 기운이 간단 없이 흐르고 화합하여 변화하니 음악이 울려 퍼진다.(「악기」)[35] 이렇게 하여 그 책은 하늘과 땅의 무대 안에서 만물을 배후의 조연으로 두고 음악이 울려 퍼지는 가운데 인간이 취해야 할 일거일동의 방법들을 가르친다. 거기에는 당연히 선비의 자연관이 지배한다. 그에 의하면 자연은 만물의 생장 쇠멸을 조직하고 총괄하며, 그들에게 전체적인 질서와 조화, 통일성을 부여하는 하나의 거대한 유기체다. 인간은 우주 드라마의 주인공으로서 자연의 이와 같은 섭리와 질서에 자신의 일거수일투족을 맞추지 않으면 안 된다. 예는 바로 그러한 자연의 섭리를 인문적으로 각색하여 사람들이 쉽게 따를 수 있도록 행위 지표화하고 도덕 규범화한 것이다. 그리하여 하늘과 땅의 무대 안에서 취하는 그들의 예의로운 손발 놀림이나 몸짓 하나하나는 자연을 배경으로 행해지는 아름다운 생명의 율동과도 같다.

선비는 예의 실천을 통해 남들과, 더 나아가 천지 만물과 상호 교류하면서 전체적으로 화해로운 삶을 영위하려 하였다. 예의 정신이 분별적이면서도 동시에 조화를 매우 중요시함은 이미 살핀 대로다. 이를테면 남녀유별의 예는 양자간 무분별한 교류가 빚을 혼란을 예방하면서 성별에 입각하여 생산적인 조화를 추구하려는 것이었다. 이는 물론 음양이 분별 속 조화를 이루어 만물을 생성 발육시키는 자연의 이치를 본받은 것이다. 이러한 조화의 정신은 일련의 미의식을 수반한다. 아름다움은 부분과 부분, 부분과 전체, 또는 여러 형식들 간의 조화 속에서 생겨나기 때문이다. 그리하여 예가 궁극적으로 추구

---

35) 이의 주에 의하면 본문의 '예(禮), 악(樂)'은 자연의 예악이라고도 하고, 혹은 성인이 천지 자연의 질서와 조화를 본받아 제정한 인간의 예악이라고도 한다.(『禮記』, 464쪽, 주 참조)

하는 조화의 이상은 미의 세계를 현시할 것이다. 『주역』은 말한다. "군자의 아름다운 만남은 예를 통해서 이루어진다.〔嘉會 足以合禮, 「건」 괘 문언전〕" 여름철 온갖 초목들이 생성의 질서와 조화 속에서 만화방창하는 아름다움을 펼쳐 내듯이, 사람들의 만남도 이와 마찬가지로 질서와 조화의 예의 정신 속에서만 아름다울 것이다.

『예기』는 이처럼 아름다운 조화의 형식을 여기저기에서 예로 규정한다. 예를 들면 남에게 옥을 선물할 때 그것을 받쳐 드는 수놓은 명주의 깔개가 있으면 나의 옷을 아름답게 꾸미고, 그러한 깔개가 없으면 옷의 아름다움을 감추는 것이 예라 한다.(「곡례 하」) 이는 옥의 깔개와 옷의 조화를 고려한 것이다. 또 군대가 행군할 때 전방에 물길이 있으면 푸른색의 물새를 수놓은 깃발을 내걸고, 전방에 먼지가 일어나면 솔개를 수놓은 깃발을 세우는 것이 예라고 한다.(「곡례 상」) 솔개의 울음이 바람을 일으키고, 바람이 일면 먼지가 뒤따를 것이라는 상상에서 그러한 깃발의 예가 생겨난 것이다. 이는 또한 자연과의 조화를 염두에 둔 것이었다. 이처럼 아름다운 조화의 정신은 상(제)례에서까지 엿보인다. 거상 기간 동안 슬픔의 정이 엷어져 감에 따라 그에 맞추어 달리 꾸며지는 예는, 제삼자의 눈으로 살피면 내용과 형식의 조화를 고려한 비애의 미의식을 내재하고 있다. 슬픔이 지나친 상주에게는 감정을 절제하도록 하고 그렇지 않은 자에게는 슬픔을 북돋우면서, 한편으로 그로 하여금 부모를 잃은 충격에서 서서히 벗어나 일상의 생활로 복귀하게끔 갖가지의 형식을 규정해 놓은 상례 절차는 어찌 보면 슬프면서도 아름다운 한 편의 드라마 각본과도 같다.

형식과 내용의 조화가 보여 주는 아름다움은 상례에만 있는 것이 아니다. 그것은 선비가 일상의 삶에서 의도했던 모든 예에 일반적이다. 공자가 "꾸밈과 바탕이 잘 어우러져야만 군자가 된다.(『논어』「옹야」)"고 말한 데에서 잘 드러나는 것처럼, 외형의 꾸밈과 내면의 정신이 적절하게 조화를 이루는 군자의 행동거지는 참으로 우아하고 아름다울 것이다. 공자의 한 제자가 선생에게 여쭈었던 시의 뜻은 이러한 뜻을 은유적으로 잘 전해 준다. "어여쁜 웃음에 입매가 예쁘고, 아름다운 눈에 동자가 깨끗하도다. 흰 바탕에 채색을 하노라.(『논어』「팔일」)"[36] 미인의 얼굴은 그 자체만으로도 아름답지만 적당한 화장이 그 아름다움을 훨씬 돋보이게 만들 것처럼, 우리의 삶도 경건한 마음 위에서 예로 적절하게 꾸며질 때 아름다움을 발할 것이다. 이 역시 예가 단순히 규범적인 의미를 넘어서 미학적인 기능까지 갖고 있음을 알려 준다. 이처럼 예가 사람들의 행동거지에 장중한 아름다움을 더해 주는 모습을 오늘날에는 일상에서 접하기 어렵게 되고 말았지만, 1년에 한두 차례 박제화되어 겨우 의식으로만 치러지는 종묘 제례는 그 편린을 우리에게 아련히 보여 준다.

예의 미학적인 성분은 예의 정신 자체에 내재되어 있기까지 하다. 예를 들어 패옥(佩玉)의 예를 한번 살펴보자. 『예기』는 "옛날에 군자는 반드시 옥을 차고 다녔다.(「옥조(玉藻)」)"고 하면서 좌우측 패옥의 음악적인 기능을 말하고는 다음과 같이 잇는다. "군자는 수레 위에서는 방울 소리를 듣고 걸어갈 때에는 패옥 소리를 듣는다. 그러므로 군자에게는 못되고 사악한 마음이 일어날 여지가 없다."

---

36) 위의 제자는 이어서 이 시가 예의 정신을 노래한 것인지 재차 질문하는데, 공자는 이에 대해 다음과 같이 답변한다. "나를 계발시켜 주는 사람이 너로구나. 드디어 함께 시를 논할 수 있겠다."(『經書』, (論語), 101쪽)

조선 시대에 많은 선비들이 실제로 패옥을 했다고 하는데, 이는 옥끼리 부드럽게 부딪히는 소리를 들으면서 자신의 행동거지의 절도 여부를 성찰하고, 한편으로는 그것의 음악적인 효과를 기대하면서 맑고 아름다운 마음을 함양하려는 것이었다. 이처럼 "예는 부정한 마음을 녹이고 아름다운 바탕을 키워 준다.(『예기』「예기(禮器)」)

이러한 예의 정신은 혼탁한 욕망과 명리의 세속으로부터 벗어나 삶과 세계를 관조하는 힘으로까지 작용했을 것으로 보인다. 그것은 일견 도덕 관념으로만 충만해 있는 것 같지만, 옥 소리와도 같이 맑고 아름다운 마음으로 자연의 섭리에 따라 살려 했던 선비의 예 의식은 이해관계로 얽힌 현실을 벗어나 세상을 초연하게 내려다보는 안목을 자연스럽게 키웠을 것이기 때문이다. 장횡거는 말한다. "내가 공부하는 사람들에게 예를 먼저 배우도록 강조하는 이유는, 예를 배우면 세속에 매여 얽힌 것들을 제거할 수 있기 때문이다. 비유한다면 나무를 얽어매고 있는 덩굴 식물을 없애 주면 그 나무가 위로 쑥 솟아오르는 것과도 같다. 만약 세속적인 것들을 제거한다면 자연히 초탈하고 쇄락한 경지에 이를 것이다."[37]

이처럼 '세속에 매여 얽힌 것들을 제거하여' '초탈하고 쇄락한 경지'를 알게 해 주는 예의 정신은 곧 심미 의식의 한 뿌리가 될 수 있다. 왜냐하면 "미적 감정은 곧 자유에 대한 쾌감"(T. 립스)이며, "심경이 자유로우면 자유로울수록 더욱 미적인 향수에 다다를 수 있는"(하이데거) 것이고 보면,[38] 저와 같이 예의 정신이 도달하는 '초탈

---

37) 『近思錄』, 136~137쪽.

38) 徐復觀, 권덕주 옮김, 『중국 예술 정신』(동문선, 1991), 92쪽.

하고 쇄락한 경지'는 '자유의 쾌감'을 불러일으키고 또 '미적인 향수'의 심경을 열어 줄 것이기 때문이다. 혹자는 이에 대해 규범적인 예 의식이 그러한 심미적 자유를 어떻게 상상이나 할 수 있겠는가 하고 의심할지도 모른다. 하지만 세속적인 사고를 벗어나지 못하고 그저 예절의 시시비비나 쇄설하게 따지는 통속의 사람들과 달리, 예의 본래 정신에 충실하여 자연의 섭리를 온몸으로 실천하는 선비는 도덕 수행 속에서도 초탈하고 쇄락한 기쁨을 충분히 누렸을 것으로 보인다. 앞서 인용한 것처럼 정이천이 자신의 예의 실천을 두고, "날마다 편안한 땅을 밟아 왔다."고 자긍한 것도 어쩌면 이러한 심미의 기쁨을 표현한 말일 수 있다.

예의 문제점과 폐단

이상에서 우리는 예가 인간의 존재 원리와 생명질서를 도덕적으로 정형화하고 규범화해 놓은 것임을 살펴보았다. 그것은 인간의 도덕생명을 고양하고 아름답게 꾸며 주며, 또 자타간 존재를 유대케 하고 강화시켜 주며, 나아가 예양과 공경의 도덕 공동체를 성취하려 한다는 점에서 오늘날에도 여전히 값진 우리의 중요한 문화유산이다. 다만 그것은 긍정적인 의의 못지않게, 다른 한편 본질적으로 또는 일상의 실천상에 적지 않은 문제점과 폐단도 갖고 있다. 아래에서는 이를 몇 가지로 나누어 논의해 보려 한다.

관습의 도덕화

선비는 예를 도덕의 한 가지 유형으로 여겼지만, 사실 따지고 보면 모두 다 그러한 것은 아니다. 그 가운데에는 정말 순수하게 내면의 덕성이나 공경지심에 뿌리를 두고 정립된 것도 있지만 그 밖에 중국 고래의 생활 관습과 나아가 사회의 각종 제도까지도 다양하게 섞여 있다. 이 점은 『주례(周禮)』, 『의례(儀禮)』, 『예기』 등 이른바 삼례(三禮)에 기록된 많은 예들에서 여실히 확인된다. 훗날 유학 사상의 발전 속에서 법이나 행정 규칙 등 제도적인 것들은 예의 영역에서 점차 제외되어 가긴 했으나, 그러나 생활 관습은 여전히 예의 중요한 부분을 차지하면서 예학의 발달과 함께 오히려 갈수록 강조되었다. 관혼상제의 각종 세부적인 의식과 절차들이 그 대표 사례에 해당한다. 이 점은 특히 조선 후기 예학의 사조에서 두드러지게 나타난다.

원래 관습이란 오랜 세월에 걸쳐 한 사회 구성원들의 생활 속에 형성되어 전통으로 정착된 행위 양식으로서, 도덕과는 다른 특징을 갖는다. 외형적으로 살피면 양자가 다 같이 사람들의 자발성에 기초하고 있어서 때때로 혼동을 보이기도 하지만 그 이면에는 근본적인 차이점이 도사리고 있다. 즉 도덕이 개개인의 양심에서 발로한 정언명령의 성질을 띠는 데 반해, 관습은 사회 속에서 역사적으로 형성 발달해 온 집단적 행동 양식이다. 양자의 변화 여부나 변화 속도의 차이도 이에 기인한다. 도덕이 사람들의 양심에 근거하는 만큼 불변이거나 아니면 적어도 쉽사리 변하지 않는 것과는 달리, 관습은 시대의 변천에 따라 끊임없이 변화해 나간다. 후대 사람들은 새로운 사회 환경 속에 선대인들과는 다른 행위 양식들을 마련해 나갈 수밖에 없기 때문이다. 예컨대 조선 시대 관혼상제의 관습은 성년, 남녀의 결합, 죽음, 선조에 관해 당시의 사람들이 성찰한 산물이므로 이전의 고려나 또는 이후의 오늘날의 것과 크게 다르며 앞으로도 부단히 바뀔 것이다.

물론 도덕에도 관습의 요소가 없는 것은 아니다. 도덕도 일정한 행위 형식을 갖고 있는 만큼, 그것의 정립 과정상 사회 집단이 공유하고 승인하는 행동 양식을 암암리에 수용하기 때문이다. 사람들의 도덕 행위가 소속 사회의 전통에 따라 다른 것도 이에 기인한다. 하지만 도덕은 개개인의 도덕정신에 뿌리를 두고 있는 점에서 역시 집단적인 관습과는 구별된다. 그러므로 만약 어떤 행위가 겉으로는 도덕적으로 보인다 할지라도 도덕정신에서 발로한 것이 아니라면 그것은 관습의 수준에 머무르고 말 것이다. 가령 윗사람에 대한 인사의 예의도 공경의 마음을 토대로 하지 않으면 그것은 이미 도덕의 영역을 벗어난다. 우리가 일상생활에서 도덕 행위라고 여기는 것들을 도덕정신의 관점에서 재평가하고 반성해 보아야 할 이유가 여기에 있다.

선비의 예는 원래 관습의 요소를 상당히 갖고 있었다. 그는 각종의 예를 도덕정신의 산물로 여겼지만, 사실 그 가운데에는 전래의 관습적인 행동 양식에 도덕정신을 요청적으로 더해 놓은 것들이 매우 많다. 관혼상제상 대소 의식들이 그 대표적인 것들이다. 이처럼 관습을 도덕화하는 것은, 좋게 생각하면 사람들이 그러한 일을 치르는 데 단지 관행적으로 하려 하지 말고 성의와 공경을 다해야 한다는 뜻으로 받아들일 수도 있다. 하지만 부모 자식이나 부부, 또는 친구 사이와 같이 직접적이고도 친밀한 만남 속에서 도덕정신의 자연스러운 발로로 행해지는 예절과는 달리, 관혼상제처럼 옛날부터 전래되어 온 복잡하고도 까다로운 의식과 절차들에서 사람들이 도덕정신을 자각하고 환기하기란 쉬운 일이 아니다. 이는 결국 예의 형식화를 조장할 수밖에 없다. 이른바 "예의(禮儀) 삼백과 위의(威儀) 삼천"이라는 대소 절목들을 우리는 이러한 관점에서 비판적으로 검토해 볼 필요가 있다.

이처럼 관습이 예의 이름으로 도덕에 편입됨으로써 초래한 부정적 현상은 여기에 그치지 않는다. 그것은 관습에 불가변적인 성질을 부여하여 그것을 절대시하는 사고를 낳을 것이다. 왜냐하면 관습이 도덕과 마찬가지로 사람들의 심성에 뿌리를 갖는 것으로 인식되어, 그것의 개변은 곧 인간성의 변란을 뜻하는 것으로 여겨질 것이기 때문이다. 그리하여 도덕화된 관습, 즉 예는 일종의 천리(天理)가 되어 절대 불가변의 것으로 고수될 수밖에 없을 것이다. 오늘날의 사람들이 보기에 명백히 관습적인 의식과 절차에 지나지 않는 것들을 선비가 생활의 철칙으로 여겨 고집했던 이유도 여기에 있다.

결국 선비는 예서(禮書)에 규정되어 있는 각종의 예를 현재 자신의 삶 속에서 반성적으로 검토하고 시대와 사회의 변화에 따라 바꾸어 나가려는 노력을 보이기 어려웠을 것이다. 예컨대 퇴계의 제자들이 선생에게 문의한 다음 사항들은 이러한 예 의식을 암암리에 전제하고 있다. "사자를 염습하는 데 손을 싸매는 베는 몇 폭으로 해야 하는지?" "몸이 뚱뚱한 상주는 겨울에 내복을 껴입을 경우 네 폭의 삼베로 만들게 되어 있는 상복이 맞지 않을 텐데 이런 경우에는 어떻게 해야 하는지?" "혼례를 치를 때 신부 사배에 신랑 재배의 절들을 어떻게 안배해야 하는지?" "합환주는 무슨 그릇으로 몇 잔 마셔야 하는지?" "제사시 바닥에 까는 자리는 무엇으로 해야 하는지?"[39) 우리는 여기에서 "삼베 관이 예에 맞지만, 오늘날 사람들이 착용하는 명주실 관이 더 검소하므로 나는 이를 따르겠다."(『논어』「자한」)고 한 공자의 변통 의식을 찾아보기가 어렵다. 유교의 예문화가 시대와 사회의 변천과 함께 발전하지 못하고 정체된 한 가지 요인이 여기에 있을 것이다.

예의 성문화

유교의 예서는 일일이 열거하기 어려울 정도로 많다. 앞서 말한 삼례를 비롯하여 『주자가례』, 조선 시대에 편찬된 『국조오례의(國朝五禮儀)』, 『사례편람(四禮便覽)』 등등, 모두 내놓기로 하면 정말 한우충동(汗牛充棟)의 지경일 것이다. 이러한 사실은 예학에 대한 선비들의 관심 정도를 짐작하게 해 주거니와, 우리는 이와 관련하여 한 가지 의문을 갖는다. 거개의 예서들이 예를 철학적으로 검토하거나 비판적으로 논의하는 것도 아니고 주로 개인이나 사회생활상 요구되는 각종의 행위 규범들을 자세하게 정리 해설하고 있는데, 예가 과연 그처럼 성문화되어야 할 성질의 것인가 하는 점이다. 많은 종교들이 사람들의 행위를 규제하는 규범들을 각각의 경전에 담아 두고 있기는 하지만 인류 문화사상 유교처럼 대소의 규범들을 그와 같이 상세하게 기록하고 또 선비들이 그것을 전공하다시피 한

---

39) 이상 『退溪全書 二』, 「答金而精問目」, 81쪽; 「答禹景善問目」, 155쪽; 「答具景瑞別紙」, 174쪽; 「答鄭可道問目」, 290쪽 참조. 이 밖에 이러한 류의 문답은 헤아릴 수 없이 많다.

경우도 아마 흔치 않을 것이다. 조선 후기 예학 사조가 이를 극명하게 보여 준다. 문제는 그들이 예의 규범을 그토록 번거로울 만큼 세세하게 마치 법규화하듯이 규정함으로써 지어낸 폐단에 있다.

무엇보다도 예의 성문화는 선비의 규범 의식을 경직되게 만들 수밖에 없었다. 원래 예는 객관적인 행위 규범인 만큼 그 성질상 상황과 시대의 변화에 따라 탄력적인 적응력을 갖기가 어렵다. 이를테면 『맹자』에서 거론되었던 것처럼 "남녀간에는 물건을 직접 주고받는 것이 아니"라는 예 의식은 물에 빠진 형수를 두고 당혹스러운 마음을 피할 수 없을 것이다. 구한말 일제의 단발령에 대해 유림의 학자들이 "목이 잘릴지언정 상투를 자를 수는 없다."라고 반발했던 것도, 비록 일제에 대한 저항의 뜻도 담고 있긴 하지만 그 밑바닥에는 예가 목숨 이상으로 중요하다는 인식이 깔려 있었다. 이는 모두 기본적으로 예가 일종의 '닫힌 도덕'으로서 가변적인 성질을 갖지 못한 데 연유한다. 20세기 중엽 서양 신부 토머스 머튼이 장자(莊子)의 반유교적 태도를 변호한 다음의 글은, 장자에 대한 올바른 이해 여부는 차치하고, 예의 이와 같은 약점을 잘 지적해 내고 있다.

만일 장자가 유교에 대해 반동적이었다면, 그것은 귀찮은 여러 의무로 인해 방해를 받고 싶지 않은 개인의 동물적 욕망에서가 아니라, 훨씬 더 고차원적인 이유에서였다. 이것은 우리 서구인이 장자와 선사들의 도덕 폐기론(Antinomianism)과 마주칠 때에 주의해야 할 중요한 사실이다. 장자는 인의(仁義)를 요구는 했을망정 반대하지는 않았다. 오히려 그 이상을 요구하였다. 유교에 대한 그의 주된 불평은 유교가 미흡하다는 점이다. 유교는 품행이 방정하고 덕 있는 관리, 진정한 교양인을 만들어 냈다. 그러나 유교는 그들을 고정적인 외적 규범에 제약시키고 구속하였기 때문에 결과적으로 그들이 예기하지 못한 상황에서 항상 새로운 요구에 대처해 나가는 데에서 자유롭게, 그리고 창조적으로 활동하는 것을 불가능하게 만들었다.[40]

사실 이러한 문제점은 일반적으로 모든 규범주의자들에게 해당되겠지만, 성문화된 예는 그것을 더욱 조장했을 것으로 보인다. 유학자들은 마치 법규와도 같은 예의 규범에 구속되어 '자유롭고 창조적인' 정신을 갖기 어려웠을 것이기 때문이다. 여기에서 가정적인 질문을 하나 던져 보자. 만약 예가 성문화되지 않았더라면 어떠했을까? 아마도 그것은 사람들의 의식과 행위로만 존재하면서 세대마다 부단히 변주되어 나갔을 것이다. 말하자면 성문화된 예를 갖지 않은 사회에서는 모든 구성원들이 예의 개폐 권한을 갖고서 그것을 시대에 맞게 자신들의 삶 속에서 비교적 자유롭게 해석하고 때로는 거부하기도 하면서 수정해 나갔을 것이다.

선비에게 변례(變禮)의 정신이 미약했던 이유를 우리는 여기에서 발견한다. 그가 예의 개변을 어려워했던 것은 좋게 말하면 자기 자신을 성현으로 자부하지 못하는 겸손에서 나온 것이라 할 수 있겠으나, 그것은 역시 근본적으로는 과거 성현들이 명문으로 제정해 놓은 예를 감히 자기 마음대로 개폐할 수 없었던 데에 기인한다. 설령 성현의 창안물이라 하더라도 만약 성문화되지 않았더라면 그것

---

40) 吳經熊, 서돈각 · 이남영 옮김, 『선학의 황금시대』, 172쪽.

은 분명한 전거를 갖지 못해, 사람들의 일상생활 속에서 다양하게 해석되고 또 개변되었을 텐데 말이다. 이와 관련하여 퇴계의 글을 한번 읽어 보자. 그는 한 제자와 변례 문답을 하면서 개변(變)의 일반론을 전개한다.

일찌기 장횡거 선생의 말씀을 들으니 "학문이 깊지도 못하면서 개변을 논하기 좋아하는 사람은 틀림없이 끝내는 근심을 겪게 될 것"이라 하였습니다. (······) 섭평암(葉平巖)은 말하기를 "개변한다는 것은 일을 형편에 따라 알맞게 처리함을 뜻한다. 그러므로 사리를 분명하게 인식하지 못하고 일처리를 정밀하게 하지 못하는 사람은 개변의 일에 참여할 자격이 없다." 하였습니다. 그런데 나 같은 사람은 사리에 어둡고 또 일을 알맞게 처리할 능력도 없으면서 변례의 질문에 함부로 위와 같이 답변했으니 장횡거의 경계 말씀을 범한 격이 되었습니다. 알아서 재량하시고, 이 편지를 절대로 남들에게 보이지 마십시오.[41]

이것이 아마도 변례 문제에 대한 선비의 전형적인 태도였을 것이다. 그는 시대의 변화와 사회의 발전에 걸맞는 새로운 규범 질서를 창출하려 하기보다는 기존의 규정 내용들을 존중하고 고수하려는 전통주의적인 사고를 갖고 있었다. 이는 역시 '천지의 질서'인 예의 본질을 알기 어려운 터에 그것을 자기 뜻대로 개변한다는 것은 성

41) 『退溪全書 二』, 「答金士純問目」, 198쪽. 한편 그는 한 제자로부터, 자식 없이 죽은 처나 시집가지 않은 자매가 죽었을 경우 신주에 호칭을 어떻게 써 넣어야 할지 질문을 받고는 "그것들은 변례에 관한 것으로서 성현들도 어렵게 여겼거늘, 우매한 내가 어떻게 감히 함부로 논의할 수 있겠는가." 하면서 조심스럽게 답변하고 있다.(『退溪全書 四』, 「言行錄」, 89쪽 참조)

현들에게 죄를 범하는 것이나 다름없다는 사고의 소산이었다.[42] 그리하여 그는 예의 인간학적인, 또는 도덕학적인 의미를 객관적으로 탐구하고 또 그것을 시의에 맞게 실천하는 일에 유의하기보다는 주로 중국의 예서들을 주석 정리하고, 책들에 기록되지 않은 일상의 세세한 예들에 관해 문답하며, 한편으로는 당시 학계에서 논의되고 시비되었던 예들의 전거를 각자 다른 경전에서 찾아 자신들의 의견을 주장하는 일 등에만 골몰하였다.[43] 우리는 이 점에서 예학의 부정적인 기능을 면밀하게 검토해 볼 필요가 있다. 성리학이 조선 후기에 들어와서 사회 지도적인 이념성을 상실한 데에는 여기에도 한 가지 요인이 있을 것이다.

---

42) 퇴계는 한 제자로부터 고례(古禮)와 속례를 종합하고 정리하는 예서를 저술하십사 하는 요청을 받고는 이처럼 답변하고 있다.(『退溪全書 二』, 「答金而精別紙」, 105~106쪽 참조) 이와 관련하여 검토해 볼 만한 문제가 하나 있다. 다 같은 전통주의자이면서도 퇴계와 달리 예서의 저술에 적극적이었던 후대 예학자들의 태도를 어떻게 이해해야 할 것인가 하는 점이다. 긍정적으로 살피면 그들이 예학의 심화에 따라 산만하고 때로는 상충되기까지 하는 각종 예서상의 규정들을 발견하면서 그것들을 체계적으로 정리하고, 한편으로는 예서의 규정과 속례와의 충돌로 인해 혼란스러워진 현실의 예 질서를 바로잡고자 했던 노력의 산물이라 할 수 있을 것이다. 하지만 달리 생각해 보면 예학에 대한 그들의 천착은 유학의 근본 정신을 이탈할 수도 있는 어떤 문제점을 드러내고 있다. 그들의 예학은 퇴계가 제자들에게 충고했던 것처럼 자칫 명덕수신(明德修身)의 수행에 소홀할 염려가 있고, 또 예 자체 내에서 살피더라도 그것의 본질을 규명하려 하기보다는 관혼상제상 각종의 절차와 형식들만 따지려 하였기 때문이다.

43) 이러한 사례는 헤아릴 수 없이 많다. 몇 가지만 예를 들어 보자. 상례시에 서얼의 복제는 어떻게 해야 할 것인가, 아버지가 제사를 집전할 수 없어 자식이 대신할 경우 축문을 어떻게 써야 하는가.(『退溪全書 二』, 「答鄭子中別紙」, 15, 16쪽) 신주가 불에 타면 그것을 어느 장소에서 다시 제작해야 하는가. 상례시에 수의의 치수를 어떻게 해야 하는가.(위의 책, 「答金而精」, 83, 127쪽), 제사시에 바닥에 까는 자리는 무엇으로 해야 하며, 술은 어떤 종류의 것으로 해야 하며, 어육의 가짓수는 몇으로 해야 하며, 지방의 규격은 어떻게 해야 하는가.(위의 책, 「鄭可道問目」, 288, 290, 294, 296쪽) 한편 퇴계가 당시 『國朝五禮儀』를 『朱子家禮』에 따라 고치려 하자 조정 대신들의 반발을 받았으며(『退溪全書 四』, 「言行錄」, 85쪽), 종묘의 예에 관한 논쟁이 심화되면서 퇴계의 주장을 비난하는 세력이 나타나기도 하였다.(『退溪全書 一』, 「答奇明彦別紙」, 450, 457쪽 참조)

경전상 예의 규정들을 고수하려 했던 선비의 태도는 시속의 예에 대한 인식에서도 잘 드러난다. 당연한 이야기지만 우리 민족은 고려 말 성리학이 유입되기 전부터 실생활 속에서 자생되고 또 전승되어 온 고유의 예 문화를 갖고 있었다. 하지만 성리학자들은 그것을 인정하고 존중하려 하기보다는 속례(俗禮)라 하여 소극적으로 대하였다. 그들은 속례가 우리의 장구한 민족 생활 속에서 끊임없이 검증되고 실천되어 온 역사적 합리성을 나름대로 갖고 있다는 사실을 소홀히하였다. 그들의 이와 같은 의식의 저변에는 『의례』와 『예기』, 『주자가례』라고 하는 절대 규범의 문헌들이 도사리고 있었다. 그들은 그것들과 어긋나는 속례를 거부했으며, 그것들이 기록하지 못한 범위 내에서만 그것을 따르려 하였다.[44] 그리하여 그들의 예학은 창조적인 문화 정신을 결여하여 우리 민족의 독자적인 예 문화의 생성과 발전을 지체시키는 요인으로 작용하였다. 우리는 이 점을 심의(深衣)에 대한 그들의 지대한 관심과 논의에서 확인한다. 심의는 중국의 사대부들이 입었던 평상복인데, 조선의 수많은 학자들은 그것을 만들어 입는 것은 물론 그 그림까지 그려 가며 재단하고 해설하는 데 열심이었다. 심지어 어떤 학자는 거상(居喪)에 『주자가례』를 문면 그대로 준행하여 중국의 복식을 따르려고까지

---

44) 물론 변례나 속례에 대한 인식 태도는 학자들마다 다소의 차이가 있었을 것인 만큼 이에 관해서는 별도로 논의해 볼 필요가 있다. 하지만 성리학자들은 일반적으로 그것들을 예서들의 미비점을 보완하거나 또는 그것의 정신을 해치지 않는 범위 내에서만 받아들였다. 예컨대 퇴계는 "상례의 올바른 뜻을 해치지 않는 것이라면 시속의 예를 따르도록"(『退溪全書 三』, 「答盧伊齋問目」, 54쪽) 하고, "제사의 절차와 음식물을 예문에 따라 행하는 것이 마땅하지만 옛날과 지금이 달라서 일일이 행할 수 없는 부분들이 있으므로 그러할 경우에는 속례를 따라도 무방할 것 같다."(『退溪全書 一』, 「答宋寡尤」, 355쪽)고 하며, 세상을 떠나기 며칠 전에는 아들에게 유언으로 "고례나 속례에 모두 어긋남이 없도록 장례를 치를 것"(『退溪全書 四』, 「言行錄」, 88쪽)을 당부하기도 하였다.

하였다.[45]

예의 절대화

선비는 예를 감정 또는 행위의 과불급 없는 중용이나, 또는 거기에 내재하는 생명질서를 도덕 규범화한 것으로 여겼다. 하지만 여기에는 의문이 있다. 그러한 중용과 질서가 과연 있는 것인가? 그렇다 하더라도 누가 그것을 발견할 수 있는가? 예컨대 삼년상의 예가 '지나치지도 않고 모자라지도 않는' 효자의 정임을, 또는 삼강오륜의 예가 천부의 질서임을 객관적으로 논증하기란 불가능한 일이다. 선비는 이를 성현의 권위로써 보증하려 하지만 그러한 태도는 사실 이성의 자율성을 스스로 포기하는 것이나 다름없다. 성현의 예가 인간학이나 삶의 철학상 어떠한 의의를 갖는지, 그리고 설사 예의 정신에 동의한다 하더라도 사람들의 생활 속에서 그것이 어떻게 변용되어야 할지 하는 등의 문제들에 대해 그는 주체적으로 성찰하고 검토하는 노력을 하지 않았기 때문이다. 그가 이처럼 성현의 예를 절대시하면서 고수하고 있는 동안, 정작 예의 사회적 터전인 민중은 그들의 실생활 속에서 부단히 변례를 행해 나갔을 것이다. 17세기의 예학은 이와 같은 현상이 성현의 예를 변질시키고 심지어는 파탄 낼 것을 우려해서 나온 위기감의 산물이기도 할 것이다.

예의 절대화 경향을 우리는 다른 관점에서도 살펴볼 수 있다. 앞서 고찰한 것처럼 예는 인간애[仁]의 이념을 실현하기 위한 방법론

---

45) 퇴계는 이에 대한 질문을 받고서, "중국의 복식을 따름으로써 사람들을 놀래키지 말도록" 충고하였다.(『退溪全書 二』, 「答禹景善別紙」, 165쪽 참조)

적 도덕 원리에 해당된다. 그러므로 만약 어떤 사람이 예의 실천에만 집중하는 나머지 그 이념을 망각한다면, 달리 말하면 예가 사랑의 목적 이념을 배제하고 자기 목적화한다면 그러한 예는 생명성을 잃고 도리어 사람들의 삶을 옥죄는 규범 형식으로만 작용할 것이다. 공자가 "사람이 사랑을 모른다면 예를 차린들 무슨 의미가 있겠는가." 하고 말한 것도 이러한 문제의식의 소산이다. 하지만 사랑의 정신과 예 사이에는 모종의 긴장과 갈등이 내재한다. 양자는 각기 고유의 실천 논리를 갖고 있어서 서로가 서로를 제약하는 경향이 있기 때문이다. 예컨대 어떤 사람이 예 의식을 강하게 가지면 가질수록 사랑을 규범적으로 실천하려 하거나, 아니면 아예 사랑의 정신을 놓아 버리기까지 할 것이며, 이에 반해 사랑의 열의는 예의 규범적인 형식을 무시하려 할 것이다. 자타를 하나로 통합하는 사랑의 정신은 분별 원리에 입각한 예의 규범을 거추장스러운 것으로 여길 것이기 때문이다.[46]

조선조 17세기의 예학이 갖는 문제점을 우리는 이러한 관점에서 따져 볼 수 있다. 예학이라는 말 자체가 이미 암시하고 있는 것처럼, 당시 학자들은 사랑의 목적 이념에는 소홀한 채 주로 예서(禮書)의 범위 내에서 고금의 예들의 정합성 여부만 따지는 데에 골몰하였다. 유교가 그 핵심의 인학(仁學)을 잃고 예학(禮學)으로 격하되어 버리고 만 것이다. 이는 성리학의 속성이 그 시대 속에서 부정적으로 드러난 현상으로 보인다. 다 아는 것처럼 성리학자들은 세계(만

---

46) 참고로 퇴계는 사랑과 예 사이에 내재하는 이와 같은 상반적 경향을 분명히 인식하면서 양자를 조정하려 하였다. 하지만 당시의 사회를 지배하였던 차별적 신분질서를 전제하고 있었던 만큼 그의 생각은 일정한 한계를 노출할 수밖에 없었다.

물)의 이치와 질서〔리〕를 중시하면서 그것의 파악을 위한 격물치지의 공부를 학문의 중요한 과제로 여겼다. 하지만 그들은 이기심성(理氣心性)의 문제에 대한 논쟁의 심화 속에서 그것을 일종의 부호처럼 주고받을 뿐, 정작 거기에 담긴 생명 철학적인 의미를 탐구하는 데 소홀하였다. 그들은 그 근저에 놓여 있는 천지 자연의 생명정신 또는 생성섭리에 주목하고 그것이 갖는 생철학적인 함의를 밝혀내 일상의 세계에서 실천하려는 노력을 게을리하였다. 다산(茶山)이 당시의 성리학 풍토를 두고 행한 다음의 비판은 저와 같은 분위기를 잘 전해 준다.

　　오늘날 성리학을 공부하는 사람들은 리(理)라거니 기(氣)라거니, 성(性)이라거니 정(情)이라거니, 체(體)라거니 용(用)이라거니, 본연(本然) 기질(氣質), 이발(理發) 기발(氣發), 이발(已發) 미발(未發), 단지(單指) 겸지(兼指), 리동기이(理同氣異) 기동리이(氣同理異), 심선무악(心善無惡) 심유선악(心有善惡) 운운하면서 (……) 각자 자기 문에 기치를 하나씩 세우고 집집마다 먹 한 자루씩 갖추어, 평생토록 논쟁을 끝내지 못하고 대대로 원한을 풀지 못한다. 그들은 자기편에 들어오는 자는 주인처럼 여기고, 벗어나는 자는 노예처럼 천대하며, 자기와 의견을 같이하는 자는 떠받들고, 달리하는 자는 공격하면서 자신의 논거가 지극 정당하다고 여기니, 이 어찌 공허하지 않은가.[47]

이처럼 이기심성에 관한 논쟁이 쇄설해짐에 따라 인간과 세계에

---

47) 『與猶堂全書 一』, 「五學論 一」, 231쪽.

대한 그들의 인식은 갈수록 공허해져 갔을 것이다. 이기(理氣)의 개념 부호는 인간(의 심성)을 추상적인 분석의 대상(그것)으로만 삼을 뿐 살아 움직이는 주체(나)로 경험할 수 없게 하며, 세계의 풍요로운 모습도 걸러내 박제화하고 말 것이기 때문이다. E. 카시러가 과학에 대해 논한 다음의 글은 '과학'이라는 단어를 '이기론'으로 바꾸면 성리학에도 그대로 타당할 것이다. "과학은 추상을 의미하고 추상은 언제나 현실의 빈곤화이다. 과학적 개념에서 기술되고 있는 바와 같은 사물의 형태는 더욱더 한갓 공식이 되어 가는 경향이 있다. 공식은 놀라울 정도로 단순하다."[48] 예컨대 "마음은 이기의 합(合)"이라는 명제에서 우리는 성리학의 공식만 볼 뿐, 신비롭고 활력적인 마음의 세계를 전혀 느낄 수가 없다.

당연히 이는 체험과 실천을 중시하는 유교 본래의 학문 정신에 배치된다. 사실 퇴계가 고봉(高峰) 기대승(奇大升, 1527~1572)과 벌였던 이기사칠(理氣四七)의 논쟁을 일방적으로 중단한 것도 그러한 정신이 자칫 실종되고 말 것을 염려한 때문이었다. 그는 다른 한 제자에게 말한다. "대저 리는 일상의 세계에 충만하여 동정어묵(動靜語黙)의 순간이나 윤리 실행의 즈음에 있습니다. (……) 그런데 초학자들은 이를 버리고 성급하게 추상적이고 심오한 것만 일삼아 재빨리 그 뜻을 파악하려 하니 (……) 그래서 탐구하는 데 쓸데없는 수고로움만 더할 뿐 실행하는 데에는 망연해져서 실제로 착수할 데를 갖지 못하는 것입니다."[49]

---

48) E. 카시러, 최명관 옮김, 『인간이란 무엇인가』(서광사, 1991), 223쪽.

49) 『退溪全書 一』, 「答南時甫別紙」, 365쪽.

우리는 다산의 비판 논리를 예학에도 그대로 적용할 수 있다. 가가례(家家禮)라는 말이 암시하듯이, 당시의 학자들은 "각자 자기 문에 기치를 하나씩 세우고 집집마다 먹 한 자루씩 갖추어" 예학에 골몰하였다. 그들은 "예는 곧 리"인 만큼 그것 역시 성리학의 중요한 주제가 아닐 수 없다고 주장한다. 하지만 예학이 일상생활의 빈곤화를 초래해서는 안 되며, 그것은 궁극적으로 인학(仁學)을 지향하지 않으면 안 된다. 달리 말하면 예의 구석구석에는 인간애의 실현이라는 목적 이념이 깃들어 있어야 한다. 이를테면 관혼상제의 예는 자타간의 생명적인 교류를 행하고 증진하기 위한 것이어야 한다. 이러한 문제의식이 없이 오직 각종의 의례만 자잘하게 따진다면 그것은 마치 뿌리가 죽어서 딱딱하게 메말라 버린 채 그 모습만 지탱하고 있는 나무나, 또는 겉모양만 예쁠 뿐 향기를 갖지 못한 차가운 조화와 다름없다. 이러한 예의 질서가 지배하는 삶과 사회에서는 생명의 숨결을 더 이상 느낄 수가 없으며, 다만 사람들 사이에 기계적으로 주고받는 행동만 보게 될 것이다.

그러므로 사람들은 예의 학습과 실천을 강조하기에 앞서 생명에 대한 사랑과 공경의 정신을 키우지 않으면 안 된다. 그들은 예의 실천을 통해 형식적으로 인간관계와 사회의 질서만 유지하려 할 것이 아니라, 서로들 인정과 사랑을 나누면서 도덕생명을 실현하는 것을 목표로 삼아야 한다. 예 그 자체가 목적이 되어서는 안 되는 것이다. 만약 예가 그러한 이념을 배제하고 자기 목적화하고 만다면 그것은 사람들의 삶과 사회에 더 이상 긍정적이고 생산적인 기능을 하지 못할 것이다. 17세기 이후의 예학은 바로 이러한 문제점을 안고 있었다. 그동안 이기 논쟁의 여파 속에서 학자들의 학문정신이 빈곤해지고 공허해지면서 그들은 예의 경전적인 정합성이나 절차적인 합리성만을 따질 뿐, 그것의 근간이 되어야 할 인간애의 이념을 망각하고 도덕생명의 정신을 상실한 채 형해화된 질서만을 붙잡고 지탱하려 하였다. 그들이 조선 전기 성리학의 정착 시기를 지나 변해 가는 사회에 유연하게, 창조적으로 대응하지 못한 것도 이처럼 잘못된 예(예치) 의식에 연유할 것이다.

형식과 내용의 괴리 가능성

예는 내면의 정신과 외면의 형식이 서로 조화를 이룰 것을 강조한다. 그것은 그중에서도 내면의 정신을 근본으로 삼는다. 만약 어떤 사람이 예를 행하는 데 그 정신을 결여한 채 겉으로 행위의 형식만 차린다면, 그것은 분장한 배우의 꾸며낸 몸짓과 다를 것이 하나도 없다. 가령 너와 나 사이에 상호 인격적인 존중의 마음 없이 의례적으로 오가는 인사에서는 따뜻한 사랑과 생명의 교류를 기대할 수 없다. 그러므로 예의 정신은 아무리 강조해도 지나치지 않다. 공경과 사랑, 생명은 예의 근본 정신이다.

예는 물론 정신만으로는 되지 않는다. 정신을 꾸며내는 형식 또한 중요하다. 혹자는 형식의 꾸밈이 무에 그리 중요한가, 정신만 있으면 되지 않는가 생각할지도 모른다. 하지만 정신은 어떻게든 일정한 꾸밈 속에서만 밖으로 표현되는 법이다. 시나 음악이 일정한 운율(음률) 속에 예술성을 얻는 것과도 같은 이치다. 사람의 삶도 마찬가지다. 고상한 인격과 품위 있는 삶은 내면의 정신과 외면의 형식이 잘 조화를 이루는 가운데에서만 성취될 수 있다. 공자는 이러한 뜻을 다음과 같이 함축적으로 말한다. "바탕(내용)이 꾸밈(형식)을 앞지르면 촌스럽고, 꾸밈이 바탕을 앞지르면 겉치레가 된다. 바탕과 꾸밈이 잘 어우러져야만 군자라 할 수 있다.〔質勝文則野 文勝質則史 文質彬彬然後 君子, 『논어』「옹야」〕"

선비는 예를 행하는 데 형식과 내용의 조화를 추구했지만, 그중에서도 내용 즉 내면의 정신을 앞세웠다. 공자는 말한다. "예는 세련된 꾸밈보다는 차라리 검소한 편이 낫고, 상례는 꾸밈이 부족하더라도 차라리 슬픔의 정을 다하는 것이 좋다." 이는 지나친 형식이 야기할 폐단을 염려해서만은 아니었다. 인간관계를 진정으로 맺어주며 화해로운 공동 사회를 이루게 해 주는 참다운 예는 사람들 상호간 사랑과 공경의 정신 속에서만 나오는 것임을 선비는 알고 있었다. 아니 그는 자타 관계 이전에 존엄한 생명을 실현하기 위한 구도의 행로에서 나태와 방종을 거부하고 삶을 경건하게 영위하려 했으며, 그러한 정신 위에서 자신의 행동거지에 품위와 격식을 두고자 하였다. 그러므로 예는 내용의 연장선상에서 정립된 형식으로서, 형식은 내용을 표현하면서 내용의 실현을 돕는다. 주회암의 「경재잠」을 다시 한번 읽어 보자. "의관을 바르게 차리고, 시선을 존엄하게 가지며, 마음을 고요히 상제를 우러르듯 하라. 발걸음은 장중하게, 손놀림은 조신하게, 땅도 가려서 밟아 개미 둔덕까지도 돌아서 가라. 문을 나서 사람들을 대할 때에는 손님을 뵙듯 하고, 일에 임해서는 마치 제사를 받들듯이 하여 경건하고 조심스럽게 처신하여 조금도 안일하게 나서지 말라."[50]

---

50) 위의 책, 「聖學十圖(敬齋箴)」, 209쪽.

이처럼 예가 내용(정신)의 연장으로서의 형식(행위)을 뜻한다는, 그러므로 내용이 형식에 앞선다는 사실은 발생론적인 관점에서 살펴면 충분히 납득이 간다. 왜냐하면 행위는 마음의 작용 결과이기 때문이다. 그리하여 그러한 마음과 행위가 많은 사람들의 동의를 얻고 또 바람직한 것으로 권장될 때, 그것은 한 사회의 규범으로 자리 잡게 될 것이다. 『예기』의 다음 글은 이러한 뜻을 깊게 함축하고 있다. "예란 사람들의 마음에 입각하여 그것을 규범화하여 민생의 법도로 삼은 것이다.(「방기(坊記)」)" 일례로 부모가 돌아가셨을 때 자식에게 이틀 동안 아무것도 먹지 말고 또 거친 베옷을 입도록 했던 상례는, 애통하기 그지없는 나머지 의식주의 생활에 소홀할 수밖에 없었을 효자의 마음과 태도를 사람들이 아름답게 여겨 이를 규범화한 것이었다. 사실 상례의 각 절차와 과정은 이러한 뜻으로 점철되어 있다.

　하지만 어떠한 이상이든지 현실과의 사이에는 항상 괴리가 있는 것처럼, 이와 같은 예의 이념이 사람들의 실제 생활 속에서 제대로 실천되기는 어려웠을 것이다. 예법을 그 근본 정신에 입각하여 조화롭게 실행한다는 것은 사실 인간과 삶의 의미를 깊이 꿰뚫어 실천하였던 '성현'이 아니고서는 대다수의 사람들에게는 불가능할 것이다. 이는 예의 내용과 형식 사이의 괴리 가능성을 암시한다. 일반적으로 사람들은 일상의 현장에서 예를 그 근본 정신에 주목하기보다는 관행적인 형식으로, 때로는 심지어 강요적인 성질을 띠고 있는 것으로까지 받아들인다. 왜냐하면 예는 그들 자신의 뜻과는 무관하게 수 세대, 아니 수 세기 이전부터 선조들에 의해 정립되고 전승되어 온 것이기 때문이다. 그들이 그것을 어려서부터 학습을 통해 아무리 내면화한다 하더라도, 처음 정립될 당시에 거기에 내재되었던 근본 정신까지 꿰뚫어보기는 어려울 것이다. 그러므로 세월이 흐를수록 사람들이 예법을 겉으로는 세련되게 행할지 몰라도, 당초 질박했던 예의 정신은 점점 엷어져 갈 수밖에 없을 것이다. 이는 공자 당시에 이미 드러났던 문제점이었다. 그는 탄식조로 말한다. "옛사람들은 예악에 촌스럽고 오늘날 사람들은 세련되어 있다고들 하는데, 나더러 예악을 행하라 한다면 나는 옛사람들을 따르겠다.(『논어』「선진(先進)」)"

사실 이러한 형식화의 문제점은 예나 지금이나 일상의 생활 현장에서 항상 드러난다. 예가 생명과 사랑, 공경의 정신을 펼치기 위해 꾸며진 형식이라 하지만 일반적으로 사람들은 굳이 그러한 정신까지 갖추려 하지는 않으며, 그것과는 무관하게 예절바른 행동을 꾸미는 것으로 만족한다. 아니, 각종 예서(禮書)의 많은 규정들은 아예 행위 형식만을 강조하는 듯한 인상을 주기도 한다. 이의 몇몇 사례들을 『소학』「명륜(明倫)」에서 들어 보자. "자식은 부모님과 함께 있을 때 자신의 시선을 부모님의 얼굴 위로 두거나, 허리띠 아래로 두어서는 안 된다. 부모님의 말씀이 없으시면 서 있을 때에는 시선을 발에다 두고, 앉아 있을 때에는 무릎 위에다 두어야 한다." "군자와 이야기를 나누는데 함께 있는 사람들을 돌아보지도 않고 먼저 응대하는 것은 예가 아니다." "사람들과 길을 나설 때 상대방이 아버지뻘이면 뒤따라가고, 형뻘이면 기러기의 행렬처럼 옆으로 조금 처져서 따라가며, 친구 사이에는 나란히 걷는다." 예의 정신은 실종된 채 형식만 지배할 염려가 바로 여기에서 생겨난다.

이러한 형식화의 경향은 특히 상제례에서 두드러지게 나타난다. 이는 아마도 기본적으로는 사자와의 영결과 재회에 지극히 신중하고 치밀해야 한다는 생각에서 선비들이 그 과정과 절차에 세심하게 주의를 기울인 결과일 것이다. 하지만 그것이 너무나도 복잡다단하기 때문에 사람들은 거기에 내재된 의미와 정신을 일일이 헤아리기가 어려우며, 따라서 그저 명문화된 절차를 형식적으로 따르는 것에 만족할 수밖에 없을 것이다. 그렇지 않아도 슬픔과 경건의 정신을 올바로 갖기 어려운 터에 말이다. 퇴계가 제자의 질문에 답한 편지를 한번 읽어 보자. "무릇 상례는 처음부터 끝날 때까지 그 의식과 절차가 점차 줄어들게 되어 있습니다. 장례 전에는 조전(朝奠), 석전(夕奠)과 상식(上食)을 행하다가 장례 뒤에 조전, 석전을 그만두고 상식만 올리는 것은 전(奠)을 게을리해서 그러는 것이 아니라 산 사람을 섬기는 것과 귀신을 섬기는 데 그 절차를 점차 줄여 나가지 않을 수 없기 때문입니다."[51] 요컨대 상례는 부모의 죽음에 대해 자식이 갖는 슬픔의 정을 시간의 경과에 따라 조금씩 달리 풀어 내도록 정해 놓은 의식이요 절차다. 자식은 이러한 과정을 거치면서 부모의 여운을 점차로 흐리고 죽음을 사실로 받아들이면서 일상의 삶으로 복귀한다. 하지만 이와 같은 상례의 정신을 제대로 알고 부모의 상에 임하는 사람이 얼마나 있을까? 대부분의 사람들은 그저 예서상 제시된 규범에 따라 관행적으로, 또는 내심 원치 않더라도 남들의 비난이 두려워서 마지못해 따를 것이다.

---

51) 『退溪全書 二』, 「答金而精問目」, 84~85쪽.

게다가 예학은 실천적인 관심에서 나온 것만은 아니었다. 어려서부터 단련되어 온 선비의 궁리 정신은 상제례를 정합적으로 이해하려는 노력 자체에서 지적 쾌감을 느꼈을 것이다. 상제례에 관해서 현실적으로나 논리적으로 예상할 수 있는 예서상의 미비점이나 상충 부분들을 찜찜하게 놓아두지 않고 요연하게 정리하는 공부의 즐거움을 그들은 알고 있었다. 퇴계의 제자들이 선생에게 한 많은 질문들은 이러한 정황을 잘 알려 준다. 몇 가지 예를 들어 보자. "죽은 이를 염습할 때 망건을 씌우고 행전을 채워도 좋은지", "탈상하고 나면 상복을 어떻게 해야 하는지", "어려서 상을 당하면 커서 뒤늦게라도 거상을 해야 하는지", "조석으로 상식하는 데 고기를 올려도 좋은지", "성분(成墳) 뒤에 제사를 지내는 것이 예에 맞는지", "제사 시에 숟가락은 좌우 어느 쪽에 꽂아야 하는지" "제사상의 국 옆에 젓가락을 올려놓아야 할지", "기일에 부부를 함께 제사 지내도 좋은지……."[52] 예의 근본 정신에 대한 숙고와 논의는 결여한 채 이처럼 형식에만 관심을 기울여 갔던 당시의 풍조 속에서, 시묘살이를 상주 자신이 하지 않고 노복을 시키기도 하고, 또 조석의 상식(上食)을 비복에게 맡기기도 하는 등 여러 가지 형식화의 폐해가 나타났던 것[53]은, 그러므로 어쩌면 당연한 결과다. 심지어는 상가에서 사람을 사서 대곡(代哭)을 시키기까지 했다는 웃지 못할 일 또한 이의 연장선상에서 충분히 예상할 수 있는 일이다.

한편 유교의 밖에서, 그것도 오늘날의 관점에서 살피면 예는 본

---

52) 위의 글, 79~86쪽 참조.
53) 위의 글.

질적으로 형식주의의 문제점을 갖고 있는 것처럼 보일 수 있다. 이는 일차적으로는 사람들이 예에 내재해 있는 정신을 읽어 내기 어려운 데 기인하겠지만, 일상에서는 예의 형식에만 얽매여 있는 모습을 흔히 보기 때문일 것이다. 사람들은 이 점을 『논어』 「향당(鄕黨)」 편에 묘사된 공자의 일거일동에서 살핀다. 두 가지만 예를 들어 보자. "공자께서는 임금의 자리를 지나가실 때에는 임금이 앉아 계시지 않더라도 얼굴빛을 바꾸셨고 발걸음을 사리셨다." "상복을 입은 사람을 만나면 그와 아무리 가까운 사이라 하더라도 반드시 얼굴빛을 바꾸셨고, 관복을 입은 사람이나 장님을 보면 아무리 사석이라 하더라도 반드시 예모를 차리셨다." 이러한 태도가 공자에게는 설사 공경지심에 입각한 것이라 할지라도, 그의 내면 세계를 간파하기 어려운 일반인들에게 그것은 단지 상투적인 꾸밈에 지나지 않는 것으로 비칠 것이다.

또한 당시 자상백자(子桑伯子)라는 은둔자가 한 비판은 공자의 예 실천을 유교의 밖에서 곱지 않은 시선으로 바라본 단적인 사례다. 다음과 같은 일화가 전해진다. 공자가 길을 가다가 자상백자를 만났는데, 그는 의관도 걸치지 않고 있었다. 이에 공자의 제자들이 선생에게 그런 사람을 무엇 때문에 만나시는 것인지 불만을 표하자 공자는 "그 사람, 바탕은 참 아름다운데 꾸밈이 너무 없어서〔質美而無文〕 내 그를 설득하여 꾸밈을 갖게 하려 했던 것"이라고 대답하였다. 공자의 일행이 떠나자 자상백자의 제자들이 언짢은 기색으로 선생에게 무엇 때문에 공자를 만나신 것인지 물었다. 그러자 자상백자는 말한다. "그 사람, 바탕은 참 아름답지만 꾸밈이 너무 심하다.〔質美而文繁〕 내가 그를 만났던 것은 그를 설득하여 꾸밈을 없애려는 뜻에서였다."[54] 여기에서 꾸밈이란 물론 예(의 형식)를 뜻한다.

사실 오늘날의 관점에서 살피면 양자는 삶의 정신과 그 꾸밈에 관해서 다 같이 중도를 벗어나 과불급에 빠져 있는 것처럼 보인다. 그들은 상대방의 그러한 문제점을 '꾸밈이 없음[無文]'과 '꾸밈이 심함[文繁]'이라는 말로 정확하게 짚어 내고 있다. 공자의 관점에서 보면 사람은 짐승과 달라서 어떤 형태로든 꾸밈 속에서만 살아갈 수 있는 문화적 존재이기에, 꾸밈을 혐오하는 자상백자의 태도는 사람됨을 거부하는 모습으로 비칠 수 있다. 하지만 꾸밈도 정도껏 해야 하지 지나칠 경우에는 자칫 예의 근본 정신이 그것에 가려 실종되고 마는 폐단을 면할 수가 없을 것이다. 어쩌면 자상백자는 그러한 것을, 즉 진정한 삶의 정신을 갖지 못하고 허울만 번드르르한 문화의 폐단을 염려하고 배격하려 하였는지도 모른다. 고래의 예에 사족(蛇足)을 수없이 그려 댄 후세 유학자들의 예학은 이러한 문제점과 폐단을 그대로 노정하고 있는 것처럼 보인다.

미시적 권력 의지

사회는 일련의 가치 체계요 가치는 사회 통합의 기능을 갖는다. 그 가치의 확고성 정도가 한 사회의 통합력과 지속성을 결정해 주는 요소라면, 그렇다면 500년의 조선 사회에 중심적으로 작용했던 가치는 무엇일까? 그것은 당연히 유교요, 그 가운데에서도 예라 할 수 있을 것이다. 우리는 여기에서 유교의 궁극 이념이었던 사랑과

---

54) 『經書(論語)』, 155쪽, 小註.

의로움의 정신보다는 예가 당시의 사회와 선비들의 삶을 지배했던 이유를 다시 한 번 생각해 볼 필요가 있다. 먼저 이론적인 관점에서 살펴보면, 거기에는 예가 사랑과 의로움의 방법론적인 실현 원리라고 하는 인식이 작용하였을 것이다. 앞서 인용한 것처럼 "도덕과 사랑, 의로움은 예가 아니면 이루어질 수 없기" 때문에, 예를 모르고서는 아무것도 할 수 없다는 것이다. 우리는 이 점에 관한 선비의 인식과 그 문제점을 이미 살핀 바가 있다.

한편 예는 현실적인 관점에서 그 이상의 중요성을 얻는다. 예야말로 사회 통합과 결속의 강력한 수단이라는 점에서 현실 사회의 요구에 확실하게 부응할 수 있었던 것이다. 그 밖에 사회 통치의 수단으로 법이 병용되었던 것은 사실이지만, 선비는 그것을 말엽적인 것 또는 최후의 수단으로 여겼다. 그에 의하면 법은 물리적인 폭력성을 동반하고 있어서 그 자체로는 예보다 강력한 힘을 갖고 있지만, 그것의 타율적인 강제력은 사람들의 동의를 얻기는커녕 오히려 반발과 저항을 야기함으로써 진정한 사회 통합을 저해할 수도 있다. 이와는 달리 인간성과 도덕의 범주에 드는 예는 사람들에게 자발적이고 자율적으로 인간관계의 조화를 추구하고 사회에 참여하게 해 준다. 사람들은 예를 인간적인 것으로 내면화하여 사회를 자연스럽게 그들의 존재 안에 끌어들이게 됨으로써 반사회적인 행동을 스스로 다스릴 것이다. 인간관계의 갈등과 사회적인 일탈 행위는 곧 예를 벗어나는 짓이며, 그것은 바로 자신의 존재 부정으로 자각될 것이다.

그리하여 예는 인간 사회를 조성하고 또 결속하는 데 그 어떤 제도보다 강력한 기능을 갖는다. 그것은 그야말로 도덕적이고 또 인간적인 힘으로 사람들의 행동을 안내하고 조종한다. 『예기』는 말한다. "나라를 다스리는 데 예가 없으면 마치 장님이 안내자 없이 길을 나서는 것이나 마찬가지일 것이다. 어디를 갈 수 있겠는가. (……) 만약 예가 없으면 손발을 둘 데가 없을 것이며 이목을 붙일 데가 없을 것이다.(「중니연거」)" 하지만 당시의 사회에서 이러한 '예치'의 이념은 어떤 문제점을 내포하고 있는 것으로 보인다. 그것은 표면적으로는 도덕사회를 지향한다고 하지만 거기에는 위계적인 사회 질서와 체제를 옹호하고 강화하는 성분이 내재해 있기 때문이다. 다음의 글은 그 점을 이렇게 지적한다.

예가 정치 사회의 조직 원리에 편입되면 그것은 혈연적 친소와 원근에 따라 의제(擬制)된 차이와 서열의 구조를 형성하게 된다. 말하자면 모든 사회 관계가 서열화, 등급화된 시스템을 이루게 된다. 명청 시대에 정착된 삼강(三綱)의 가르침은 바로 그러한 유교적 차별 시스템의 윤리적 표현이었다. 여기서 군신, 부자, 부부의 상하 서열 관계는 '천리의 자연＝윤상(倫常)으로서 사회적으로 승인되고 내면화되었다. 그러한 상하 관계를 어지럽히는 일은 바로 반사회적 반국가적 행위이며, 조화와 안정으로 충만된 차이와 서열의 구조에 대한 중대한 도전으로 간주되었다.[55]

말하자면 거시적인 관점에서 살필 때 예에는 봉건 시대의 신분제적 사회 속에서 아랫사람들을 통제하고 지배하려는 권력 의지가 담

---

55) 미조구치 유조 외, 동국대 동양사연구실 옮김, 『중국의 예치 시스템』(청계, 2001), 230쪽.

겨 있다는 것이다. 다른 한편 그것은 사람들의 마음속에 내면화되어 일상의 인간관계에 전반적으로 작용하고 있다는 점에서 '미시적'인 권력 의지를 갖고 있다고 비판받기도 한다. 김동노는 "일상생활에서 예를 통한 권력 관계는 어떻게 작용하고 있으며, 권력 관계는 예의 실행에 있어 어떤 문화적 상징으로 실체화되는가? 그리고 권력은 어떤 전략을 통해 예의 일상성 속에서 정당하고 자연스러운 것으로 자리 잡게 되는가?"하는 문제의식 속에서 예의 폐단을 다음과 같이 지적한다.

예의 규범이 사회의 문화적 상징으로 사회를 움직이는 코드가 됨에 따라 사회 속에 있는 개인은 동질성을 확보하고 지배 체제 속으로 편입된다. 개인은 결국 권력 관계를 당연한 것으로 혹은 자연스러운 것으로 받아들이게 되었을 것이다. 이것은 곧 문화적 상징 체계를 통한 지배 관계의 정당화를 의미한다. (……) 그것은 곧 부모와 자식의 관계를 통해, 종법 질서를 통해, 남과 여의 관계를 통해, 그리고 관혼상제의 의식을 통해 이를 받아들인 개인들의 의식과 행동 속으로 자리 잡게 된 것이다.[56]

하지만 예에 내재된 거시적, 미시적인 권력 의지에 대해서 우리는 좀 더 세밀하게 검토해 볼 필요가 있다. 현실 사회에서 통용되었던 예에는 분명 그와 같은 문제점과 폐단이 쉽게 발견되지만, 다른 한편으로 예의 본질과, 더 나아가 선비철학 일반상에서 보다 깊

---

56) 김동노, 「유교의 예와 미시적 권력 관계」, 『유교의 예와 현대적 해석』(청계, 2004), 85~86쪽.

게 그리고 폭넓게 분석해 보면 예가 과연 그렇기만 한 것인가 하는 의문을 떨칠 수가 없기 때문이다. 오히려 거기에는 의도적으로 대소의 권력 의지를 최소화하거나 또는 아예 부인하는 내용까지 담겨 있다. 그러므로 예에 권력 의지가 내재되어 있는지 여부를 확실하게 알아내기 위해서는 이러한 부분까지 고려하여 종합적으로 판단하지 않으면 안 된다. 아래에서는 이를 사회와 개인의 두 측면에서 살펴보려 한다.

먼저 "유교적인 사회 공간은 이와 같은 형태로 예를 매개로 하여 통제와 지배의 관계, 즉 권력 관계를 만들게 된다."라거나, 또는 "(예 교육의 목표는) 사회의 지배 세력으로 자리 잡기 위해 지배 받는 사람들과는 차별성을 가진, 즉 예를 갖춘 인간"이라고 하지만,[57] 유교가 예를 통제와 지배의 수단으로 여겼다는 점에는 동의하기 어렵다. 뒤에서 상론하려 하지만 선비가 예를 사회 불평등의 한 기제로 삼았고, 이로 인해 형성된 불평등 관계를 인정했던 점은 분명 문제가 있다. 하지만 그것은 본래 아랫사람들을 통제하고 지배 이익을 얻기 위한 권력 의지의 소산이 아니었다. 그의 공동체적 인간관과 유기체적 사회관 속에서 예가 궁극적으로 지향했던 것은 분별 속 조화의 이상이었다. 물론 이상대로 되지 않는 현실 사회 속에서 발생할 수밖에 없는 불평등 질서의 폭력을 그가 단지 지배 세력의 도덕적인 배려나 또는 부분적인 정책 처방으로 제거하려 했던 것은 결정적인 약점으로 지적받아 마땅하다. 우리는 이 점에서 예에 뒤따르는 일련의 권력 의지를 고발할 수 있을 것이다.

---

57) 위의 책, 62~63, 70쪽.

하지만 그렇다고 해서 그러한 현상에만 착안하여 예의 본질을 왜곡해서는 안 된다.

보다 근본적인 관점에서 우리는 예가 사랑과 의로움의 이념을 실현하기 위해 제시된 방법론적인 도덕 원리였다는 점을 고려해야 한다. 이미 지적한 대로 후대에 그것이 자기 목적화한 경향이 있긴 하지만 선비의 사고 속에는 여전히 그러한 이념이 다소나마 잔존하면서 오히려 권력 의지를 억제하는 힘으로 작용하였을 것이다. 게다가 그가 삶의 한 중심에 두었던 외경〔敬〕의 정신에는 남을 통제하고 지배하려는 권력 의지가 끼어들 여지가 없다. 외경의 정신은 오히려 상대방을 목적적인 존재로 인정하고 존중하려 하기 때문이다. 이러한 뜻은 퇴계가 「예안향약」에서 부인을 때리거나, 소박하거나, 내쫓는 남편의 횡포를 처벌하도록 규정하고,[58] 부부간에는 "서로 공경하기를 마치 손님 대하듯 해야 한다."라고 손자에게 훈시하며,[59] 그리고 제자들에게는 "노소 귀천을 막론하고 사람들 모두를 공경으로 대해야 한다."라고 가르쳤던 데[60]에서 잘 드러난다. 실제로 제자들이 전하는 바에 의하면 그는 "아무리 지체가 낮고 어린 사람이라도 소홀하게 대접하지 않았고, 제자들을 마치 친구 대하듯이 했으며, 그들을 맞이하고 보낼 때에는 예를 차리고 공경을 다했다."고 한다.[61]

---

58) 『退溪全書 二』, 「鄕約立條序」, 353쪽 참조.

59) 위의 책, 「與安道孫」, 311쪽 참조.

60) 『退溪全書 四』, 「言行錄」, 57쪽.

61) 위의 글. 경(敬)사상에는 마르틴 부버의 이른바 '나와 너'의 정신이 깊게 내재해 있다. 김기현, 「퇴계의 경 사상: 외경의 삶의 정신」, 《퇴계학보》122집, 91쪽 이하 참조.

그러므로 예의 권력 의지 여부를 말할 때에는 예의 본질은 물론 그것을 넘어 선비가 평소 견지하고자 했던 삶의 정신을 함께 종합적으로 고려하지 않으면 안 된다. 유학의 본령을 넘어 현실 사회에서 형성된 세속의 유교 문화에 예의 권력 의지가 크게 작용했음은 부인할 수 없으나, 그것은 유교를 이용하여 지배 이익을 누리려 했던 소인유(小人儒)의 사고와 행태일 뿐이다. 그러므로 이를테면 만권서를 읽고 예의바르기로 이름나서 천자와 제후들한테서까지 존경을 받았지만, 실상은 표리부동하게도 밤이면 동네 과부나 찾아다니면서 음행을 일삼았던 「호질」의 주인공 북곽 선생 같은 자들의 위선과 파렴치를 두고 그것이 선비의 모습이라고 비난해서는 안 된다.

사실 따지고 보면 본질과는 거리가 먼 폐해의 현상은 어느 시대 어느 사회에서나 있어 왔고 또 앞으로도 있을 수 있는 일이다. 아무리 훌륭한 이념과 사상이라 하더라도 그것이 세속화되면서 사회적인 영향력을 갖게 되면, 아니 어쩌면 그러할수록 더욱, 그것을 악용하여 사적인 이익을 챙기려는 사람들이 생기는 것이 현실이기 때문이다. 우리는 이를 오늘날 많은 종교인들의 타락한 행태에서 어렵지 않게 확인한다. 그렇다고 해서 우리가 그러한 현상을 근거로 해당 종교 자체를 비난할 수는 없는 것처럼, 유교도 마찬가지로 소인유들의 행태를 가지고 그것이 마치 본질인 양 오해해서는 안 된다. 사회 정치의 현장에서 부귀공명이나 좇았던 그들과는 달리, 소수이기는 하지만 '참자아의 완성을 위한 학문〔爲己之學〕'의 정신에 충실했던 군자유(君子儒)들은 오히려 부귀공명의 부정 속에서만 가능한 구도의 여정에 평생토록 진력하였다.

오늘날 사람들이 비판의 논거로 가장 많이 드는 삼강오륜에 대해서도 우리는 거기에 내재되어 있는 선비의 윤리 정신을 깊이 들여다 볼 필요가 있다. 퇴계는 임금에게 올린 「성학십도(백록동규)」에서 그것을 분명히 밝힌다. 그는 그림의 윗면에 오륜을 적어 놓고 그 아래에는 박학(博學), 심문(審問), 신사(愼思), 명변(明辨), 독행(篤行)의 다섯 가지 공부 방법론을 나열하고 있는데, 그중 독행의 조항에는 아래와 같은 세 가지 요점을 덧붙인다.

말은 진실하고 신의가 있으며, 행동은 무게 있고 경건할 것.〔言忠信 行篤敬〕
분노를 다스리고 욕심을 막으며, 선을 따르고 잘못을 고칠 것.〔懲忿 窒慾 遷善改過〕
수신의 요점〔修身之要〕

의로움을 올바로 행할 뿐 이득을 도모하지 말 것.〔正其義 不謀其利〕
도리를 밝힐 뿐 공명을 계산하지 말 것.〔明其道 不計其功〕
처사의 요점〔處事之要〕

자신이 원하지 않는 일을 남에게 행하지 말 것.〔己所不欲 勿施於人〕
하는 일이 뜻대로 되지 않거든 돌이켜 자기 자신에게서 문제점을 찾을 것.〔行有不得 反求諸己〕
대인의 요점〔接物之要〕

그는 이러한 독행의 정신을 공부의 긴요한 뜻으로 여겨 한 제자에게도 함께 수행할 것을 제안하고 있는데,[62] 그가 명륜(明倫)의 주제 아래 제시하는 이러한 윤리 정신에서 우리는 통제와 지배의 권력 의지를 조금도 찾아볼 수 없다. 거기에는 오직 부단한 자기 성찰 속에 진실하고 경건하고 의로우며 남을 관용하고 배려하는 수행자의 모습만이 드러난다. 특히 '대인의 요점'은 명백하게 권력 의지의 포기를 요구하는 뜻을 내포하고 있다. 우리는 그 실례를 공자와 맹자, 퇴계와 율곡의 삶에서 확인한다. 선비의 예의 정신이 목표로 했던 인간관계의 이상적인 모습이 또한 여기에서 드러난다. 아니, 이는 그 자체로만 살피면 시대와 사회를 넘어 인류의 삶에 절실하게 요구되는 윤리 정신의 표본이 될 수도 있을 것이다.

물론 그렇다고 해서 문제가 없는 것은 아니다. 선비가 수행의 도정에서 자기 안의 권력 의지를 다스리면서 관용과 배려의 정신으로 세상에 나서려 했던 뜻은 더없이 훌륭하지만, 한편으로 예는 봉건 사회의 신분질서를 수용함으로써 결과적으로 지배자의 권력 의지를 일정하게 묵인했기 때문이다. 달리 말하면 선비는 자기 밖 사회 현장에서 사람들이 예를 이용하여 꾸미는 지배 음모를 간파하지 못하였다. 예컨대 퇴계가 "노소 귀천을 막론하고 모든 사람들을 공경으로 대했다."고 하지만 정작 지배와 복종의 권력 관계를 유지하고 강화하려는 불평등한 예치의 사회 구조에 대해서는 심각한 문제의식과 개혁 의지를 갖지 못하였다. 선비의 윤리 정신의 불철저성과 예의 한계가 여기에서 드러난다. 조선 후기 실학자들의 신분질서 혁파의 주장은 이 점에서 유학의 발전 도상 중요한 의의를 갖는다.

---

62) 『退溪全書 二』, 「答金而精」, 91~92쪽 참조.

예의 현재적 의의

이상으로 살핀 예의 문제점과 폐단들 가운데에는 예에 본질적인 것들이 있는가 하면, 예학자들이나 예를 행하는 사람들에 따라 양상을 달리하는 것들도 있다. 그들이 관습을 도덕화하고 또 예를 성문화함으로써 거기에 절대 불변의 성질을 부여하여 시대적인 변용 가능성을 인정하려 하지 않았고, 이로 인해 많은 폐단을 낳았던 것은 예의 본질적인 문제점으로 지적될 수 있을 것이다. 한편 예에 내재된 권력 의지가 과연 본질적인가 아닌가 하는 문제는 간단히 논단하기 어려운 점이 있다. 현상적으로 살피면 그것이 유교 문화의 현장에서 많이 드러났던 것은 사실이지만, 예의 본질이나 또는 예를 넘어 유학의 학문정신에 투철했던 선비들은 개인적으로 수행의 삶 속에서 권력 의지를 억제하는 것은 물론 더 나아가 그것을 아예 부정하는 뜻을 분명히 갖고 있었기 때문이다. 다만 예가 당시 봉건 사회의 질서를 지탱하는 중요한 기제로 작용했음을 생각하면 그들 역시, 개인적으로 가졌던 순수한 뜻과는 무관하게, 예의 사회적인 폐단을 적극적으로 지적하며 대응하지 못하고 대체로 침묵했다는 점에서 비판을 면할 수가 없을 것이다.

한편 예의 형식화와 자기 목적화 현상은 분명히 예에 본질적인 것은 아니다. 이 점은 공자를 비롯하여 예의 본질을 깊이 꿰뚫고 있었던 선비들이 오히려 그러한 문제점을 지적하고 예의 본래 정신을 사람들에게 일깨우려 했던 데에서 잘 드러난다. 사실 그들이 원래 생각했던 예의 형식은 우리가 오늘날에도 여전히 진지하게 논구해 보아야 할 깊은 철학적 문제의식을 담고 있다. 그들이 삶의 질서를 예로써 규범화하여 그 실천을 강조한 데에는 그들 나름의 인간학적인 성찰이 깊게 깔려 있기 때문이다. 이에 의하면 인간은 자연대로, 또는 본능대로 살아가는 동물과 달리 행동거지에 일정한 꾸밈의 형식을 필요로 하는 존재인 만큼 예를 통해서만 인간다운 삶을 완성할 수 있다. 말하자면 예는 인간의 문화적 본질에 대한 도덕적 각성의 산물로서, 사람들은 예를 통해서만 야만을 벗어나 인간으로서의 품위와 존엄성을 지킬 수 있다. 게다가 예에서 자연의 섭리까지 읽었던 것을 보면 선비는 예모에만 얽매여 사는 향원과 달리 예의 실천을 통해 천인합일하려는 초월 의지까지 갖고 있었음을 알 수 있다. 그의 초월은 물론 세계를 등지는 것이 아니며, 오히려 현실 안에서 자신을 구원하려는 뜻을 담고 있었다. 다만 뒷날 예의 제정과 개변에 관해 자유로운 논의와 비판을 거부하였던 그들의 경직된 사고는 치명적인 약점이지만 말이다.

그러므로 선비가 예의 실천 속에서 지녔던 위엄 있고 엄숙하며 방정하고 단아한 태도를 단순히 남들 앞에서 꾸미는 '양반 팔자걸음'과도 같은 형식적 겉치레와 체면 의식의 소산으로 여겨서는 안 된다. 거기에는 "천지는 만물의 부모요 사람은 만물의 영장"(『서경』「태서(泰誓) 상(上)」)이라는 인식 속에서 삼재(三才)의 하나로서 부끄럽지 않게, 고귀하고 존엄하게 살고자 하는 뜻이 깊이 배어 있다. 다시 말하면 예가 겉만 꾸미는 형식화의 폐단에 빠질 우려가 있고, 실제로 그러한 현상이 많이 있었던 것은 사실이지만, 예의 본래 정신은 그러한 것이 아니었다. 고 최명희 선생의 대하 소설 『혼불』에서, 주인공 청암 부인의 장례를 앞두고 그 허례허식과 번문욕례의 폐단을 지적하는 어떤 사람에게 친척인 한 노유(老儒)가 하는 다음

말을 한번 들어 보자. 형식 안에는 인간의 정신이 담겨 있다는 그의 주장은 상례뿐만 아니라 유교가 꾸며낸 모든 예에 일반적으로 적용될 수 있을 것이다.

　(전략) 지나치게 재물, 공력을 많이 들여 가산이 피폐해질 정도로 장사를 지낸다 하면 그것은 폐습이겠지만, 가령 죽은 개 한 마리 묻는 것이나 한가지로 사람 죽은 몸뚱이를 함부로 내버린다면, 그것은 죽은 사람만을 그렇게 대하는 것이 아니라, 곧 산 사람도 그처럼 하찮게 대해 버리고, 거기다가 아무 가책을 느끼지 않는 세상이 되고 말 것이네. 시신을 지극히 공경해서 존엄하게 모시는 것은, 죽음을 헛되이 치장하는 것이 아니라 인간을 귀하게 여기는 정신일 것이야.

　쓰던 물건 한 토막도 마음 가서 아끼던 것은 다를진대, 살아 지극히 아끼던 사람이라면 어찌 죽었다고 함부로 할 수 있겠는가. 죽은 시신을 백정것 소 다루듯 하는 사람이라면, 그 시신이 살았을 때라고 존중하게 대했을까.

　하잘것없는 완두콩만 봐도 그렇지. 그 조그만 콩깍지에도 사는 이치가 있으니, 콩이 생겨날 때까지 콩깍지가 먼저 생기지 않던가. 사실 콩깍지는 수확하고 나면 버려져 아궁이에 불을 때고 마는 것이지마는, 씨앗이요 열매인 콩 '알맹이'는 콩 '깍지'가 없으면 애초에 생겨날 수도 없고, 클 수도 없고, 익을 수도, 거둘 수도 없는 법이네.

　깍지는 허울이요, 외피요, 형식인 것이 분명하지만 그것이 곧 실해야만 그곳에서 실한 콩을 살찌울 수 있는 게야. 벌레 먹고 썩은 깍지가 어떻게 탐스러운 콩을 보호할 수 있겠는가. 거기다가 하물며 아예 생겨나지도 않은, 혹은 없는 깍지라면 콩 또한 어디에 꼬투리를 기대고,

태반을 삼아? 눈〔芽〕을 붙일 자리조차 아예 없는 것이지.

오늘날 일반적으로 형식의 꾸밈에 대한 거부감 속에서 "우러나는 정 그대로 행하는"[63] 태도를 솔직하고 자연스러운 것으로 여기면서, 갈수록 인간관계나 일처리의 간편함과 효율성만을 추구하는 사람들의 생활상을 우리는 여기에서 비판적으로 검토해 볼 필요가 있다. 무엇이든 지나친 꾸밈은 진실을 은폐하고 가식을 조장하지만 적절하게 꾸며진 것은 오히려 삶을 고상하고 품위 있게 해 준다는 사실을 그들은 모른다. 그들은 예의 형식성만 성토하다가 어느 결에 그 안에서 키우고 살찌워야 할 인간의 '알맹이'를 외면하고 '눈〔芽〕'을 고사시켜 버린다. 사람들이 오늘날 존재의 가벼움을 병처럼 앓고 있는 것도 여기에 한 가지 원인이 있지 않을까?

생명을 가진 모든 것들은 제각각 일정한 생존 형식을 통해서만 그들의 존재를 성취할 수 있다. 하물며 인간은 문화적인 존재로서 삶의 꾸밈은 본질적인 것인 만큼, 예의 형식은 그의 존재 실현에 중차대한 의미를 갖는다. 친구나 부부 사이의 예의는 우정과 애정을 더욱 아름답고 오래 가게 해 주며, 상사와 제사에 진지하게 임하게 해 주는 예법 역시 인간의 영원한 숙제인 삶과 죽음의 대립을 해소, 화해시켜 주는 중요한 기제로 작용한다. 그러므로 예가 형식주의로 흐르는 폐단을 경계하고 비판해야 함은 당연하지만 다른 한편 삶을 아름답게 가꾸고 인간의 존엄성을 제고하려 했던 예의 본래 정신에 입각하여 과거의 예들을 오늘에 맞게 재해석, 수정하여 그것을 문

---

63) 『禮記』「檀弓 下」는 말한다. "우러나는 정 그대로 행하는 것은 오랑캐의 짓이다. 예의 정신은 그런 것이 아니다."

화 운동으로까지 전개할 필요가 있다.

그 밖에 예의 의의를 현대인의 삶과 관련하여 여러 각도로 논의해 볼 수 있지만, 그중에서도 예의 근본으로 강조되었던 공경지심은 이 시대의 사람들이 잃어버리고 만 중요한 삶의 정신을 일깨워 주는 바가 있다. 오늘날 기능과 효율만을 중시하는 사회 속에서 인간관계를 지배하는 힘은 기술적인 합리성이다. 그것은 상대방을 온전한 인격으로 대면하기보다는 주로 일처리의 관점에서 기능적으로 접근한다. 요즈음 학교 사회에 스승과 제자는 없고 선생과 학생만 보인다는 자조 섞인 이야기는 이러한 풍조를 단적으로 고발한다. 작금 부부의 이혼율이 그처럼 높은 것도 그 이면에는 저와 같은 기능 의식이 도사리고 있는 것처럼 보인다. 그들은 결혼을 일종의 계약과도 같은 것으로 여기면서, 부부 사이에 가장 중요한 인격 존중과 사랑의 정신을 키우려 하지 않기 때문에 만남과 헤어짐을 그렇게 쉽게 하는 것이다. 이처럼 기능 의식은 오늘날 '이익사회'뿐만 아니라, 가정과도 같이 자연적이고 본질적인 '공동사회'까지 지배하여 모든 인간관계를 가볍고 허약하게 만든다. 그리하여 그것은 결국 사람들을 이합 집산이 무상한 삶으로 내몰고, 또 기댈 곳 없는 존재의 외로움과 채울 길 없는 허무 속에 빠뜨리고 말 것이다.

공경의 정신은 이러한 존재의 질병에 하나의 처방책이 될 수 있다. 그것이 기능과 효율만을 따지려는 현대 사회의 구조적 병폐를 다스리는 데에는 턱없이 무력해 보이지만, 어쩌면 '정신의 삶'이야말로 근원적인 중요성을 갖는다는 점에서 우리는 그것의 탁월한 삶의 성분을 진지하게 검토하고 또 실험해 볼 필요가 있다. 이미 살핀 것처럼 선비의 공경은 단순히 상대방에게 공손히 예를 갖추는 외양의 꾸밈에 불과한 것이 아니었다. 그것은 참자아를 완성하리라는 인간학적인 문제의식이 자연스럽게 펼쳐 낸 삶의 정신이었다. 퇴계는 읊는다. "옛사람들은 어인 일로 깊은 연못에 임하듯, 살얼음을 걷듯 살았는가/ 선을 따름은 산을 오르는 것과 같고, 악을 행함은 흙이 무너져 내리는 것과도 같기 때문이네."[64] 이처럼 자아의 향상과 타락에 민감했던 존재 의식이 깊은 연못에 임하듯, 살얼음을 걷듯 경건하고 조심스러운 삶의 정신을 배태한 것이다. 선비의 공경의 정신은 바로 여기에 그 뿌리를 갖는다.

이처럼 진지한 구도와 수행의 삶 속에서 펼쳐진 공경의 정신은 선비의 일거일동을 지배하면서 일상의 대인 관계에서 자연스럽게 펼쳐졌다. 우리는 이 점을 퇴계의 여러 일화를 통해서 이미 확인한 바 있다. 나아가 그는 "만민은 나의 형제요, 만물은 나와 더불어 사는 이웃〔民吾同胞 物吾與〕"이라고 하는 인간애와 생명애의 정신 속에서 모든 사람들을 인격적으로 존중하고, 만물까지도 자기 목적적인 존재로 대면하려 하였다. '만물이 나와 하나'라고 하는 존재 근원적인 성찰이 그로 하여금 생명에 대한 사랑과 외경의 마음을 갖게 한 것이다. 이렇게 공경과 사랑으로, 만물까지도 '더불어 사는 이웃'으로 아우르려는 삶의 정신은 오늘날 만연한 존재의 질병에 강력하고 효과적인 처방이 될 수 있을 것이다.

---

64) 『退溪全書 一』, 「東齋感事十絶」, 98쪽.

6 앎의 추구

궁리의 정신

유교는 거경(居敬)과 궁리(窮理)와 역행(力行)이라고 하는 세 가지 학문정신을 기축으로 한다. 공부하는 사람은 세계와 삶을 외경으로 대하고, 만사 만물의 이치를 부단히 탐구하며, 배워서 안 것을 힘써 실천해야 한다는 것이다. 이것들은 물론 각기 고유의 영역을 가지면서도 상호 유기적으로 연계되어 있다. 즉 실천은 사리의 인식 없이는 오류에 빠지고 말 것이요, 반면에 사리의 인식은 실천으로 나아가지 않으면 공허하며, 양자는 오롯하고 경건한 마음속에서만 소기의 성과를 거둘 수 있다. 선비들의 학문 수준과, 더 나아가 자아 완성의 정도를 우리는 이러한 관점에서 평가해 볼 수 있다. 유교는 기본적으로 참자아의 발견과 완성을 평생의 과제로 삼는 인간학(爲己之學)으로서 거경과 궁리, 역행이 모두 그것을 궁극의 목표로 삼기 때문이다.

선비는 위의 세 가지를 공히 중시했지만, 그가 보다 많은 관심을 기울였던 분야는 역시 궁리의 세계였다. 표면적으로는 실천의 오류를 막기 위한 것이라고 하지만 사실 그것이 학자로서의 취향에 맞았을 것이다. 퇴계는 한 제자에게 말한다. "학문을 하는 데 사리의 탐구를 행하지 않으면 알지 못하는 일도 마치 아는 것처럼 여기게 되어, 그 결과 사실 무근의 말들을 지어내고 의미가 닿지 않는 일들을 합리화하여 자기 자신과 남들을 속이게 될 것입니다."[1] 물론 선비는 한편으로 궁리 공부가 초래할 약점, 즉 실천 정신의 약화 현상을 경계하였다. 그가 윤리 실천의 교습서였던 『소학』의 공부를 그토록 강조한 이유도 여기에 있었다. 한훤당(寒暄堂) 김굉필(金宏弼, 1454~1504)은 어른의 나이에도 소학동자(小學童子)라고 자칭하였으며, 하서(河西) 김인후(金麟厚)는 두 아들에게 그 책을 10년간이나 가르쳤다고 한다.

선비의 궁리 정신은 사물에 대한 객관적이고 실증적인 탐구와 지식의 획득을 목표로 하는 것이 아니었다. 그는 궁리의 자리에 인간과 삶을 개입시켜 처사접물(處事接物)의 이치를 얻으려 하였다. 공자는 말한다. "도는 사람에게서 멀지 않다. 사람들이 도를 행하면서 사람을 멀리한다면, 그것은 도라 할 수 없다.(『중용』)" 즉 인간과 삶을 도외시하는 객관적인 진리와 지식, 달리 말하면 진리를 위한 진리, 지식을 위한 지식은 아무런 의미를 갖지 못한다. 아니 '사람을

1) 『退溪全書 二』, 「答金彦遇問目」, 59쪽.

멀리하는' 학문 태도는 진리를 어디 고원하고 공허한 데에 두고서 비진리의 세계에 자신을 방기하는 짓과 다를 게 없다. 공자는 이를 다음과 같이 탄식한다. "시에 이르기를, '도끼 자루를 잡고 도끼 자루 감을 벰이여/ 그 본보기가 멀리 있지 않다.' 하는데, 사람들은 도끼 자루를 잡고 도끼 자루 감을 베면서도 이리저리 찾아 그것을 멀리 있는 것으로 여기는구나.(『중용』)"

그리하여 선비는 진리를 일상의 현장에서부터 찾아 행하려 하였다. 그는 삶의 시시 곳곳에 진리가 내재해 있음을 알아 "땅에 물 뿌리고 비 쓸며, 사람들과 응대하며, 나아가고 물러나는"(『소학』) 비근한 자리까지도 소홀히 하려 하지 않았다. 『중용』은 이러한 뜻을 '지금, 이 자리'의 정신으로 압축하여 다음과 같이 천명한다. "군자는 현재 처해 있는 자리를 전적으로 받아들여 도를 행할 뿐, 그 밖의 것을 바라지 않는다.〔君子素其位而行 不願乎其外〕" 그리하여 그는 아무리 궁핍하고 험난한 처지에 놓이더라도 세상을 원망하지 않고, 오히려 '지금, 이 자리'의 정신으로 진리 수행의 기쁨을 찾았다. 그는 행복을 미래의 어떤 시점이 아니라 바로 '지금, 이 자리'에서 찾아 누리려 하였다. 『중용』은 이어 말한다. "부귀의 자리에서는 부귀의 도를 행하고, 빈천의 자리에서는 빈천의 도를 행하며, 오랑캐의 자리에서는 오랑캐의 도를 행하고, 환난의 자리에서는 환난의 도를 행하니, 군자는 어떠한 자리에서도 자족하는 마음을 잃지 않는다."

그렇다고 해서 선비의 진리 인식이 겨우 일상의 윤리 도덕 수준에 머물렀던 것은 물론 아니다. 그는 더 나아가 만사 만물의 이치와, 그리고 궁극적으로는 인간과 세계의 궁극적인 근원까지도 추구하였다. 역시 『중용』은 말한다. "군자의 도는 비유하면 먼 길을 가는 데 가까운 곳에서부터 나서며, 높은 산을 오르는 데 낮은 곳에서부터 나서는 것과도 같다." 물론 그에게는 그 고원한 진리조차 현실과 유리된 추상의 세계가 아니라 사람들이 딛고 있는 삶의 현장에 내재하는 것이었다. 그리하여 그는 "솔개가 날고 물고기가 뛰는" 연비어약(鳶飛魚躍)의 순간에도 활발하게 작용하는 자연의 섭리를 깨우쳐 행하려 하였다. 천일합일의 지평이 여기에서 열린다. 그것은 모종의 신비 세계를 겨냥한 것이 아니라, 인간과 만물의 이치를 찾아 행함으로써 이룰 수 있는 우주적 대아를 이념화한 것이었다.

이와 같이 가치 지향적이었던 선비의 진리 탐구의 정신은 특히 그가 중시해 마지않던 『주역』의 공부에서 더욱 강화되었을 것으로 보인다. 각종 자연 현상을 언급하는 64괘 384효의 글들은 모두, 객관적인 자연법칙을 따지려는 것이 아니라 사람들이 실천해야 할 온갖 삶의 이치들을 유비적으로 가르치려 하고 있기 때문이다. 예를 들어 보자. "하늘의 운행은 역동적이다. 군자는 이를 본받아 자강불식한다.(「건」괘 대상)" "땅의 형세가 순후하다. 군자는 이를 본받아 온후한 덕으로 만물을 품어 안는다.(「곤」괘 대상)" 여기에서 퇴계가 사물 관찰의 정신을 노래한 시를 다시 한 번 읽어 보자.

> 사물을 관찰하려면 나의 삶부터 성찰하라
> 주역의 깊은 이치 소강절이 밝혀 놓았으니
> 나를 버리고 사물만 관찰하려 한다면
> 솔개 날고 물고기 뛰는 모습도 마음만 번거롭게 하리라

이처럼 '나의 삶'을 사물 관찰의 중심에 두는 궁리의 정신은 세계

와 사물의 의미를 항상 '나'와의 관계 속에서 밝히고 또 그것을 실천하려 할 것이기 때문에 객관적이지 못하고 도덕적, 이념적일 수밖에 없었다. 예부터 사람들이 매란국죽(梅蘭菊竹)을 '사군자'라고 일컬어 온 것도 이러한 인식 태도를 반영한다. 이를테면 한겨울의 추위 속에서도 차가울 만큼 순결하고 아름답게 꽃을 피워 내는 매화의 굳건한 생명력이 난세에도 도덕생명을 꽃피우는 군자의 정신에 유비될 수 있기에 그렇게 칭송되어 온 것이다.

하지만 우리는 이에 대해 일련의 의문과 비판을 던지고 싶어진다. 과연 이처럼 사물(존재)로부터 도덕 가치(당위)를 도출할 수 있는 것인가? 그것은 너무 주관적이고 자의적이지 않은가? 그러고 보면 선비의 진리관은 어쩌면 감상적인 수준을 벗어나지 못하고 있지 않은가? 확실히 그의 학문은 객관적인 탐구 정신을 결여하여 과학적인 지식 체계를 갖추지 못하였다. 하지만 그는 오히려 그러한 지식을 비판하면서 대신 주객 통합의 가치 세계를 추구하였다. 그의 물아 공동체적인 사고는 '나'와 본질적으로 관련을 갖는 타자를 고려하면서 자신의 좌표를 찾고 또 삶의 길을 모색할 수밖에 없었기 때문이다. 그리하여 주체와 객체를 분리시키는 몰가치적인 과학과 달리, 그는 이른바 정경교융(情景交融)의 정감 속에서 도덕 예지를 키워 천인합일의 세계를 이루어 내려 하였다.

그가 시 정신을 소중히했던 이유도 여기에 있을 것이다. 공자는 말한다. "얘들아, 왜 시를 배우지 않느냐? 시는 도덕 정감을 키워 준다.(『논어』「양화」)" "시를 통해 도덕 정감을 키워야 한다.(『논어』「태백」)" 일견 시와 도덕은 서로 무관한 영역일 것처럼 보이지만, 사실 도덕도 상상력을 매우 필요로 한다는 점에서 일면 시와 유사성을 갖는다. 다른 사람의 입장과 처지를 상상하고 공감하지 않는 한 도덕심은 일어날 여지가 없기 때문이다. 측은지심만 하더라도 어린아이와 아픔을 함께하는 상상이 없이는 일어나기 어려우며, 공경(사양)의 예의 정신도 자타간 존중받고 또 존중하려는 상상적인 합의 위에서만 통용될 것이다. 선비가 평생토록 추구했던 생명애(仁)의 이념 또한 물아를 일체시하는 상상력의 도움을 받지 않고서는 불가능하다. 그러므로 "훨씬 더 선해지려는 사람은 열심히 그리고 열중해서 상상을 해야 한다. 그는 스스로 다른 사람과, 그 이외의 많은 사람들의 입장에 서도록 해야 한다. 그리하여 인류의 고통과 즐거움이 자기 자신의 것이 되어야 한다. 도덕적인 선의 훌륭한 도구는 상상력이다. (……) 시는 인간의 도덕적인 본성이라는 기관의 기능을 강화시켜 준다."[2] 우리는 여기에서 "내가 원하지 않는 일을 남에게 행하지 말라."는 충서(忠恕)의 해설을 보거니와, 선비가 존재로부터 당위를 도출했던 사고 배경을 우리는 이러한 관점에서 밝혀 볼 수 있다. 물아일체의 이념과 시 정신은 그로 하여금 대상 사물과 공감하고 합일하는 가운데 그로부터 도덕 예지를 얻도록 작용한 것이다. 이와 관련하여 미조구치 유조의 말을 참고해 보자.

자연과 도덕의 연속이라는 중국적 원리가 자연 과학의 발달이라는 측면에서는 서구에 비해 확실히 뒤떨어졌다는 사실은 인정하면서도, 그 연속적 사유 혹은 천인합일의 원리 자체가 그 이유만으로 '정체적' 사유로 간주되는 데 의문을 품거나 이의를 표명하는 사람들이 착

---

2) 멜빈 레이더 · 버트람 제섭, 앞의 책, 305쪽.

실히 증가하고 있다. (……) 예컨대 그리스 철학 연구자인 후지사와 노리오〔藤澤令夫〕는 다음과 같이 언급하였다. "자연 과학이란 당면의 연구 대상이 되는 특정한 사상(事象)의 짜임새나 구조를 규명하는 것과 직접적인 관계가 없는 일(그 가운데는 연구자 자신의 감정, 정서, 가치관, 인생의 의미 등도 포함되지만)과 같은 불필요한 사항은 일체 관심 밖으로 제쳐 두고, 오로지 해당 대상의 '객관적인' 존재 방식에만 모든 주의를 집중함으로써 눈부신 성과를 거두었다고 말할 수 있습니다. 이 점이 이른바 자연 과학의 '몰가치성'이라는 것이겠지요. (……) 그렇지만 고대 그리스인이 본능적으로 감지하고 통찰했듯이, 본래 세계와 자연의 존재 방식과 인간의 생활 방식 및 행위의 존재 방식은 분리될 수 없는 일체입니다. 그것은 시대가 아무리 변하더라도 바뀔 수 없는 근원적인 사실이 아닐까 생각합니다. 바로 이 때문에 양자의 무리한 분리에 의해 달성된 자연 과학의 여러 가지 성과란 필연적으로 인간의 생활 방식과 행위의 존재 방식, 그 경험과 의식 구조에 영향을 미치지 않을 수 없습니다. 현대의 상황이 보여 주는 것은 그러한 사태가 아닐까 생각합니다." 이런 관점에서 그는 근세로부터 현대에 이르는 철학의 내재적 문제점으로 다음의 네 가지를 거론하였다. (1) '사물'과 그 운동의 세계에 대해 가치-도덕-윤리의 세계를 괴리시키는 것. (2) 마찬가지로 '사물'에 대해 생명의 세계를 괴리시키는 것. (3) 동일하게 '사물'에 대해 지각적인 여러 성질을 괴리시키는 것. (4) 세계 전체의 관계로부터 부분을 단절시키는 것.[3]

---

3) 미조구치 유조 외, 앞의 책, 149~151쪽.

선비에게 궁리는 도덕적 가치 판단력을 제고해 주는 중요한 수련의 자리였다. 그의 평생 과제였던 도덕성의 실현도 이러한 궁리 공부를 기축으로 하였다. 그는 한편으로 사단(四端)의 함양과 확대를 통해 도덕심을 키우려 했지만, 그것은 본능적인 감정의 일종인 만큼 일상생활에서 요구되는 도덕 판단의 정신이 될 수는 없었다. 아니, 다른 일반 감정과 마찬가지로 사단도 과불급에 빠질 우려가 있기 때문에 그것은 오히려 도덕이성의 판단 대상이 되기도 하였다. 이는 도덕이성이야말로 사단을 포함하여 심신의 활동 전반에 걸쳐 한순간도 잃어서는 안 되는 중추적인 정신임을 일러 준다. 궁리는 바로 이러한 도덕이성의 가치 판단 능력을 연마하고 제고하려는 것이었다. "때로는 독서하여 의리를 강명하고, 때로는 고금의 인물들을 논하여 그들의 시시비비를 따지며, 또 때로는 일에 임해서 그 마땅한 바에 따라 처사할 것"[4]을 주장했던 그의 궁리 정신이 이를 잘 말해 준다.

궁리의 정신은 유기적이며 포괄적이다. 선비는 사물의 이치를 오직 그 자체 내에서 고립적으로 이해하려 하지 않고, 항상 타자와의 유기적인 관련 속에서 전체적으로 파악하려 하였다. 사물은 결코 단독자로 존재할 수 없으며, 일자와 타자가 서로 의존하고 보충해 주는 가운데에서만 존재하고 생성해 나갈 수 있다고 믿었기 때문이다. 우리나라의 태극기는 바로 이러한 사물관의 추상적인 도형이다. 그 한가운데 청색과 홍색은 각기 독립적으로는 반쪽의 성질 밖에 갖지 못하며, 양자가 상호 작용하고 보완하면서 하나의 원형을 이

---

4) 『近思錄』, 149쪽.

룰 때 비로소 온전한 의미를 얻는다. 또 음양오행 사상의 응용 학문이라 할 수 있는 한의학을 예로 들어 보자. 의사들은 간의 질병 유무를 파악하는 데 "신장과 간이 근원을 같이한다.〔腎肝同源〕" 하여 신장도 진찰하며, 또한 "지나친 노여움은 간을 상한다.〔過怒傷肝〕" 하여 환자의 감정까지 고려한다고 한다. 오장 육부가 서로들 긴밀하게 연결되어 있고, 또 몸과 마음이 불가분의 일체를 있다고 여기기 때문이다. 이처럼 궁리의 정신은 한 사물을 관찰하는 데 그것의 내부에만 시선을 두지 않고 그것과 연관된 전후 상하의 것들까지 고려하는 포괄적인 안목을 갖고 있다. 심지어 "섭리는 하나지만 그것이 구현되는 방식은 다양하다.〔理一分殊〕"는 성리학의 명제에 입각하면 만물은 자연의 섭리를 제각각의 존재 형식으로 구현하므로, 선비는 한 사물을 궁리하는 데 궁극적으로 거기에 내재되어 있는 섭리까지도 일이관지하려 하였다. 달리 말하면 그는 미물 하나에서도 자연 전체를 읽었다.

『주역』은 이러한 사물 관찰과 궁리의 정신을 철두철미하게 응용한다. 우리는 64괘 384효의 뜻을 올바로 이해하려면 각 괘와 효의 단독적인 의미만 따져서는 안 된다. 반드시 해당 괘의 전체적인 의미와 구조, 그 효의 위아래에 있는 효들과 또 그와 상응하는 효 등을 중층적이고 종합적으로 참작해야만 한다. 이처럼 사물을 고립시키지 않고 자타 상관적인 구조 속에서 그것이 갖는바 세계 내적이고 우주적인 의미와 가치를 밝혀 실천하고자 하는 선비의 궁리 정신은 오늘날 파편화된 전문 지식만을 추구하며 그것에 안주하고 만족하려 드는 지식 사회의 풍토를 반성케 해 주는 우리의 소중한 학문 전통이다.

삶의 의미 추구

선비는 세계를 일련의 의미(이치)체계로 이해하였다. 세계는 만물이 상호 유기적인 관련 속에서 제각각 타고난 의미를 실현하는 자리다. 그 최상의 정점에는 자연의 섭리가 작동한다. 우리는 여기에서 다시 한 번 이일분수(理一分殊)의 이론을 떠올린다. 사실 이기론은 저와 같은 세계관을 추상 이론화한 것이다. 거기에서 한 사물의 의미는 그것 자체 내에서 단독적으로 규정되지 않으며, 상호 관련된 타자를 일정하게 반영한다. 이를테면 임금은 신하와의 관계 속에서, 어버이는 자식과, 윗사람은 아랫사람과, 남자는 여자와의 관계 속에서, 그리고 그 역의 경우에도 마찬가지로 의미 규정된다. 이처럼 한 사물의 의미는 그것이 전후 사방으로 마주하는 상대들을 일정하게 반영하고, 또 형이상학적으로는 그 근저에 자연의 섭리를 내포한다. 그리하여 일자는 타자와의 관련 속에서, 더 나아가 자연의 섭리 속에서 의미를 주고받으면서 전일(全一)한 이 세계의 생성 변화에 참여한다.

선비의 궁리는 따지고 보면 이와 같이 만물에 내재해 있는 형이상학적, 현상적 의미들을 파악하여 그것들을 실현하기 위한 노력이었다. 『주역』은 말한다. "만물의 이치를 탐구하고 인간의 본성을 실현하여 하늘의 말씀에 다다른다.(「설괘전」)" 여기에서 '하늘의 말씀'이란 달리 살피면 인간과 만물의 의미 근원에 다른 것이 아니다. 그가 궁리의 자리에서 이렇게 '하늘의 말씀'까지 상념했다는 사실은 세계 내의 모든 존재자들이 우연적이고 덧없는 것이 아니요, 자연의 섭리가 실린 우주적인 의미를 갖고 있음을 은연중 전제한다. 그리하여 그는 자신과 만물의 존재 깊은 곳에서 '하늘의 말씀'을 깨우치고 그것을 실천하여, 궁극적으로 "만물의 생성 발육을 도와 천지에 참여하는(『중용』)" 삶을 살려 하였다. 선비의 궁리 정신이 추구하는 구경의 세계가 바로 여기에 있었다.

선비의 학문과 삶은 이처럼 인간과 만물의 의미를 추구하고 또 실현하려는 노력으로 점철되어 있었다. 그는 이 세계가 의미로 충만되어 있음을 알아 그것을 밝히고 실현하는 것을 자신의 삶의 과제로 여겼다. 퇴계는 임금에게 궁리의 공부를 다음과 같이 강조한다. "가깝게는 나의 성정(性情)과 신체와 일상의 비근한 윤리에서부터, 잡다하게는 천지 만물과 고금의 역사에 이르기까지 진실한 이치와 지당한 법칙들이 존재하지 않음이 없습니다. (……) 그러므로 널리 배우지 않으면 안 되고, 자세히 묻지 않으면 안 되며, 신중하게 생각하지 않으면 안 되고, 분명히 변석하지 않으면 안 됩니다."[5] 그가 여기에서 말하는 '진실한 이치와 지당한 법칙들'이란 물론 만사 만물의 의미와 가치들을 뜻한다.

선비의 이러한 궁리 정신은 그의 존재와 삶을 풍요롭게 해 주는 토대로 작용했을 것이다. 『죽음의 수용소에서』의 저자인 정신의 학자 빅터 프랭클이 주장한 것처럼 인간은 본질적으로 의미 추구의 존재일 것이고 보면, 삶의 풍요와 빈곤은 사람들이 일상에서 만나는 사사물물의 '이치와 법칙'들, 즉 의미와 가치들을 얼마나 깊이 헤아리고 또 실현하느냐에 좌우될 것이다. 이를테면 "자신의 성정과 신체와 일상의 비근한 윤리에서부터 천지 만물과 고금의 역사

---

5) 『退溪全書 一』, 「戊辰六條疏」, 185쪽.

상 진실한 이치와 지당한 법칙들"을 탐구하고, 더 나아가 궁극적으로 '하늘의 말씀'을 깊이 깨달아 실현하는 성인은 우주만큼이나 광대하고 심오한 자아를 성취할 것이다. 이에 반해 의미와 가치를 성찰할 줄 모르고 그저 표피적이고 즉물적으로만 살아가는 사람은 존재의 빈곤과 허무를 면할 길이 없을 것이다. 맹자는 이러한 사람을 두고 다음과 같이 탄식한다. "행하면서 뜻도 모르고, 익숙히 하면서 성찰할 줄 모르며, 평생 따르면서도 그 이치를 알지 못하는 사람들이 많구나.(『맹자』「진심 상」)"

인간은 각종의 방식으로 의미를 지어내는 존재다. 사람들은 객관적으로 살피면 아무런 뜻도 없는 사소한 현상에 대해서조차 어떤 숨은 의미를 찾으려 하고, 또 스스로 무언가를 만들어 놓고는 거기에 갖가지의 의미를 부여한다. 까치가 울면 그것은 손님이 찾아올 좋은 징조요, 신앙인에게 십자가는 축복과 영생의 상징이다. 이는 의미의 조작성과 허위성을 지적하려는 말이 아니다. 오히려 의미는 사람들의 삶에 흥미와 기대, 가치를 부여해 준다. 크건 작건 이런저런 의미들이 사람들을 살아가게 해 준다. 의미를 상실한 사람은 절망 속에서 결국 죽음을 택할 수밖에 없다. 로미오와 줄리엣의 자살은 이의 전형적인 예화다. 그러므로 과연 인간은 본질적으로 의미를 추구하는 존재다. 다만 사람들은 자신이 추구하는 의미가 정말 올바른 것인지 진지하게 반성하지 않으면 안된다. 잘못된 의미는 오히려 삶을 파멸로 이끌 것이다. 궁리의 중요성이 여기에서 다시 한 번 확인된다.

이와 관련하여 궁리의 죽음학적인 의의를 검토해 보자. 인생은 짧으며 죽음과 함께 나의 존재 자체가 사라지리라는, 그야말로 몸

서리나는 생각은 자신이 그동안 열심히 이루어 왔고 또 지금 추구하고 있는 일들의 의미를 근본적으로 회의하게 만든다. "지난 일 시비 장단 달팽이 뿔 위에서 다툰 듯/ 꿈인 듯 생시인 듯 세상만사 무상"[6]하기만 한 것이다. 하지만 인간은 자신을 그렇게 회의와 허무 속에 방치하지만은 않는다. 그는 그것을 느낄수록 더욱 그로부터 벗어나려는 노력 속에서 어떻게든 자기 구원의 방법을 찾는다. 인류 문화사상 대소의 모든 종교들이 그 산물들이며, 유교 또한 종교적이면서도 동시에 현실 합리적인 구원의 기제를 갖고 있다.

종교는 인간의 덧없는 삶에 궁극적인 의미를 제공하여 사람들에게 영생 구원의 길을 얻도록 해 주려는 일련의 신앙 체계다. 이를테면 어느 종교가 신을 세계의 한 중심에 두고 숭배한다는 사실은 온갖 회의와 허무를 극복하게 해 줄 인간과 삶의 의미 근원을 신에게 두고 있음을 뜻한다. 그리하여 신앙인들은 자신에게 부여된 신의 뜻을 밝히고 실현함으로써 회의와 허무의 고통을 넘어 진정한 삶의 의미와 환희를 얻으려 한다. 그들이 극단적으로 순교까지 마다하지 않는 것도 이러한 믿음에 연유할 것이다. 그들에게는 순교야말로 어쩌면 삶의 의미를 신의 말씀에 따라 최고도로 성취하게 해 줄 영광스러운 길로 여겨질 수도 있을 것이다.

선비의 궁리 역시 궁극적으로는 하늘의 말씀[天命]을 깨우쳐 따르려 했다는 점에서 종교적인 요소를 갖는다. 이 점은 위에서 인용한 『주역』의 글에서도 드러나거니와, 『대학』 또한 다음과 같이 말한다. "하늘의 밝은 말씀을 항상 되돌아보라.[顧諟天之明命]" 물론 이

---

6) 『退溪全書 二』, 「宓姪來從問業」, 509쪽.

'하늘'은 초월적인 인격이 아니라 만물이 가진 의미의 궁극적인 근원이다. 달리 말하면 만물은 하늘의 말씀을 그들의 존재 속에 구현하고 있다. 이러한 인식은 "만물이 각자 하나의 태극을 갖고 있다."[7]라거나, 또는 "만물이 개별적 특수성 속에서도 보편적인 본질을 갖고 있다."[8]는 퇴계의 주장에 깊이 함축되어 있다. 그리하여 선비는 궁리를 통해 만물에 내재한 하늘의 말씀(태극, 보편적 본질)을 발견하고 그것을 의미화하여 실천하고자 하였다. 이는 궁리의 정신이 삶에 우주적인 의미를 채워 죽음까지도 초극하게 해 줄 힘을 갖고 있음을 시사한다.

한편으로 만사만물의 의미를 발견하려 했던 선비의 궁리 정신은 그것을 실현하기 위한 하나의 도덕 개념을 지어냈다. 의로움〔義〕의 정신이 그것이다. 앞서 살핀 것처럼 의로움이란 사물의 올바른 이치(의미)를 찾아 실현하려는 가치 합리적인 정신을 뜻한다. 정이천은 말한다. "사물에 있는 것이 이치요, 그 이치에 따라 처사하는 것이 의로움이다."[9] 말하자면 세계 만물의 이치를 궁리의 노력 속에서 의미화하여 실현하려는 것이 바로 의로움의 정신이다. 선비는 이러한 의로움의 정신을 모든 일의 판단과 실천의 핵심 기준으로 내걸었다. 퇴계는 말한다. "선비가 세상에 태어나 벼슬을 하거나 물러나거나 또는 때를 만나거나 못 만나거나 간에 그 요점은 자신을 깨끗이 하고 의로움을 행할 뿐 화복은 논할 바가 아닙

---

7) 위의 책, 「答李宏仲」, 218쪽. 여기에서 태극은 '하늘의 말씀'에서 신격적인 여운을 탈색시킨 것으로, 양자가 만물의 궁극적인 존재 근원이라는 점에서는 아무런 차이가 없다.

8) 『退溪全書 一』, 「聖學十圖(西銘)」, 200쪽.

9) 『近思錄』, 33쪽.

니다."[10] 한마디로 "의로움은 사람의 길이다.〔義 人路也, 『맹자』「고자 상」〕"

죽음 앞에서도 굽히지 않았던 선비의 절의 정신은 바로 이러한 정신의 소산이었다. 그의 순절(殉節)은 기본적으로 종교 신앙인의 순교와 사고의 맥락을 같이한다. 후자가 신의 말씀에 입각하는 것인 데 반해 전자는 자기 내면의 도덕 명령에 따른다는 점에서 차이가 있겠지만, 그러나 순교자든 순절인이든 그렇게 죽음으로써 오히려 자신의 삶을 최고도로 성취한다는 신념에 있어서는 다를 게 없다. 그들에게는 그것이 사람됨의 의미를 완성하는 삶의 길이었던 것이다. 앞서 인용했던 조정암의 절명시가 잘 말해 주는 것처럼 조선 사회 여러 차례의 사화 속에서 많은 선비들이 죽음 앞에 그렇게도 당당했던 데에는 이러한 자부심이 깔려 있었다.

공자가 "아침에 도를 깨우치면 저녁에 죽어도 여한이 없을 것〔朝聞道 夕死 可矣, 『논어』「이인」〕"이라고 말한 뜻을 우리는 이러한 관점에서 이해해 볼 수 있다. 여기에서 이른바 도란 신비롭고 현묘한 무엇이 아니라 사람들이 일상에서 찾아 실현해야 할 사람됨의 의미요 준행해야 할 삶의 길을 뜻한다. 그러므로 "도란 한순간도 떠날 수 없는 것(『중용』)"임을 알아 그것을 일상생활 속에서 성실하게 실천한다면, 그러한 사람은 삶의 의미를 확실히 잡아 죽음의 불안과 위협을 충분히 이겨낼 수 있을 것이다. 우리는 여기에서 구도의 궁리 정신이 갖는 죽음학적인 의의를 다시 한 번 확인한다. 퇴계가 조카에게 보낸 시에서 "달팽이 뿔 위에서 시비 장단을 겨루는 인생살

---

10) 『退溪全書 一』,「答奇明彦」, 403쪽.

이"와 "꿈인 듯 생시인 듯 무상한 세상만사"를 탄식하면서도, 이어 "남다른 사람이 되고자 한다면/ 학업을 한발도 양보하지 마라."라고 당부한 것도 이에 연유할 것이다. 학업(궁리)은 삶의 의미를 일구어 내고 풍요롭게 가꾸어 인생무상을 떨쳐내게 해 줄 중요한 자기 구원의 기제였기 때문이다.

이와 관련하여 우리는 오늘날 허무가 만연한 이유를 규명해 볼 필요가 있다. 요즘 사람들이 옛날 사람에 못지않게 그렇게 오랫동안, 그리고 열심히 학업에 종사하면서도 삶의 회의와 허무에 시달리는 것은 그들이 도구적인, 또는 전문화된 지식에 매몰되어 정작 인간과 삶의 의미에 대해서는 성찰을 게을리하기 때문일 것이다. 오늘날의 학문과 교육 활동은 객관성과 가치 중립성을 강조하면서 의미 추구의 문제를 개인이 알아서 해야 할 일로 치부하지만 우리는 여기에서 근본적인 질문을 던져 보아야 한다. 사람은 왜 공부해야 하는가, 우리가 추구하는 진리와 지식은 과연 무엇을 위한 것인가, 교육은 이를 위해 무엇을 해야 할 것인가 하는 등의 물음이다. 선비의 궁리 정신은 이에 대해 좋은 참고 자료가 될 것이다.

지적 스케이팅의 거부

퇴계는 율곡에게 보낸 편지에서 공부하는 사람들의 세 부류를 말한다. 어떤 사람은 오로지 객관적으로 문자의 의미만을 탐구하는가 하면, 그 의미를 자신 속에서 주체적으로 성찰하는 사람도 있고, 더 나아가 그것을 절절하게 체험하면서 그 깊은 맛을 실제로 느끼는 이도 있다는 것이다.[11] 이 가운데에서 퇴계가 가장 중요시한 것은 세 번째 공부 태도였다. 그의 제자 한강 정구가 말한 사체(四體) 즉 "온몸으로 인식하고[體認], 온몸으로 성찰하며[體察], 온몸으로 시험하고[體驗], 온몸으로 실천[體行]"하는 온몸의 공부 정신이 바로 이를 뜻한다. 이는 선비의 궁리 정신이 언어 문자의 표면에서 지적 스케이팅을 하는 것으로 만족하지 않고, 그 이면에 말들이 지시하는 세계와 사물의 실상으로 깊이 내려가서 그것들을 체험적으로 살피고 또 실천하려 했음을 일러 준다. 다시 말하면 그는 언어 문자를 단순히 의미론적으로만 이해하지 않고 삶의 현장에서 그 의미를 온몸으로 체험하고 실천하면서 세계와 사물을 생생하게 대면하려 하였다. 무릇 의미는 실천 속에서만 완성될 수 있는 것이라고 여겼기 때문이다.

이러한 공부 정신은 단순히 실천을 중시하는 사고의 소산이라고 말할 수도 있겠으나, 그 이면에는 언어 문자의 한계에 대한 인식이 깊게 깔려 있다. 『주역』은 말한다. "글로는 말을 다 표현할 수 없으며, 말로는 뜻을 다 드러낼 수 없다.(「계사 상」)" 이는 원래 상징과 은유로 가득한 괘효사를 문면 그대로 해석하려 하지 말도록 충고하는 뜻을 담고 있지만, 더 나아가 선비는 그것을 괘효사의 풀이에 국한하지 않고 모든 언어 문자의 이해에까지 확대 해석하였다. 그는 말과 글이 대상 사물을 일정한 개념과 문법 안에 가두어 버림으로써 정작 그것들이 지시하는바 현실 속의 생동하는 실상을 박제화시킨다는 사실을 일찍이 깨달았기 때문이다.

---

11) 위의 책, 「答李叔獻」, 369쪽 참조.

그리하여 그가 실천을 강조한 데에는 단순히 언행일치라는 도덕적인 요구를 넘어서, 그것이 언어 문자만으로는 전달될 수 없는 심오한 의미를 열어 줄 것이라는 기대가 담겨 있다. 주회암은 말한다. "솔개 날고 물고기 뛰는 연비어약의 세계는 책이나 붙들고 문자에 집착해서는 전혀 알 수 없으므로, 그 참뜻을 일상의 현장에서 성찰하기 바랍니다. 이를 깨우치면 곧 인(仁)을 알게 될 것입니다."[12] 이는 어쩌면 이성의 한계에 대한 자각의 표현일 수도 있다. 이성은 추상적이고 메마른 언어 문자로 자연과 세계를 이해함으로써 정작 그것의 생동적인 실상을 걸러내 버리기 때문이다. 퇴계 또한 제자들에게 다음과 같이 훈계한다. "인의예지의 의미를 이해하는 데 만약 그 글자들의 뜻만 보고 만다면, 비록 아무리 잘 외우고 또 정확하게 해석한다 하더라도 필경 무슨 보탬이 되겠습니까? 모름지기 네 글자의 의미를 정밀하게 성찰하고 연구 음미하며, 그것을 몸소 체험하는 가운데 깨달아야만 할 것입니다."[13] "글을 읽을 때에는 그 의미를 몸으로 체득하고 마음으로 체험하여 한가롭고 고요한 가운데 말과 글 밖의 뜻을 묵묵히 깨달아야 합니다."[14]

선비는 이처럼 공맹의 말을 죽은 문자 속에 가두어 두지 않고 삶의 현장에서 살아 있는 말씀으로 받아들여 거기에 담겨 있는 '글과

---

12) 『心經』, 340쪽. 위에서 인이란 천지지인(天地之仁), 즉 만물의 생멸 변화에 저류하는 자연의 생성섭리(생명정신)를 뜻한다. 퇴계는 이에 대해, "연비어약의 광경 속에서 자연의 섭리의 전모가 드러나고 그 신비로운 작용이 펼쳐짐을 볼 수 있다."라고 말한다.(『心經釋義』, 민족문화문고 영인본, 112쪽) 이는 사람들이 자연의 섭리를 언어 문자의 고정된 틀 속에만 분석하고 이해하려 해서는 안 됨을 말하려 한 것이다.

13) 『退溪全書 二』, 「答李平叔問目」, 258쪽.

14) 위의 책, 「答金而靜」, 77쪽.

말 밖의 뜻'을 밝히고 체험하려 하였다. 그가 공부 방법론으로 경전을 반복적으로 숙독할 것을 강조했던 이유도 여기에 있을 것이다. 숙독과 암기야말로 글 뜻을 문자 밖 삶의 현장에서 수시로 체험하게 해 줌으로써 그 이해의 넓이와 깊이를 부단히 확대하고 심화시켜 줄 것이기 때문이다. 특히 소리를 내어 읽는 성독(聲讀)의 학습법은 세계와 삶을 지적으로 편력하는 데 그치지 않고 감각적인 현실 참여의 효과까지 가져다주었을 것이다. 사람들은 숨을 고르고 소리를 내어 천천히 글을 읽으면서 단어들의 뜻을 현실 속으로 가지고 가서 음미하고 육화(肉化)할 것이기 때문이다. 그러므로 선비에게 독서는 지적인 활동이자 동시에 온몸을 기울인 현실 참여 행위였다. 학문의 즐거움도 여기에서 나왔을 것이다. 독서란 "문자 속에서 겨우 바깥 그림자만 보고서"[15] 얻는 관념적 열람에 불과한 것이 아니라 문자를 넘어 그것이 지시하는 뜻을 생활 속에서 부단히 새롭게 음미하고 체험하게 해 주는 전인적인 활동이었던 만큼, 그에게 세계 참여의 희열을 가져다 주었을 것이다. "배우고 또 때로 익히면 또한 기쁘지 아니한가.〔學而時習之 不亦悅乎,「학이(學而)」〕" 하는 공자의 말을 『논어』의 첫머리에 둔 것도 독자들에게 처음부터 이러한 공부 정신을 주지시키려는 뜻을 담고 있는 것으로 보인다.

우리가 퇴계의 언론과 저술에서 절절히 느끼는 것처럼 그가 그렇게 진지하고 겸손했던 것도 이와 같은 공부 정신에 기인할 것이다. 세계와 사물의 인식이나 인간과 삶의 의미가 학문의 연륜과 연찬에

---

15) 위의 책, 「答金而靜」, 231쪽. 퇴계는 이굉중이 경(敬)의 뜻을 잘못 알고 있음을 위와 같이 지적하였다.

따라 달라짐을 느끼면서, 그는 기왕의 공부를 자부하지 못하고 오히려 거듭되는 무지의 자각 속에서 겸허하게 구도하는 마음을 가질 수밖에 없었을 것이다. 그러므로 그가 "세상을 속여 명예를 훔치고 있다.〔欺世盜名〕"는 자괴감을 자주 토로한 것도 단순히 허사나 둔사에 불과했던 것이 아니라, 저와 같은 무지 의식의 진정 어린 고백이었을 것이다. 그가 64세 때 한 제자에게 "요즈음 무슨 글을 읽고, 어떻게 공부를 하며, 살아가는 가운데 깨닫는 것이 지난날과는 어떻게 다른지"를 물으면서 한 다음의 실토는 이러한 모습을 잘 드러내 준다.

나는 몇 달 병을 앓으면서 주자의 편지들을 한 번 읽었는데, 그의 말씀들 가운데에서 절실 통쾌하고 사람들에게 아주 긴요한 부분들을 접할 때마다 미상불 세 번씩 되풀이 읽으면서 나 자신을 성찰하였습니다. 그것은 마치 바늘로 내 몸을 찌르는 것과도 같았고, 잠자는 사람을 깨우는 것과도 같아서, 그동안 내가 해 온 공부가 표피적이고 또 삶에 절실하지 못하여 정자가 말한바 "발이 가려운데 구두를 긁는 것"과 같은 병통을 갖고 있음을 더욱 알게 해 주었습니다.[16]

여기에서 그가 자책한 "발이 가려운데 구두를 긁는" 공부의 병통이란 세계에 참여하지 못하고 언어 문자 위에서 관념적인 유희만을 일삼는 태도를 지적한 말일 것이다. 공부는 일견 그것만으로도 충분한 것처럼 보이지만, 그는 참자아의 발견과 완성이라는 학문정신

---

16) 위의 책, 「與鄭子中」, 23쪽.

을 환기하면서 그동안 자신의 공부가 "표피적이고 또 삶에 절실하지 못한" 문제점을 갖고 있는 것으로 자각하였다. 참다운 공부는 언어 문자의 표피나 긁어 대는 것이 아니라 실존의 가려움을 해소시켜 주는 데에 있기 때문이다. 선비가 성현들이나 훌륭한 학자들의 이름을 기피하고 대신 호를 불렀던 이유도 여기에 있을 것이다. 그는 과거의 성현 군자들을 "마치 바늘로 내 몸을 찌르듯" 자신을 경책해 주는 스승으로 여겨 흠모하였기 때문에 감히 존경스러운 이름을 함부로 부를 수 없었던 것이다. 그것이 고결한 인격을 존중하는 그의 방식이었고, 또한 그의 공부 정신의 당연한 귀결이었다.

선비의 이와 같은 공부 정신을 오늘날 학문을 하는 사람들은 자경(自警)의 바늘로 삼을 필요가 있다. 사람들은 흔히 고금의 위대한 학자들의 이론을 배우거나 무언가 새로운 학설을 정립하는 것을 학문의 과제인 양 생각한다. 그리하여 그들은 과거의 학자들이 남겨 놓은 언어 문자의 분석에 골몰하느라 정작 자신이 처해 있는 시대와 사회 속에서 그것을 주체적으로 해석하고 실천적으로 융통하려는 노력을 게을리한다. 오늘날 인문학이 갈수록 현실과 동떨어져 가는 이유도 여기에 있을 것이며, 이는 역시 '온몸'의 공부 정신이 부재한 데에 기인할 것이다.

차제에 한국 유교의 고유성 여부에 대한 의문을 우리는 이러한 관점에서 정리해 볼 수 있다. 선비는 공맹정주(孔孟程朱)의 이론을 단지 앵무새처럼 외우는 데 공부의 목표를 둔 것이 아니었다. 그는 "참자아의 완성과 타자의 성취〔成己成物〕"라고 하는 유교 본래의 목적 이념에 입각하여 저들의 이론을 매개로 자신을 부단히 성찰하고 수행하며 사회를 개선하고자 하였다. 말하자면 그는 학문을 하는 데 자신의 삶과 사회를 고려하는 주체 의식과 실천 정신을 강하게 갖고 있었다. 예를 들면 그는 오늘날의 우리들처럼 글을 쓰거나 남들을 가르치기 위해서 『대학』의 세 강령 명명덕(明明德), 신민(新民), 지어지선(止於至善)을 공부한 것이 아니었다. 그는 자신의 고결한 심성을 되찾고, 만민 또한 그러한 심성으로 살게 해 주며, 보편적 입법의 원리에 따라 행위하도록 일깨워 주는 '바늘의 말〔箴言〕'로 그것을 받아들였다. 유교의 핵심 정신인 인의예지에 대해서도 이와 똑같이 말할 수 있다. 선비는 선현들에게서 그 이론을 빌려 자신의 지식을 과시하려 했던 것이 아니라, 그 배움을 통해 사랑하고 의로우며 예절 바르고 지혜로운 삶을 살고자 하였다.

선비의 학문을 우리는 이러한 관점에서 살펴볼 필요가 있다. 우리는 이론 탐구에만 종사하는 오늘날의 학문정신을 거기에 투영해서는 안 된다. 학문과 삶을 별개의 것으로 여기지 않는 선비의 실천적 인간학에는 자기 고유의 문제의식과 삶의 정신이 강하게 내재해 있었다. 퇴계가 한 제자에게 보낸 다음의 편지는 이 점을 잘 드러내 준다. "요즘 사람들은 학문을 하는데 자구 해석과 암송에 골몰하지 않으면 반드시 문장을 아름답게 꾸미는 일에 현혹되니, 이 책(『주자서절요』)에 마음을 두고 창자 속의 비린내 나는 피를 확 씻어 버리고서 남들이 맛보지 못한 것을 맛볼 사람이 몇이나 될까요?"[17] 선비

---

17) 『退溪全書 一』, 「答黃仲舉別紙」, 473쪽. 퇴계는 주회암의 "한가하고 여유로운 생활 태도"와 "기침하고 담소하며", "인사말과 정담을 나누고, 산천을 유회하고 세속을 탄식하며", "사제간이나 친구들 사이에 의리와 정분을 나누는" 등의 일상사를 기록한 편지들까지 『朱子書節要』에 편집하고 있는데, 제자들은 이를 두고 "학문에 긴요치 않은 것들"이라고 비판을 한 일이 있었다.(『退溪全書 一』, 「答李仲久」, 299쪽 참조) 그러나 그는 이에 대해 다음과 같이 답변한다. "나는 평소 이런 대목들을 매우 좋아했습니다. 그래서 여름철에 녹음이 우거지고 매미 소리가 귀에 가득 들려올 때에는 마음속으로 미상불 두 선생의 기품을 그리워하며 우러르

의 학문정신은 이처럼 자구와 문장의 책갈피를 벗어나 "창자 속의 비린내 나는 피를 확 씻어" 본래적인 자아를 회복하고 참자아를 완성하는 것을 목표로 하였다.

궁리 정신의 한계

하지만 선비가 인간학적인 과제를 성취하기 위해 견지했던 온몸의 공부 정신을 십분 인정하면서도, 한편으로 우리는 떨치기 어려운 하나의 의문을 갖는다. 그의 이기심성론(理氣心性論)을 어떻게 이해해야 하는가 하는 것이다. 표면적으로 살피면 그것은 그가 인간과 사물, 세계의 본질과 제현상을 통일적이고 정합적으로 이해하기 위해 구성해 낸 매우 정치한 존재의 형이상학이라 할 수 있을 것이다. 그러나 다른 한편 그것은 그의 실천 과제들을 한순간에 인식과 논리의 대상으로 변모시켜 버리는 치명적인 문제점을 갖는다. 예를 들면 "나는 누구인가?" 하는 절박한 실존적 질문을 그것은 "인간이란 무엇인가?" 하는 객관적인 문제로 바꾸어 버림으로써 인간을 '그것'으로 사물화해 버린다. 그것은 그와 같이 세계와 인간, 사물의 생생하고 발랄한 모습을 지극히 추상적인 개념 속에 가두어 버림으로써 사람들로 하여금 그것들을 체험적으로 성찰하고 또 실

게 됩니다."(위의 책, 「答南時甫」, 366쪽) 여기서 '두 선생의 기품'이란 주회암과 여동래(呂東萊)의 교유를 두고 말한 것이다. 이 역시 그의 학문이 이론을 벗어나 일상의 세계를 지향하고, 언어 문자를 넘어 생동하는 인간과 삶에 다가가서 이를 통해 참자아의 완성을 도모하려 하고 있음을 보여 준다.

천하기 매우 어렵도록 만든다.

아니, 오히려 그것은 평소 우리에게 친숙하던 의미들조차 생경한 것으로 변모시켜 버리기 일쑤다. 그것은 일상생활 속에 낯익은 세계와 사물을 추상 개념화하여 낯설게 만들고 있기 때문이다. 그것들은 이기론의 잘 짜여진 개념 명세표 속에서 그럴싸하게 분해 조립되어 해설되지만, 이는 역시 사람들에게 상징화된 지식만을 제공할 뿐 생동하는 현실을 체감하게 하지 못한다. 세계와 사물은 다만 몇몇 개념들 배후에 희미한 그림자로만 남아 있을 뿐이다. 예컨대 "마음은 리와 기의 합(合)"이라는 명제는, 실로 우주 밖까지도 뻗치는 마음의 신비를 조금도 열어 보여 주지 못한다. 그것은 마치 수소 두 개와 산소 하나의 합성이라고 하는, 당구공 같은 원자들의 결합 속에서 물을 찾아 그 시원한 맛을 느끼려는 것이나 다름없다.

이와 같이 구체적인 현실 속으로 내려가지 못하고 추상 개념과 이론의 세계에서 지적인 논의를 일삼는 경향은 사단칠정에 관한 논쟁에서 극명하게 드러난다. 그것은 "사단은 리가 발함에 기가 그것을 뒤따르고, 칠정은 기가 발함에 리가 그것을 탄다."라는 퇴계의 이기호발설(理氣互發說)이든, 아니면 "사단이나 칠정이나 다 같이 기가 발함에 리가 그것을 탄다."라고 주장하는 율곡의 기발이승일도설(氣發理乘一途說)이든 마찬가지다. 그것들은 모두 사단과 칠정이 함의하고 있는 생동적인 감정을 완전히 육탈시켜 버린다. 그러한 분석은, 이를테면 어린아이가 우물에 빠지려는 것을 목격하는 순간 사람들이 저도 모르게 갖게 되는 측은지심의 절박한 심정을 이기라고 하는 추상 개념의 체로 완전히 걸러내 버린다. 수오지심이나 공경지심, 시비지심, 그리고 이른바 희로애구애오욕(喜怒哀懼

愛惡欲)의 일반 감정들 또한 그 안에서 메말라 버리기는 마찬가지다. 퇴계와 고봉 사이에 오간 논쟁은 바로 이와 같은 문제점을 안고 있었다. 그리하여 그것은 정작 사단의 확충과 칠정의 절제라는 가장 기본적인 수양 과제에 소홀할 수밖에 없었다. 퇴계가 고봉에게 보낸 편지에서 서로 논쟁을 자제할 것을 당부하면서 한 다음의 말은 그 자신 이러한 문제점을 자각했기 때문이었을 것이다. "설령 이처럼 십분 타당하다 하더라도, 실제로 피부에 전혀 와닿지 못하고 단지 부질없는 논쟁만 지어내 우리의 학문이 크게 금하는 것을 범하는 잘못이 있습니다."[18]

우리는 여기에서 이기심성론에 대한 선비들의 상이한 인식 태도를 감지할 수 있다. 저 한편에서 "성리학의 이론은 선현들이 이미 다 드러냈으므로 후학들은 그것을 실천하기만 하면 된다." 하면서 아예 관련 저술을 기피한 남명(南冥) 조식(曺植, 1501~1572)에서부터 그 반대편에서 그것에 전념한 수많은 학자들에 이르기까지, 그 스펙트럼은 상당히 폭넓을 것이다. 이는 현실의 추상화와 실천정신의 실종이 성리학 자체의 문제점은 아니며 학자들마다 상당한 편차를 보였을 것임을 짐작하게 해 준다.

그러면 퇴계의 성리학은 어떨까? 그가 고봉과의 사단칠정 논쟁에서 앞서의 당부 외에 "말의 숨바꼭질을 하지 말 것"[19]을, 또 "성현들의 가르침을 빈말로 여기지 말고 반드시 온몸으로 성찰하고 또 실제로 체험할 것"[20]을 충고했던 것을 보면 그 자신 성리학의 폐단

---

18) 위의 책,「答奇明彦」, 428쪽.

19) 위의 글, 418쪽.

20) 위의 글, 460쪽.

을 매우 경계했던 것으로 여겨진다. 하지만 객관적으로 살피면 그역시 추상적인 사고로 인한 현실 인식의 빈곤함을 다소 면하지 못했을 것으로 보인다. 이 점은 그가 임금에게 지어 올린「성학십도」에서 단적으로 드러난다. 그 가운데 특히 제6도「심통성정도설(心統性情圖說)」은 어쩌면 임금이 기대했을, 당시 정치 사회의 어지러운 현실을 구원할 치세의 방책을 전혀 담고 있지 않은 동문서답의 철학이었다. 또한 그는 한 제자의 질문에 응해 다음과 같은 말을 한다. "인의(仁義)를 성(性)의 관점에서 말하면 모두 체(體)요, 정(情)의 관점에서 말하면 모두 용(用)이며, 음양(陰陽)으로 말하면 의체인용(義體仁用)이요, 마음과 일의 관점에서 말하면 인체의용(仁體義用)이 됩니다."[21] 마치 암호 언어를 조합하는 듯한 이러한 답변은 순수 이론의 관점에서는 그 자체 의의 있는 논의일지 모르지만, 그것은 사랑과 의로움이라는 인과 의의 질박하고도 감각적인 뜻을 완전히 증발시켜 버리고 만다. 더 나아가 그것은 그 자신이 당시 한학자를 두고 염려했던 것처럼 "논의가 너무 고답적이어서 (……) 심성(心性)을 불분명한 지경에 빠뜨림으로써 자신의 학문에 해악을 끼칠 뿐만 아니라, 후학들로 하여금 그것을 서로들 본받게 함으로써 공허한 말만 배우게 한 적지 않은 폐단"[22]을 자아냈을 것으로 보인다.

조선 성리학의 변천사 속에서 살피면 중기 이전까지의 도학(道學) 시대에 선비의 실천 정신은 매우 치열하였다. 기묘사화의 희생

21) 같은 책,「答李宏仲問目」, 224쪽.
22) 위의 책,「心無體用辯」, 330쪽. 이는 연방(蓮坊) 이구(李球, ?~1573)의 심무체용론(心無體用論)을 두고 행한 비판이다.

자였던 정암 조광조가 대표적인 인물에 해당된다. 하지만 여러 차례의 크고 작은 사화들을 겪으면서 정도(正道)의 실천을 불온시하는 기풍이 만연한 지식인 사회에서, 당시의 선비들은 자신의 목숨을 위협하는 실천 정신을 점점 외면하였다. 그들은 대신 성리학의 매력적인 주제들을 찾아 논의하고 정리해 나갔다. 그것은 그들에게 학자로서의 정체성을 확인시켜 주었을 뿐만 아니라, 실천에 따르는 정치적 위험 부담을 갖지 않아도 되었다. 이후 그들이 전개해 나간 도저한 이론들은 중국의 성리학을 능가하는 성과를 거둔다. 하지만 그것이 체험적 성찰과 실천의 공부 정신을 약화시킨 점은 유학으로서는 크나큰 손실이었다.[23)]

이러한 사실은 이기심성의 논쟁에 빠져든 조선 후기 성리학의 파행을 설명해 줄 중요한 자료가 된다. 인간과 삶을 습관적으로 이기론적인 범주 속에서 이해하려는 학자들의 '단순정신'[24)]은 세계와 사물 인식의 빈곤화를 초래할 수밖에 없었을 것이다. 인간과 초목 금수의 본성이 같은가 다른가를 놓고 벌였던 조선 후기의 유명한 인물성동이론(人物性同異論)은 아마도 그 절정의 사례일 것이다. 공맹의 관점에서 보면 자명하기까지 한 인간의 본성이 그 논쟁 속에서 추상적인 개념들로 정밀하게 분해되고 또 조립되면서 그것의 체험은커녕 인식조차도 너무 혼란스러워졌기 때문이다. 우리는 여기에서, 인간이나 사물에 관한 추상적인 탐구와 논의가 깊어질수록

---

23) 조선 성리학의 실천과 이론 문제에 관한 자세한 논의는 김기현, 「사림과 도학자들의 실천 정신과 그 굴절」,《국학 연구》9집(한국국학진흥원, 2006), 19~50쪽 참조.

24) "단순정신"이란 세계와 인간, 삶을 이해하는 데 어떤 일정한 범주와 관념에 습관적으로 따르려는 지적 경향을 뜻한다.(A. 러브조이, 차하순 옮김, 『존재의 대연쇄』(탐구당, 1984), 15쪽 참조)

그것들의 실상은 오히려 흐려지고 만다는 사실을 깨닫는다.

조선 후기에 성리학이 사회 지도력을 상실하게 된 것은 이의 당연한 결과다. 이기심성론이 심화되는 것과 반비례하여 갈수록 빈곤해지는 현실 인식은 일상에서 전개되는 사회 현상에 어두워 그 발전을 가로막는 장애물로 작용할 수밖에 없었을 것이다. 다 아는 것처럼 조선 후기의 실학은 성리학자들의 이와 같은 학문 경향에 대한 반성 속에 태동했다. 경세치용이든 이용후생이든 아니면 실사구시든, 실학자들의 주장은 당시 성리학자들이 세계와 사회, 인간과 삶을 이해하는 데 사용했던 추상 개념의 틀을 부수고 그것들을 구체적인 현실 속에서 바라보려는 노력의 산물이었기 때문이다. 하지만 그 결과 세계를 통일적이고 정합적으로 이해하려는 철학이 성리학에 비해 약했던 것은 또한 실학의 어쩔 수 없는 한계이기도 하다. 그리고 보면 성리학과 실학은 이론과 실천의 딜레마를 상반적으로 증언해 주는 것처럼 보인다. 아니, 이는 더 나아가 오늘날까지도 모든 학문이 해결해야 할 고민거리이기도 할 것이다.

3부 ◎ 사회

1 사회의 형이상학

선비가 평생토록 추구했던 수신, 제가, 치국, 평천하의 이념에는 사회에 대한 깊은 성찰이 깔려 있다. 그는 인간의 사회적 본질을 저와 같은 방법으로 실현하려 하였다. 사실 그가 일차적으로 수신을 통해 성취하고자 했던 도덕생명만 하더라도 따지고 보면 인간의 사회적 본질에 대한 도덕적 성찰의 산물에 다른 것이 아니었다. 그는 사회와 세계를 향해 열린 인간의 생명정신을 도덕적인 관점에서 이해하면서 사랑과 의로움, 예, 지혜의 성취를 통해 이상 사회를 이루고자 했기 때문이다. 그러므로 그에게 사회는 자아의 불가결한 일부분이며, 따라서 평생 풀어야 할 과제였다. 장횡거는 말한다. "천지를 위해 뜻을 세우고, 인류를 위해 도를 세우며, 옛 성인들을 위해 단절된 도학을 잇고, 만세를 위해 태평(太平)을 열리라." 공자가 당시 은둔주의자들로부터 그토록 비난을 들으면서도 세상을 근심하는 뜻을 버리지 못한 이유도 여기에 있었다. 훗날 어느 학자는 공자의 마음을 다음과 같이 이해한다. "성인은 세상을 단 하루도 잊지 못한다. 그것은 마치 천지가 만물을 하루도 잊지 못하는 것과도 같다. 만물을 생육하는 천지의 정신이 한겨울이라 해서 그치지 않는 것과 마찬가지로, 성인이 도로써 세상을 구원하려는 마음은 시대가 궁핍하고 뜻 있는 사람들이 은둔하는 때라 해서 없어지지 않는다."[1]

그러면 선비는 구체적으로 사회를 어떻게 이해하고 있었을까? 인간과 사회나, 개인과 공동체의 관계, 사회 규율의 원리, 이상 사회의 모형 등에 관해서 그는 어떠한 인식을 갖고 있었을까? 그가 이러한 일련의 주제를 사회 철학적인 관점에서 심도 있게 논의하지는 않았지만, 우리는 그의 언론의 곳곳에서 그것에 관한 단서를 많이 발견한다. 그것을 그의 자연관에서부터 먼저 찾아보도록 하자. 그는 인간과 사회, 자연을 각기 별개로 여기지 않고 하나의 통일적인 구도 속에서 이해하고 있었던 만큼, 그의 자연관에는 사회 철학이 혼재되어 있다. 달리 말하면 그의 사회 철학의 배면에는 자연관이 놓여 있으며, 전자는 후자를 각색한 것이라 할 수도 있는 것이었다. 그러므로 선비의 사회는 자연을 배제하고서는 이해하기 어렵다.

선비는 세계 내 모든 사물과 현상들이 자연의 섭리와 생성 체계 속에 있는 것으로 이해하였다. 그에 의하면 천지의 운행에서부터 미물의 생멸에 이르기까지 자연의 이법을 벗어나는 것은 아무것도 없다. 인간과 만물이 모두 자연 안에서 영고성쇠와 생성쇠멸의 파노라마를 펼쳐 나간다. 인간은 자연 속에서 특별한 위상을 갖고 있

1) 『經書』(論語), 353쪽, 小註 新安陳氏說.

는 것이 사실이지만, 그라고 해서 예외적인 존재는 아니다. 자연을 벗어나는 역천(逆天)의 삶은 파멸을 얻을 뿐이다. 삶의 총체적 현장인 사회도 마찬가지다. 이상적인 사회는 자연을 준법하는 가운데에서만 완성될 수 있다.

선비는 자연을 만사 만물의 유기적 관련의 총체로 여겼다. 그것은 개체들이 마치 모래알처럼 모이고 흩어지며 인과론적으로 교섭하는 단순한 시공(時空)의 장(場)에 불과한 것이 아니다. 더 나아가 자연은 단순한 유기적 총체성을 넘어서, 만물의 생장쇠멸을 이끌어 가는 역동적 생성 체계이자 하나의 거대한 창조 역량이다. 사물들은 제각기 그 안에서 서로 의존하고 보충하며 관련을 맺으면서 자연의 영원한 생성에 참여한다. 이러한 세계관은 당연히 사물들 간의 존재론적 관련을 부정하고 또 그것들 각각의 실체성을 강조하는 개체주의적 사고를 거부한다. 만물은 일자가 타자에게 의존하고 서로가 서로를 보충해 주는 가운데에서만 존재하고 생성해 나가는 법이며, 이 세상에 타자와의 상호 교섭 없이 단독자로서 존재할 수 있는 것은 아무것도 없기 때문이다. 정명도는 말한다. "천지 만물의 이치상 고립되어 있는 것은 아무것도 없다. 반드시 상대가 있는 법이다. 그 모두 자연적으로 그렇게 된 것이지 안배의 결과가 아니다."[2]

그러므로 한 사물이 그것의 주변에서 만나는 각종의 '상대'야말로 그것의 존재 및 생성을 위한 불가결의 조건이 아닐 수 없다. 하늘은 땅을 상대해서, 삶은 죽음을 상대해서만 그 각각의 의미를 얻

---

2) 『近思錄』, 43쪽.

는다. 이미 살핀 것처럼 이러한 상대성의 원리를 고도로 추상이론 화한 것이 바로 음양 사상이다. 다시 말하면 선비는 사물의 상대적, 상호 보충적, 순환적인 성질과 상태, 관계 등을 음양 관념으로 정리 하였다. 퇴계의 「천명신도」 바깥 원에 배합된 흑백의 그림은 만물의 생성과 변화에 작용하는 음양의 역동적인 모습을 우리에게 상징적 으로 보여 준다.

우리는 여기에서 음양의 사회학을 만난다. 먼저 음양의 상대성 원리에 따르면 사회 내 인간관계가 일견 대립적이고 반발적일 것처 럼 여겨진다. 실제로 계급 투쟁의 사회관을 갖고 있는 마르크스주 의자들은 이 점에 주목한다. 그들은 음양이 기본적으로 사회의 모 순 현상에 착안하여 개념화된 것이라 하면서, 사회 발전의 변증법 을 전통의 음양 사상에 입각하여 해석한다.[3] 그러나 음양은 자연 변 화 또는 사회 발전의 모순 현상을 토대로 하여 형성 발전된 관념이 아니다. 그것은 만물의 생성 변화에 작용하는바 이질적이고 상대적 인 성질 또는 동력을 두 가지로 범주화해 낸 것일 뿐이다. 이에 의 하면 모든 생성과 변화, 발전은 하나의 성질이나 힘만 가지고는 이 루어질 수 없으며, 일자는 그와 상대되는 타자의 존재를 반드시 요 청한다. 그러므로 음과 양은 서로 부정하거나 배척하기보다는 오히 려 자기 발전과 완성의 조건으로 상대를 필요로 하고 기다리며, 이 를 통해 양자간 생산적인 조화를 지향한다.

사회의 인간관계도 이와 다를 것이 없다. 사람은 상대를 기다려 서만, 상대와의 조화로운 관계 속에서만 자신의 존재를 확인하고

---

3) 『中國哲學百科大辭典』(中國大百科全書出版社, 1988), 「陰陽」 항목 참조.

긍정할 수 있으며 또 사회에 참여할 수 있다. 선생은 학생을 상대해서, 남편은 아내를 기다려서만 자신의 존재를 확인하고 또 성취해 나갈 수 있다. 상대의 부정은 그만큼 인간관계와 사회를 부정하는 일이요 근본적으로 자신의 존재 부정에 다름 아니다. 역으로 사람은 서로를 지켜 줄 때에만 비로소 사람으로 서게 되며, 상대를 튼튼하게 받쳐 줄수록 자신을 위대하게 완성할 수 있다. 이러한 관점에서 바라보면 인간관계는 그것이 개인적이든 계급적이든 결코 모순적이거나 투쟁적인 것이 될 수 없다. 사람들은 오히려 상호 보완의 의식 속에서 남들을 자신의 일부로 받아들여 자타간 화해로운 삶을 이루려 할 것이다. 퇴계가 「예안향약」에서 "이웃 간에 화목하지 못한 자"에 대한 처벌 규정을 둔 것도 이러한 사고의 소산일 것이다. 이는 개인과 개인, 개인과 사회 사이의 분리와 대립을 당연시하는 개인주의에서는 상상할 수 없는 일이며, 인간은 본질적으로 사회적인 존재라는 생각을 전제로 한다.

하지만 양존음비(陽尊陰卑), 양주음종(陽主陰從), 양선음후(陽先陰後) 등의 표현에서 드러나는 것처럼 음양이 존비, 주종, 선후의 가치 관념을 부대하고 있는 것이고 보면, 그에 의해 규정되는 인간관계와 사회 질서는 아무래도 불평등한 것이 될 수밖에 없지 않을까? 만약 그렇다면 그것이 어떻게 조화의 사회 정신을 담을 수 있을까? 사람들의 상호 보충적 완성과 생산적인 조화는 서로가 서로를 인정하고 존중하는 평등한 인간관계 속에서만 가능할 것이기에 말이다. 사실 일방의 존재가 하시되는 불평등한 사회 속에서 화해와 조화의 이념은 허위에 지나지 않는다. 실제로 조선의 신분 사회는 이러한 문제점을 상당히 안고 있었다. 하지만 선비의 사회사상을 당시의 사회 현상으로 성급하게 단정하려 해서는 안 된다. 후술하는 바와 같이 그의 사고에 불철저한 점이 있는 것은 사실이지만, 기본적으로 그는 존비와 주종과 선후의 관계에서도 당사자 사이의 대립이 아니라 조화의 관점에서 접근하려 하였다.

양존음비의 경우를 들어 보자. 그것은 음양의 성질을 사실적으로 언명한 것일 뿐이며, 선비는 사회와 삶의 현장에서 오히려 양비음존(陽卑陰尊)의 정신을 강조하였다. 그 각각의 성질대로라면 양자의 만남과 교류가 불가능하기 때문이다. 예컨대『주역』은 하늘〔陽〕이 위에 있고 땅〔陰〕이 아래에 있는「비(否)」괘에서, '양존'의 높은 사람들과 '음비'의 낮은 사람들이 각자 제자리에 머물러 있어 상하의 교류가 막힌 사회를 다음과 같이 경고한다. "하늘과 땅이 서로 교감하지 않으니 만물이 생성하지 못하고, 윗사람과 아랫사람이 서로 교분을 나누지 않으니 사회가 혼란에 빠진다.(단사)" 역으로 하늘이 아래에 있고 땅이 위에 있는「태(泰)」괘는 말한다. "하늘과 땅이 서로 교감하니 만물이 생성하고, 윗사람과 아랫사람이 서로 교분을 나누니 그들의 뜻이 상통한다.(단사)" 이는 현실적으로 불가피한 불평등 사회 질서를 인정하되, 그렇기 때문에 오히려 '양존'의 높은 사람들이 '음비'의 낮은 사람들을 존중하고 그들보다 낮게 처신해야만 그 폐단을 최소화하여 상하간 조화로운 사회를 이룰 수 있음을 말하려 한 것이다.[4]

요컨대 선비는 존비나 주종이나 선후의 질서가 인간관계를 파탄시킬 위험이 있음을 염려하면서 서로 간에 교류하고 교분을 나누는

---

4) 이러한 양비음존의 사회적 함의는 그 밖에「수(隨)」괘,「임(臨)」괘 등『周易』의 도처에서 드러난다.

화합의 사회를 소망하였다. 그는 이를 위해 아랫사람에 대한 윗사람의 배려 의무를 강조하였다. 이에 관해서는 뒤에서 다시 상론하려 하거니와, 퇴계는 임금의 자칭 과인(寡人)이라는 말의 함의를 이러한 음양론적 관점에서 풀이하면서 선조에게 신하들 앞에서 '낮게 처신'하도록 다음과 같이 가르친다. "양기가 아래로 내려와 음기와 교류하지 않고 위로 오르기만 하면 음기가 위로 올라 양기와 교류할 길이 없어질 것이니, 어떻게 구름을 일으키고 비를 내려 만물을 생육할 수 있겠습니까."[5]

음양의 인간관계와 사회는 정감을 중시한다. 위에서 말한 음양의 상관성은 결코 양자의 도식적이고 기계적인 관련을 뜻하지 않는다. 생성론상에서 살필 때 한 사물이 생성하고 발전해 나가는 데에는 그것의 상대가 단순히 존재하는 것만으로는 안 된다. 그것은 상이한 두 힘(존재)의 교호 작용으로만 가능하다. 생물체를 예로 든다면 그 힘은 정감을 관건으로 할 것이다. 정이야말로 타자와 접촉하고 교섭하기 위한 제일의 관문이다. 그리하여 일자와 타자 사이에 정의 교감과 소통 여부가 일차적으로 양자의 생성과 발전을 결정짓는다. 위에 인용한 「태」괘와 「비」괘에서도 이미 드러났지만, 『주역』은 이를 상징적으로 다음과 같이 말한다. "하늘과 땅이 교감하여 만물이 생성되고, 성인은 사람들의 마음을 감동시켜 세상의 평화를 이룬다. 이러한 감응의 이치를 살펴보면 천지 만물의 실정을 알 수 있다.(「함」괘 단사)" 『주역』괘효의 풀이나 또는 그에 따른 길, 흉, 회(悔), 인(吝) 판단의 한 가지 준거가 여기에 있다. 사람들의 만남

---

5) 『退溪全書 一』, 「經筵講義」, 217쪽.

도 마찬가지다. 사회에서 인간관계의 기저를 이루는 것은 목적 계산의 이성이 아니라 서로 교감하고 상통하는 정이다. 이성은 이러한 정의 조율 원리일 뿐이다. 정이천의 말을 들어 보자.

무릇 군신 상하로부터 만물에 이르기까지 모두 교감의 도가 있으니, 사물의 교감 속에 형통의 이치가 있다. 군신이 교감하면 군신의 도가 통할 것이요, 윗사람과 아랫사람이 교감하면 두 사람의 뜻이 서로 통할 것이며, 나아가 부자, 부부, 친척, 붕우에 이르기까지 정의(情意)가 교감하면 서로 화합하고 순조로워서 형통할 것이니, 모든 일이 다 그러하다. 그러므로 교감 속에 형통의 이치가 있는 것이다.[6]

이와 같이 정을 인간관계의 요건으로 삼는 태도는 정감 어린 사회 이상을 배태한다. 그곳에서는 인정을 떠난 이성적 행위는 자칫 '비인간적인' 태도로 비난당하기 쉽다. 그리하여 그것은 퇴니스의 이른바 '이익사회'적인 윤리를 소홀히하는 약점을 갖기도 한다. 우리 사회의 한 가지 폐단으로 지적되기도 하는 온정주의는 아마도 이러한 사고 전통의 일탈 현상처럼 보인다. 그러나 다른 한편 생각해 보면 자타간의 경계를 분명히 구별 짓는 이성이 사람들을 원자화하고 파편화하여 실존의 외로움과 불안 속에 빠져들게 만드는 데 반해, 상호 교감과 화합의 정은 그들을 하나로 연대시켜 줌으로써 자타가 어우러지는 넉넉한 삶을 누리도록 해 줄 것이다. 우리나라 사람들이 단 한 번의 만남에서도 "형님, 아우" "언니, 동생" 하며

---

6) 『周易傳義』(이이회 영인본), 544쪽, 「程傳」.

나누는 다정의 명암을 우리는 이러한 관점에서 생각해 볼 필요가
있다.

　사실 자타간 손익 계산이나 이해타산을 주로 하는 이성과는 달
리, 인정은 상대방에 대해 따뜻한 관심과 선의를 내포하고 있다는
점에서 인간관계의 중요한 토대가 아닐 수 없다. 이는 물론 사람들
이 인정적인 삶을 위해 이성을 버려야 한다는 뜻이 아니다. 이성은
인정의 조율 원리로, 즉 인정이 과도에 흐르지 않도록 해 주는 정신
기능으로 역시 중요한 의의를 갖는다. 선비가 그의 도덕 철학상 사
랑〔仁〕의 이념에 더하여 의로움〔義〕의 정신을 강조한 것도 사실은
이러한 문제의식에서였다. 그는 인정으로 기울어지기 쉬운 사랑을
의로움의 가치 합리적 정신으로 알맞게 조율하고자 했던 것이다.

　한편 음양의 순환 원리는 인간의 역사에도 그대로 적용된다. 이
에 의하면 역사는 순환 반복하는 자연과 마찬가지로 인간 사회의
흥망성쇠의 과정이다. 맹자의 표현을 빌리면 그것은 "일치일란(一
治一亂)의 반복"일 뿐이다. 이러한 치란(治亂)의 반복은 물론 기계
적인 것이 아니다. 거기에는 당연히 인간의 자유 의지와 행동이 개
입된다. 사람들은 안정되고 평화로운 사회 속에서는 미래를 염려
하고 진취적으로 대비하려는 조심성보다는 현재의 삶을 보수하면
서 최대한 즐기려 한다. 사회의 쇠락은 바로 이 순간부터 시작된다.
왜냐하면 현재에 머물러 있는 그들의 마음은 끊임없이 변화해 가
는 내외의 상황에 능동적으로 대처하면서 평화와 번영을 부단히 새
롭게 창출하려는 긴장된 노력을 하려 들지 않기 때문이다.『주역』
이 흉(凶)에 이를 조짐으로 인(吝)을 충고하는 것도 사람들의 이
러한 일상 심리를 토대로 한다. 행복〔吉〕에 연연하는 태도〔吝〕가

불행[凶]을 낳는다는 것이다. 퇴계가 선조에게 행한 충고 또한 이와 맥락을 같이한다. "옛사람들의 말에 치세를 근심하라 했습니다. (……) 치세에는 방비해야 할 근심거리가 없기 때문에 임금이 필시 교만해지고 사치해집니다. 이는 정말 염려해야 할 일입니다."[7]

우리는 여기에서 사회 변화의 점진성을 읽는다. 서서히 진행되는 음양의 순환에 따라 만물의 생성과 변화가 완만하게 이루어지는 것처럼, 사회의 변화(치란) 역시 점진적으로 전개될 것이다. 이에 의하면 우리가 때때로 목도하는 어떤 사태의 급진과 돌발도, 그것이 개인적인 것이든 아니면 사회적인 것이든, 따지고 보면 우리도 모르게 축적되어 온 그동안의 수많은 원인들의 결과일 뿐이다. 『주역』은 말한다. "신하가 제 임금을 죽이고 자식이 제 아비를 죽이는 것은 일조 일석에 이루어지는 일이 아니다. 그 까닭이 조금씩 쌓인 결과이며, 그것을 일찍이 알아차리지 못했기 때문이다.(「곤」 괘 문언전)" 사람들이 행복한 생활과 태평한 사회에서도 방심하지 말고 항상 사세의 추이를 주의 깊게 살펴 대응해야 할 이유가 여기에 있다. 그것이 바로 『주역』이 가르치는바 "군자는 편안한 가운데에서도 위험을 잊지 않고, 현존의 순간에도 파멸을 잊지 않으며, 치세에도 혼란을 잊지 않는다.(「계사 하」)"는 우환 의식 속에서 "일의 기미를 보아 처신하는[見幾而作, 「계사 하」]" 지혜이기도 하다.

한편 누적되어 가는 사회의 혼란은 또한 반사적으로 사람들의 안정 희구의 마음을 뒤늦게나마 자극하여 난국 수습의 지혜를 모으도록 만들기도 한다. 이 또한 마찬가지로 인간 심리의 음양 현상이다.

---

7) 『退溪全書 五』, 「李子粹語」, 376쪽.

밤이 깊으면 아침이 가까워 오는 것처럼, 사람들 역시 그러한 심리를 자연스럽게 갖는 것이다. 하이데거의 말처럼, "위험이 있는 곳에 구원의 힘도 자라"며, "위험이 더욱 가까워질수록 구원자에게 이르는 길은 더욱 밝게 빛나기 시작하고, 우리는 더욱 물음을 제기하게 된다."[8] 그리하여 인류의 역사는 혼란에 이은 멸망의 사회들을 수없이 보여 주고 있지만, 거시적으로 살피면 한 사회의 멸망에 이은 새로운 사회의 출현은 역시 음양의 변증법적인 양상을 보여 준다.

오늘날 학계의 일부에서는 "말을 꺼냈다 하면 요순을 들먹이는 [言必稱堯舜]" 선비의 태도를 논거로 상고주의(尙古主義) 또는 복고주의의 유교 사관을 말하는 사람들이 있다.[9] 그러나 선비가 미래의 세계를 외면하고 오직 퇴행적으로 과거의 시절로만 되돌아가려 했던 것은 결코 아니다. 그가 말하는 요순 공맹은 역사 속에 실존했던 인물들의 고유명사이기보다는 사람들의 노력에 따라서는 현재와 미래에 성취될 수 있는 이상적인 인격의 보통명사였다. 그에게 과거의 요순은 왕도 정치를 행하여 백성을 구제한 역사적 교훈의 인물들이었을 뿐이며, 그는 그와 같은 이상적 인격과 사회를 자신도 언젠가는 성취할 수 있을 것으로 믿었다. 그는 "어쩌다가 토끼가 머리를 부딪쳐 죽은 나무그루를 지키면서 또 다른 토끼를 기다리는 [守株待兎]" 어리석음과, "기러기 발을 아교로 붙여 놓고서 가야금을 타는[膠柱鼓瑟]" 고집불통을 조소하고 또 경계하였다. 그는 오히

---

8) 김용준, 「현대 기술 문명에 대한 철학적 성찰」, 『기술 정보화 시대의 인간 문제』(현암사, 1994), 22쪽 및 25쪽.

9) 전해종, 「중국인의 전통적 세계관」, 고병익, 「유교 사상에 있어서 진보관」, 차하순 편저, 『사관의 현대적 조명』(청람, 1978), 191, 224쪽 참조.

려 요순 공맹이 전해 준 도학의 전통을 계승하여 그것으로 미래를 설계하고 완성하려 하였다.

물론 거기에는 보수적인 사고가 상당히 깔려 있지만, 그것은 사람됨의 도리와 삶의 이치〔道〕야말로 영원불변한 것이라는 믿음 속에서 이를 보전하기 위한 것이었지, 자신의 이해 관심 속에서 기왕의 제도를 고수하고 현상을 유지하려는 보수 반동의 행태와는 거리가 멀었다. 그는 오히려, "궁하면 변하고, 변하면 통하고, 통하면 오래간다.〔窮則變 變則通 通則久, 『주역』「계사 하」〕"는 변통의 정신에 입각하여 도의 구현을 방해하는 잘못된 제도들의 개혁에 적극적이었다. 달리 말하면 그의 도학 정신은 부조리한 사회를 도의 관점에서 근본적으로 재검토하면서 현실에 대해 비판적이고 개혁적인 성향을 띨 수밖에 없었다. 이는 물론 대동(大同)의 미래 사회를 목표로 하는 것이었다. 중종 때 기묘사화로 희생되었던 신진 사류의 이른바 지치주의(至治主義)가 이를 단적으로 예증한다. 예나 지금이나 그들이 많은 사람들에게 급진주의자로 평가되어 온 것 또한 그들의 개혁적인 사고를 잘 반증한다. 그러므로 조셉 니담의 주장처럼 "유교의 세계관이 과거 지향적이었다는 명제는 자세히 살펴보면 성립되기 어려운 것이다."[10]

지금까지 음양의 사회학을 살펴보았다. 그러면 "하늘과 인간이 같은 이치〔天人一理〕"라는 선비의 형이상학 속에서 자연의 섭리〔理〕로 스케치될 사회는 어떠한 모습을 띠고 있을까? 먼저 우리는 사회 원리의 전제가 될 '리'의 의미를 주목해 볼 필요가 있다. 그것

---

10) 조셉 니담, 「중국과 서구에서의 시간과 역사」, 민두기 편저, 『중국의 역사 인식 상(上)』 (창작과비평사, 1985), 39쪽.

은 일차적으로 현상 세계 내 사물들의 존재 및 생성 원리를 뜻한다. 만물은 제각기 자연으로부터 그 고유의 이치를 타고나며, 일자는 타자와 서로 관련을 맺고 교섭하는 가운데에서 자신의 이치를 실현해 나간다. 그리하여 자연은 종횡으로 교섭하는 삼라만상의 원리 체계라 할 수 있다.

사회 또한 기본적으로 이와 다를 것이 없다. 양자는 다만 지배적인 이치의 속성상 차이를 가질 뿐이다. 사물 세계의 이치는 사실적인 데 반해 사회의 그것은 당위적이다. 자타 관련과 교섭의 사회 현장에서 사람들은 윤리적인 삶을 성실하게 영위하지 않으면 안 된다. 자연의 이치상 사람됨의 직분이 바로 거기에 있다. 『서경』의 이른바 "하늘이 부여한 질서[天敍, 天秩]"가 이를 뜻한다. 이에 의하면 사회는 사람들이 먼저 개인으로 존재한 다음에 필요에 따라 계약에 의해 발생한 인위적인 공동체가 아니다. 사회는 인간의 삶의 선천적인 형식이다. 더 나아가 윤리를 인간관계의 핵심으로 여겼던 선비에게 사회는 일종의 윤리적인 구성체로 여겨졌을 것이다. 퇴계는 말한다. "강상(綱常)의 윤리는 우주를 지탱하는 기둥이요 생민(生民)을 안정시키는 주춧돌이다."[11] 우리는 여기에서 선비의 사회적 관심과 실천의 방향을 미루어 짐작해 볼 수 있다. 조정에 벼슬을 하러 나가거나 산림에 은거하거나 어느 때를 막론하고 그는 사회적인 존재로서 윤리 도덕을 행하여 "우주를 지탱"하고자 하였다.

사물의 이치는 다양하다. 그것은 세계 만물과 사회의 제반 현상만큼이나 복잡 다단하다. 그러나 자연은 이에서 그치지 않는다. 거

---

11) 『退溪全書 四』, 「言行錄」, 142쪽.

기에는 그 다양한 이치들을 상호 연관된 유기적 체계로 조직하고 통일시켜 주는 하나의 근원적인 이치가 있다. 자연의 섭리가 바로 그것으로, 이야말로 사물들의 생성을 이끌고 그것들 간에 질서를 부여해 주는 형이상학적인 세계 본질이다. 사실 사물의 이치란 자연의 섭리가 각 사물 속에서 존재 구조화된 것에 다름 아니다. 다시 말하면 한 사물의 이치는 개별화된 자연의 섭리라 할 수 있다. 이러한 논법은 인간 사회의 윤리에도 그대로 타당하다. 윤리는 결코 시대에 따라 개폐될 수 있는 자의적인 산물이 아니다. 그것은 형이상학적으로는 자연의 섭리를 뿌리로 갖고, 인간학적으로는 도덕생명으로부터 연역된 삶의 이치다. 그러므로 도덕생명 정신이야말로 모든 윤리 규범들의 생명성과 사회의 활력을 담보해 주는 중핵이 아닐 수 없다. 선비가 "천하일가 사해동포"의 사회 이상 속에서 생명애의 정신을 제반 윤리의 근본으로 두었던 것도 이러한 사고에 연유한다. 윤리 사회에 대한 평가의 기준이 여기에서 마련될 수 있다. 만약 윤리가 도덕생명 정신의 자발성을 얻지 못하고 그저 관습적인 행동 규율로만 준행된다면, 그것은 인간적인 유대의 힘과 진정한 사회 통합력을 잃고 말 것이다. 이러한 폐단은 시대 사조상에서 살피면 특히 조선조 17세기 이후 성행한 예학에서 크게 노정되었던 것으로 보인다.

이제 이 논의를 마치면서 다음과 같은 물음을 던져 보도록 하자. 자연을 상위 개념으로 갖는 사회는 그렇지 않은 사회와 어떠한 차이를 드러낼까? 우리는 선비의 문화관에서 그 대답을 찾을 수 있다. 일반적으로 말해서 문화는 자연에 대한 인간의 공작의 산물이므로 그것의 반자연적인 모습은 피할 도리가 없는 것처럼 보인다. 하지만 사람들이 자연을 어떻게 인식하느냐에 따라 그들의 공작 내용, 즉 그 사회의 문화 정신과 형태가 달라지게 마련이다. 예컨대 자연을 낯설고 불편한 대상으로만 여겨 온 이제까지의 서구인들은 야만의 자연을 정복하고 이용하여 그 위에 찬란한 인공의 조형물을 구축하는 데에 그들의 문화 이상을 두었지만, 인간과 만물의 존재 요람인 자연 속에서 천인합일의 삶을 염원하였던 선비에게 문화란 결코 그러한 것일 수 없었다. 그 역시 자연을 탐구하고 이용했던 것은 사실이지만, 그 목적은 자연을 정복하여 그 위에 인공적인 삶과 사회를 건설하려는 데에 있지 않았다. 그의 자연 탐구는 자연의 이치에 삶을 맞추고 사회에 그것을 복원하려는 의도를 갖고 있었다. 물론 그의 자연관은 인문 정신에 의해 상당히 각색된 것이었다. 사회구조의 근간이 될 윤리가 자연을 배면으로 하고 있는 것도 이러한 사고의 소산이다. 선비는 이처럼 친자연의 사회를 조성하여 그 속에서 자연과 어우러지는 삶을 살고자 하였다.

2 개인과 사회

인간은 사회적 존재라는 사실에 누구나 다 동의한다 해도, 개인
과 사회의 관계에 대한 생각은 사람마다 다를 수 있다. 이를테면 전
체주의는 사회를 앞세우면서 개인의 희생을 강요하는 데 반해 개인
주의는 사회보다는 개인을 우선시하여 그의 자유와 독립을 소중한
가치로 여긴다. 하지만 전자의 폭력성은 말할 것도 없거니와, 일견
호감이 가는 개인주의도 많은 문제를 내포하고 있다. 먼저 개인주
의의 존재론적 토대가 될 실체주의에 대해 분석한 반 퍼슨의 글을
읽어 보자. 이는 우리가 아래에서 논의할 선비의 공동체주의와 상
당히 대조적이다.

'실체주의'란 무엇을 말하는가? '실체'라는 말은 원래 그 자체로 존
재를 유지하는 것을 뜻한다. 다시 말해 그 자체로 홀로 설 수 있고 다

른 것에 전혀 의존하지 않는 것을 말한다. 따라서 실체주의는 사물들이 모두 각각 독립해서 존재하는 것으로 보고 상호간의 의존 관계를 인정하지 않는 태도를 일컫는다. 이렇게 되면 결국 사물들은 모든 관계를 상실하는 결과가 생기게 된다. 실체주의는 모든 사물들을 고립시키고 분리시킨다. 즉 인간, 사물, 세계, 가치, 신 등을 그 자체로 홀로 존재하는 것 즉 '실체'로 보게 만든다. 따라서 이들이 맺고 있는 관계는 단절된다. 이것은 결국 사고하는 주체의 오만을 드러낸 것이다. 지성을 통해 모든 것을 정확하게 구획 짓고 파악할 수 있으며 그가 설정한 구획 안에 모든 것을 집어넣을 수 있다고 생각한다.[1]

아닌 게 아니라 개인주의는 '지성의 오만'이다. 그것은 개인이 남에게 의존하지 않은 채 독립적으로 존재할 수 없다는 사실을 무시하고 있기 때문이다. 그것은 자타간 상호 의존과 보완, 상생상성(相生相成)의 엄연한 현실을 외면하면서 정신의 이차적 기능인 사고로 가공하고 구획 지어낸 '개인'을 삶의 중심에 세워 놓는다. 그 결과 개인과 개인을 하나로 묶어 줄 수 있는 존재의 공통분모를 찾기 어려운 개인주의는 고립되고 분리된 개인들 사이에 발생하기 쉬운 대립과 충돌을 이성으로 미연에 방지하고 또 사후에 조정하려 한다. 그 사회에 법이나 권리 의무의 관념이 발달할 수밖에 없는 이유가 여기에 있을 것이다. 그것은 자타 사이에 구획 지은 존재(삶)의 영역을 남들의 침입으로부터 방어하고 보호하기 위한 최선의 장치다. 또한 그 사회에 이혼이 일상의 문화 현상이 되어 있는 것도 저와 같

---

1) C. A. 반 퍼슨, 앞의 책, 94쪽. 반 퍼슨은 이를 서양화의 원근 기법의 존재론적 배경으로 설명하고 있다.

은 '실체'적 사고에 연유할 것이다. 아무리 부부라 하지만 여전히 '그 자체로 홀로 존재하면서' 독립성을 유지하는 두 개인의 결합인 만큼, 상대방의 구속이 심하면 헤어질 수 있다는 생각은 어쩌면 자연스러운 일이요 하나의 상식이다. 그것이 오히려 개인의 자유와 독립, 사적인 발전을 위해 바람직할 수도 있다. 이처럼 개인주의는 사람들에게 인간관계와 공동체의 구속으로부터 벗어나 자기 자신의 독자적인 판단에 따라 살 것을 가르친다. 사회(공동체)는 개인이 서로들 필요에 의해 만든 제도일 뿐이므로 그것의 가치를 앞세우는 것은 본말을 전도시킨 폭력이다.

　　선비의 철학은 이와 크게 다르다. 존재론적인 관점에서 말하면 그는 공동체주의를 견지한다. 그의 존재공동체의 정신은 무엇보다도 사물을 독립, 단독의 개체로 여기는 실체주의적 사고를 부정한다. 음양 사상에서 이미 살핀 것처럼 이 세상에 독립적으로 존재할 수 있는 것은 아무것도 없으며, 만물은 서로 의존하고 보충하는 가운데에서만 존재하고 생성해 나갈 수 있다. 그야말로 "서로 의존하고 서로 기다리며 서로 낳아 주고 서로 이루어 준다.〔相依相待 相生相成〕" 우리는 이의 형이상학을 태극기의 한가운데 원을 구성하는 음양의 그림에서 읽는다. 양자는 서로 의존하고 서로를 기다려서만 존재 의의를 얻으며, 또 상호 작용 속에서 완전하고 아름다운 원을 이루어 낸다. 반쪽의 독립을 주장하는 것은 곧 그 자신을 부정하는 태도에 다름 아니다. 부부도 "두 반쪽의 합체로서의 한 몸〔一體胖合〕"[2]인 만큼 이혼은 치명적인 자기 파괴의 짓일 뿐이다. 철학자 윤

2) 주회암은 "일체반합(一體胖合)" 운운하면서 부인의 죽음을 크게 슬퍼하고 있다.(『朱子書節要』,「答呂伯恭」, 87쪽 참조)

석빈의 주장처럼 "나의 시작은 너와의 관계 속에서 출발한다. 너와 만남으로 인해 나는 자아를 깨닫고, 너와 함께 '우리'가 된다. 로츠에 의하면 공동체 인간성은 '우리' 안에서 완성되는 것이고, 인간은 '우리' 속에서 자신의 충만함을 가진다."[3]

그러므로 일자는 본질적으로 타자를 그의 존재 안에 내포하며, 타자야말로 일자의 존재 및 생성을 위한 불가결의 조건이다. 맹자는 말한다. "만물이 모두 나에게 갖추어져 있다.(『맹자』「진심 상」)" 따라서 우리는 한 사물의 본질을 파악하고자 할 때 그 개체의 내부에로만 탐구의 시선을 집중시켜서는 안 된다. 고 서정주 시인이 '한 송이의 국화꽃'에서 '봄부터 그렇게 울어 온 소쩍새 소리'와 '먹구름 속에서 또 그렇게 운 천둥소리'를 듣고, '간밤에 저리 내린 무서리'를 본 것처럼, 그 사물의 존재를 지탱해 주는 바깥의 조건들을 함께 검토해야 한다. 한 사물의 존재와 생성에는 그렇게 우주 만물이 함께 작용하기 때문이다. 퇴계 역시 이러한 뜻을 한 제자에게 다음과 같이 비유적으로 말한다. "솥은 쇠〔金〕로 주조되지만, 거기에는 반드시 흙〔土〕을 물〔水〕로 개어 그 모형을 만들고 나무〔木〕로 불〔火〕을 때서 쇠를 녹여 부어 솥을 만드는 것처럼 쇠그릇에는 오행(五行)이 다 갖추어져 있습니다."[4]

선비는 이처럼 한 사물의 존재 안에서 타자와, 더 나아가 만물을 바라보는 존재공동체의 정신을 갖고 있었다. 이에 의하면 사물들은 고립되고 분리되어 있는 것이 아니라 서로 존재 관련을 맺고 있

3) 윤석빈, 「고립된 이성적 존재에서 공동체 인간성으로」, 마르틴 부버 지음, 윤석빈 옮김, 『인간의 문제』해제, 44~45쪽.

4) 『退溪全書 二』, 「答趙起伯大學問目」, 274쪽.

으며, 일자는 본질적으로 타자를, 세계를, 우주 전체를 그의 존재 안에 갖고 있다. 퇴계는 말한다. "이치상으로 말하면 천하의 일이 내 밖의 일이 아닙니다."[5] 그리하여 거기에서는 '그 자체로 홀로 존재하는' 개인을 상상할 수 없으며, 저와 같은 존재의 실상을 무시하고 자타간 분리와 경계의 구획을 지으려는 '개인'을 사람답지 못하다고 비난한다. 당시 사람들의 만류에도 불구하고 조정을 떠나 고향으로 내려간 퇴계의 은둔 행각을 두고 혹자가 "숲 속만 찾으려는 산새"라고 비아냥거린[6] 것도 깊이 따져 보면 이와 같은 존재론적 사고의 발로일 것이다. 그가 자기 한 개인의 안락만 찾으려 했지 존재 공동체의 완성이라고 하는 선비의 세계 이념을 저버린 것처럼 보였기 때문이다. 오늘날 우리 사회에서 일반적으로 통용되고 있는 우리 집, 우리 남편, 우리 아내 등등의 '우리'라는 표현이나, 또는 각종 상부상조의 관행도 따지고 보면 이러한 공동체적 사고의 소산일 것이다. 한편 언론 매체들이 범죄자를 다루는 데 그 개인의 성격적 결함을 따지고 든다는 미국과는 달리, 그를 범죄로 몰아간 가정적 사회적 배경을 함께 문제 삼는 우리의 보도 경향도 이의 한 양상으로 여겨도 좋을 것이다.

개인과 사회에 관한 선비의 인식을 우리는 여기에서 다시 한 번 확인한다. 그에 의하면 사회는 원자처럼 고립된 개인들의 집합체에 불과한 것이거나 개인 뒤에 사회가 있는 것이 아니다. 사회는 개인들이 "만인에 대한 만인의 투쟁"을 염려하여 이루어 낸 요청적인

5) 『退溪全書 一』, 「與宋台叟」, 276쪽.
6) 『退溪全書 四』, 「言行錄」, 19쪽 참조.

형식이거나 타협적인 계약의 산물이 아니다. 그것은 개인들의 삶을 법적, 제도적으로 보장해 주는 힘을 갖기 때문에 필요한 것도 아니다. 사회는 인간의 출현과 함께 시작되며, 그의 존재를 유지시켜 주고 성취시켜 주는 사람들의 유기적인 관계망이다. 그 어떤 사회에도 속하지 않는 개인을 우리는 도대체 상상할 수 없다. 그러한 자는 존재의 진공 상태에 빠지고 말 것이다. 사람은 사람 사이[人間]에서만 사람일 수 있기 때문이다. 그러므로 인간은 본질적으로 사회적인 존재다. M. 셸러 또한 말한다. "모든 개인에게는 의식의 본질적인 부분에 이미 사회라는 것이 내면화되어 있다. 그리고 인간은 사회의 일부일 뿐만 아니라, 또한 사회는 관련 영역으로서 그 인간의 본질적인 부분이다. '나'가 '우리'의 일부일 뿐만 아니라 '우리'가 또한 '나'의 필연적인 구성 요소다."[7]

혹자는 여기에서 일련의 의문을 가질지도 모른다. 선비의 공동체 의식은 집단주의적 사고를 조장하지 않을까? 그것은 개인을 공동체 속에 매몰시켜 자신을 공동체와 동일시하게끔 만들지 않을까? 그는 결국 그 안에서 자신의 본래성과 주체성을 상실한 익명의 인간으로 살게 되지 않을까? 물론 그렇지 않다. 그것은 상호 의존과 보충의 공동체적 존재됨을 강조하는 것일 뿐, 공동체에 대한 개인의 종속성을 주장하는 집단주의와는 차원을 달리한다. 선비는 오히려 집단속에 개인이 매몰될 것을 염려하면서 공동생활 속에서도 자아의 정체성을 지키려 한다. 맹자와 공자의 말을 들어 보자. "사람들은 항상 천하와 국가와 가정을 말하지만, 천하의 근본은 국가에 있

---

7) 이규호, 『사람됨의 뜻』(좋은날, 2000), 152쪽에서 재인용.

고 국가의 근본은 가정에 있으며 가정의 근본은 나에 있다.(『맹자』
「이루 상」)" "군자는 사람들과 화해롭게 지내지만 그들에게 동화되
지 않는다.〔君子 和而不同,『논어』「자로」)" "군자는 사람들과 어울
리지만 그들과 파당을 짓지 않는다.〔君子 群而不黨,「위령공」)" 그는
언제 어디에서나 진리와 도의의 정신으로 자신을 지키기 때문이다.
이처럼 선비는 개인주의와는 또 다른 의미에서 개인을 중요시하였
다. 개인이야말로 공동체적인 존재의 주체로서, 그가 자신을 어떻게
관리하느냐에 따라 남들에게나 더 나아가 세계에 영향을 미칠 것이
기 때문이다. 그는 그것을 마음가짐에서부터 시작하였다.『중용』은
말한다. "마음의 중화(中和)를 극진히 하면 하늘과 땅이 제자리를
얻을 것이요, 만물이 바르게 생육될 것이다."[8]

"천자로부터 일반 백성에 이르기까지 모두 수신을 근본으로 삼
아야 한다.(『대학』)" 하여, 선비가 자아의 수행〔修身〕을 그토록 중요
시한 이유가 여기에 있었다. 그것은 단순히 고상한 인격을 갖추기
위한 노력에 불과한 것이 아니었다. 그것은 개인을 벗어나 존재공
동체의 본질을 실현하기 위한 것이었다. 그것은 자기 안에 한편으
로 도사리고 있는, 상호 의존과 보충의 존재성을 부정하는 모든 개
인〔私〕적인 요인들을 제거하여 나의 존재 안에 본래적으로 내포되
어 있는 만물의 의미와 가치를 찾아 실현하려는 심장한 노력이었
다. 수신에 앞서 바른 마음〔正心〕과 거짓 없는 뜻〔誠意〕, 그리고 사
물의 탐구를 통한 앎의 성취〔格物致知〕가 요구되었던 것도 이 때문

---

8) 주회암은 이를 다음과 같이 주석한다. "천지 만물이 본래 나와 한몸인 만큼 나의 마음이
바르면 천지의 마음도 바르게 될 것이요, 나의 기(氣)가 순조로우면 천지의 기도 순조로워질
것이다."(『經書(中庸)』, 775쪽, 註)

이다. 이처럼 선비는 사회(만물) 공동체의 과제 수행을 바로 자아의 수행에서부터 시작하였다.

또 하나의 의문을 제기해 보자. 선비의 공동체 정신상 자타간 상호 의존의 사고는 일상생활 속에서 사람들에게 자유와 독립의 정신을 약화시키지 않을까? 하지만 우리는 여기에서 자유의 의미를 다시 생각해 볼 필요가 있다. 자유란 모든 규제와 간섭, 제약과 구속으로부터의 해방만을 뜻하지는 않는다. 이는 자신을 진공 상태에 두려는 것과 마찬가지로 현실적으로 가능하지도 않거니와, 게다가 정작 중요한 것은 '무엇으로부터의' 자유가 아니라 '무엇을 향한' 자유일 것이다. 즉 자유의 진정한 의의는 소극적으로 외부의 강제를 거부하는 데 그치지 않고, 자신의 본성에 따라 적극적으로 자아를 실현하는 데 있다. 그러므로 인간관계와 사회생활상 불가피한 제약과 구속을 거부하려만 할 것이 아니라, 오히려 그것을 하나의 인간 조건으로 받아들이면서 그 가운데에서 자기 완성을 위해 노력하지 않으면 안 된다.

선비는 이러한 자유의 정신을 갖고 있었다. 그는 자타 상관의 사회생활 속에서 "참자아를 완성하고 타자를 성취시켜 주려는" 적극적 자유의 정신을 매우 강하게 갖고 있었다. 그는 그것을 지식인의 의무와 책임감에서가 아니라, 자신의 존재 내부에서 들려오는 공동체적 자아의 명령에 따라 자발적으로 행하였다. 어느 학자는 말한다. "인간은 다른 사람과 연합할 때, 또는 전체를 모두 포용하는 우주적 힘과 조화를 이루면서 살 때 자유를 성취할 수 있다."[9] 이러

---

9) 멜빈 레이더 · 버트람 제섭, 앞의 책, 248쪽.

한 자유의 정신은 앞서 인용했던바 맹자의 '대장부'의 기상과도 같이 현실의 어떠한 난관에도 굴하지 않는 독립 자존의 위엄을 보여 준다.

한편 공동체 내 상호 의존의 정신은 사람들이 피상적으로 추측하는 것과 달리 개인주의보다도 오히려 더 '성숙하고 균형 잡힌 개인'을 만들어 낸다는 실증적인 주장도 있다. 아래의 글을 한번 읽어 보자. 저자는 십수 년간 티베트 생활을 하면서 라다크 사람들의 공동체적인 자아가 보여 주는 건강한 의식을 서양인의 눈으로 놀랍게 바라보고 있다. 흥미로운 점은 그들의 세계관과 공동체 정신이 선비의 그것과 매우 유사하다는 사실이다. 한편으로 그들의 삶 속에서 우리는 몇십 년 전까지만 해도 그처럼 살았던 우리 할머니 할아버지들의 모습을 보는 듯하다.

나는 라다크 사람처럼 정서적으로 건강하고 안정된 사람들을 만난 일이 없다. 그 이유는 물론 복합적이며, 전체적인 삶의 방식과 세계관에서 나온다. 그러나 나는 그 가장 중요한 요인은 자신이 훨씬 큰 어떤 것의 한 부분이며, 다른 사람들과 또 자신의 주위와 뗄 수 없이 연결되어 있다는 느낌이라고 확신한다. 라다크 사람들은 자기들의 땅에 속해 있다. (……) 그들은 자신들이 속해 있는 살아 있는 맥락을 의식하고 있다. 별들과 해와 달의 움직임은 그들의 나날의 활동에 영향을 주는 친숙한 리듬이다. 그와 똑같이 중요한 것으로, 라다크 사람의 보다 큰 자아 개념은 사람들 사이의 긴밀한 유대와 관계되어 있다. (……) 전통적인 라다크 사회에서는 아주머니, 아저씨, 비구, 비구니들을 포함해서 누구나가 몹시 상호 의존적인 공동체에 속해 있다. 어머니가 자녀들 모두와 떨어져 혼자 있는 경우는 없다. 어머니는 항상 자녀들의 삶의 일부이고 손자녀들의 삶의 일부인 채로 있다. 라다크 문화를 체험하기 전에, 나는 집을 떠나는 일은 성장의 일부이고 성인이 되는 데 필수적인 단계라고 생각했다. 그러나 이제 나는 대가족과 친밀한 작은 공동체야말로 성숙하고 균형 잡힌 개인들을 만들어 내는 보다 나은 기초가 된다고 믿는다. 건강한 사회란 각 개인에게 무조건적인 정서적 지지의 그물을 제공하면서, 긴밀한 사회적 유대와 상호 의존을 권장하는 사회이다. 이러한 틀 안에서 개인들은 아주 자유롭고 독립적으로 될 수 있을 만큼 충분한 안정감을 느낀다. 역설적으로 나는 라다크 사람들이 산업 사회의 우리들보다 정서적으로 덜 의존적이라는 것을 발견하였다.[10]

---

10) 헬레나 노르베리-호지, 김종철 · 김태언 옮김, 『오래된 미래』(녹색평론사, 2003), 110~112쪽.

3 도덕사회의 이상

선비의 존재공동체 정신은 도덕생명 관념을 자연스럽게 배태하였을 것이다. 개인의 자유와 독립, 그리고 사적인 발전을 최고의 가치로 내세우는 개인주의와는 달리, 그는 자신의 존재 안에 내재된 타자의 의미를 숙고하고 자타간의 관계에 주목하면서 그 의미의 실천과 관계의 완성을 삶의 과제로 내놓을 것이다. 도덕성이란 그러한 공동체적 본질의 천부적인 실천 성향에 대한 가치론적 언명이라할 수 있다. 생명애와 의로움, 예, 그리고 지혜〔仁義禮智〕의 정신은 이를 네 가지로 범주화하고 또 강령화한 것으로서, 그것들은 인간의 사회 정신의 대체를 특성적으로 담아내고 있다. 선비가 품고 있던 도덕사회의 이상은 바로 이와 같은 존재론에 뿌리를 둔 것이었다. 인간의 공동체적 본질이 도덕성으로 내면화되며, 도덕성은 사회를 도덕화하도록 자신에게 명령하는 것이다. 그러므로 도덕사회의 조성은 나의 도덕성을 떠나서는 도대체 불가능하다. 『대학』은 말한다. "자신의 근본이 어지러운데 남을 다스린다는 것은 불가능한 일이다." 조선 사회에서 치자들에게 도덕 수행이 그토록 강조되었던 것도 이 때문이었다.

선비가 사회의 유지와 관리상 윤리 도덕을 강조했던 이유도 여기에 있었다. 그는 사회생활의 제반 원리를 존재공동체의 정신 또는 도덕성으로부터 연역하여 실천하고자 하였다. 그러므로 내 안의 남과 관계를 맺는 데에는 법과 같은 강제 규범이 개입할 여지가 없다. 강제 규범은 남을 믿지 못하는, "만인에 대한 만인의 투쟁"의 사회에서나 유효한 외재적 수단이다. 권리 의무의 관념 또한 거기에서는 인간적이지 못하다. 나와 남 사이의 분할과 경계를 전제하고 있는 그것은 인간관계를 매우 취약하게 만들 뿐만 아니라, 근본적으로 남을 나의 존재 밖으로 밀어내고 자신을 투명 유리 상자 속에 가둠으로써 자타간 인간적인 교류와 소통의 길을 막아 버릴 것이기 때문이다. 개인주의 사회에서 사람들이 남들과의 문제를 법에 호소하고 소송으로 해결하려는 풍조가 이 점을 잘 증언한다.

이와는 달리 선비의 공동체 정신은 윤리 도덕을 인간관계와 사회의 우선 가치로 내세운다. 퇴계는 관중(管仲)의 말을 빌려 임금에게 다음과 같이 훈계한다. "예와 의로움과 청렴함과 부끄러움[禮義廉恥]은 나라의 기강으로서, 이 네 가지가 행해지지 않으면 나라는 멸망하고 맙니다."[1] 그러므로 사회는 일종의 윤리적 구성체라 할 수 있는 것이었다. 선비에게 법 관념이 미약했던 이유가 여기에 있다.

---

1) 『退溪全書 一』, 「辭免大提學箚子」, 212쪽.

그에 의하면 사회의 제반 문제는 도덕의식의 타락에 기인하는 만큼, 사람들의 은폐되고 타락한 도덕심을 일깨움으로써만 자연스럽게 해소될 수 있다. 이를 무시한 채 법적, 제도적인 장치와 강제적인 수단을 동원하는 것은 미봉책에 지나지 않는다.

물론 그렇다고 해서 그가 법이나 기타 제도가 갖는 의의를 부정했던 것은 아니다. 그는 다만 윤리 도덕과 제도 중에서 전자가 사람 사는 사회의 핵심임을 알았기에 그 선후와 본말을 분명히하고자 하였다. 법은 최후의 방책이요, 그에 앞서 윤리 도덕만이 화해로운 인간관계와 인간 세상을 이루기 위한 근본 대책이라는 것이다. 퇴계가 정치의 목표를 "백성의 덕을 향상시키는〔新民〕"데에 두었던 것도 이와 같은 사고에 근원한다.[2] 공자 또한 말한다. "백성을 법령으로 이끌고 형벌로 제재하면 그들이 악행을 하지는 않겠지만 부끄러움을 모를 것이다. 백성을 도덕으로 인도하고 예로 다스리면 그들은 부끄러움을 알 것이요 또한 바르게 살려 할 것이다."

사실 이러한 사회관은 성선(性善) 관념의 예정된 산물이기도 하다. 천성적으로 선한 사람들이 모여 사는 사회에서 가장 존중되어야 할 것은 그들의 자율적이며 자발적인 윤리 도덕이요, 사회는 이를 통해서만 '사람 사는 곳'임을 보장받을 수 있기 때문이다. 만약 사회가 인간(의 선한 품성)을 신뢰하지 못한다면 그것은 아무래도 구성원들의 '악질'을 다스리기 위해 인간 외적인 어떤 권위와 타율적인 방법을 강구하지 않을 수 없을 것이다. 법이 그 대표적인 수단

---

2) 『退溪全書 二』, 「傳習錄論辯」, 332쪽 참조. 그는 이에 입각하여, 『대학』의 삼강령 가운데 하나인 '친민(親民)'을 "백성을 친애한다."고 해석한 명나라의 王守仁에 대해 반론을 제기하였다.

이다. 그러나 법을 통한 개인의 사회화가 얼마나 가능할까? 사람들은 법을 떠난, 또는 법 밖의 영역에서는 거리낌 없이 그들의 반사회적 실체를 드러내게 될 것이다. 이는 인간에 대한 믿음을 갖지 못한 사회, 인간의 선한 심성에 행위 규범의 뿌리를 두지 않은 사회의 한계를 여실히 밝혀 준다.

그렇다고 해서 선비가 순진하게 인간 심성의 선량함만을 믿었던 것은 물론 아니다. 그는 사람들에게 악한 기질도 있음을 알고 있었다. 그가 윤리 도덕을 강조하면서도 한편으로 현실인들의 악행을 제재하기 위한 제도와 입법의 불가피성을 인정한 것도 이에 연유한다. 그러나 그에 의하면, 타율적인 법과 제도의 동원이 부득이하다 하더라도 그것은 사회의 패란과 무질서를 막기 위한 최후의 수단에 그쳐야 하며, 치자는 그에 앞서 사람들의 악한 성향을 바로잡기 위한 교화의 노력을 정책적으로 행하지 않으면 안 된다. 정치의 궁극적인 목표는 사회의 안정 자체에 있는 것이 아니라, 그 속에서 사는 사람들의 화해롭고 도덕적인 삶에 있기 때문이다. 공자는 말한다. "정치란 사람들의 부정직을 바로잡아 주는 것이다.〔政者 正也, 『논어』「안연」〕" 그러므로 도덕사회의 건설을 위해서는 법과 제도 위에 존엄하고도 고귀한 인간을 세워 그를 사회 정책의 근본 지표로 삼지 않으면 안 된다. 퇴계가 법을 하나의 제도 말단으로 여기면서 선조에게 인간의 도덕성에 뿌리를 둔 정치를 주장한 이유[3]도 이러한 성찰에 근거한다.

그러면 선비는 사람들의 반사회적인 악질이 어디에 기인한다고

---

3) 『退溪全書 一』, 「戊辰六條疏」, 187쪽 참조.

생각하였을까? 우리는 인간의 사회적 존재됨에 대한 그의 인식을 뒤집어 봄으로써 그 답변을 찾을 수 있다. 사람은 서로 의존하고 보충하면서 더불어 '우리'로서만 살 수 있다면, 그러한 '우리됨'을 거부하는 유아독존의 이기주의는 말할 것도 없고 자기중심적인 개인주의 역시 반사회적인 악의 뿌리가 아닐 수 없다. 왜냐하면 '개인'은 남을 아우르면서 서로 더불어 화해롭게 살려 하기보다는 자신의 독립과 자유만을 추구하려 하며, 그 결과 인간관계를 불안정하게 하고 나아가 사회 공동체를 허약하게 만들 것이기 때문이다. 앞서 인간관에서 이미 살펴본 것처럼 선비가 개인〔私〕의식을 그토록 경계하면서 그것의 초극〔克己〕을 중요한 공부 과제로 삼았던 이유가 여기에 있다. 요컨대 개인주의는 인간이 본질적으로 자타 상관적이며 상호 보완적인 존재라는 사실에 반하는 악덕의 뿌리다. 그것은 일상생활에서 사적인 욕망을 찬양하고 또 부추기면서 사람들을 무한 경쟁과 대립 상태로 내몰 것이며, 자타간 인간적인 교류와 상부상조의 미덕을 부정할 것이다. 결국 그것은 사람들을 자기 속에 갇히게 만들어 인간 관계와 사회를 와해시키고 말 것이다.

그러므로 사람들은 자유와 독립의 환상에 젖어 자기 한 개인의 욕망과 사적인 발전만을 추구하려 해서는 안 된다. 그것은 하나의 죄악 이상으로 자신의 존재 부정을 뜻하기까지 한다. 우리가 한 인간으로 존재하기 위해서는 남들의 제약을 오히려 유의미한 것으로 받아들여 화해로운 마음속에서 자타 공동의 이념을 실현해 나가지 않으면 안 된다. 참다운 인간의 모습이 여기에서 드러난다. 이러한 일련의 뜻은 퇴계가 「예안향약」의 규약에, "이웃의 환란에 대하여 도울 수 있는데도 불구하고 이를 좌시하고 구해 주지 않는 자"에 대한 처벌 조항을 둔 데에서 분명히 확인된다.[4] 곤경에 처한 사람을 구제해야 할 아무런 의무도 없는 개인에게 단지 이웃이라는 이유만으로 그것을 물리적으로 강요하는 것은 현대인의 개인주의적인 사고로는 도저히 이해될 수 없는 일이겠으나, 너와 나가 아니라 '우리'라고 하는 존재의 긴밀한 유대 의식을 갖고 있는 선비에게 그러한 개인은 '사람됨의 직무를 유기한' 자로 판단될 수밖에 없었을 것이다. 이는 남들을 향해 자신의 존재를 여는 노력의 중요성을 함축한다. 한 사람의 위대성은 그의 존재의 개방 정도에 달려 있다. 『대학』의 이른바 수신, 제가, 치국, 평천하는 그 개방의 과정을 언급한 것이다.

선비의 공동체 의식은 인간 사회만을 지향하지 않았다. 그의 마음은 천지 만물 전체에까지 열려 있었다. 그에 의하면 사람들이 그들의 생명정신을 인간 사회에 국한시키는 것은 일종의 (인간) 집단 이기주의에 지나지 않는다. 자연이 만물을 고루 생육하는 것처럼, 천인합일을 도모해야 할 인간은 최대한 공변된 마음으로 이 사회뿐만 아니라 만물을 아우르며 그들의 생성을 도와주지 않으면 안 된다. 장횡거는 말한다.

세상 사람들의 마음은 편협하게도 그들이 보고 듣는 것에 머물러 있다. 그러나 성인은 그의 본성을 남김없이 실현하므로 보고 듣는 것에 마음을 국한시키지 않는다. 그는 이 세상 어느 한 가지 사물도 자아 밖

---

4) 『退溪全書 二』, 「鄕立約條序」, 353쪽 참조.
5) 『近思錄』, 117~118쪽.

에 있지 않음을 알고 있다. (……) 만약 한가지 사물이라도 배제하는 마음을 갖는다면 그는 하늘과 합일할 수 없을 것이다.[5]

사실 우리가 살아가는 사회는 사람들로만 구성되어 있는 것이 아니다. 우리는 사회 속에서 사람들과는 물론 만사 만물과도 종횡으로 관련을 맺으며 상호 의존하고 보완하면서 살아간다. 우리가 만물에 대해 관심을 갖고 사랑을 베풀어야 할 이유가 여기에 있다. 만약 타자에 대해서 무관심하고 그를 배제하는 마음을 갖는다면 우리는 그만큼 자신의 존재를 좁히고 또 소외시키는 것이나 마찬가지다. "이 세상 어느 한 가지 사물도 자아 밖에 있지 않기" 때문이다. 그러므로 자연에 대해 착취와 파괴를 자행한다면, 그것은 우리 스스로가 자아를 파괴하고 황폐화시키는 짓에 다름 아니다. 오늘날 자연을 정복하고서 세운 도시 문명 속에서 사람들이 안식과 평화를 누리기는커녕, 오히려 알지 못할 불안에 시달리는 것도 깊이 들여다보면 그들이 물아 공동체적인 자아를 스스로 파괴한 데에 연유할 것이다. 이른바 신토불이(身土不二)의 존재성을 몰각하고서 토(土)를 배제하고 학대하기 때문에 신(身)이 자신의 불가분한 일부를 잃어 그처럼 존재의 불안을 면치 못하는 것이다.

이에 반해 선비의 공동체 정신은 "이 세상 어느 한 가지 사물도 자아 밖에 있지 않음"을 알아 우주적 대아의 심흉 속에서 만민의 생활과 만물의 생성을 도우며 물아간 화해로운 삶을 꾸려 나가고자 하였다. "참자아의 완성과 타자의 성취〔成己成物〕"의 이념이 이 점을 잘 일러 준다. 이렇게 하여 인간과 만물이 각기 존재의 제자리에서 그들 고유의 노래와 율동을 펼치면서 일대 화합을 이루는 곳, 거기에서 천지인 삼재(三才)의 하나 즉 '우주 드라마의 주인공'으로서의 인간의 삶은 최고의 완성도를 보이게 될 것이다. 선비가 평생토록 행한 공부는 이러한 주인공으로서 손색을 갖지 않기 위한 끊임없는 노력이었다. 그 시작은 타자를 향하여 자신의 존재를 여는 노력에 있음은 재언을 요하지 않는다. 이것이 제가, 치국, 평천하에 앞서 요청된 수신의 참뜻이기도 하다.

이와 같이 우주의 한 중심에 서서 만민과 만물을 자신의 존재의 품 안에 아우르려 했던 선비에게 이 세계는 하나의 커다란 가정과도 같이 여겨졌을 것이다. 퇴계는 제자들에게 말한다. "천지는 만물의 큰 부모다. 그러므로 만민은 모두 나의 형제요 만물은 모두 나와 더불어 사는 이웃이다."[6] 그리하여 가족 구성원들이 혈연의 유대 의식으로 일체감을 갖고서 서로 긴밀하게 교류하는 것처럼, 선비의 공동체 정신 역시 사회적인 인간관계까지도 본질적인 것으로 여겨 사람들을 혈연적인 친근감으로 대면하려 하였다. 오늘날 우리에게 아직까지도 친숙한 천하일가, 사해동포라는 명구는 바로 이와 같은 철학과 이념을 깊이 함축하고 있다.

이렇게 살피면 인간은 결코 세계 안에 외롭게 내던져진 개인이 아니다. 개인은 이성이라고 하는 이차적인 정신 속에서 만들어진 허상일 뿐이며, 인간은 세계가정의 일원으로 태어나 자타간 본질적이고 혈연적인 유대를 갖는다. 퇴계는 또한 말한다. "천하가 한 집안이요 세상 사람들은 나와 한몸이다."[7] 그러므로 가정을 지배하는

---

6) 『退溪全書 四』, 「言行錄」, 74쪽.

7) 위의 글, 196쪽.

사랑과 공경이야말로 인간의 근원적인 정서요 삶의 원천이 아닐 수
없다. 당연히 사회생활도 이의 연장선상에서 추진된다. 사회는 차갑
고 경쟁적이며 적대적인 인간관계의 장(이익사회)이 아니라, 따뜻하
고 친밀한 마음으로 서로가 사랑과 공경을 나누면서 어우러져야 할
화합의 자리(공동사회)다.

　선비가 사회 윤리를 가정 윤리의 연장선상에서 정립하려 한 것도
이와 같은 사고에 뿌리를 둔다. 『대학』은 말한다. "군자는 집안을 벗
어나지 않고 나라에 교화를 성취한다. 어버이에게 효도하는 마음으
로 임금을 섬기고, 형님을 공경하는 마음으로 어른을 섬기며, 자식
을 사랑하는 마음으로 백성을 부린다." 오늘날 우리가 처음 보는 낯
선 사람에게까지 할아버지, 할머니, 아저씨, 아주머니 등 친족의 호
칭을 사용하는 것도 이러한 가정적 사회관의 잔재일 것이다. 앞서
인용한 「한국인의 선과 악」의 저자는 또한 다음과 같이 말한다.

　　모든 인간관계를 가족 관계 차원에서 바라보는 것은, 그것 자체가
　하나의 가치관의 선택이자 세계에 풍성한 의미를 부여하고 인간적 유
　대를 튼튼하게 엮어 주는 결정(decision)이다. (……) 그것은 무엇이 인
　생을 의미 있게 하고 동시에 가치 있게 만드는가에 대한 선택이다. 그
　리고 모든 선택은 희생을 수반하는데, 이 경우에는 악을 이해할 수 없
　게 되는 것이다.[8]

　정말 선비는 존재공동체의 정신으로 세계와 인생에 의미와 가치

---

8) C. 프레드 알포드, 앞의 글, 347쪽.

를 부여하면서 자타간의 유대를 튼튼하게 엮었다. 그는 자신을 결코 남과 분리되고 독립된 개인이 아니라, 천지 만물까지도 자신 안에 아우르는 우주적인 존재로 간주하였다. 그리하여 "만민을 형제와 같이, 만물을 이웃처럼" 여기는 그에게 사회는 사람들이 이해득실로 이합집산하는 덧없는 집단이 아니라, 본질적인 존재 유대를 갖는 가정이나 다름없었다. 그가 인생의 의미를 개인적인 성공에 두지 않고 참자아의 완성과 타자의 성취에 둘 수밖에 없었던 이유도 여기에 있을 것이다. 자신의 형제인 만민에 대해, 더 나아가 자신과 더불어 사는 만물에 대해 무관심한 태도는 존재의 터전을 외면하는 것이나 마찬가지로 자책되었을 것이기 때문이다.

이처럼 존재론적인 성찰 속에서 인간과 만물을 형제애와 이웃 사랑으로 아우르려 했던 선비는 본래적인 악을 도대체 상상할 수 없었을 것이다. 인간은 본래 선한 존재로서 대립과 투쟁보다는 서로 의존하면서 더불어 화해롭게 살아가도록 태어났기 때문이다. 그가 비록 일상의 삶 속에서 사람들의 악행을 아무리 많이 목도하고 또 겪는다 하더라도 "인간은 본래 선하다"는 근본적인 믿음을 바꾸지 않는 한 그는 도덕사회와 가정적 사회의 이상을 포기하지 않을 것이다. 악행은 사람들이 살아가면서 갖게 되는 자기 폐쇄적인 소아(小我) 의식의 산물인 만큼, 누구나 도덕 수행의 노력을 통해서 은폐된 선한 본성을 회복할 수 있다. 그러고 보면 위 인용문의 필자 말대로 서양인의 관념상 태초부터 실재해 온 것으로 여겨지는 악(Evil)을 번역할 개념적 숙주(宿主)를 한국어가 갖지 못한 데에는, 그 근저에 저와 같은 성선(性善)의 인간관이 작용하기 때문인 것으로 보인다. 이렇게 인간에 대한 근원적인 신뢰와 긍정 속에서 열린

마음과 따뜻한 사랑으로 세상에 나서려 했던 선비는 악을 충분히
제거할 수 있는 후천적인 현상으로 여기면서, 아무리 타락한 세상
에서도 도덕사회의 꿈을 버리지 않았다.

4 불평등 속의 조화 이념

이미 누누이 드러난 바지만 선비의 공동체 의식은 인간관계와 사회생활상 조화의 정신을 깊이 함축한다. 아니, 그것은 그의 사회사상의 형이상학적 토대로 작용했던 음양론에 이미 예정되어 있었다. 음과 양이 서로 상대를 기다려서만 자신의 존재를 성취하고 상호 조화로운 관계 속에서만 생성의 세계에 참여할 수 있는 것처럼, 사회 또한 구성원들 사이의 상호 보완과 조화 속에서만 유지되고 또 발전할 수 있다. 대립과 갈등은 사회를 혼란에 빠뜨릴 것이며, 더 나아가 사람들의 존재 자체를 어지럽게 만들 것이다. 『주역』 64괘 384효의 길흉 판단은 바로 이를 한 가지 준거로 한다. 이를테면 「태(泰)」 괘와 「비(否)」 괘는 하늘과 땅의 조화 여부를 살펴 사회의 태평과 혼란을 점치고, 「기제(旣濟)」 괘와 「미제(未濟)」 괘는 물과 불의 조화 여부에서 일의 성패를 예측한다.

그러므로 이 세상은 결코 적자 생존과 약육강식의 정글이 아니다. 그것은 오히려 자타가 상호 의존하고 조화를 이루면서 공생 공영하는 장이다. 선비가 인간관계와 사회 규율의 원리로 법보다는 도덕을 강조했던 것도 이에 연유한다. 조화의 이념은 법으로 강제될 성질의 것이 아니며, 공동체적인 사고 속에서 자발적으로 수행되는 도덕으로만 도달될 수 있을 것이기 때문이다. 한마디로 도덕은 자타간 존재의 유대 의식 속에서 도출되는 조화와 친목의 원리다. 인간은 이러한 도덕의 심성을 천부적으로 타고났다.

그러므로 선비의 조화의 정신은 독립된 개인들의 계약 사회를 관리하기 위해 부득이 요청된 것이 아니었다. 그에 의하면 나는 본질적으로 남들을 자신의 존재 안에 갖고 있으므로 내 안의 그들과 화해롭게 지내지 않을 수 없다. 만약 그들에 대해 대립과 투쟁의 의식을 갖는다면, 그것은 그만큼 내가 나 자신의 존재를 어지럽게 만들고 또 부정하는 것과 다를 바가 없다. 그러므로 조화의 정신이야말로 자아의 완성은 물론 남들을 성취시켜 주기 위해 갖추어야 할 긴요한 덕목이다. 퇴계가 「예안향약」에서 '이웃 간에 화목하지 못한 자'를 처벌하도록 규정한 것도 이러한 사고의 반증이다. 오늘날의 관점으로 보면 이웃과의 불화에 대해 도덕적인 비난을 넘어 물리적인 강제력까지 동원하려는 것은 상식 밖의 일이겠지만, 그에게 불화는 인간관계의 갈등 이상으로 존재의 균열을 뜻하기 때문에 견디기 어려운 일이었을 것이다. 우리는 이와 같은 의식의 잔재를 아직까지도 많은 사람들이 가훈으로 '화목'을 내걸고 있는 데에서 확인한다. 그야말로 "가화만사성(家和萬事成)"이다.

선비의 조화의 정신은 대립과 갈등 이전에 경쟁조차 부도덕한 것으로 여겼다. 그에게 경쟁이란 남들과 대소와 장단, 다소를 비교하는 '나' 의식의 산물인 만큼 자신의 존재를 축소시키는 악행에 다름 아니다. 이는 개인주의 사회에서 사람들이 개인의 자유와 독립, 사적인 발전에 삶의 목표를 두면서 경쟁력이나 투쟁의 정신을 하나의 미덕으로까지 칭송하는 현상과 대조를 이룬다. 선비는 오히려 남들과 비교하고 경쟁하게 만드는 '나'를 버리고 그들을 아우르면서 자타간 화해로운 삶을 살고자 하였다. 극기복례의 공부가 이를 잘 말해 준다. 다른 한편으로 그는 진리의 탐구와 도의의 실천, 참자아의 발견과 완성을 지상의 과제로 삼았기 때문에 남들과의 경쟁 의식을 버리고 돌이켜 자기 성찰과 자아의 향상에 관심을 집중하였다. 이것이 그의 수신의 정신이었다.

그가 유일하게 경쟁거리로 여겼던 활쏘기조차 실은 승부보다는 자타간 예양과 우의, 화해로운 만남을 위한 것이었다. 공자는 말한다. "군자는 남들과 경쟁하는 일이 없지만 활쏘기만큼은 그렇지 않다. 서로 인사하고 양보하면서 사대에 올라갔다가 활쏘기가 끝나면 내려와 술을 마시니, 그 경쟁이 군자답다.(『논어』「팔일」)" 퇴계는 항아리에 화살을 던져 넣는 투호의 경쟁도 이의 연장선상에서 살피면서 다음과 같이 읊는다.

예악은 본래부터 조화와 엄숙이니
투호의 예술이 이를 모두 겸했네
주인 손님 편 갈라도 오만한 거동 없고
지는 사람 벌주에도 다들 마음 넉넉하네
활쏘기 못지않게 남아로서 익힐 일

그 경쟁 군자답다 가히 볼 만하구나

침착한 마음 단정한 거동 꾸민다고 될 일인가

오롯한 정신에 저절로 조신하네

禮樂從來和與嚴　　投壺一藝已能兼

主賓有黨儀無傲　　籌爵非均意各厭

比射男兒因肄習　　其爭君子可觀瞻

心平體正何容飾　　一在中間自警潛[1]

　선비의 조화의 정신은 인간관계와 한 사회를 넘어 국제 관계에
서까지 작용하였다. 퇴계는 임금에게, 오랑캐조차 화(和)의 정신으
로 상대해야 한다고 하면서 일본의 화친 요청을 거절하지 말 것을
요청하였다. 한편 그는 대국의 예조판서로서 소국인 일본에 대해서
"대국을 섬기고 하늘을 두려워할 것"을 요구하면서 다음과 같이 말
한다. "무릇 소국은 공물을 성실하게 바칠 것이요 법도를 어기면서
까지 은혜를 바라서는 안 되며, 대국은 소국을 감싸 안되 법도를 넘
어 은혜를 남발해서는 안 된다. 그래야만 대소국의 도리가 행해져
근심거리가 없게 될 것이다."[2] 대소국간 교린의 도리를 말하고 있
는 이 글은 선비의 사대 의식(事大意識)의 내부를 보여 준다.

　사실 선비의 사대 의식은 약소국의 백성으로서 강대국을 마지못
해 떠받들고 섬길 수밖에 없는 약자의 변명이거나, 또는 강대국에
대한 약소국 백성의 줏대 없는 흠모와 추종에 불과한 것이 아니었

---

1) 『退溪全書 一』, 「投壺」, 109쪽.

2) 위의 책, 「禮曹答對馬島主宗盛長」, 258쪽. 당시 일본은 조선의 조정에 식량 원조를 과다하
게 요청하면서 소란을 피웠다.

다. 자타간의 대립과 투쟁을 부정하고 조화를 강조하는 그의 공동체 정신은 국제 사회에서까지 작용하였다. 그리하여 그는 힘에 입각한 지배와 복종의 관계를 부정하면서, 강대국이든 약소국이든 상호 존중과 예의의 정신으로 평화롭게 교류하며 공존 공영할 것을 기대하였다. 그가 외교에서 명분과 도덕을 강조했던 것도 이 때문이다. 당시 외교의 주무부서가 예조였던 사실이 이를 단적으로 예증한다.

물론 그 이면에는 대소국간의 불평등 질서가 깔려 있지만, 그는 오히려 이를 당연한 사실로 받아들였다. 현실적으로 엄연히 존재하는 대소와 강약의 차이를 외면하고 부정하는 평등 의식은 잘못된 것이며, 그 결과 갈등과 대결, 전쟁을 초래할 수밖에 없다는 사실을 그는 분명히 인식하고 있었다. 그렇다고 해서 그의 불평등 세계관이 강대국에게 약소국을 지배할 권한을 인정하는 것은 아니었다. 그의 사대 의식은 약소국이 강대국을 섬겨야 하지만 강대국 또한 약소국에 대해 존중과 예의의 태도를 갖추어야 한다는 언외의 뜻을 함축하고 있다. 맹자가 제(齊)나라 임금으로부터 국가간 교린의 도에 관해 질문을 받고는 "소국으로서 대국을 섬길〔以小事大〕"뿐만 아니라 "대국으로서 소국을 섬길〔以大事小, 『맹자』「양혜왕 하」)"것을 말한 뜻이 여기에 있다. 『춘추좌씨전』은 이러한 '섬김'의 도리를 다음과 같이 부연한다. "소국은 대국을 신의로 섬겨야 하고, 대국은 소국을 사랑으로 보호해야 한다. 소국이 대국을 배반하는 것은 신의 없는 짓이요, 대국이 소국을 침탈하는 것은 불인한 짓이다. (애공 (哀公) 7년)"

그러나 아무리 그렇다고 하더라도 불평등 속에서 조화의 이념을 추구하는 것은 어불성설이 아닐까? 참다운 조화는 자타간 평등한 관계 속에서만 성취될 수 있을 것이기 때문이다. 그렇다면 선비의 조화의 이념은 그가 한 사회의 지배적인 신분으로서 피지배자의 반발을 무마하기 위한 기만적이고 위선적인 술책이었을까? 물론 그렇지 않다. 거기에는 그러한 이해타산 이전에 그의 사회사상과 삶의 철학이 작용하고 있다. 먼저 그의 불평등론을 검토해 보자. 맹자는 진상(陳相)이라는 사람과 논쟁을 하며 평등주의의 허구성을 다음과 같이 비유적으로 논증한다.

> 만물이 제각기 다른 것이야말로 그것들의 실상이다. 그 차이가 어떤 것은 두 배 또는 다섯 배가 되기도 하고, 또 어떤 것은 열 배 백 배, 혹은 천 배 만 배나 되는 것도 있다. 그런데도 그대가 그것들을 모두 동일시해 버린다면, 이는 온 세상을 혼란에 빠뜨리는 짓이다. 만약 좋은 신발과 나쁜 신발의 값이 같다면 누가 좋은 신발을 만들려 하겠는가.(『맹자』「등문공 상」)

사실 사람들의 능력과 일의 성과가 저마다 다른 터에 좋은 신발을 만드는 사람과 나쁜 신발을 만드는 사람을 동등하게 대우한다면 좋고 나쁨의 가치에 혼란이 야기될 것이며, 그것은 전자의 입장에서는 또 다른 불평등에 다름 아닐 것이다. 한편으로 평등 이념은 그 자체로만 보면 참으로 고상하지만 현실 사회 속에서는 자타간 화해로운 인간관계를 저해하는 경향을 부수한다. 이를테면 사람들이 신분상, 재산상, 또는 성별상 차별당하고 있다고 느끼면서 남들과 동등한 대우를 요구하는 순간 상호간 갈등과 대립, 다툼을 피하기 어려울 것이다. 한편의 사람들은 자신의 남다른 능력이나 업적을 들어서 불평등의 당연함을 주장하려는 데 반해서, 다른 쪽에서는 불평등이 자신의 무능력보다는 남들의 술수와 사회 제도의 횡포에 기인한다고 생각하면서 불평과 분노와 투쟁의 심리를 키울 것이다. 이러한 문제는 일반적으로 사람들이 자신보다 우월한 사람 앞에서는 질시의 마음속에서 그와 같게 되기를 바라면서도, 한편으로 자신은 남보다 우월하기를 바라는 이율배반적인 심리를 고려하면 더 심각해진다. 결국 사회적인 불평등의 문제를 해결할 수 있는 최후의 방법은 국가 권력의 개입과 강제밖에 없어 보인다. 그러나 그것은 역시 사람들의 이해 득실을 제도적으로 안배하고 조정하는 정도에 그칠 뿐, 그 이상으로 화해로운 인간관계를 조성할 힘을 갖지 못한다.

선비가 평등사상을 거부했던 이유가 여기에 있다. 평등의 정신은 자타간, 계층간 대립과 경쟁, 갈등을 부추기면서 도덕사회와 가정적 사회의 화해로운 기풍을 해치기 때문이었다. 『주역』은 말한다. "두 마리의 용이 들에서 싸우니 그 피가 검노랗다.(「곤」괘 상육효(上六爻))" 이는 강대해진 음이 양을 깔보아 양상음하(陽上陰下)의 위계질서를 부정하고 양과 대등하게 나서려 함으로써 초래되는 결과를 은유한 것이다. 이의 사회적 함의는 분명하다. 모든 대등한 인간관계에서는 경쟁과 대립 의식이 지배함으로써 결국 상호 투쟁의 현상이 벌어질 수밖에 없다는 것이다. 이와는 달리 동물의 세계는 그 반증을 보여 준다. 그들은 동종 간의 사회에서 힘에 입각하여 철저하게 '불평등한' 위계질서를 세우고 있기 때문에 '평화'를 유지한다.

정이천은 평등 사상이 갖는 이러한 문제점을 분명히 인식하고 있었다. 그는 말한다. "오늘날에는 사인(士人)이나 공경(公卿)이나 다 같이 날마다 높은 자리와 영화로운 생활을 추구하고, 농공상인(農工商人)들은 날마다 부유와 사치를 추구한다. 그리하여 모든 사람들이 이득만을 좇아 온 세상이 어지러우니 어떻게 화합을 이룰 수 있겠는가. 혼란을 피하고자 하지만 어려운 일이다. 이는 위아래의 사람들이 안분자족하는 마음을 갖고 있지 않기 때문이다."[3] 그가 개탄하는 이러한 현실상은 당시 위계적인 사회 질서가 이완되면서 사람들 사이에 널리 퍼진 일종의 평등사상의 산물이었다. 이상적인 고대 사회의 불평등 사회 구조가 무너지면서 사람들이 자기네들의 신분을 넘어 아무런 제약 없이 삶의 목표를 추구하고 사회의 혜택을 누리려 하는 당시의 풍조를 그는 이와 같이 심히 불안하고 불만스럽게 바라보았던 것이다.

이러한 불안과 불만은 사회 질서의 와해로 인해 그가 자신의 지배 이익 또는 기득권을 잃게 될지도 모른다는 이기심의 소산이 아니었다. 참자아의 완성을 목표로 하는 그의 '참자아의 완성을 위한 학문〔爲己之學〕' 정신은 오히려 부귀영화를 자아 상실의 요인으로 여겨 크게 경계하였다. 그는 학문의 목표를 부귀공명의 획득에 두어 그로써 사람들의 주목과 박수나 받으려는 '남을 위한 학문〔爲人之學〕'의 문제점을 위기지학과 대비하여 이렇게 말한다. "옛날 학자들은 자기를 위함으로써 결국 남들까지 성취시켜 주었는데, 오늘날 학자들은 남을 위하다가 종당에는 자기까지 잃고 만다."[4]

물론 그의 불평등 사상은 '(위)아래 사람들의 안분자족하는 마음'

---

3)『周易(亨)』, 6쪽, 註.

4)『經書(論語)』, 345쪽, 註.

을 제도적으로 강요하는 결정적인 약점을 갖고 있는 것이 사실이다. 이에 관해서는 뒤에서 다시 논의하려 하지만 그렇다 하더라도 그의 주장에는 봉건적이라 하여 전적으로 무시하기만은 어려운 고민스러운 문제가 있다. 이와 관련하여 아래의 두 글을 읽어 보자. 전자는 '계급 구조와 권위를 인간화하려는' 공자의 불평등 사상이 여전히 우리에게 하나의 과제로 남아 있음을 주장하고 있으며, 후자는 민주 혁명 이후 근대 사회에 등장한 평등 정신의 어두운 이면을 날카롭게 적시하고 있다.

계급 구조와 권위를 인류의 막 사라지려고 하는 과거 악의 일시적인 흔적으로 간주하는 근대 정치 이념들의 광범위한 승리에도 불구하고, 복잡한 문명들이 과연 계급 구조와 권위가 없이도 생존할 수 있느냐 하는 문제는, 비록 이들의 범위를 제한시키고 또 충분한 해명을 하는 방법을 창조하는 데 있어서는 약간의 성공을 거둔 것이 사실이지만, 아직 확실한 해답을 얻지 못하고 있다는 점을 솔직하게 인정해야 한다. 권위의 행사와 사회적 세력의 불평등을 어떻게 인간화시킬 것인가 하는 공자의 문제는, 그의 해결책에 대해 우리가 어떻게 생각하든지 간에, 아직 우리에게 과제로 남아 있다.[5]

(평등 사회에서) 경쟁 상태에 있는 개인들이 집단적으로 동일한 목표를 갈망할 때 자기 자신에게 가하는 스파르타식 교육보다 더 나쁜 교육은 없다. 부러움, 원한, 질투, 그리고 무력한 증오는 인간성의 야비

---

5) 벤자민 슈월츠, 앞의 책, 116쪽.

한 결점이기에 앞서 민주 혁명의 직접적인 결과인 것이다. 각자가 권리로써 자기가 선택한 길을 시도할 수 있는 가능성, 야망, 성공을 합법적으로 인정함으로써, 인간들끼리 벌이는 부드러운 전쟁을 또한 합법적으로 인정한 것이 바로 이 민주 혁명이다. 인간들은 이 싸움에서 자신들의 행운에 따라 번갈아 분노하거나 행복해한다. 또한 민주 혁명이 모두에게 부와 행복, 충만을 약속함으로써 좌절을 부추기고, 우리로 하여금 우리의 운명에 영원히 만족하지 못하도록 북돋운다. 이것이 비교라는 독과 결합되고, 어떤 사람들의 눈부신 성공과 다른 사람들의 부진으로부터 태어나는 원한과 결합될 때, 그것은 각자를 욕망과 실망이라는 끝없는 사이클 속으로 끌어들인다.[6]

우리는 특히 이 뒤의 글을, 평등 사상에 대한 정이천의 불만을 심리적인 관점에서 치밀하게 부연 설명한 뜻으로 보아 줄 수 없을까? 물론 이 글의 저자가 그의 불평등론에 동의하지는 않겠지만, 양자가 평등 사상 자체에 대해서 갖고 있는 문제의식만큼은 기본적으로 유사한 것으로 생각된다. "권위의 행사와 사회적 세력의 불평등을 어떻게 인간화할 것인가 하는 공자의 문제"를 우리가 아직도 고민해 보아야 할 이유가 여기에 있다. 그는 평등사상이 야기하는 개인의 불행과 사회의 혼란을 막기 위해 예(禮)라고 하는 인간화된 규범 장치를 마련하였다. 주회암은 말한다. "윗사람과 아랫사람을 분별하여 그들을 안분자족하게 하는 것이 바로 예의 의도다."[7] 예를

6) 파스칼 브뤼크네르, 앞의 책, 37쪽.

7) 『周易 (亨)』, 6쪽, 細註.

들면 삼강오륜의 예는 남녀, 부자, 군신, 장유가 제각각의 위계질서 속에서 안분자족하는 가운데 상호간 화해로운 관계를 맺도록 하려 했고, 귀천의 신분 계층의 예 또한 이와 동일한 의도를 갖고 있었다. 예치(禮治)의 사회사상이 여기에서 배태된다. 이와 관련하여 다음의 일화 한 가지를 들어 보자. 퇴계는 향촌의 모임에 노소 귀천의 자리 배치를 어떻게 해야 할 것인가 하는 향좌(鄕坐)의 문제로 제자들과 종일토록 갑론을박하였다. 그는 신분의 귀천을 기준으로 해야 함을 우기는 제자들에 반대하여 나이의 고하에 입각할 것을 주장하면서 다음과 같이 말한다.

제군들은 천한 사람들보다 아래에 있는 것이 수치라는 주장을 고집하면서 남들보다 위에 있으려는 뜻을 관철하려 합니다. 그것이 전적으로 그른 것은 아니지만, 그러나 예의는 현자에게서부터 나오는 법입니다. 제군들이 모두 이 시대 향촌의 현자들로서 이러한 당면의 문제에 대해 마땅히 옛 뜻을 깊이 탐구하고 예문(禮文)을 자세히 살펴 올바른 처신 방법을 통찰해야 할 것입니다. (……) 그런데 단지 마음 내키는 대로 남들을 이겨 먹으려고만 하면서 한때, 한 자리의 편치 못함을 이유로 자신의 편안함만을 찾을 뿐, 옛 뜻이 어떠한가, 향촌의 예가 어떠해야 하는가 하는 문제를 더 이상 자문하지 않는군요. 이는 현인 군자가 처신하는 기상과 전혀 다르니 참으로 개탄스럽습니다.[8]

---

8) 『退溪全書 一』, 「與趙士敬」, 573쪽. 제자들은 이에 대해 "선생님은 태곳적을 논하시는데/제자들은 말세를 말하는구나" 운운하는 시를 한 수 지어 선생에게 올렸다고 한다.(『退溪先生文集考證』(학민문화사 영인본), 457쪽 참조)

그는 귀천의 신분질서가 사회의 안정과 평화를 위해 부득이함을 인정하면서도 동시에 거기에 내재된 '귀한' 신분의 지배 의지를 간파하고 이를 문제시하였다. 그가 내세운 '(현인 군자의) 예의'는 그러한 문제점을 예방하고 귀천간에 화해로운 만남을 조성하려는 인간적인 방책이었다. 그는 인간관계의 기저를 힘이나 신분이 아니라 도덕에 두려 했던 것이다. 이러한 뜻은 그가 한 제자에게, "손님이 오거든 노소와 귀천을 막론하고 정중하게 대접하도록" 훈계한 것[9]이라든지, 또는 이산서원(伊山書院)의 한 규약으로 "서원의 관리와 학생들은 항상 하인들을 사랑으로 대하여, 서원과 서재의 일 이외에는 그들을 사적으로 부리지 말 것이며, 그들에게 사사롭게 화를 내거나 벌을 주지 말 것"[10]을 정한 데에서도 잘 나타난다. 실제로 그의 한 제자는 선생 자신이 그러한 가르침대로 살았음을 다음과 같이 증언한다. "사람들을 대하실 적에는 상대방의 신분과 인품여하를 막론하고 예를 다하지 않음이 없으셨고, 손님이 오면 그가 아무리 미천한 신분일지라도 항상 계단을 내려가 영접하셨으며, 자신이 나이가 많다거나 신분이 높다 해서 상대방을 낮추 보지 않으셨다."[11]

이러한 사실은 그가 사회적 불평등을 인정하면서도 일상의 인간관계에서 인격적인 평등의 정신을 견지하고 있었음을 알려 준다. 그에 의하면 서로 다른 신분과 역할, 능력의 사람들이 모여 사는 사회에서 불평등은 피할 수 없지만, 그렇다고 해서 그것이 곧 인격의

---

9) 『退溪全書 四』, 「言行錄」, 57쪽.

10) 『退溪全書 二』, 「伊山院規」, 346쪽.

11) 『退溪全書 四』, 「言行錄」, 18쪽.

차별까지도 정당화하는 것은 아니다. 사람은 누구나 고귀한 본성을 평등하게 타고난 만큼 신분의 귀천과 고하를 막론하고 서로 인격적으로 존중하고 예의를 갖추지 않으면 안 된다. 그것이 바로 인간의 사회적 본질에 내재된 윤리적인 함의이며, 대동 사회 또한 그러한 인간관계 속에서만 이루어질 수 있다. 향좌의 문제를 바라본 퇴계의 시각도 여기에 근거를 두고 있었다. 하지만 객관적으로 살피면 그가 주장했던 인격의 평등은 당시의 불평등한 신분질서 속에서 한계를 갖거나 또는 공허할 수도 있다. 그의 제자들의 고집스러웠던 태도가 이 점을 잘 예증한다. 이에 관해서는 뒤에서 다시 논의하려 한다.

선비는 한편으로 불평등 사회에서 '아랫'사람을 보호하기 위한 사상적 기제를 마련하기도 하였다. 그는 상하의 신분 계층상 아랫사람에 대한 윗사람의 배려 의무를 강조하였다. 이 점은 특히 『주역』의 「손(損)」 괘와 「익(益)」 괘에서 단적으로 드러난다. 그 책은 사회적 손익의 관점을 아랫사람에게 두어, 아랫사람의 것을 빼앗아 윗사람에게 보태는 것을 (사회적) 손실로, 이와 반대로 윗사람의 것을 덜어 아랫사람에게 보태 주는 것을 이익으로 여긴다. 「익」 괘는 말한다. "익은 위를 덜어 아래를 보태는 것이니, 백성들이 한없이 기뻐할 것이요, 위에서부터 아래로 내려오니 그 도(道)가 크게 빛을 발한다.(단사)" '위'의 가진 자들이 자신들의 것을 덜어 '아래'의 못 가진 사람들을 이익되게 하고 그들보다 낮게 처신해야만, 사회는 상하의 사람들 사이에 형평과 조화를 얻을 수 있다는 것이다.

이러한 사고는 못 가진 자에 대해 베풀어야 할 가진 자의 도덕적 의무를 드러낸 것이 아니며, 후자가 전자에 대해 시혜를 베풂으로써 자신의 기득권을 유지하려 했던 속셈은 더더욱 아니었다. 거기에는 근본적으로 선비의 존재공동체 정신과 유기체적인 사회관이 작용하고 있다. 사람은 독립된 개인이 아니라 서로 의존하면서 살아가도록 되어 있는 상보적인 존재이며, 사회 또한 계층간 모순과 투쟁의 장이 아니라 역시 상호 협력과 보완을 통해 전체적인 조화를 꾀해야 할 사람살이의 자리라는 것이다. 그러므로 불평등한 사회 구조는 착취와 수탈의 방책이 아니라, 오히려 상하 계층 간 서로 의존하고 보완해 줄 장치로 간주되었다. 맹자는 말한다. "치자가 없으면 백성을 다스릴 수가 없고, 백성이 없으면 치자를 먹여살릴 수 없다.(『맹자』「등문공 상」)"

선비는 이와 같은 사고 속에서 상하의 모든 사람들이 화해롭게 공존 공영하는 사회를 만들어 나가고자 하였다. 「손」 괘의 사회적인 의미를 풀이한 아래의 글을 읽어 보자. "귀한 신분은 천한 신분을 바탕으로 하고 윗사람은 아랫사람을 토대로 한다. 그러므로 아랫사람을 이익되게 하면 아래와 위의 사람들이 함께 이익을 얻을 것이요, 아랫사람에게 손해를 끼치면 아래와 위의 사람들이 함께 손해를 입을 것이다."[12] 선비가 생각했던 윗사람의 의무는 곧 이러한 공동체적인 사고의 소산이었다. 다만 그가 '아랫사람을 이익되게' 하려는, 또는 '아랫사람에게 손해를 끼치지 않게' 하기 위한 사회적 장치를 올바로 마련하지 못하고 한편으로 윗사람의 의무를 제도화하지 못했다는 점은 결정적인 한계로 지적될 수 있을 것이다. 그렇기는 하지만 우리는 또한 저러한 생각대로 살았던 선비들의 이야기를 조선의 역사에서 어렵지 않게 듣는다. 예컨대 실학자 연암(燕巖)

---

12)『周易(利)』, 213쪽, 小註 開封耿氏說.

박지원(朴趾源, 1737~1805)이 전하는 한 정승의 고민은 그러한 사
실을 잘 증거해 준다.

언젠가 큰 눈이 내린 날이다. 사경(士京)이 자기 집으로 나를 불렀
다. 그는 당시 정승이 된 지 오래였건만 방안에는 바람을 막는 병풍 하
나 없더구나. 홑이불이라고 있는 건 해어졌고, 자리 곁에는 몇 권의 책
이 있을 뿐이었다. 옛날 안성에서 포의(布衣)로 지낼 때와 똑같더구나.
자주 술을 데워 오게 했지만 다른 안주라곤 없고, 손과 주인 앞에는 이
가 빠지고 투박한 큰 사발에 가득 담은 만두 10여 개뿐이었다. 날이 샐
무렵까지 이어진 이야기는 백성을 이롭게 하고 나라의 폐단을 없애는
방안이었는데, 이야기 도중 문득 탄식을 하면서 자신의 직책을 감당하
지 못할까 걱정하기도 하였다.[13]

선비의 청빈 사상은 이처럼 윗사람으로서 예, 의로움, 청렴함, 부
끄러움(禮義廉恥)을 지키면서 자신의 이익을 뒤로 하고 '아래'의 민
생을 걱정하는 강렬한 사회 정신까지 내포하고 있었다. 가난(貧)을
마다하지 않고 존재의 맑음(淸)을 추구했던 그에게는 애초부터 귀
천의 신분질서를 통해 기득권을 지키거나 또는 지배 이익을 누리려
는 뜻이 전혀 없었다. 그는 오히려 '위를 덜어 아래를 보태고' '위에
서부터 아래로 내려와' 상하간 화해로운 공동생활을 이루고자 하였
다. 퇴계의 제자들이 엿본 선생의 삶은 이 점을 잘 보여 준다. "선생
님은 남들이 선물을 보내 주면 받아 두었다가 반드시 이웃이나 일

---

13) 박종채, 박희병 옮김, 『나의 아버지 박지원』(돌베개, 1998), 235쪽. 사경은 유언호(兪彦
鎬, 1730~1796)의 자다.

가 중 가난한 사람들에게 나누어 주었고, 조정에서 쌀과 콩을 하사할 때마다 모두 다 나누어 주어 그것들을 집에 쌓아 두지 않으셨다."[14] "한양에서 벼슬할 때 받는 녹봉은 스스로 먹고살 만큼만 남기고 나머지는 모두 가까운 사람들에게 친소 빈부에 따라 나누어 주셨다."[15] 그 밖에 높은 벼슬을 역임했음에도 사후 장례 비용이 없어서 조정의 보조를 받았던 선비들의 사례들을 우리는 조선의 역사에서 어렵지 않게 접한다.

이처럼 선비는 불평등한 사회 구조를 현실로 인정하되, 윗사람의 배려를 통해 그것이 초래할 상하 계층의 대립과 마찰을 방지하고 상호 공존과 조화의 이상을 이루려 하였다. 이는 윗사람의 선의에 의존하는 약점을 갖는 것이 사실이지만, 그것은 그가 기득권자로서 베푸는 아량이 아니었다. 거기에는 그의 존재 전체가 실려 있었다. 그의 공동체 정신이 자신에게 상하의 분별을 떠나 자타간 화해로운 삶을 살도록 명령했던 것이다. 그러므로 사회의 불평등 구조를 이용해 신분 이익을 챙기려는 사람은 더 이상 선비가 아니었다. 퇴계는 임금에게 말한다. "선비가 가장 부끄럽게 여기는 것은 허명(虛名)을 이용해 실리(實利)를 취하는 일입니다."[16] 그는 또한 시험 문제의 일환으로 학생들에게 다음과 같이 말한다. "선비가 무엇을 숭상하느냐에 따라 시대의 성쇠가 달라지는데, 조심하지 않을 수 있겠는가."[17]

---

14) 『退溪全書 四』,「言行錄」, 19쪽.

15) 위의 글, 54쪽.

16) 『退溪全書 一』,「乞致仕歸田箚子 三」, 216쪽.

17) 『退溪全書 二』,「策問」, 341쪽.

5 사회사상의 약점과 한계

도덕사회관의 약점

선비가 존재공동체의 정신에 입각하여 상념한 도덕사회의 꿈은 그 자체로서는 매우 아름다워 보인다. 특히 타율적이고 강제적인 법과 제도만으로 인간 관계와 사회를 규율하려는 오늘날, 자율적이고 자발적인 '예와 의로움과 청렴함과 부끄러움'의 도덕정신을 사회의 근본 기강으로 강조하는 그의 주장을 우리는 자기 성찰과 자아 비판의 자료로 적극 검토해 보아야 한다. 도덕이야말로 '사회적 자본'으로서 중차대한 의의를 갖고 있기 때문이다. 하지만 선비의 도덕사회관에도 문제는 있다. 먼저 종교학자 기타가와의 비판을 들어 보자.

유학자들은 종종 그들의 도덕적 이상이 자동적으로 실현될 것이라는 공통적인 오류에 빠져 있었다. 즉 그들은 유교 이념을 실현시키는 데서 부딪치는 실제적인 문제들을 고려하지 않고 단지 고상한 사상을 가르치기만 하면 된다고 생각하였다. 도덕적 화합을 이상으로 삼은 유교 사상은 법 철학이나 사회 통제의 방법을 전개시키지 못하였고, 중앙 집권적인 관료 체제의 발달에도 불구하고 실제상의 통제는 자치적인 '향촌' 조직을 통해 이루어졌다.[1]

사실 선비는 사회의 문제를 해결하는 데 개인의 정신 수양이나 도덕 교육에 지나치게 의존하였다. 예를 들어 보자. 『대학』은 말한다. "송사(訟事)를 처리하는 데는 내가 남과 다를 게 없지만, 나는 반드시 송사가 없도록 만들겠다." 인격의 위엄과 도덕적 감화를 통해 사람들이 더 이상 소송을 제기할 마음을 갖지 않도록 하겠다는 것이다. 하지만 우리가 익히 아는 것처럼 사회는 도덕만으로, 또는 사람들의 선의에 의해서만 유지될 수 있는 것이 아니다. 그것은 그 밖에 그들의 삶을 돌보고 관리하며 통제하는 제도와 조직들을 갖지 않으면 안 된다. 현실적으로 발생할 수밖에 없는 개인간, 집단간 이해의 충돌을 도덕에 호소해서만 해결할 수는 없기 때문이다. 그것은 도덕에 못지않게 강제성을 띤 법과 기타 제도들을 필요로 하기도 한다. 아니, 경우에 따라서는 도덕도 그러한 조직과 제도의 보조 속에서만 효과를 얻을 수 있을 것이다.

물론 선비도 사회의 규율상 도덕 이외에 조직과 제도의 필요성

---

1) 조셉 M. 기타가와, 앞의 책, 89쪽.

을 인정하긴 하였다. 하지만 그것들은 부차적인 의의밖에 갖지 못했다. 이 점은 퇴계가 임금에게 올린 다음의 글에서 단적으로 드러난다. "임금이 몸으로 실천하고 마음으로 터득한 도덕을 토대로 백성에게 일상 윤리의 교화를 행하는 것이 근본(本)이요, 지난날의 법제를 따르고 아름다운 문물을 계승하는 것은 지엽적인 일(末)입니다. 근본의 확립이 급선무요 지엽적인 일은 나중에 천천히 해도 됩니다."[2] 그의 「성학십도」는 말할 것도 없고, 율곡의 「성학집요」 또한 이와 같은 사고를 잘 반영한다. 그들이 임금에게 가르치고자 했던 내용은 주로 이기심성의 심오한 철학과 일상의 생활 윤리, 그리고 정신 수양에 관한 것이었다.[3] 뒷날 실학자들이 경세치용(經世致用)과 이용후생(利用厚生)의 기치를 세웠던 것도 사실 정덕(正德)을 우선시했던 이와 같은 사조에 대한 반발의 소산이었다.

이처럼 선비는 사회의 모든 문제를 도덕으로 해결하려는, 또는 해결할 수 있다는 '단순정신'을 갖고 있었다. 『대학』의 다음 글은 이 점을 단적으로 예증한다. "윗사람이 집안에서 부모를 잘 섬기면 백성이 감동하여 효심을 일으킬 것이요, 그가 어른들을 잘 모시면 백성이 감동하여 어른들에 대한 공경심을 일으킬 것이며, 그가 외로운 이들을 긍휼히 여기면 백성이 어긋난 짓을 하지 않을 것이다."[4] 하지만 사회 문제를 이처럼 단순 소박하게 풀려 했던 태도는 복잡하기 짝이 없

---

2) 『退溪全書 一』, 「戊辰六條疏」, 187쪽 참조.

3) 퇴계의 「聖學十圖」에는 정치에 관한 논의가 전무하며, 율곡의 「聖學輯要」에는 爲政 편이 편제되어 있지만 그 내용 역시 주로 도덕적이다. 제도에 관한 것은 그 글 전체로 따지면 총31장 가운데 識時務 장 하나에 그치고 있다.

4) 주회암은 이에 대해 "이 세 가지의 일을 윗사람이 실천할 때 아랫사람이 그를 본받는 것은 그림자나 메아리보다도 빠르다."(『經書』(大學), 35쪽)라고 주석한다.

는 구체적 현실을 놓쳐 실패를 면하기 어렵다. 사실 사회를 경영하는 데에는 도덕 이외에, 또는 도덕에 못지 않게 고려해야 할 사항들이 수없이 많다. 유교의 이념에 충실했던 많은 선비들이 벼슬길에 나섰다가 중도에서 치국 평천하의 뜻을 버리고 은둔과 강학의 삶을 택한 것도 어찌 보면 현실과 괴리될 수밖에 없었던 그들의 도덕사회관의 문제상 이미 예정된 수순이었다.

또한 가정적 사회의 이상도 상당한 문제점을 내포하고 있다. "만민은 모두 나의 형제요 만물은 모두 나와 더불어 사는 이웃"이며, "천하가 한집안이요 세상 사람들은 나와 한몸"이라고 여기는 그의 우주적인 심흉은 앞서 살핀 것처럼 삶의 철학과 정신을 깊이 온축하고 있다. 그렇지만 그가 사회 윤리를 가정 윤리의 연장선상에서 정립하려 한 데에는 분명 문제가 있다. 사회를 가정처럼 푸근하고 인정이 감도는 삶의 자리로 만들고자 하는 이상은 좋지만, 그것은 '공동사회'(가정)와 '이익사회'(사회)의 차이를 간과함으로써 정작 진정한 사회 규범의 정립과 개발을 저해하기 때문이다. 거기에는 혈육으로 맺어진 가족과는 달리, 이해 득실의 목적적 관점에서 이합집산하는 일반 사회의 인간관계를 매개하고 조정해 줄 합리적인 규범 의식이 약하다.

이러한 문제점은 특히 자타간 이해의 갈등과 충돌시에 두드러지게 드러날 것이다. 사람들이 이해를 함께하면서 일이 잘 풀릴 때에는 문제될 게 없지만, 서로 대립하는 순간 가정적인 사회 윤리는 양자를 합리적으로 조정할 힘을 잃게 된다. 신분과 나이의 고하를 떠나 서로 다른 의견을 합리적으로 조율하고 대립을 조정해야 할 조직 사회의 인간관계에 "나이가 나보다 스무 살 이상이면 어버이를 섬기듯 하고, 열 살 이상이면 형을 섬기듯 해야 한다."(『소학』)는 윤리 의식이 개입하면, 그것은 조직의 효율적인 관리와 운영에 지장을 초래하게 될 것이다. 물론 선비는 그러한 문제점을 예방하는 기제로 의로움의 정신을 강조하기도 했지만, 그럼에도 '공동사회'적인 윤리 의식은 공적인 인간관계에 사사로운 정이 틈입할 여지를 항상 남겨 두었다. 그러므로 공과 사의 판단에 엄밀한 의로움의 정신이 방심하는 순간 그것은 곧 폐단을 드러내게 될 것이다. 선비정신이 실종된 오늘날 우리는 그 부정적인 잔재를 사회 곳곳에서 목격하고, 또 우리 자신의 의식 속에서 발견한다. 사람들이 크고 작은 조직 사회의 뒤안에서 "형님", "동생" 하며 맺는 사적인 인간관계가 공적인 일처리상 빚어내는 각종의 부작용과 파행들이 이를 잘 예증한다.

선비가 가정 윤리의 연장선상에서 정립한 사회 윤리의 단적인 사례를 한 가지 들어 보자. 충효(忠孝)의 윤리가 그것이다. 충과 효는 본래 그 성질을 전혀 달리한다. 충은 신하가 임금과 정치적인 관계를 맺으면서, 즉 벼슬길에 들어서면서 비로소 부담한다는 점에서 후천적이며, 또한 양자가 위민(爲民)의 정치 목표를 합의하고 공유한다는 점에서 계약적이며 목적적이다. 그러므로 임금이 합의된 목표의 실현을 외면할 경우에 신하는 계약의 파기(사직)를 통해 그러한 윤리적 의무로부터 해방될 수 있다. 심지어 맹자의 주장에 따르면 그는 무도한 임금을 몰아내는 혁명까지도 할 수 있다. 이에 반해 효도는 자식이 부모 아래 태어나는 순간 혈육의 인연으로 생기는 천륜으로서, 계약과 목적의식이 개재될 수 없는 무조건적이고 절대적인 성질을 띤다. 그러므로 자식은 설사 부모가 아무리 완악하다

해도 효도의 의무를 저버려서는 안 되며, 죽을 때까지 자식의 도리를 다해야 한다.

이처럼 서로 성질을 달리하는 충과 효의 윤리가 두 가지 관점에서 일원화되었다. 먼저 그것은 "천하가 한집안이요 세상 사람들은 나와 한몸"이라는 생각을 뿌리로 갖는다. 이에 의하면 임금은 천하의 가장으로서 세상 사람들을 "마치 부모가 어린아이를 보호하듯이(『대학』)" 보살펴야 하며, 사람들은 그러한 임금을 어버이처럼 섬겨야 한다. 충효 일원화의 형이상학적인 근거가 여기에서 마련된다. 하지만 이러한 충은 임금의 책임과 맞물려 상대적이고 조건적인 성질을 띠고 있어서 불완전하고 허약하다. 그것은 임금이 민생을 잘 보살피지 못할 경우 책임 추궁을, 심지어 혁명까지 당할 수 있다는 뜻을 함축하고 있기 때문이다. 『대학』은 말한다. "시에 이르기를 '즐거워하는 군자여, 백성의 부모로다.' 하니, 백성이 좋아하는 것을 좋아하고 백성이 싫어하는 것을 싫어하는 것, 이를 일러 백성의 부모라 한다." "시에 이르기를 '저 우뚝한 남산이여, 바위가 험준하도다. 기세등등한 태사(太史) 윤 씨여, 백성이 모두 너를 우러러본다.' 하니, 나라의 지도자는 조심하지 않으면 안 된다. 백성의 뜻을 저버리면 천하의 죽임을 당할 것이다."

선비는 이처럼 상대적이고 불안한 충을 효와 마찬가지로 사람의 천성(天性)으로 절대화하였다. 주회암은 말한다. "어버이를 사랑하고 형님을 공경하며 임금에게 충성하고 어른에게 공손한 것을 사람의 타고난 본성이라 한다."(『소학』「제사(題辭)」) 원래 계약적이고 목적적이던 충을 그는 이처럼 효와 동일한 차원에서 천륜의 수준으로 격상시켰다. 그리하여 그것은 군신의 관계 이전에 사람이라면 누구나 본래적으로 타고나는 성품의 산물로서, 어떤 상황에서도 파기될 수 없는 절대성을 갖게 된다. 율곡은 임금에게 말한다. "군신의 의는 하늘과 땅 사이 어디에서도 피할 수 없습니다."[5]

그는 더 나아가 『효경』의 글을 인용하여 충과 효를 일원화한다. "효로 임금을 섬기면 그것이 곧 충이 됩니다."[6] 퇴계 또한 다음과 같이 말한다. "임금과 어버이는 일체이므로 섬기기를 당연히 똑같이 해야 합니다."[7] 조선 시대에 흔히 쓰였던 군부(君父)와 신자(臣子)라는 말은 이러한 충효 사상을 압축적으로 담고 있다. 군신과 부자가 전혀 다른 성질을 띠고 있음에도, 양자가 동일시되고 있는 것이다. 이는 충의 윤리를 효의 뿌리에 접목시킴으로써 그것을 '효'적인 것으로 변종시키는 의의를 갖는다. 『예기』는 말한다. "임금이 병환으로 약을 드실 경우에는 신하가 그 약을 먼저 맛보고, 어버이가 병환으로 약을 드실 경우에는 자식이 그 약을 먼저 맛본다."(「곡례하」) "어버이가 돌아가시면 3년상을 치르고 임금님이 돌아가셔도 3년상을 치르는 것은 사람들에게 임금의 존대함을 의심치 말게 하려는 뜻에서다."(「방기(坊記)」) 우리는 이러한 충효 의식의 잔재를 이 시대에서도 직접 목격한바 있다. 지난 1970년대 우리 사회를 독재했던 대통령이 피살되었을 때 그의 장례 행렬에 여러 노인들이 길거리에 나와 통곡했던 일이 그것이다.

한편으로 그러면서도 선비는 때때로 군신과 부자의 차이점에 유념하여 충 본래의 계약적이고 목적적인 성질을 환기하기는 하였

---

5) 『栗谷全書 二』, 「經筵日記」, 141쪽.
6) 『栗谷全書 一』, 「聖學輯要」, 502쪽.
7) 『退溪全書 二』, 「答禹景善」, 161쪽.

다.[8] 하지만 효의 정신으로 이미 희석된 그것은 '임 향한 일편단심' 속에 군신의 질서를 공고하게 한 약점을 안고 있었다. 즉 그것은 임금에게 어버이와 같은 절대 불변의 지위를 부여함으로써 왕조 체제를 연장시켜 주는 윤리적 기제로 작용하였다. 말하자면 자식에게 한번 어버이면 영원한 어버이인 것처럼, 임금도 한번 임금이면 만백성의 영원한 임금이 되었다. 거기에서 맹자와 같은 혁명을 꿈꾸는 것은 마치 자식이 어버이를 '폐위'시키는 것이나 다름없었다. 토인비가 물었다는, 조선 왕조가 세계 왕조 사상 유례 드물게 500년이나 지속된 한 가지 이유를 우리는 여기에서 찾아 볼 수 있다. 그것은 그 밖에 체제상의 여러 복합적인 요인들을 갖고 있겠지만, 정신적으로 살피면 충효의 윤리 역시 그것을 지탱하는 강력한 힘으로 작용하였을 것이다. 지난날 독재 정권이 학교 현장에서 충효의 교육을 강화한 것도 그것이 갖고 있는 체제 유지와 연장의 기능을 알고 있었기 때문일 것이다.

분별과 조화의 갈등

선비가 도덕사회의 이상 속에서 가졌던 예치 관념에도 문제가 있다. 그는 사회의 혼란을 막기 위해 예라고 하는 일상의 규범적인 장

---

8) 퇴계는 말한다. "양자 사이에 절대로 같지 않은 점이 있으니, 부자의 관계는 천륜이므로 자식은 부모를 무제한적으로 봉양해야 하지만 임금과 신하는 도의로 만난 사이이므로 신하가 임금을 섬기는 데에는 일정한 제한이 있습니다. (……) 만약 임금을 섬기는 사람이 도의를 모르고 오직 (부자와 같은) 정에 얽매인다면 그가 이루는 것은 아녀자나 내시의 충성에 지나지 않을 것입니다."(위와 같음)

치를 마련했지만, 사실 사람들이 그것을 통해 자타간 화해로운 관계를 유지하기란 쉬운 일이 아니다. 그것은 기본적으로 분별 의식을 토대로 정립된 것이기 때문이다. 남녀, 부자, 군신, 장유의 자타 분별적인 위계질서 안에서 어떻게 상호간 화해로운 만남이 이루어질 수 있을까? "예의 실천에는 조화의 정신이 중요하다.(『논어』「학이」)"는 주장도 사실 뒤집어 살펴보면 그것의 분별 의식이 실제로 많은 폐단을 초래했기 때문일 것이다. 이러한 문제점은 예가 단지 공경지심의 발로에 그치지 않고 신분질서와 같은 사회 규율의 규범까지 포함한다는 사실을 고려할 때 더욱 심각해진다. 이른바 소강(小康) 사회를 말하고 있는 『예기』의 다음 글을 읽어 보자.

지금 세상은 대도(大道)가 이미 무너져 버려서, 임금은 천하를 자기의 사유물로 삼으며, 사람들은 각자 제 부모만을 부모로 생각하고 제 아들만을 아들로 여기며, 재물이나 노력을 자기만을 위해 사용한다. 임금은 재물과 권력을 세습하는 예를 정하고 외적 방어의 경계를 강화한다. 그는 예의를 기강으로 내세워 그것으로 군신의 분수를 정립하고, 부자 관계를 돈독하게 하고, 형제의 친목과 부부의 화합을 도모하고, 제도를 만들고, 전답과 마을을 세우고, 용맹과 지혜를 숭상하고, 공을 독점한다. 그리하여 이 때문에 모략이 생겨나고, 싸움도 이로 인해 일어난다.(「예운(禮運)」)

이처럼 이기적인 의식이 지배하고 모략과 투쟁이 성행하는 사회에서 통치자가 '예의를 기강으로 내세워' 사회의 안정을 꾀하려는 것은 어쩌면 자연스러운 발상처럼 보인다. 그러한 병리 현상은 일차적으로 사회 규범의 부재에 기인하는 것으로 판단되기 때문이다. 하지만 그것이 부자나 형제, 부부, 기타 제반의 사회적인 인간관계를 돈독하고 화목하게까지 할 수 있을까? 그것이 사람들의 생활을 형식적으로 규율하여 사회의 혼란을 일시적으로 미봉할 수는 있을지 몰라도, 그 이상 근본적으로 그들에게 화해로운 만남의 정신을 심어 주기는 어려울 것이다. 앞서 인용한 것처럼 "윗사람과 아랫사람을 분별하여 그들을 안분자족하게 하는 것이 예의 의도"인 만큼, 그것은 오히려 화목과 화합의 정신에 배치될 수도 있다. '모략과 싸움'은 이의 피할 수 없는 결과다.

그러므로 화해로운 인간관계와 사회를 조성하기 위해서는 '예의 기강'만으로는 안 되며, 그 이상의 가치를 모색해야만 한다. 이러한 관점에서 살피면 퇴계가 향좌 논쟁에서 예를 내세워 제자들을 질타했지만 사실 그것도 향촌의 화합을 이루어내는 데에는 한계가 있을 것이다. 예는 역시 윗사람과 아랫사람을 분별하려는 뜻을 담고 있기 때문이다. 그의 제자들도 어쩌면 바로 이러한 예 의식을 갖고 있었기에 그 논쟁이 종일토록 지속되었는지 모른다. 다만 그가 인간관계를 예로만 맺으려 했던 것은 아니며, 제자들과는 달리 그 근저에 사랑과 공경의 정신으로 사람들을 대면했던 점을 우리는 주목할 필요가 있다. 그것이야말로 자타간 화목과 화합을 이루게 해 줄 근간이기 때문이다. 특히 사랑은 자타 분별을 넘어 물아일체의 의식을 특징으로 갖고 있으므로 예가 갖는 분별의 문제점을 해소해 줄 핵심적인 윤리 정신이다. 『예기』는 그 세계를 위의 소강과 대비해 다음과 같이 열어 보여 준다.

대도가 행해지던 세상에서는 천하가 만인 모두의 것이었다. 사람들은 현자와 재능 있는 사람을 관리로 선출하여 사회를 신뢰와 화목으로 이끌어 나가도록 하였다. 그리하여 그들은 제 부모만을 부모로 여기지 않았고, 제 자식만을 자식으로 여기지도 않았다. 노인들에게는 여생을 편안하게 마칠 수 있도록 하였고, 젊은이는 각자 삶의 자리를 갖도록 하였으며, 어린이는 마음껏 자랄 수 있도록 하였고, 홀아비, 과부, 고아, 병든 자들 모두 부양을 받으며 살아가도록 하였다. 남자들에게는 소업이 있었고 여자들에게는 결혼의 안식처가 있었다. 재물의 헛된 낭비를 싫어했지만 그렇다고 해서 그것을 사재기하지는 않았으며, 노력하지 않는 삶을 혐오했지만 그렇다고 해서 그 노력이 이기적으로 쓰이지도 않았다. 그리하여 남을 모략하는 일이 없어지고 도적이 사라져서 아무도 대문을 잠그고 살지 않았다.(「예운」)

사람들이 자타의 분별 의식과 이기심을 넘어 신뢰와 화목 속에 남들을 배려하는 이 대동(大同) 사회는 사랑의 정신을 기저로 한다. 퇴계의 말을 빌리면 그 사회의 통치자는 "천하를 한집안으로, 만민을 한몸처럼 여겨 그들의 가려움과 아픔을 바로 나 자신의 것으로 받아들이는"[10] 사랑을 지도 이념으로 갖고서 위와 같은 이상향을 실현할 것이다. 그 사회는 물론 예의 기강을 무시하지 않는다. 사람들은 예를 지켜 각자의 삶에 안분자족하되, 자타 분별적인 사고에 갇히지 않고 그것을 넘어 사랑으로 상호간 생명을 교감하고 상통하며 자신들의 삶을 성취해 나간다. 그리하여 천하일가 사해동포의 형제

---

10) 『退溪全書 一』, 「西銘考證講義」, 218쪽.

적인 사랑 속에서 만인의 '제 자리 얻음'이 이루어진 그 사회는 마치 가정과도 같이 인정과 인격이 지배하게 될 것이다. 우리는 이러한 사회에서 신분과 계급의 비인간적인 굴레를 볼 수가 없다. 거기에는 다만 사랑과 공경 속에서 각자의 소업을 다하는 인격만이 있을 뿐이다.

하지만 과거 원시 사회의 부족 공동체에서나 있었을 법한 이와 같은 이상향의 공상적인 모습은 차치하고, 거기에는 지나치기 어려운 하나의 갈등이 내재한다. 예와 사랑의 관계가 그것이다. 앞서 살핀 것처럼 원래 선비의 도덕 철학상 예는 사랑[仁]을 목적 이념, 또는 그 근본 정신으로 갖는다. 그러므로 만약 예가 사랑의 이념적 전제를 갖지 않는다면, 또는 사랑을 실현한다는 목적의식이 없다면 그것은 위에서 살핀 소강의 폐해를 초래할 것이다. 그러나 양자는 역시 각기 그 고유의 실천 논리를 갖고 있어서 서로가 서로를 제약하는 경향을 갖는다. 예컨대 예는 사랑을 일정한 규범 속에 묶어 두려 할 것이요, 이와는 달리 강한 사랑의 정신은 저 규범적인 속박을 벗어나려 할 것이다. 다시 말하면 예의 의식은 사랑을 율법적으로 실천하려 하는 데 반하여, 사랑의 열의는 예의 형식을 무시하려 한다. 이를 사회적인 관점에서 살피면 예의 정신은 불평등한 사회 질서를 당연한 것으로 여기면서 그 안에서 사랑을 실천하려 할 것이요, 이에 반해 사랑의 이념은 자타간 화해와 평등의 사회를 꿈꾸면서 저와 같은 예의 질서를 부정하려 할 것이다. 사실 퇴계는 이러한 문제점을 의식하여 양자의 갈등을 다음과 같이 조정하려 하였다. "천하가 한집안이요 만민이 형제이긴 하지만 그렇다고 해서 획일적인 사랑에 빠지지 않고 (……) 친소(親疎)의 정(情)이 다르고 귀천의 등급이 다르지만 그렇다고 이기(利己)의 사심에 갇히지 않는다."[11]

이에 의하면 만민에 대한 형제애는 지고한 것이지만 그것은 친소의 정과 귀천의 등급에 따라 적의하게 실천되어야 한다. 획일적이고 무차별적인 사랑은 인정과 현실에 맞지 않기 때문이다. 다만 친소와 귀천의 분별적인 현실에 주목하다 보면 자칫 '이기의 사심'에 갇힐 수도 있음을 또한 경계하지 않으면 안 된다. 그것은 자타를 분단하고 격절시키는 요인이 되어 아예 사랑 자체를 불가능하게 만들고 말 것이기 때문이다. 그러므로 만민에 대한 형제애의 근본 정신을 견지하면서 그 사랑을 대상에 알맞게 달리 실천해야 한다. 예가 필요한 이유가 여기에 있다. 예는 귀천의 현실에 입각하여 정립된 도덕 규범이기 때문이다. 요컨대 형제애로 만민을 사랑하면서도 그 사랑을 예에 맞게 실천해야 하며, 사람들과 예로 교제하면서도 그 근본에 사랑의 정신을 갖고 있어야 한다.

하지만 우리는 여기에서 심각한 문제점 한 가지를 발견한다. 그것은 예가 순수 도덕 철학상의 것을 넘어서 "윗사람과 아랫사람을 분별하여 그들을 안분자족하게 하는" 제도적 의미까지 갖고 있다는 사실에 기인한다. 그리하여 귀천의 등급을 규정하는 예는 "천하가 한집안이요 만민이 형제"라는 사랑의 정신을 무색하게 만들고 말 것이다. 현실적으로 천한 사람들의 인권을 억압하고 유린하는 예의 질서를 전제하고서 '한집안의 형제'애를 실천한다는 것은 불가능한 일이다. 형제애는 그러한 귀천의 신분질서를 타파한 위에서만 그

---

11) 『退溪全書 一』, 「聖學十圖(西銘)」, 200쪽.

실효를 거둘 수 있으며, 그렇지 않으면 그것은 공허한 이념에 지나지 않는다. 이는 마치 '소강'의 예의 질서로 '대동'의 이상을 실현하려는 것이나 다름없다. 선비의 사회사상의 한 가지 약점이 여기에서 드러난다. 그는 만민이 형제라는 사랑의 이념을 가로막았을 당시의 불합리한 제도와 현실에 대해 심각한 문제의식과 적극적인 개혁 의지를 갖지 못했던 것이다.

이 점에서 선비가 인간관계와 사회생활상 품고 있었던 조화의 이념은 커다란 한계를 노정할 수밖에 없었다. 원래 조화는 인격과 인권의 평등 속에서만 이루어질 수 있다. 차별적인 인간관계에서 상호간의 조화를 말하는 것은 터무니없는 일이다. 불평등을 신분질서로 제도화했던 조선 사회의 조화 이념이 여기에서 그 허구성을 드러낸다. 양반과 중인, 상민, 천민의 신분질서를 전제하는 한, 조화란 그 구성원들의 자유 의사를 무시한 강제적인 자리 배치를 그럴듯하게 포장한 말에 지나지 않는다. 주인과 종의 관계가 조화롭다는 것은 과연 무엇을 뜻할까? 거기에 전자의 지배와 후자의 복종 사이의 사이비 조화가 있을지는 모르지만, 그것은 조화의 본래 정신과는 거리가 멀다. 참다운 조화는 자타간 대등한 관계 속에서 생명을 감통하고 인격을 교류하면서 양자가 사이좋게 어우러지는 데에서만 가능한 법이기 때문이다.

선비는 평등 정신이 초래하는 개인의 불행과 사회의 혼란을 염려했지만, 그렇다고 해서 인간관계와 사회생활을 신분질서로 강제하고 억압하는 것은 평등 정신보다 훨씬 커다란 폐단을 자아낼 것이다. 조선의 역사가 여실히 증언하고 있는 것처럼 그것은 피지배자에게는 고통과 좌절과 패배의 삶을 강요하는 제도의 폭력이요 인간 유린의 횡포를 유발할 것이기 때문이다. 그런데도 선비는 그것이 갖는 문제점을 심각하게 고민하거나, 또는 그것을 방지하기 위해 또 다른 제도적인 방책들을 강구하려는 노력을 소홀히하였다. 더 나아가 근본적으로 봉건적인 신분질서를 혁파하려는 과감하고도 적극적인 의지를 그는 갖지 못하였다. 우리는 그러한 고민과 의지를 뒷날 출현한 일부 실학자들에게서 본다.

물론 선비가 일상생활 속에서 실천했던 윗사람의 의무와 아랫사람에 대한 인간적 접근은 당시 신분질서의 폐단을 상당히 완화했을 것이다. 하지만 그것은 역시 개인적인 차원에 머물러 있으며, 게다가 근본적으로는 윗사람 중심의 한계를 벗어나지 못한다. 아랫사람은 여전히 자신의 삶과 사회의 주체가 되지 못하고 겨우 윗사람의 시혜 대상으로만 존재할 뿐이다. 예를 들어 보자. 퇴계는 「예안향약」에 "사족(士族)을 능멸하는 서인(庶人)의 무례"를 처벌하도록 규정하고 있는데, 참으로 양자간 화해로운 관계를 조성하려 한다면 서인의 입장도 고려하여 '서인을 능멸하는 사족'도 처벌 대상으로 올려야 할 것이다. 그렇지 않으면 저 규정은 사족의 지배 질서를 유지하고 강화하는 수단으로 이용되고 말 것이다.

이처럼 선비의 조화의 이념이 공소함을 면치 못했던 것은 왜일까? 아마도 그것은 존재공동체의 의식 속에서 순수하게 배태된 조화의 정신이 당시 봉건 사회의 신분질서를 무비판적으로 용인하는 사고의 불철저성에 기인하는 것으로 보인다. 그가 그 사회의 구조적인 모순을 인식하여 그것을 근본적으로 개혁하려 하지 않고, 오히려 그것을 전제로 주어진 현실 안에서 미봉적으로 상하 계층 간의 조화를 추구했기 때문에 그와 같은 한계를 면할 수 없었던 것이다. 달리 살피면 그의 사회사상이 당시의 현실에 대한 비판적인 검토 위에 구조되지 않고 형이상학(존재론)의 연장선상에서 정립되었기 때문에 그의 이념이 공소할 수밖에 없었을 것이다. 하지만 이와 같은 현실적인 약점에도 불구하고 그의 이념 자체만큼은 오늘날에도 여전히 숙고해 볼 만한 내용을 갖고 있다. 예를 들면 앞서 살핀 바 『주역』의 「손」 괘와 「익」 괘가 보여 주는 것처럼, 서양의 이른바 노블리즈 오블리제에 못지않게, 아니 그 이상으로 깊은 철학적 성찰 속에서 윗사람의 의무를 강조했던 선비의 사회정신은 자타간 화해로운 인간관계와 사회를 조성하기 위해서 이 시대 모든 분야의 '윗'사람들에게 여전히 필요한 덕목이 아닐 수 없다.

4부 ◎ 죽음과 삶

1 생사 화해 및 불멸 의식

삶을 추동하는 죽음

사람들은 삶의 충만과 죽음의 허무의 양극성을 풀리지 않는 수수께끼로 남겨둔 채 부조리한 그대로 살도록 태어나지 않았다. 그들은 죽음의 숨막히는 상황을 직간접으로 대면하면서 삶과 죽음의 관계를 어떻게든 정합적으로 이해하고 또 의미 있게 조정해 보려 한다. 인류 역사상 모든 종교들은, 그것들이 고등한가 저급한가를 막론하고, 이 점을 실례로 잘 보여 준다. 우리는 또한 동서고금을 막론하고 수많은 사상가들이 생사의 문제에 관해 남겨 놓은 훌륭한 말씀들에서 이를 확인한다. 물론 그것은 지식인들의 관념적인 전유물이 아니다. 사람은 누구나 일상에서 죽음의 불안에 흔들리고 그 공포에 몸을 떨면서 자기 구원의 방법을 온몸으로 찾아 나선다. 삶 자체가 어쩌면 그러한 역정이다.

죽음은 단순히 미래의 한 시점, 삶의 저 끝에서 마지막 숨과 함께 일어나는 생물학적 사건에 불과한 것이 아니다. 동식물과는 달리 인간은 항상 미래를 전망하면서 삶을 설계하고 자신이 나아갈 방향을 얻는 만큼, 그의 최후의 미래 즉 죽음이 현재의 삶을 어떤 식으로든 간섭하고 규정할 것이다. 사람들이 그 미래에 가까울수록 삶의 불안과 긴장을, 한편으로 허무감을 더하는 것도 이 때문이다. 이는 죽음이 우리의 일상 의식 속에 깊이 스며들어 삶과 불가분의 혼동을 이루고 있음을 알려 준다. 이러한 관점에서 살피면 인간은 죽음을 살고 있다고 말할 수도 있다. 그러므로 우리는 죽음이 삶을 추동하는 방식, 또는 죽음과 삶의 변증법적인 진행 양상에 관심을 가져 볼 필요가 있다. 그것은 사후의 세계를 논의하는 것보다 현재의 삶에 훨씬 절박하고, 또 죽음뿐만 아니라 올바른 삶을 준비하는 데에도 유용할 것이다.

인간의 죽음은 문화적이다.[1] 동물의 죽음이 단순히 하나의 생물학적인 자연 현상에 불과한 것과는 달리, 인간의 그것은 각양각색의 문화적 의미를 담고 있다. 그의 삶이 문화적인 한, 이와 혼동을 이루고 있는 죽음 역시 문화적일 수밖에 없음은 당연하다. 인류 문화사상 다양한 장례식이 이 점을 단적으로 예증한다. 거기에는 서로 다른 문화들만큼이나 제각각의 고유한 죽음 의식이 내재해 있기 때문이다. 그리하여 일반적으로 문화가 그 안의 사람들에게 지대한 영향을 끼치는 것처럼, 죽음의 전통 역시 그들의 삶에 막대한 영향

1) 김열규, 「삶에서 물러갈 수 없는 죽음」, 《광장》 9호(1988, 8월), 140쪽.

력을 행사한다. 그들은 어려서부터 앞 세대의 죽음의 전통을 배우고 익히면서 그것을 자신들의 삶 속에 용해시켜 나간다.

그러면 한국 문화 속에서 우리 민족의 삶에 영향을 미쳐 온 죽음의 전통은, 삶과 죽음의 변증법은 어떠한 양상을 띠고 있을까? 오늘날에는 거의 보기 드문 현상이 되고 말았지만, 우리 어른들이 자신의 수의를 미리 장만하여 입어 보고 또 자신이 묻힐 자리를 미리 치표해 두기도 하는 등 죽음을 마치 일상의 일처럼 그렇게 심상하게 받아들였던 데에는 어떠한 죽음관이 작용하고 있었을까? 요컨대 그들은 죽음을 어떻게 이해했으며, 그것이 가하는 실존적인 불안과 위협을 어떠한 방식으로 해결하려 했을까? 이러한 일련의 의문은 결코 지난날의 전통에 대한 관념적 호기심의 차원에 그치지 않는다. 그것은 바로 나 자신에게도 절박하기 그지없는 현재성을 띤다. 이 점은 앞으로 논의의 과정에서 우리가 부지불각중에 문득문득 자신의 죽음과 삶을 반추하는 데에서 분명해질 것이다.

우리는 이를 위해 선비의 사생관(死生觀)을 살펴보자. 유교는 우리 전통 문화의 기축이며 아직도 우리의 사고와 생활에 일종의 집단 무의식으로 작용하고 있기 때문이다. 사람들은 이에 관해서 제일 먼저 공자의 말을 떠올릴지도 모른다. "삶을 모르고서 죽음을 어떻게 알겠는가.[未知生 焉知死, 『논어』 「선진」]" 혹자는 여기에서 선비에게는 죽음에 관한 인식과 성찰이 부재함을 성급하게 단정하려하기도 한다. 그러나 인류에게 영원히 열려 있는 죽음의 의문에 주저 없이 해답을 내리려는 태도는 신앙인이 아닌 한, 적어도 학문적입장에서는 무지와 편견의 소치에 다름 아니다. 공자의 지적 성실성과 구도자적인 자세를 미루어 생각할 때 그에게서 이러한 태도를 기대할 수 없음은 물론이다. 그는 다만, 누구도 체험할 수 없는 삶의 한계 상황 너머를 제멋대로 생각하고 또 미리부터 염려하는 것이 무익한 일임을 알아 논의의 대상에서 배제하려 했을 뿐이다. 오히려 그는 자신의 전망 안에 있는 삶에 충실을 기하는 것을 현명한 일로 여겼다. 그가 "삶을 모르고서" 운운한 숨은 뜻이 여기에 있다. 맹자 또한 말한다. "수명의 장단에 의혹되지 않고 자아의 수행으로 죽음을 맞이하는 것이 천명을 확립하는 길이다.(『맹자』「진심 상」)" 주회암 역시 다음과 같이 말한다. "평소 올바른 삶을 영위하는 것, 그것이 올바른 죽음을 맞이하는 길입니다."[2]

선비는 이처럼 일차적으로는 삶에 관심을 집중시켰지만, 그렇다고 해서 그가 죽음 의식을 안 가졌던 것은 물론 아니다. 그 역시 죽음에 대한 일정한 전망 속에서 삶을 영위해 나갔던 점은 여느 사람들과 다를 것이 없다. 그가 평소에 강조해 마지않았던 효의 윤리만 해도 그렇다. 거기에는 삶과 죽음에 관한 그의 특유의 인식과 통찰이 스며들어 있다. 예를 들면 공자는 한 제자로부터 효에 관해 질문을 받고는 다음과 같이 대답한다. "어버이가 살아 계실 때에는 예를 다해 섬기고, 돌아가시면 예를 다해 장사지내며, 제사는 예를 다해 지내야 한다.(『논어』「위정」)" 우리는 뒤에서 장례와 제례에 담긴 생사론적인 의미를 심도 있게 검토할 것이다.

그러면 선비는 죽음의 불안과 위협을 어떻게 극복하려 했을까? 그는 인류 문화사상 일반적인 죽음의 초극 기제, 이를테면 구원의 초월자나 사후의 세계와 같은 것을 갖고 있지 않았던 만큼 죽음 앞

---

2) 『朱子書節要』, 「答王子合」, 262쪽.

에서 항상 '난파' 당하는 비운 속에 살 수밖에 없지 않았을까? 우리
는 그 편린을 "아침 이슬 같은 인생/ 멈추지 않는 해"에 슬퍼하고,[3]
또 "만세의 경영이 남가일몽인 것을/ 한때의 감회로 국화 앞에 술
잔을"[4] 청하기도 한 퇴계에게서 본다. 하지만 그가 비탄과 허무만
을 되씹었던 것은 아니다. 그를 포함하여 선비들은 저와 같은 일시
적인 감상을 넘어 자신을 구원할 나름의 기제를 적극적으로 마련하
였다. 즉 그들은 자연을 존재의 요람으로 여겨 그 안에서 삶과 죽음
의 해법을 찾았고, 그들의 존재관 또한 양자를 화해시켜 주는 관념
적인 장치를 내포하고 있으며, 한편 그들의 도덕정신은 죽음의 불
안과 위협을 초극할 강력한 힘을 갖고 있었다. 아래에서는 이를 개
별적으로 고찰해 보려 한다.

생사의 요람으로서의 자연

죽음은 인간 고유의 문제라 했지만, 사람들에 따라서는 그것을
순전히 객관적인 자연 현상으로 돌려 그것의 인간적인 의미를 최소
화하려는 이들도 있다. 대표적으로 도가 계열의 학자들이 그렇다.
그들은 죽음을 동식물의 그것과 다를 것 없는 생멸의 자연 변화 현
상으로 알아 그저 담담하게 받아들이려 한다. 장자는 말한다. "사람
의 탄생은 기(氣)가 모인 결과다. 기가 모이면 태어나고 기가 흩어

---

3) 『退溪全書 一』, 「和陶集飲酒二十首 其十」, 72쪽.

4) 위의 책, 「與諸君同登狎鷗亭後岡」, 52쪽.

지면 죽는다. 죽음과 태어남이 한 가지 유형인 것을, 내 근심할 게 무엇 있겠는가."(『장자』「지북유(知北遊)」) "옛날 진인(眞人)은 삶을 기뻐할 줄도 모르고 죽음을 싫어할 줄도 몰랐다."(「대종사(大宗師)」) 하지만 엄밀히 살피면 거기에도 역시 인간만이 고유하게 갖는 삶과 죽음의 의식이 내재해 있다. 그는 죽음이 가하는 삶의 허무와 비애를 그러한 사고방식으로 초극하려 하고 있기 때문이다. 그러므로 이미 의식화되어 삶에 부단히 작용하는 죽음에서 인간적인 의미를 그처럼 탈색시키는 것이 과연 가능한가 하는 문제와 함께, 모든 인문적인 형식을 부정하려는 도가의 죽음관은 인간의 문화적 본질상 많은 난점을 야기한다.

하지만 죽음이 자연 현상으로 환원될 수 없는 인간 고유의 의식이요 문화임을 인정하는 순간, 우리는 혼란스럽고 고통스러운 의문에 빠진다. 그것은 내가 자연과 동떨어져 있는 존재로 그 어디에도 의지할 데 없다는 '홀로 있음'의 느낌에서부터 시작된다. 과연 삶과 죽음이 자연적인 것이 아니라면, 그렇다면 나는 도대체 누구인가? 나는 어디에서 와서 어디로 가는가? 죽음 뒤에 도사리고 있는 절대의 공허를 어떻게 받아들여야 할 것인가? 그리하여 자신의 존재를 수시로 자문하고 전망하는 인간은 삶과 죽음의 의문을, 존재와 무의 부조리를 해명해 줄 상위의 개념을 알지 못하는 한, 한없이 흔들리며 방황하는 삶을 면할 수 없을 것이다. 청마(靑馬) 유치환(柳致環, 1908~1967)은 이러한 실존의 운명을 「드디어 알리라」 하면서 다음과 같이 애통해 한다.

드디어 크낙한 공허(空虛)이었음을 알리라

나의 삶은 한 떨기 이름 없이 살고 죽는 들꽃

하그리 못내 감당하여 애닯던 생애도 정처 없이 지나간 일진의 바람

수유에 멎었다 사라진 한 점 구름의 자취임을

알리라

두 번 또 못 올 세상

둘도 없는 나의 목숨의 종언(終焉)의 밤은

일월이여 나의 주검가에 다시도 어지러이 뜨지를 말라

억조(億兆) 성좌(星座)로 찬연히 구천(九天)을 장식한 밤은

그대로 나의 크낙한 분묘(墳墓)!

지성하고도 은밀한 풀벌레 울음이여 너는

나의 영원한 소망의 통곡이 될지니

드디어 드디어 공허(空虛)이었음을 나는 알리라.

인간의 종교적인 성향을 우리는 여기에서 이해할 수 있다. 많은 사람들이 신과 내세를 상상하면서 신앙하는 것은 그렇게 '크낙한 공허'의 죽음 앞에서 겪는 실존의 근원적 불안과 공포를 해소하기 위한 자기 구원의 대책일 것이다. 설사 신 중심의 종교를 갖고 있지 않다 해도 사람은 누구나 무언가에 의존하여 자신을 저 '크낙한 공허'로부터 구원하고자 한다. 도가의 자연주의도 이와 다를 것이 없다. 그들이 자연을 절대의 상위 개념으로 올려 놓은 것도 생사론적인 관점에서 살피면 인간의 죽음을 동식물의 그것과 같이 범자연적인 현상으로 애써 평가 절하함으로써 통곡의 심정을 면하려는 자기 구원의 술책일 수 있다.

그러면 도가와 마찬가지로 절대자나 사후의 세계를 인정하지 않

왔던 선비는 저 '크낙한 공허'로부터 자신을 어떻게 구원하려 했을까? 우리는 그 역시 사생관의 한중심에 자연을 두고 있음을 발견한다. 천인합일의 이상이 말해 주는 것처럼 그는 삶(과 죽음)의 궁극목표를 자연과의 합일에 두었다. 자연은 만물의 모태인 만큼 그것을 벗어난 사고와 행위는 역천(逆天)의 흉(凶)을 면할 수 없다. 삶과 죽음도 자연의 관점에서 살피면 결코 부조리가 아니다. 자연은 우리의 삶을 커다란 긍정으로 떠받쳐 줄 뿐만 아니라, 사후 공허로의 추락을 막아 주는 존재의 영원한 요람이다. 율곡이 "삶이란 잠시의 유숙이요 죽음은 영원한 귀환이니 (……) 산언덕이야말로 진정한 집"이라 하면서, 같은 산에 묻힌 사람들의 후손들과 「풍수계(風樹契)」를 맺어 현세의 상호 친목을 도모한 것도[5] 기실 위와 같은 자연관의 반영에 다름 아니다. 이는 자연이야말로 삶과 죽음을 그 근본에서부터 화해시켜 주는 크나큰 힘임을 일러 준다. 퇴계 역시 자연을 찬미하며 그 속의 삶을 노래한 시들이 많은데, 그중 두 편을 읽어 보자.

> 연하(煙霞)로 집을 삼고 풍월(風月)로 벗을 삼아
> 태평성대에 병으로 늙어 가니
> 이 중에 바라는 일은 허물이나 없고자[6]

상대가 없고 안팎도 없는 세계를 말하긴 어렵지만

---

5) 『栗谷全書 一』, 「風樹契序」, 266쪽 참조.
6) 『退溪全書 五』, 「陶山十二曲」, 5쪽.

그윽한 삶 즐기며 조화의 근원을 음미한다

오늘은 그대들과 책을 읽으며

환중(環中)의 심법(心法)을 깊이 찾아 논한다

無倫無外縱難言　　　尙愜幽居翫化原

此日況同諸子讀　　　環中心法妙尋論[7]

　사실 죽음의 불안과 공포는 생사를 분별 대립시키는 '상대'와 '안팎' 의식의 산물이다. 사람들은 삶과 죽음을 아우르고 화해시킬 '심법'을 알지 못하기 때문에 양자의 부조리에 부대낄 수밖에 없다. 퇴계는 그 심법을 자연에서 찾았다. 그에게는 자연이야말로 부조리할 것 같은 삶과 죽음의 상대와 안팎을 넘어서 양자를 화해시켜 줄 "조화의 근원"이었다. 그가 "허물 없는" 삶을 염려할 뿐, "병으로 늙어 (죽어) 가"는 것을 그처럼 대수롭지 않게 받아들였던 것도, "연하로 집을 삼고 풍월로 벗을 삼아" "그윽한 삶 즐기는" 심법을 갖추고 있기 때문이었다. 그는 어쩌면 "스스로를 잊고 자연의 일체 속으로 들어가는 것, 그것은 인간의 사상과 환희의 정점이며, 성스러운 산정이요 영원한 휴식처"(횔덜린)[8]임을 온몸으로 인식하였을 것으로 보인다.

---

7)『退溪全書 三』,「溪上與金愼仲惇敍金士純琴壎之禹景善同讀啓蒙二絶示意兼示安道孫兒」, 40쪽. '상대 없고 안팎도 없다〔無倫無外〕'거나, '환중의 심법'이라는 말은 『莊子』의 글을 따온 것이다. 전자는 상대와 안팎을 갖는 분별의 현실을 초월한 세계를, 후자는 끝없이 맴도는 시시비비의 고리〔環〕를 벗어나 그 한가운데〔中〕 시비가 끊긴 절대의 경지에서 노니는 마음을 뜻한다.

8) 이규성,「이성의 탄식」,『철학과 현실』(철학과 현실사, 1998), 248쪽에서 재인용. 횔덜린은 19세기 독일의 시인이다.

선비는 이처럼 죽음을 자연의 관점에서 받아들였지만, 그렇다고 해서 그의 사생관이 도가의 그것과 똑같았던 것은 물론 아니다. 그는 죽음을 처리하는 데 도가와는 달리 인문적인 형식을 적극 수용하였다. 이는 근본적으로 양자간 자연에 접근하는 태도의 미묘한 차이에 기인한다. 즉 도가는 자연을 가치 관념의 매개 없이 그 자체로 직관하면서 그 안에서 무위(無爲)의 삶을 살려 했던 데 반해, 선비는 그것을 인문적으로 각색하고 번안하여 그로부터 갖가지 인위적인 가치를 연역해 내었다. 그는 "위로는 천문을 보고 아래로는 지리를 살펴(『주역』「계사 상」)" 자연의 이법을 인문화하여 그것을 삶과 죽음의 처리 준거로 삼았다. 그가 중시해 마지 않았던 예(禮)는 이의 산물이다. 『예기』는 말한다. "예의 도리는 천지를 본뜨고 사시(四時)를 본받으며 음양(陰陽)을 준칙하고 인정(人情)을 따르는 것이다.(「상복사제(喪服四制)」)" 이를테면 "죽은 사람의 머리는 북쪽으로 두고, 산 사람의 머리는 남쪽을 향하는(『예기』「예운」)" 예는 남북의 방위가 각각 갖는 생명성과 사멸성의 자연적 상징에 생사의 형식을 맞춘 것이다.

이와 같이 선비는 인간과 자연 사이에 운명적으로 벌어진 틈을 도가처럼 애써 부정하려 하기보다는 법자연적인 인문 형식으로 메워 자연과 합일하고자 하였다. 이것이 갖는 의의는 다른 데 있지 않다. 그것은 역시 죽은 사람을 '크낙한 공허' 속에 떨어뜨리지 않고 만물의 요람인 자연에로 귀의시켜 그 가운데에서 안식하게 하려는 종교적인 염원을 담고 있다. 아니, 달리 살피면 그것은 자연의 섭리를 따름으로써 살아 있는 사람 자신의 죽음의 불안과 공포를 해소하려는 저의를 갖고 있다. 선비가 천리를 규범화한 예(禮)를, 그중에서도 상제례를 그토록 중시하고 또 그것에 진지하게 임할 수밖에 없었던 이유도 여기에 있을 것이다.

사물관상 생사 화해의 의식

삶과 죽음의 화해상은 선비의 사물(존재)관에서도 추론될 수 있다. 한 사람의 사물관은 그의 삶과 죽음의 대결 또는 화해 여부를 결정 짓는 중요한 한 가지 요인이 된다. 정이천은 말한다. "사물의 시종(始終)에 대해 분명히 알지 못하면, 삶과 죽음의 문제는 아무리 천만 가지로 안배해 봤자 풀리지 않는다."[9] 표면적으로 살피면 모든 사물은 각기 독립된 개체로 존재하며 타자는 일자의 본질 밖에 있는 것처럼 보인다. 그러므로 한 사물의 정체를 알기 위하여 타자를 고려할 필요가 없을 것처럼 여겨진다. 이와 같은 사물관의 전형적인 예를 우리는 서양의 개체주의에서 본다. 앞서 인용한 것처럼 "'개체(individium)'는 그리스어의 '원자(더 이상 쪼갤 수 없는 것)'를 라틴어로 번역한 말이다. 원자화(개체화)는 사람들 사이에 존재하는 세계의 억압을 뜻한다. 유기적인 것, 사람과 사람 사이에 온기를 전달하는 대기적 요소는 여기서 사라지고 만다. 개체들은 수정같이 맑고 얼음처럼 차가운 공기로 에워싸여 있다."[10]

그리하여 마치 원자와도 같이 독립된 사물은 자타간 단절적이요

---

9) 『周易(貞)』, 「繫辭上」, 243쪽 小註.

10) C. A. 반 퍼슨, 앞의 책, 96쪽.

불연속적이어서, 시간적으로는 시종(처음과 끝)으로, 공간적으로는 유무(존재와 무)로 비칠 것이다. 하지만 여기에는 일련의 의문이 있다. 이 세계는 정말 그처럼 독립된 개체들의 원자론적 집합에 지나지 않는 것인가, 그렇다면 우리는 한 사물의 전후 좌우에 드러나는 무의 공백을 어떻게 이해해야 하는가 하는 등의 것이다. 우리는 거기에서 존재와 무의 정합적인 의미를 알지 못하고 양자간 상호 화해될 수 없는 대결만을 바라보게 된다. 개인주의의 문제점이 여기에서 드러난다. 그것은 한 개인의 존재 전후에 놓여 있는 '절대의 무'를 해명할 방법을 알지 못한다. 그리하여 그는 "원하지 않고 낯설며 이해되지 않는 저 모든 숙명의 원형"[11]인 죽음에 의해 끝없이 시달림을 당하게 될 것이다. 개인주의 사회에서 신 중심의 종교가 성행하는 이유도 여기에 있을 것이다. 신은 세계의 창조주로서 존재와 무를 화해시켜 줄, 그리하여 죽음의 불안과 공포를 벗어나게 해 줄 구원자로 여겨지기 때문이다.

그러면 선비의 사물관과 거기에 내재되어 있는 생사관은 어떠할까? 그에 의하면 사물은 결코 독립된 개체로 존재하지 않는다. 만물은 자타간 유기적인 관련 속에서 상호 의존하고 보충하면서 존재하고 생성해 나간다. 그러므로 우리는 한 사물의 본질과 의미를 파악하는 데 타자와 단절한 채 그 개체 내부에로만 시선을 집중시켜서는 안 된다. 일자는 본질적으로 타자를 그의 존재 안에 내포하고 있으므로 자타 상관적인 타자를 함께 고려하지 않으면 안 된다. 이처럼 사물의 복합적인 본질 구조를 시간적인 관점에서 살피면, 모든

---

11) 정동호 · 이인석 · 김광윤 편, 『죽음의 철학』(청람, 1986), 207쪽.

사물은 계기적인 존재 질서 속에 있는 것으로, 또는 그 전후의 타자들과 존재의 맞물림 속에 있는 것으로 드러난다.

그러므로 한 사물은 필연적으로 그에 앞서 있는 타자를 그 역사 속에 갖는다. 예컨대 퇴계의 말을 빌리면 사람의 체질과 재능에는 그의 출생 이전 어머니의 수태시의 내외 환경이라고 하는 선사적 요인이 작용한다.[12] 이러한 존재연쇄의 관념 속에서 살필 때 한 사물의 시작[始]은 그것의 출현과 더불어 기산되지 않는다. 그것은 앞선 사물과 맞물린 부분, 즉 앞선 사물의 끝[終]에서부터 헤아려진다. 이렇게 살피면 개체주의적인 사고를 반영하고 있는 시종(始終)이라는 말은 존재의 내막을 드러내는 데 미진한 표현이 될 수밖에 없으며, 종시(終始)야말로 존재의 복합적이고 연쇄적인 구조를 지시하는 매우 함축적인 어법이 아닐 수 없다. 마찬가지로 유무(有無)의 관념 또한 적절하지 못하다. 장횡거는 말한다. "『주역』은 유무를 말하지 않았다. 유무를 말하는 것은 사람들의 좁은 소견이다."[13] 자타간 존재의 끊임없는 맞물림은 한 사물의 전후에 놓여 있는 공무(空無)의 자리를 실유(實有)로 채워 주기 때문이다. 다시 말하면 한 사물은 뒤이은 다른 사물에 그것의 존재를 걸침으로써, 그의 소멸이 가져올 공무(空無)에로의 추락을 면할 뿐만 아니라 나아가 자연의 영원한 생성에 참여하기까지 한다.

우리는 여기에서 종시 관념의 생사론적 의미를 고찰해 볼 필요가 있다. 『주역』은 말한다. "처음으로 거슬러서 끝을 돌이킨다. 그리하

12) 『退溪全書 二』, 「答李平叔」, 257쪽, 「答趙起伯大學問目」, 273쪽 등 참조.
13) 『近思錄』, 446쪽.

여 죽음과 삶의 이치를 안다.〔原始反終 故知死生之說, 「계사 상」〕" 무슨 비결처럼 아리송한 이 말은 요컨대 처음과 끝이 서로 맞물리며 순환하는 존재연쇄 질서상 '내가 어디서 왔는가?'를 거슬러 생각해 보면 '어디로 갈 것인가?'를 돌이켜 알 수 있다는 뜻이다. 저 원문의 표현을 빌리면 시-종-시-종-시의 존재연쇄 질서 속에 나의 종말이 새로운 시작을 예정하고 있다는 믿음, 달리 말하면 자식(후손)으로 이어지는 존재의 유구한 지속의 기대는 죽음의 불안과 허무 의식을 크게 감쇄시켜 주는 의의를 갖고 있을 것이다.

과거에 흔히 통용되었던 사생(死生)이라는 말의 존재론적 의미가 또한 여기에서 드러난다. 거기에는 사람들이 자신의 죽음〔終〕을 존재의 부정으로 여기지 않고, 뒤로 이어지는 후손〔始〕에게서 새로운 긍정을 전망하는 존재연쇄 관념이 내재되어 있다. 다시 말하면 그들은 자신을 개인 너머 세대간 존재의 연쇄 질서 속에서 바라보았다. 이에 의하면 죽음이 나의 삶을 앗아 가는 것은 어쩔 수 없지만, 그렇다고 해서 그것이 나의 존재를 완전히 지워 버리지는 못한다. 나는 자신의 쇠멸을 딛고 흥왕하는 자식과 후손에게서 죽음을 넘어 여전히 존재할 자신을 발견한다. 족보는 이 점을 확인해 주는 훌륭한 책자다. 그것은 사람들에게 그들이 각자 선조와 후손 사이에서 존재와 생성의 불가결한 고리가 되고 있다는 사실을 도표로 잘 보여 준다. 선비가 초월자 의식을 갖지 않았던 한 가지 이유를 우리는 여기에서 발견한다. 그에게는 조상과 자손이야말로 존재의 구원자로 여겨졌을 것이기 때문이다. 이와 관련하여 정신의학자 이시형의 흥미로운 보고를 들어 보자.

（임종시) 어린이 방문은 좋은 것인가. 일반적으로 임종 병실의 어린이 방문은 금기로 알고 있다. 멋모르고 까불대는 것이 환자를 자극하지 않을까 하는 기우에서다. 그러나 연구자들의 일치된 견해는 이와는 정반대다. 어린이 방문만큼 환자에게 큰 위안은 없는 걸로 보고되고 있다. 애들은 큰 부담이 없다. 재롱도 떨고 하므로 즐겁기도 하고, 또 한편 손자를 곁에서 지켜봄으로써 자신의 연장을 확인하게 되므로 죽음을 받아들이기도 쉬워진다. 나의 많은 부분이 손자를 통해 대를 이으며 살아남는다는 걸 확인하게 된다.[14]

죽음 너머 존재의 긍정과 삶의 지속에 관한 관념은 과거 우리 사회의 항렬의 전통에서도 확인된다. 다 아는 것처럼 항렬은 우리 선조들이 작명 시에 적용해 온 오행(五行) 관념의 응용 형태다. 오행은 원래 만물의 생성과 순환 과정에서 분류된 다섯 가지의 기질적인 특성을 상징적으로 말한 것으로, 목-화-토-금-수(그리고 다시-목)의 전개 질서에 따른 각 행의 사물들은 그 앞뒤 행의 사물들과의 연쇄적 생성 질서 속에 절대로 빠질 수 없는 존재의 한 고리를 이룬다. 그리하여 각 사물은 그것의 소멸 이후에도 그 전후의 것과의 관련 속에서 불가결한 자리를 확보한다. 그것의 부정은 존재 질서 또는 생성 체계의 파국을 의미한다. 전통의 항렬 관념 역시 이러한 사고의 연장선상에 있는 것임은 물론이다. 한 개인은 그의 가문 내에서 선조와 후손을 이어 주는 존재의 한 고리로 작용한다. 그는 그 안에서 후손의 산 뿌리로서 부정될 수 없는 자신의 의미를 확인하

---

14) 이시형, 「임상에서 지켜보는 죽음」, 김열규 등, 『죽음의 사색』(서당, 1989), 290쪽.

고 또 자긍한다. 그는 죽음에 의해 존재를 상실당하지 않으며 가문의 영원한 생성 질서에 참여하여 후손의 삶 속에서 그의 현존을 지속한다. 족보는 이를 확인시켜 주는 결정적인 자료다. 이러한 관점에서 살피면 "불효에는 세 가지가 있는데, 자식을 낳지 않는 것이 제일 커다란 불효(『맹자』「이루 상」)"가 아닐 수 없다. 조선 시대에 유행했던 양자의 전통이나, 또는 심지어 자식을 두는 것이 일종의 소명처럼 여겨진 나머지 씨받이의 악덕조차 용인되었던 것도 이에 기인할 것이다.

그러나 일상생활에서 자식이 부모에게 실제로 존재의 긍정이 되기 위해서는 항렬과 족보의 형식을 넘어 또 다른 조건이 충족되지 않으면 안 된다. 그는 부모로 하여금 존재의 지속을 기대하도록 당신들을 배려하는 삶을 살 필요가 있다. 부모는 자식이 그들의 '발가락을 닮은' 것만 가지고는 그에게서 죽음을 넘어선 존재의 긍정과 지속을 자부하기 어렵다. 만약 자식이 자기만의 삶을 주장하면서 부모를 외면한다면 부모는 자식에게서 무엇을 기대하며 자신들의 삶을 어떻게 회고할까? 이는 부모와 자식 간의 관계가 어떻게 정립되느냐에 따라 부모의 죽음 의식이 달라질 수밖에 없음을 암시한다. 예컨대 개인의 자유와 독립을 큰 덕목으로 여기는 개인주의는 자식을 통한 부모의 존재 긍정성을 크게 약화시킬 것이다. 나와 너를 분명히 구별하면서 때로는 부모조차 남처럼 대하는 자식에게서 그들은 자기 존재의 지속성을 발견하기 어려울 것이다.

선비는 존재의 지속성을 확보하기 위해 하나의 도덕적인 기제를 마련하였다. 효도가 바로 그것이다. 『중용』은 말한다. "효란 부모(선조)의 뜻을 잘 계승하고 부모의 사업을 잘 잇는 것이다." 효도는 이처럼 자식이 부모를 자기 삶의 중심에 두고서 행해야 할 제반의 도리다. 그리하여 효자는 "부모님의 들리지 않는 목소리를 듣고 보이지 않는 모습을 본다.(『소학』)" 그가 매일 조석으로 배례하는 사당은 이의 상징적인 공간이다. 부모는 이러한 효자 앞에서, 그리고 자신도 부모에게 그러한 효행을 하면서 사후에도 여전히 존재가 지속되리라는 기대를 가질 것이다. 이렇게 하여 효도는 삶과 죽음 사이의 존재론적인 단절을 메워 주는, 그리하여 죽음의 불안과 공포를 미연에 해소시켜 주고 삶의 허무 의식을 극복케 해 주는 의의를 갖는다.

하지만 여기에는 간과할 수 없는 문제점들이 있어 보인다. 그러한 효도는 자식의 정체성을 약화시키고 매몰시키지 않을까? 그것은 자식에게 자신을 버리고 오직 부모의 뜻에 따라 살 것을 요구하기 때문이다. 이러한 문제점은 사실 오늘날까지도 우리 사회의 자식들을 고민과 갈등 속에 빠뜨리는 한 가지 요인이기도 하다. 그럼에도 효도 관념이 우리 사회의 역사 발전 과정에서 폐기되지 않고 여전히 강력한 힘을 행사하고 있는 것은 어째서일까? 그것은 부모와 기성세대들이 자신들의 지배 질서를 유지하기 위해 부단히 강조해 온 교육의 결과였을까?

그렇지만은 않을 것이다. 거기에는 부모와 자식 모두를 안심입명케 해 주는 강력한 실존의 힘이 내재해 있다. 사실 삶에 관한 모든 문제의식은 근본적으로는 사람들의 인간관에 의존한다. 자식의 정체성 여부만 하더라도 그가 인간(자신)을 어떻게 이해하느냐에 따라 답변이 달라질 것이다. 예를 들면 개인 의식이 강한 사람에게는 효도 관념이 생겨나기 어려우며, 따라서 저와 같은 정체성의 고민도 애초부터 없을 것이다. 하지만 존재공동체의 정신은 자식의 윤리로 정립된 효도를 강요된 의무가 아니라 오히려 자신의 존재 구현과 정체 확립의 기틀로 인식할 것이다. 왜냐하면 자신을 부모와 한몸으로 여기는 그는 당신들을 받들어 모시는 것을 곧 자기실현의 중요한 방안으로 여길 것이기 때문이다. 그는 현실적으로 부모와 대립하면서 여러 가지로 갈등과 고민을 겪기도 하겠지만, 그것은 부모를 외면하고 자기 개성대로 살려 함으로써 치르게 될 심적 고통에 비하면 대수가 아닐 것이다. 이는 물론 그의 공동체 정신이 지어내는 생각이다. 개인주의가 만연한 오늘날까지도 사람들이 불효 의식에 때로 자기 존재의 근저가 흔들리는 듯 뼈아픈 느낌을 경험하는 것도 그들의 심층을 아직도 지배하고 있는 그러한 인간관의 산물일 것이다.

한편 정체성 약화나 매몰의 우려도 실제로 과대하게 문제 삼을 일은 아니다. 선비는 "자신이 원하지 않는 일을 남에게 행하지 말 것〔己所不欲 勿施於人〕"과, "하는 일이 뜻대로 되지 않거든 돌이켜 자기 자신에게서 문제점을 찾을 것〔行有不得 反求諸己〕"을 윤리 정신으로 갖고 있었던 만큼[15] 부모로서 자식의 인격과 의사를 무시하면서 일방적인 복종을 요구하지는 않았을 것이다. 혹자는 이에 대해 "자식이 아내를 아무리 사랑한다 하더라도 부모가 그 며느리를 좋아하지 않으면 자식은 아내를 내쫓아야 한다."라는 『소학』의 어처구니없는 말을 예로 들어 반박할지 모르지만, 선비는 그것을 문자 그대로 따르려 하지 않았다. 도암(陶菴) 이재(李縡, 1680~1746)

---

15) 『退溪全書 一』, 「聖學十圖(白鹿洞規)」, 203쪽.

는 이를 다음과 같이 받아들인다. "부모님의 말씀을 당연히 받들어 따라야 하기는 하지만 또한 그 말씀이 도리에 맞는지 여부를 살피지 않으면 안 된다. 그리하여 옳으면 따르고 옳지 않으면 아뢰어 당신들이 잘못에 빠지지 않도록 해야만 효자라 할 수 있다."[16] 더 나아가 효도가 자식에게 부모와의 관계를 넘어서 일반적인 도덕 실천까지 요구하고 있음을 보면,[17] 그것은 오히려 인간의 도리에 입각한 정체성의 확립과 실현을 목표로 하고 있다고 말해야 할 것이다.

한편 부모 역시 효도에서 면제되지 않는다. 그들도 자신의 부모 앞에서는 영원한 자식이기 때문이다. 결국 효 의식의 지평에서 한 개인은 조상과 가문이라고 하는 유구하고 거대한 존재의 연쇄 질서 속에서 그 자신을 가문의 결정체로 이해하며 그에 따른 삶의 의무를 자각하게 될 것이다. 그리하여 그는 조상의 수많은 구성원들을 그의 존재 안에 갖고서 그야말로 '역사적인' 삶을 살려 할 것이다. 그는 여기에서 부모 자식 간 종속적인 존재됨의 의문을 떨치면서 '역사적' 주체성을 확인하고 실현하려 할 것이다. 그 주체성의 실현에 핵심적인 기준이 도(道)임은 물론이다. 효도의 근저에 놓여 있는 선비의 자아 관념이 여기에서 그 모습을 드러낸다.

이러한 '역사적' 자아 의식은 자신의 삶과 죽음을 단순히 존재와 무의 두 차원으로 바라보지 않을 것이다. 그는 사후에도 가문의 역사 속에 후손의 산 뿌리로 길이 남아 후손과 삶을 같이한다고 여길

---

16) 『小學集註增解』, 186쪽, 小註.

17) 『소학』은 말한다. "거처하는 데 엄숙치 못한 것은 효도가 아니며, 임금을 섬기는 데 성실치 못한 것은 효도가 아니며, 직무에 전념하지 않는 것은 효도가 아니며, 친구에게 신의가 없는 것은 효도가 아니며, 싸움터에 나가 용맹이 없는 것은 효도가 아니다."(위의 책, 231쪽)

것이기 때문이다. 그리하여 조상을 뿌리로 갖고 후손을 가지로 키워 과거와 미래에 자신의 존재를 걸치는 그의 '역사적인' 자아 의식은 죽음의 불안을 자연스럽게 떨칠 것이다. 혹자의 말대로 "죽음의 불안은 고유한 자기 자신이 없어진다는 사실보다는 오히려 지금까지 유지되어 오던 교섭 관계의 약화 내지 단절에서 비롯되는 것"[18]이라면, 그가 저와 같은 역사 의식 속에서 행하는바, 그리고 그의 후손들에게서 당연히 기대하는바 각종의 조상숭배 의식은 저 '교섭 관계'를 계속 지속시키면서 죽음의 불안을 차단하는 효과를 가질 것이다. 아래 「분황문(焚黃文)」을 한 편 읽어 보자.

융경(隆慶) 3년 세차(歲次) 기사(己巳) 5월 갑진삭(甲辰朔) 초3일 병오(丙午)에 손자 전찰방(前察訪) 징(澄)은 현조고(顯祖考) 증가선대부(贈嘉善大夫) 병조참판(兵曹參判) 겸 동지의금부사(同知義禁府事) 부군(府君)께 감히 밝게 고합니다. 지난해 아우 황(滉)이 임금의 은전을 입어 승진하면서 우찬성으로 부름을 받았지만 사직 끝에 판중추부사로 전직되었습니다. 임금께서 부르시는 뜻이 워낙 간절하여 이를 피할 길이 없기에 서둘러 올라가 사은하고 직무를 행하다 보니 철을 넘기고 한 해가 다 갔습니다. 감격스러운 임금의 은덕으로 선조까지도 추증되어 우리 조고부군(祖考府君)께서 아름다운 명을 받아 품계는 2품에 이르렀고 벼슬은 고위직에 올랐습니다. 또한 황이 사직을 청하여 임금의 특별한 은혜를 입으니, 조상의 음덕으로 죽은 자와 산자가 함께 경사를 얻었습니다. 목소리가 들리고 모습이 보이는 듯한데,

---

18) 정동호 · 이인석 · 김광윤 편, 앞의 책, 195쪽.

뒤따라 봉양을 할 수가 없어 증직(贈職)을 명하는 글을 공손히 받드니, 한편으로 기쁘고 한편으로는 슬프며, 공경히 이 글을 써서 태우려니 애절한 마음이 더욱 심해집니다. 삼가 맑은 술과 여러 가지 음식으로 경건히 고하오니 부디 흠향하시옵소서.[19]

그밖에 각종의 제문 역시 이처럼 죽은 사람을 불러내어 그와 대화함으로써 산 사람과의 교섭 관계를 계속 유지하게 해 주는 의의를 갖는다. 이러한 관점에서 살피면 우리 전통의 강한 봉사(奉祀) 의식이나 또는 맏상주를 두기 위한 남아 선호의 의식도 죽음의 불안과 공포를 예방하기 위한 저의를 품고 있다고 할 수 있을 것이다. 옛 어른들이 자신들의 수의를 직접 만들어 입어 보기도 하고 또 자기들이 묻힐 자리를 미리 치표해 두기도 하는 등, 그러한 일들을 마치 일상의 일처럼 예사롭게 행했던 전통의 생사론적인 배경을 우리는 여기에서 만난다. 그들은 사후에도 각종의 조상숭배 의식을 통해 후손과 교섭 관계를 지속한다는 믿음을 갖고 있었기 때문에 '크낙한 공허'를 느끼지 않고 담담하게 죽음을 준비했던 것이다. 한편 오늘날 명절 때 '민족의 대이동'이라 불릴 만큼 많은 사람들이 대거 귀향하여 제사와 성묘를 행하는 것도 따지고 보면 조상과의 교섭 관계를 계속 유지하고 또 조상에 귀의함으로써 죽음의 불안을 감쇄시키려는 집단 무의식의 산물이라 할 수 있을 것이다.

---

19) 『退溪全書 二』, 「又焚黃文」, 399~400쪽. 분황문이란 죽은 이에게 관직을 추증할 때 내리는 교지의 누런 부본(副本)을 그 자손이 추증받은 선조의 무덤 앞에서 고하고 불사르는 것을 말한다.

죽음과 도덕적 삶

지금까지 우리는 선비의 존재연쇄 관념이 종적인 관점에서 지어내는 생사론적인 의의를 살펴보았다. 사실 그것은 횡적인 연쇄 질서 속에서도 드러난다. 그는 부모(선조)와 자식(후손)의 관계 속에서뿐 아니라 다른 한편 횡적으로 타자와의 존재 유대를 긴밀하게 가짐으로써 죽음이 초래할 존재 소멸의 위협에 대응하였다. 그 근저에는 물론 그의 존재공동체의 정신이 작용한다. 나는 본질적으로 남들을 나의 존재 안에 내포하고 있는 만큼, 그들은 나를 죽음의 공허로부터 벗어나게 해 줄 강력한 긍정이 될 수 있다. 부모가 자식에게서 그러한 것처럼 나는 사후에도 남들을 통해 존재를 연장할 수 있기 때문이다. 물론 이를 위해서는 하나의 전제가 필요하다. 나는 그들을 자신의 일부로 여겨 마치 부모가 자식을 키우듯 성실히 보살피지 않으면 안 된다. 만약 내가 자타간 격절된 '개인' 의식 속에서 그들을 나의 존재 밖으로 배제하면서 나 자신에게만 관심을 쏟는다면 죽음 앞에서, 아니 그 이전에 일상생활 속에서 어디에도 의지할 데 없는 실존의 고독과 공허감을 면할 수 없을 것이다.

선비의 도덕 이념은 이러한 공동체적 존재 본질을 과제화한 것이다. 이른바 사랑[仁]과 의로움[義]과 예[禮]와 지혜[智]는 그 대강을 가치 범주화한 것으로서, 사랑은 그중에서도 근간을 이루는 핵심 덕목이다. 그것은 자타 분별의 개인 의식을 허물어 타자를 아우름으로써 나의 존재를 확장시켜 주는 인간 고유의 정신 역량이다. 그 최고의 수준에서 "인자(仁者)는 천지 만물을 자기 자신과 한몸으로 여긴다."[20] 사랑의 정신은 이처럼 물아일체 의식 속에서 나의 존재를 크게는 우주만큼이나 확장시켜 준다. 그리하여 "천지에 참여하여 만물의 생성과 발육을 돕는〔參天地 贊化育〕" 우주적 대아의 삶에 존재의 소멸에 대한 두려움이나 죽음의 공허가 자리할 곳은 없을 것이다. 그는 이미 개체적인 자아를 벗어나 있기 때문이다. 그는 오히려 천지 만물을 아우르며 자신과 한몸으로 여기는 사랑에서 불멸의 존재 비결을 깨우칠 것이다. 사랑은 그렇게 사후의 공허를 타자로 채워 존재의 충만감을 얻게 해 준다. 이와 관련하여 한 정신의학자의 임상 보고를 들어 보도록 하자.

(전략) 그는 이어서 암의 자연퇴축 예(발생한 암이 저절로 소멸되거나 축소되어 환자가 예상 이상으로 오래 사는 예)에 대한 조사 결과에 관해 이야기했다. 이케미는 이와 같은 환자 대다수에 '실존적 전환'이라고도 할 만한 인생관의 전환이 일어났다는 것을 확인했다고 했다. 동양의 철학은 자기중심적인 집착을 넘어설 것을 가르치고 있다. 이들 환자는 암에 의한 죽음에 직면했을 때 자기중심적인 죽음에의 반항보다는 남들과 더불어 사는 삶에 대한 깊은 감사로 전환되어 있다는 것이었다.[21]

사실 죽음에 대한 반항은 개인의 자기중심적인 집착에서 일어난다. 죽음이 초래할 '나'의 소멸에 대한 두려움이 죽음에 저항하

---

20) 『近思錄』, 37쪽.

21) 유아사 야스오, 앞의 책, 147쪽.

게 만드는 것이다. 그러므로 만약 '나'에 대한 집착을 버릴 수만 있다면 정말 '실존적 전환' 속에서 죽음의 절망을 극복할 수 있을 것이다. '나'를 벗어나 죽음을 자연의 섭리나 또는 신의 뜻으로 다소곳이 받아들이는 태도 역시 그 한 예다. 도연명이 덧없는 인생을 탄식하다가 "애오라지 자연의 조화를 따라 삶을 마치리니, 천명을 즐길 뿐 더 이상 무엇을 의심하리오!(「귀거래사(歸去來辭)」)" 한 것도 따지고 보면 '나'로부터 '자연의 조화'로 사고의 중심을 옮김으로써 일어난 '실존적 전환'의 산물에 다름 아니다.

사랑은 이러한 실존적 전환을 일으키는 강력한 힘을 갖는다. 옛날 어떤 대중가요의 노랫말대로 "사랑을 하면 (존재가) 예뻐진다." 사랑은 개체적 자아의 폐쇄 공간을 일거에 깨치고 남에게 다가가 그와 하나가 됨으로써 확장된 존재의 지평을 열어 주기 때문이다. 그리하여 나는 그의 삶을 마치 자신의 것처럼 돌보는 헌신과 희생의 노력을 마다하지 않을 것이며, 거기에서 더할 수 없는 자아실현의 기쁨을 누릴 것이다. 문학작품에서나 또 실제로도 종종 펼쳐지는 순애보가 말해 주는 것처럼 그것은 죽음까지도 초극하는 막강한 힘을 갖는다. 살신성인(殺身成仁)의 세계가 여기에서 열린다. 공자는 말한다. "지사(志士)와 인자(仁者)는 자신의 생명을 구하기 위해 사랑을 버리지 않는다. 오히려 목숨을 버림으로써 사랑을 완성한다.〔志士仁人 無求生以害仁 有殺身以成仁,『논어』「위령공」)" 선비는 이러한 사랑을 '임중도원'(任重道遠)의 평생 과제로 여겼다. 공자의 제자 증자는 말한다. "선비는 뜻을 넓고 굳세게 갖지 않으면 안 된다. 짐은 무겁고 길은 멀기 때문이다. 사랑을 자신의 짐으로 여기니 또한 무겁지 아니한가. 죽은 다음에야 그것을 그만둘 테니 또한 멀지 아니한가.〔士不可以不弘毅 任重而道遠 仁以爲己任 不亦重乎 死而後已 不亦遠乎,『논어』「태백」)"

도덕적인 삶을 통해 죽음의 위협을 물리치는 선비의 사생관은 '목숨보다도 중한 의로움'의 정신에서 극적인 모습을 드러낸다. 맹자는 말한다. "삶도 내가 원하는 바요 의로움 또한 내가 원하는 바지만, 두 가지를 다 취할 수 없다면 삶을 버리고 의로움을 취하겠다."(『맹자』「고자 상」) 그리하여 '의로움'이야말로 인간의 본질 가치로서 사회와 역사를 지탱해 주는 큰 힘이라고 믿었던 선비는 의로운 죽음을 삶의 종말로 여겨 피하려 하지 않고 오히려 참삶의 결실로서 자긍하였다. 옛날 죽음을 무릅쓰고 역사 사실을 직필(直筆)했던 사관(史官)들의 행적이나, 또는 여러 차례의 사화 당시에 죽음을 앞에 두고 보였던 선비들의 의연한 기상은 그 생생한 예증이다. 중종 때 혁신 정치를 도모하다가 간신배들의 모함에 걸려 희생당한 기묘사화의 주인공 조광조 선생의 최후 장면을 한번 보자.

조광조가 능성에 귀양 가 있었는데 (……) 얼마 안 되어 사사(賜死)하라는 명령이 내리자 그가 말하기를 "임금이 신에게 죽음을 주시니 반드시 죄명이 있을 것인즉 청컨대 그것을 공손히 듣고 죽겠노라."하고, 뜰 아래 내려가 북쪽을 향해 두 번 절한 다음 꿇어 엎드려 전지(傳旨)를 받았다. (……) 목욕하고 새 옷을 갈아입은 다음 자기 집에 보내는 글을 쓰는데 한 자도 틀리게 쓰는 것이 없었다. 조광조가 조용히 죽음에 나가면서 옆에 그를 모신 자들에게 부탁하기를 "내가 죽거든 관을 얇게 할 것이요 두껍고 무겁게 하지 마라. 먼 길에 운반하여 돌아가기 어려울까 한다." 하였다. 금부도사 유엄이 죽음을 재촉하는 기색이 있자 조광조가 탄식하기를 "옛 사람 중에 임금의 조서를 안고 여관에 엎드려 울었다는 이도 있는데, 도사는 어찌 옛 사람과 다르단 말이냐." 하고 글을 읊기를 "임금 사랑하기를 어버이 사랑하듯 하고/ 나라 걱정하기를 집안 근심하듯 했네/ 하늘의 해가 이 땅에 임하니/ 나의 충정 밝게 밝게 비추리〔愛君如愛父 憂國如憂家 白日臨下土 昭昭照丹忠〕" 하고는 드디어 약을 마셨다. 그래도 숨이 끊어지지 않으므로 금부의 나졸들이 달려들어 목을 조르려 하니, 조광조가 말하기를 "임금께서 이 신의 머리를 보전하려 하시는데 너희가 감히 이러느냐." 하고는 독주를 더 마시고 드러누워 일곱 구멍으로 피를 쏟고 죽으니 곧 12월 20일로서, 듣는 자가 눈물을 흘리지 않은 이 없었다.[22]

우리는 여기에서 소크라테스의 죽음과는 다른 선비 특유의 그것을 본다. 양자가 다 같이 죽음 앞에서 무섭도록 평온한 대의(大義)의 순교자였다는 점은 표면적인 유사성을 갖는다. 그러나 죽음에 대한 인식과 처리 태도에 있어서 그들은 현저한 차이를 드러낸다. 소크라테스는 독배를 마신 뒤 눈을 감기 직전 옆에 서 있는 친구에게, 질병 치유의 신 아스클레피오스에게 감사의 제물로 닭 한 마리를 바쳐 달라고 부탁하였다. 그것은 죽음이란 육체의 감옥으로부터 해방되는 것이라는 평소의 생각에 입각한 것이었다. 그는 아마도 이렇게 하여 자신의 기도대로 저승으로 행복한 여행을 하였는지도 모른다. 요컨대 그에게 있어서 이 세상을 떠나는 "죽음은 좋은 일"

---

22) 『국역 연려실기술 Ⅱ』(민족문화추진회, 1977), 314~315쪽. 위의 인용은 어색한 번역문의 어투를 일부 고친 것이다.

이었다.[23] 하지만 정암을 죽음의 위협으로부터 지켜 준 것은 저세상이나 신의 약속된 땅이 아니었다. 그것은 그의 절명시가 시사하는 것처럼 역사와 사회를 지탱해 주는 도덕의 힘이었다. 그 힘은 의로운 죽음을 오히려 삶의 완성으로 자부할 수 있게 해 주었다. 이는 그의 죽음이 여전히 이 세상의 삶으로 향하고 있음을 말해 준다. 그리하여 위대한 죽음은 재생을 얻는다.

선비는 도덕을 불멸의 씨앗으로 여겼다. 그는 도덕 실천을 통해서 당대에는 물론 후세의 사람들에게까지 삶의 빛을 줌으로써 불후의 생명력을 얻고자 하였다. 『춘추좌씨전』(양공(襄公) 24년 봄)은 "죽어도 썩지 않는[死而不朽]" 삶의 세 가지를 다음과 같이 말한다. "최상은 도덕을 확립하는 데 있고, 그 다음은 공적을 성취하는 데 있으며, 그 다음은 정론을 세우는 데 있다.[太上有立德 其次有立功 其次有立言]" 여기에서 말하는 도덕이란 단순히 인간관계와 사회생활상 요구되는 몇 가지 행위 규범을 뜻하는 것이 아니었다. 그것은 인간의 공동체적인 존재 본질을 실현 과제화한 것이다. 그러므로 그것은 참자아의 완성은 물론 타자의 성취까지 목표로 내건다. 『중용』은 이러한 도덕의 불멸성을 아래와 같이 형용한다. "(성인의 덕은) 넓고 깊음이 대지와도 같고, 높고 밝음이 하늘과도 같으며, 유구함이 가이없다."

군자의 죽음을 사(死)라 하지 않고 종(終)이라 한 뜻 또한 이와 맥락을 같이할 것이다. 『예기』는 말한다. "군자의 죽음은 종이라 하고 소인의 죽음은 사라 한다.[君子曰終 小人曰死,「단궁

---

23) 소크라테스의 죽음에 관한 자세한 고찰은 정동호·이인석·김광윤 편 『죽음의 철학』, 18~25쪽 참조.

상」)"[24] 남들에게 관심과 애정을 보이지 않고 자신 안에 갇혀 오직 자기만을 위해 사는 사람은 죽음과 함께 이내 시간의 어둠에 묻혀 버릴 것이다. 하지만 "만민은 나의 형제요, 만물은 나와 더불어 사는 이웃"이라는 인류애와 생명애의 정신으로 "자기완성과 타자의 성취"에 헌신하는 군자는 사후에도 후세의 사람들을 부단히 깨우쳐 주면서 그들의 삶과 사회 속에서 불후의 생명력을, 영원한 현존성을 얻을 것이다. 그는 "죽어도 썩지 않는" 도덕생명의 씨앗으로 남을 것이며, 그리하여 후세의 사람들은 저 씨앗을 각자 자기의 것으로 받아 키워 역시 자타의 삶을 완성할 것이다. 이것이 바로 신생(新生), 곧 시(始)의 뿌리가 될 군자의 종(終)의 의미다. 퇴계가 세상을 뜨기 며칠 전 한 제자가 근심 속에서 『주역』의 점을 친 결과 얻은 「겸(謙)」 괘 구삼효(九三爻)의 글도 이러한 뜻을 담고 있을 것이다. "많은 업적이 있음에도 드러내 자랑하지 않으니 군자의 마침〔終〕이 있다. 길하다.〔勞謙 君子有終 吉〕"

오늘날의 혼란

모든 문화는 제각기 고유의 생사관을 갖는다. 그것은 사람들이 어떻게 살아야 할지, 살아가면서 죽음을 어떻게 준비해야 할지에 관하여 나름대로의 지혜를 비장하고 있다. 이러한 지혜의 전승 형식이 바로 전통이다. 그리하여 사람들은 자기 앞의 문화 전통을 내

---

24) 주에 의하면 "종(終)은 시(始)의 대칭이고 사(死)는 물 잦아들듯 아주 사라지는 것을 말한다."(『禮記』, 79쪽)

면화하여 삶과 죽음의 문제를 자연스럽게 해석하고 처리해 나간다. 이는 그들이 자신들의 문화에 내장된 생사의 의미 체계 속에 파묻혀 큰 혼란 없이 살아감을 뜻한다. 물론 사람들의 삶이 그것으로만 완결되는 것은 아니다. 본질적으로 일회성과 개별성을 띤 그들의 생사 의식은 앞선 문화의 그것과는 거리를 갖기 마련이며, 거기에서 그들은 그들 자신의 삶과 죽음에 부대끼면서 이전의 것과는 또 다른 생사관을 마련해 나간다. 그리하여 문화의 변화와 함께 생사관의 전통도 서서히 변해 갈 것이다.

우리 문화는 서구 문명의 충격 속에 격변과 혼란을 거듭하고 있다. 사람들은 이 와중에서 자발적으로든 아니면 시대적인 조류에 밀려서든 서구의 생사관을 받아들인다. 하지만 그것은, 비록 구속력이 약화되기는 했지만 여전히 우리의 집단 무의식으로 작용하는 전통의 생사관과 필연적으로 불화를 노정할 수밖에 없을 것이다. 생사의 문제에 대해 자연 중심적이고 존재공동체적인 사고방식이 신 중심적이고 개인주의적인 서구의 그것과 타협되기란 거의 무망한 일이기 때문이다. 결국 오늘날 한국인들은 전통의 생사관과 서양의 그것 사이에서 과연 어떻게 사는 것이 좋은지, 죽음을 어떻게 준비해야 할지 혼란에 빠져 있다. 그 단적인 실상을 우리는 장례식장에서 자주 목격한다. 빈소 앞에서 혹자는 무릎 굽혀 큰절을 하고 또 혹자는 반듯이 서서 묵념을 하는 현장에서 상주와 주변의 사람들이 겪는, 아니 당사자들조차 겪을 심리적 혼란과 당혹스러움은 적지 않을 것이다. 오늘날 우리는 그렇게 생사의 의미와 지침을 알지 못하고 방황하고 있다.

오늘날 서구화 속에서 진행된 사회의 산업화는 자연에 대한 사람들의 인식을 근본적으로 바꾸어 놓았다. 애당초 자연을 불편한 것, 야만스러운 것으로 여겨 왔던 서구인들에게 인간다운 삶은 '도회지적인' 데에서 찾아졌다. 도회지의 삶을 촉진한 산업화는 바로 그러한 자연을 지배하고 개발하며 이용하는 것을 의미하였다. 당연히 여기에서 만물의 모태 또는 존재의 귀숙처로서의 자연은 상념될 여지가 없다. 이러한 자연관이 갖는 죽음학적인 의의는 자명하다. 그것은 사람들이 죽어서 돌아갈 곳의 상실을 뜻한다. 그리하여 그들은 알게 모르게 죽음의 불안 속에서 새로운 귀숙처를 찾아 방황할 수밖에 없게 되었다. 오늘날 서구의 종교가 우리나라에서 세계적으로 유례없이 번창하는 한 가지 이유를 우리는 여기에서 발견한다. 사람들은 개발과 정복, 착취의 자연관을 갖게 되면서 존재의 요람을 잃고 신에게 귀의할 수밖에 없게 된 것이다.

산업 사회는 사람들에게 개인주의적인 사고를 강요한다. 그것은 사람들을 원자적인 관리 체제 아래 두어 개개인 사이의 본질적인 유대 관계를 파괴한다. 부부도 이제는 더 이상 일심동체가 아니며, 원한다면 언제라도 헤어질 수 있는 독립된 두 개인이다. 이 사회는 대신 사람들을 제도적, 인위적인 수단으로 맺어 준다. 법, 명령, 규칙이 그러한 것들이다. 그들이 몸담고 살아가는 회사 등 각종 조직 사회의 인간관계가 이를 단적으로 말해 준다. 그들은 거기에서 사회가 요구하는 규범을 잘 지키기만 하면 된다. 인간의 본질 의지에 뿌리를 둔 도덕은 오히려 불편하고 거추장스러울 뿐이다. 사회는 그렇게 사람들에게 자신의 존재를 열어 타자를 아우를 여지를 주지 않으며, 개인적인 성공에만 몰두하도록 강요한다. 권력이나 재물, 명예 등이 그 표적이다. 하지만 득실이 무상한 그것들은 역시 그들 자신을 인생무상에 젖게 만들 것이다. 우리는 여기에서 현대인의 존재 빈곤 현상을 목도한다. 그 결과는 역시 자명하다. 그들은 존재의 공허와 삶의 허무에 시달릴 수밖에 없을 것이다. 그리하여 이 사회는 또한 불멸과 재생의 씨앗으로서의 자타 완성의 도덕에 대신하여 내세를 약속하는 종교로 사람들을 몰고 간다.

현대 사회는 사람들을 본질적으로 유대시켜 주는 가정까지도 개인적인 관점에서 생활의 편리와 이익을 도모하는 기능적인 공간으로 변질시키고 있다. 이혼을 포함하여 가족의 이합집산이 흔한 현상이 되어 가는 것도 이에 연유할 것이다. 그리하여 가족의 구성원들조차 모래알처럼 뿔뿔이 흩어지고, 이제는 자식들에게 조상숭배는 물론 효도조차 기대할 수 없는 생활 체제 속에서 사람들이 자기 방 또는 병실의 어느 한구석에서 자식들과의 작별 인사 한마디 없이 외롭게 죽어 가는 일이 드물지 않게 되었다. 결국 우리는 모두 『세일즈맨의 죽음』의 주인공이 될 운명에 처해 있다. 남들과의 유대 관계도 무너지고 자기 자식에게서조차 무엇 하나 기대할 것을 갖지 못한 그가 "빈손으로 그냥 갈 수야 없다." 하면서 무단히 채소 씨앗을 사다 심는 해프닝을, 그렇게 해서라도 존재의 외로움과 불안을 달래 보려는 안간힘의 자구 행위를 우리는 그저 연극 무대의 한 장면으로만 보아 넘길 수 있는가.

결국 죽음 앞의 삶에 관한 한 오늘날의 사회는 사람들에게 "모든 길은 종교로"를 명령하는 것 같다. 하지만 그들이 석가나 예수와 마찬가지로 현세에서 참자아의 완성과 타자의 성취를 위해 노력하지 않는다면 그들의 신앙이 무슨 의의를 가질까. 그들은 여전히 자기 안에 갇혀 존재의 빈곤 속에서 죽음의 불안으로부터 벗어날 수 없을 것이다. 각종 종교의식에 참여하고 또 기도하는 것만으로는 내세의 구원이나 영생을 확신할 수 없을 것이기 때문이다. 그러므로 죽음의 위협을 근원적으로 제거할 수는 없지만 그것을 최소화할 수 있는 방법을 우리는 과거의 성인들과 같이 참자아의 완성과 타자의 성취를 노력하는 현세의 삶에서 찾지 않으면 안 된다. 선비의 존재 공동체의 정신과 종횡에 걸친 존재 확장의 이념이 여기에서 그 좋은 길을 제시한다. 정이천은 영생 불사의 선단(仙丹)을 찾는 혹자에게 다음과 같이 응대한다. "나 또한 선단이 있으니 군은 믿겠는가? 사용할 때에는 그것을 풀어 이 백성들을 장수케 하리라."[25]

---

25)『栗谷全書 二』,「神仙策」, 550쪽.

2 상제례에 내재된 생사 의식

죽음의 처리 방법

인류 역사상 모든 상(제)례에는 삶과 죽음의 관계를 정합적으로 이해하고 의미 있게 조정하려는 뜻이 담겨 있다. 그리하여 거기에는 인류 문화의 다양성만큼이나 다양한 생사의 의미 체계가 깊이 담겨 있다. 종교학자 윤이흠은 말한다. "살아 있는 사람들은 상·장례 의식(儀式)을 통해 죽음을 처리하는 한편, 삶의 의미를 재확인한다. 따라서 상·장례 의식이란 이른바 총체적인 삶의 방법을 반영하는 것이다."[1] 우리는 이러한 관점에서 과거에 선비가 중요시해 마지않았던 상제례를 분석해 볼 필요가 있다. 그 안에는 삶과 죽음

---

1) 윤이흠, 「한국 상장례의 현황과 문제점」, 《민족혼》 5집(1991), 8쪽.

에 관한 우리 민족 특유의 관념 형태가 담겨 있을 것이기 때문이다. 이를 위해 각종 예서(禮書)들에 기록되고 또 그들에 의해 이해된바 상제례의 생사론적인 의미를 탐색해 보자.

유교의 상제례는 오늘날 사람들에게 대단히 부정적으로 인식되고 있다. 그들은 상제례 하면 흔히 쓸데없고 무의미한 번문욕례에 불과하다고 생각한다. 이러한 인식은 특히 우리 사회의 수많은 사람들이 신앙하고 있는 서양 종교의 상장례식과 비교되면서 더욱 확산되어 왔다. 하지만 우리는 그것을 이 시대 사람들이 추구하는 삶의 간편성이나 실제적 합리성의 관점이 아니라, 선비가 본래 갖고 있었던 삶과 죽음 의식에 입각하여 이해해 보아야 한다. 과연 유교의 상제례는 아무런 의미도 없는 번문욕례에 지나지 않는가? 그것은 일견, 별 뜻도 없는 것 같은 수많은 행위 절차들을 지나칠 만큼 상세하게 규정해 놓고서 사람들에게 준수를 강요하는 것처럼 보이기도 한다. 어찌 생각해 보면 열자(列子)의 말대로, "화장을 해도 좋고, 수장(水葬)을 해도 좋고, 매장을 해도 좋고, 풍장(風葬)을 해도 좋고, 구렁텅이에 버려 나뭇가지로 덮어 두어도 좋을"(『열자』「양주(楊朱)」) 주검의 처리를 그것은 그렇게 쓸데없이 복잡하게 만들어 놓고 있는 것이다. 왜 꼭 그래야 했을까? 다음의 글은 그 대답의 실마리를 우리에게 제공해 준다.

인간은 '쓸데없는 행위를 할 필요를 느끼는' 유일한 존재이기도 하다. 동물들의 경우에는 성적인 결합이나 죽음은 순전히 생물적인 사건들이지만, 인간은 선사 시대 이래로 결혼을 예식화하고 장례를 의식화하였다. (……) 결혼식이란 동물적인 교합에 반대하는 인간의 항의의 표현이며, 내분비의 예속에 반대하는 최초의 은밀한 항의의 표현이라고 생각할 수 있다. 이와 마찬가지로, 생물학적으로는 기묘하지만 모두가 행하는 장례 의식은, 호화롭게 치르지는 못하더라도, 인간이 '개처럼 땅에 묻히기를' 바라지 않는다는 욕망의 표현이다.[2]

사실 인간은 상제례는 물론 기타 삶의 모든 방면에서 생물적인 필요를 넘어 '쓸데없는' 제도와 의식들을 만들어 놓고는 거기에다 어떤 의미를 부여하고 또 그것을 즐긴다. 오늘날 갖가지의 결혼 예식은 말할 것도 없고 각종의 종교 의례들이 그러하며, 우리들이 평소 푹 젖어 들어 있는 일상의 그 많은 습속들 또한 여기에서 예외가 되지 않는다. 그러나 그것이 바로 문화이며, 문화적 존재인 인간의 불가피한 산물이다. 우리가 만약 그러한 '쓸데없는 행위'들을 무의미한 것으로 치부하고 배제하려 한다면, 그 뒤에 우리에게 남는 것은 동물적인 것밖에는 없을 것이다. 상제례만 하더라도 그것은 기실 자신의 삶(죽음)의 의미를 영원한 물음으로 타고난 자로서 사람들이 잠시나마 취하는 매우 절실하고도 '쓸 데 있는' 대답의 성질을 띤다. 선비 역시 '개처럼 땅에 묻히고 싶지 않은' 마음에서 갖가지로 죽음의 처리 방식을 고안하고 거기에 인간적인 의미를 부여하면서 안심입명하고자 하였다.

사람들이 비난해 마지않는 유교의 상제례상 '번문욕례'를 우리는 이러한 관점에서 이해해 볼 필요가 있다. 선비는 죽은 사람을 삶의 한계 상황 너머 미지의 세상으로 떠나보내는데 산 사람들끼리

---

2) 앙드레 베르제 · 드니 위스망, 『인간학 · 철학 · 형이상학』, 237쪽.

재회를 약속하면서 행하는 이별처럼 그렇게 간단하고 심상할 수 없었던 것이며, 생사간 존재의 변화를 싸고 도는 불가사의는 그로 하여금 사자를 대면하는 데 생시보다 훨씬 복잡하고 까다로운 절차를 마련하도록 만들었던 것이다. 이와 관련하여 우리는 역으로 자성할 거리를 한 가지 얻는다. 오늘날 우리가 상제례상 그러한 '쓸데없는' 절차들을 갈수록 줄여 간편과 편리를 추구하는 데에는 어쩌면 우리들 자신의 삶과 죽음을 '생물적인 사건' 정도로 여기는, 허무의 인생관이 작용하고 있는 것은 아닌가 하는 것이다. 물론 유교의 상제례 가운데 산 사람의 삶을 지나치게 구속하는 번문욕례적인 부분은 비판받아 마땅하다. 하지만 우리는 이를 비판하기에 앞서 그 이면에 놓여 있는바, 어쩌면 그러기에 역설적으로 더욱 심각했을지도 모르는 선비의 삶과 죽음의 이해 방식을 면밀히 분석해 보아야한다. 그것은 우리가 지금도 상당히 공유하고 있는, 우리 민족의 집단 무의식 속에 내재된 삶의 정신을 드러내 보여 줄 것이다.

인정의 조율 형식

유교의 상제례는 기본적으로, 돌아가신 부모님에 대해 갖는 자식의 애틋한 정의 처리 방법을 절차화하고 규범화한 것이다. 특히 상례는 부모님이 숨을 거둔 직후부터 탈상시까지 자식으로 하여금 당신들에 대한 슬픔과 그리움의 정을 시간의 경과에 따라 적절히 풀어내도록 나름대로 합리적으로 정해 놓은 삶의 경과 절차라 할 수 있다. 간단히 말하면 그것은 자식이 사랑하는 부모님을 저승으로 떠나 보내는 통곡의 이별 과정이다. 자식은 이를 거치면서 당신들의 삶의 여운을 점차로 흐리고 죽음을 사실로 받아들여 간다. 제례도 마찬가지로, 그렇게 떠나 보냈음에도 아직 잊히지 않는 선조에 대한 추모의 정을 후손들이 표현하도록 만들어진 형식과 절차다. 요컨대 상제례는 자식이 부모님과 조상에 대해 갖고 있는 사모의 마음을 당신들의 사후 재조정하고 또 당신들과의 관계를 새롭게 정립하는 의식이다. 아래에서는 이와 관련하여 유교의 상제례가 갖는 생사론적인 함의를 면밀하게 살펴보자.

'점차'의 정신

우리는 부모님이 돌아가셨다 해서 이내 당신들의 존재를 우리들의 의식과 삶에서 지우지 못한다. 이른바 '혈육의 정'으로 부모와 평생토록 긴밀한 유대를 갖고 살아온 자식으로서 우리는 당신들의 죽음에도 불구하고 한동안 현실의 때때 곳곳에서 당신들의 현존을 착각하고 또 추모한다. 그것이 인지상정이다. 하물며 효자의 심정은 더 말할 나위가 없을 것이다. 『소학』은 이를 다음과 같이 형용한다. "안정(顏丁)은 거상(居喪)을 잘하였다. 그는 부모님이 돌아가신 직후에는 황황히 부모님을 찾아 헤매는 듯하였고, 빈소를 차리고 나서는 멀리 앞서 가시는 부모님을 뒤따르지 못하는 듯하였으며, 장례를 치른 뒤에는 부모님이 돌아오시지 않아 기다리는 듯하였다." [3] 효자의 이와 같은 심정의 연장선상에서 부모의 사후 자식이 준행

---

3) 『小學集註增解』, 463쪽.

해야 할 행동 법도와 절차를 갖가지로 마련해 놓은 것이 바로 유교의 상례다.

먼저 부모의 죽음에 복잡하게 요구되는 삼년상(정확히는 25개월)의 예법은 자식으로 하여금 시간의 경과에 따라 슬픔의 정을 달리 처리하도록 여러 가지 형식으로 꾸며 놓은 것이다. 그 요청적인 형식들에는 때로 지나치게 의례적이고 또 번문욕례적인 점들이 보이지만, 그것은 원래 부모 잃은 자식의 과도한 슬픔의 정을 억제해 주거나 또는 거꾸로 미흡한 정을 촉진시키면서 돌아가신 부모님을 영결하는 데 유감이 없게 하려는 의도를 갖고 있었다. 『예기』는 이에 관해 다음과 같이 말한다.

상처가 심하면 오래가고 아픔이 심하면 낫는 것이 더딘 법이다. 삼년상은 부모의 죽음에 대한 자식의 슬픔의 정에 맞추어 예문(禮文)을 만들어 그로써 그 지극한 슬픔을 나타내 보이려는 것이다. 참최복(斬衰服)에 대지팡이를 짚고 천막 아래 거처하며 죽을 먹고 거적을 깔아 흙덩이를 베고 자는 것은 그 애통한 마음을 꾸미기 위한 것이다. 삼년상은 25개월로 끝이 나는데, 애통한 마음이 미진하고 사모의 정을 잊을 수가 없지만 그래도 그렇게 끝내는 것은, 죽은 이를 보내는 데에도 끝이 있고 산 사람도 일상의 생활에 복귀해야 하기 때문이다.(「삼년문(三年問)」)

선비가 상례를 통해 상주의 슬픔을 이와 같이 조율하는 데에는 한 가지 기준이 작용한다. 그것은 '점차〔漸〕'의 정신이다. 퇴계는 말한다. "무릇 상례는 처음부터 끝날 때까지 그 절차와 의식이 점차로 줄어들게 되어 있습니다."⁴⁾ "예의 정신을 자세히 살펴보면 졸곡(卒哭)부터는 점차로 길례(吉禮)를 따라서 (……) 슬픔을 점차로 줄여가고, 복식(服飾)도 점차로 줄이며, 곡(哭)도 점차로 줄여야 합니다."⁵⁾ 부모가 세상을 떠난 지 1년 뒤에 지내는 소상(小祥, 작은 상서로움)의 제사와, 그리고 2년 뒤 대상(大祥, 큰 상서로움)의 제사의 문자적인 함의 또한 이를 분명히 예증해 준다. 이러한 '점차'의 정신이 지향하는 바는 다른 데에 있지 않다. 그것은 시간이 흐름에 따라 부모의 죽음을 점차로 기정사실로 받아들이게 될 자식의 자연스러운 심정에 입각해서, 그로 하여금 슬픔의 정을 표현하는 예의 절차를 점차로 줄여 일상의 삶에로 복귀하게끔 하려는 의도를 담고 있다. 『예기』는 이에 관하여 다음과 같이 예시한다. "부모의 상에는 우제(虞祭)와 졸곡(卒哭)을 지내고 나면 거친 밥에 물을 마시되 채소와 과일은 먹지 않고, 1년이 지나 소상을 치르면 채소와 과일을 먹으며, 다시 1년이 되어 대상을 치르면 식초와 장을 먹고, 두 달 뒤 담제(禫祭)를 지내고 나서는 술을 마신다.(「간전(間傳)」)"

이처럼 부모를 점차로 떠나 보내는 긴 이별의 의식은 달리 살펴보면 자식이 당신들과의 새로운 만남을 준비해 나가는 과정이기도 하다. 자식은 그렇게 해서 돌아가신 부모의 존재를 완전히 지우는 것이 아니라, 오히려 시간의 경과에 따라 당신들을 여러 가지 새로운 형식으로 '부활'시켜서 대면하고 교류한다. 우리는 이를 "부모를 사랑하기 때문에 차마 망자(亡者)로 대할 수 없어서 부모의 이름

---

4) 『退溪全書 二』, 「答金而精」, 84쪽.

5) 위의 책, 「答禹景善別紙」, 169쪽.

을 써서 걸어 두는(『예기』「단궁 하」)"명정(銘旌), 신주를 만들기 전 우선 혼백이 의지하라고 비단을 접어 만든 혼백(魂帛), 드디어 매장 후에 "몸은 이미 멀리 떠나셨지만 여전히 사모하는 마음 때문에 나무를 깎아 궤연(几筵)에 세워 두는"[6] 신주(神主), 그리고 거상 중에 지어 고하는 갖가지의 축문과 고사(告辭) 등 곳곳에서 확인할 수 있다. 이러한 여러 의식과 절차는 아마도 그것들을 행하는 자식들로 하여금 부모 잃은 상실감에서 벗어나도록 해 주는 적지 않은 의의를 가졌을 것으로 보인다. 그러한 의식들은 그들에게 돌아가신 부모와 여전히 교류하고 유대를 지속하고 있다는 생각을 심어 줄 것이기 때문이다.

물론 이와 같이 2년여 동안 행해지는 각종의 애도 형식은 자칫 형식주의로 흘러 버릴 취약성을 갖는 것이 사실이다. 왜냐하면 죽음의 애도 기간을 설정하는 데 보편타당한 기준이 있을 턱이 없으며 슬픔의 정 및 그 처리 방식은 사람마다 다를 수밖에 없는 것인데, 유교의 상례는 그것들을 획일적으로 규정하여 사람들에게 준수할 것을 요구하고 있기 때문이다. 하지만 『예기』에 의하면 그것은 평생토록 슬픔에 젖어 부모님을 한없이 그리워만 하는 사람들의 퇴행적인 성향을 제어해 주는 한편, 거꾸로 부모의 죽음 앞에서 슬퍼할 줄 모르는 사람들의 박절한 정을 순화해 주는 의의를 갖는다고 한다. 이러한 인식은 일리가 있을 것이다. 왜냐하면 삶의 모든 형식은 그것을 행하는 사람들에게, 거기에 담긴 내용 혹은 정신을 부추기는 효과를 갖는 법이기 때문이다. 말하자면 상례에 규정된 일

---

6) 『朱子書節要(天)』(학민문화사 영인본), 「答范伯崇」, 637쪽, 頭註.

정한 애도의 형식은 슬픔이 지나친 사람에게는 그의 슬픔을 억제해 주고, 반대의 사람에게는 슬픔의 정을 조장토록 해 줄 것이다. 파스칼의 말은 이 점에서 매우 시사적이다. "종교적인 감정을 체험하는 가장 좋은 방법은 종교적인 몸짓을 실천하는 것이다. 기도하라. 장궤(무릎을 꿇는 것)하라. 매일 미사에 참여하라. 그러면 신비한 열정이 생겨날 것이다."[7] 하지만 아무리 그렇다 하더라도 슬픔이라고 하는 인간의 자연스러운 감정을 제반의 형식으로 꾸며 부추겨 내는 데에는 한계가 있을 수밖에 없다. 그것은 사람들의 실제의 삶 속에서 본래 의도했던 순기능으로 작용하기보다는, 오히려 실제의 감정과 의식, 현실의 삶과 예문 사이에 괴리를 야기하여 자칫 허례허식으로 떨어질 가능성이 많을 것이다. 유교의 상례가 갖는 한 가지 약점이 여기에 있다.

그러나 한편 생사론적인 관점에서 살피면 그렇게 주어진 최소한 2년의 기간과 갖가지의 절차는 그것을 행하는 사람들에게 사자와의 관계를 재정립하고 또 삶과 죽음의 뜻을 집중적으로 성찰하게 해 주는 의의를 가졌을 것으로 보인다. 그들은 사자를 그의 죽음과 함께 이내 떠나 보내지 못하고 그와 2년여 기간 갖가지 방식으로, 마치 산 사람을 대하듯이 대면하고 대화하면서 생사간의 화해를 시도하였을 것이다. 앞서 말한 신주는 바로 그렇게 '떠나 보내지 못한' 사자의 상징이다. 공자는 말한다. "죽은 사람 섬기기를 마치 산 사람 섬기듯이 해야 한다.〔事死如事生, 『중용』〕"각종 축문은 또한 이 점을 실제로 잘 증언해 준다. 소상 때의 축문을 한번 읽어 보자.

---

7) 앙드레 베르제 · 드니 위스망, 남기영 옮김, 『인간과 세계』(정보여행, 1996), 154쪽.

아, 모년 모월 모일 효자 아무개는 높으신 아버님께 감히 밝게 고합니다. 세월이 흘러 어느덧 소상에 이르렀습니다. 밤이나 낮이나 슬프고 사모하는 마음이 가이없어, 삼가 맑은 술과 여러 음식으로 정성을 다해 제사를 올리오니 부디 흠향하시옵소서.[8]

이와 같이 사자와 무형으로 대면하고 또 무언으로 대화하는 가운데 사람들은 죽음을 삶의 부정이나 대립항으로 여겨 두려워하기보다는 오히려 죽음을 그들의 삶 속에 편입시켜 양자를 화해시켜 나갔을 것이다. 뒤에 살피는 것처럼 후손들의 사고와 삶 속에서 그들의 존재론적인 뿌리로서 여전히 생명성을 얻으리라는 선조들의 기대는 이와 같은 생사 화해의 의식을 더욱 강화하였을 것이다. 유교의 상례가 그 형식성과 번문욕례성에도 불구하고 시대의 변천 속에서 도태되거나 소멸되지 않고 우리의 문화 전통으로 그토록 오래 지속되어 온 것도, 이와 같이 사람들에게 '죽어서도 다시 살아 후손들의 섬김을 받으리라.'는 기대 속에서 생사 화해의 의식을 갖도록 하여 그들을 죽음의 불안으로부터 구제해 주는 강력한 힘을 지니고 있기 때문이었던 것으로 보인다.

'차마'의 정신

유교의 상례에는 자식이 돌아가신 부모님을 차마 사자시하지 못하는 마음이 주조를 이룬다. 이는 역시 사람들의 인정 일반에 토대

---

8) 『四禮便覽』(보경문화사 영인본), 102쪽.

를 둔 것이다. 앞서 말한 것처럼 자식은 부모가 숨을 거두었다고 해
도 당신들을 곧바로 떠나보내지 못하고 한동안 당신들의 숨결을 여
기저기에서 느끼는 것이 인지상정이기 때문이다. 그러므로 그들에
게는, 예컨대 돌아가신 부모를 화장하는 것은 당신들을 곧 하나의
물질처럼 취급하는 잔인함에 다름 아니어서 자식으로서 차마 할 수
없는 불효막심이 아닐 수 없다. 우리의 장례 문화상 사람들이 화장
을 거부하고 매장을 크게 선호해 온 주된 이유도 여기에 있을 것이
다. 그러나 그렇다고 해서 사자를 완전히 산 사람으로 대하는 것 또
한 무지의 소치일 뿐이다. 유교의 상례는 그러므로 사자를 저승으
로 떠나보냄에 있어 "사자를 생과 사의 중간에 두고 행하는 의식과
절차다."[9] 이것이 유교의 상례 전반에 깔려 있는 기본 정신이며, '차
마 못하는 마음'의 형식들이 이로부터 다양하게 꾸며진다. 그 대표
적인 것들을 몇 가지 골라 아래에 소개해 본다.

① 사람이 죽었을 때 부고의 발송을 호상(護喪)의 명의로 하는
것은 "상주는 부모가 죽었다고 차마 세상에 광고하지 못하기"때문
이다.[10]

② 사람이 죽으면 그 시신을 가린 병풍 앞에, 또는 궤연에 조석으
로 상식을 올리고 배알하는데, 퇴계에 의하면 "거상 3년 동안은 부
모가 생존해 있을 때와 똑같이 모셔야 하므로 (……) 궤연에 배알하

---

9) 『禮記』, 「檀弓 下」, 小註 嚴陵方氏說, 117쪽.
10) 유정기, 「의례의 요목(要目)과 이론」, 《논문집》 (충남대학교 인문사회과학편) 6집
(1967), 130쪽.

는 예를 그만두는 것은 차마 못할 일"이기 때문이다.[11]

③ "반함(飯含, 시신의 입속에 물건을 넣는 것)에 쌀과 조가비를 사용하는 것은 사자의 입속을 차마 허하게 비워 둘 수 없어서다. 이는 그것을 잡수시라는 뜻이 아니라, 다만 아름답고 깨끗한 물건을 입에 채운다는 뜻일 뿐이다."(『예기』「단궁 하」) 이 역시 사자를 생과 사의 중간에서 대하는 의식의 하나다. 그것은 사자를 차마 사자시하지 못하는 마음에서 꾸며진 것일 뿐, 그렇다고 해서 사자를 완전히 산 사람처럼 대할 수도 없는 일이기 때문에 그 내용물을 음식물로 하지 않는 것이다.[12] 이는 반함을 저승길 노자로 여기는 세간의 인식이 잘못되었음을 말해 준다.

④ 시신의 염습에 관하여 퇴계는 "자식은 어버이의 죽음을 차마 받아들이지 못하기 때문에 염습을 할 때에 의관을 평일과 조금도 다름없이 입혀 드리는 것"이라 한다.[13] 염습을 사후 3일 만에 행하는 것도 이러한 이유에 기인한다.

⑤ 시신의 염습 후 관을 안치하는 빈소(殯所)를 마련하는데, 이는 빈(殯)이라는 회의 문자가 암시하는 것처럼, 장사 지내기 전 사체(歹)를 일정한 자리에 손님(賓)처럼 모신다는 뜻을 갖는다. 빈소를 하(夏)나라 때에는 동쪽 섬돌 위에, 은(殷)나라에서는 동서의 양쪽 기둥 가운데에, 주(周)나라의 경우 서쪽 섬돌 위에 설치했던 것

---

11) 『退溪全書 二』,「答禹景善別紙」, 170쪽 및 「答金士純問目」 202쪽 참조. 우리는 이러한 유의 내용을 또한 『禮記』의 여러 곳에서 접한다. 거상중 새로운 음식물이 생길 경우에 천신(薦新)하는 예 또한 이와 사고의 궤를 같이한다.

12) 『禮記』,「檀弓 下」, 小註 嚴陵方氏設, 113쪽 참조.

13) 『退溪全書 二』,「答禹景善問目」, 154쪽.

도 이와 맥락을 같이한다. 주인이 동쪽 섬돌 위에서 손님을 맞이하면 손님은 서쪽 섬돌로 오르면서 주인에게 절했던 당시의 예법 아래에서 자식은 돌아가신 부모를 여전히 주인으로, 또는 최소한 손님으로 모시지 않을 수 없었던 것이다. 이 역시 부모를 차마 사자시하지 못하는 효자의 마음에 기인함은 물론이다.[14]

⑥ 상주의 성복(成服)은 시신의 염습 후 이튿날 즉 사후 4일째에 하는데, 이 역시 "자식된 사람은 차마 자기 부모를 죽은 것으로 여길 수 없어서 급작스레 성복을 하지 않는 것이다."[15]

⑦ 산지(山地)에 하관할 때에 부장품으로 이른바 명기(明器)를 사용했던 것도 사자를 생과 사의 중간에서 모시는 전형적인 의식으로서, 이 역시 '차마'의 정신을 기본으로 갖고 있다. 『예기』는 이에 관해서 다음과 같이 말한다.

사자를 보내는 데 사자의 예로 대하는 것은 불인(不仁)한 일로서 그래서는 안 된다. 사자를 보내는 데 생자의 예로 대하는 것은 무지한 일이므로 그래서도 안 된다. 그러므로 부장품으로 대나무 그릇은 사용할 수 없는 것으로 하며, 질그릇은 거칠고 광택이 없는 것으로 하며, 목기는 다듬어지지 않은 것으로 하며, 거문고와 비파는 줄은 있으나 연주할 수 없는 것으로 하며, 피리는 모양은 갖추었지만 불 수 없는 것으로 하며, 종과 경쇠는 틀을 없애서 칠 수 없는 것으로 한다. 이것들을 명기라 하는데, 왜냐하면 이는 사자를 신명(神明)의 도(道)로 대하는

14) 『禮記』, 「檀弓 上」 본문 및 주, 85쪽 참조.
15) 『四禮便覽』, 「備要」의 楊氏說, 48쪽.

것이기 때문이다.(「단궁 상」)

　고고학적으로 살피면 무덤은 원래 사람이 이승을 떠나 저승의 세계에서 편안하게 살도록 마련된 '햇빛 없는 집[幽宅, 陰宅]'의 뜻을 갖고 있었을 것이다. 부장품은 이러한 무덤관의 산물이다. 그것은 저승의 생활용품이었던 것이다. 이 부장의 습속은 인지의 발달 속에서 저승의 삶의 관념이 희박해진 사회에서도 여전히 이어져 왔다. 다만 그것은 사람들의 생사관의 변화에 따라 위에 든 '명기'처럼 그 형식을 달리할 뿐이었다. 이는 선비가 저승의 삶을 반신반의하고 있었음을 뜻하지 않는다. 그는 사후의 삶을 결코 인정하지 않았다. 『예기』는 역시 공자의 말을 인용하여 다음과 같이 적고 있다. "명기를 만든 자는 상례의 도를 알았던 사람이로구나. 물건을 갖추었으되 사용할 수 없는 것으로 하였으니. 슬프다, (요즈음에는) 죽은 사람을 위해 산 사람의 물건을 사용하다니, 자칫 산 사람까지 순장하게 되지 않겠는가. 명기란 죽은 사람을 신명의 도로 대한다는 뜻을 갖는 것이다."[16](「단궁 하」)

---

16) 명기의 습속은 조선 사회에서 널리 행해졌던 것으로 보인다.(『退溪全書 一』, 「答李剛而別紙」, 544쪽 참조) 한편 퇴계의 한 제자는 선생에게 다음과 같이 질문한다. "명기란 죽은 사람을 유지(有知, 삶)와 무지(無知, 죽음)의 중간으로 대하는 예법으로서, 이는 효자의 망극한 심정의 표현일 것입니다. 그런데 주자께서 집안에서 그것을 배제한 까닭은 무엇입니까? 또 예컨대 대소쿠리와 같은 물건은 특히 돌아가신 부모를 차마 죽은 사람으로 취급하지 못하는 효자의 지극한 뜻을 담고 있는데, 『家禮』의 주에는 '없어도 괜찮다'고 하고 있습니다. 지금 어떻게 해야 할까요?" 퇴계는 이에 대하여, "부모님이 일상으로 사용하시던 그릇까지 제외한다면 자식의 마음이 편치 못할 것입니다. 그것 역시 명기로 써야 할 것입니다."라고 대답하고 있다.(『退溪全書 二』, 「答鄭汝仁問目」, 192쪽)

⑧ '차마'의 정신은 제사시에까지 작용하였다. 퇴계의 제자 학봉 (鶴峯) 김성일(金誠一, 1538~1593)은 이에 관하여 선생에게 다음과 같이 말한다. "제사는 상례의 연장선상에 있는 것이므로 부모님의 기일을 당하여 쌀밥을 먹는 것은 차마 못할 일입니다. 옛날 길야은(吉冶隱)은 이날에는 항상 거친 밥에 물만 마셨다고 합니다."[17] 경사스러워야 할 생일날 나를 낳아 주신, 그러나 이미 돌아가신 부모를 생각하면서 기일(忌日)의 예로 자처하여 술과 음악을 베풀지 않는 것이 효행으로 장려되었던 것[18]도 이와 같은 사고에 기인할 것이다.

이와 같이 '차마'의 마음에서 사자를 '생과 사의 중간에 두고 행하는' 제반의 의식 절차인 상례는 그것을 행하는 사람들에게 어떠한 영향을 미칠까? 그것은 상실과 허무의 의식을 크게 덜어 주는 의의를 갖고 있을 것으로 보인다. 부모가 세상을 떠났음에도 저와 같이 '당신들을 떠나보내지 아니한' 자식에게 부모는 여전히 살아 있는 사람으로 남아서 여러 모로 위안을 줄 것이기 때문이다. 우리는 여기에서 유교의 상례가 단지 '슬픔의 정을 꾸미는' 정도를 넘어서 그것을 준행하는 사람들에게 죽음의 허무에 빠지지 않도록 해 주는 의의를 갖고 있음을 발견한다. 그것은 삶과 죽음을 결코 '존재'와 '무'로 대립시켜 허무하게도 사자를 저승 세계로 떠나 보내는 절차에 불과한 것이 아니라, 그에게 여전히 현존성을 부여하여 자식의

---

17) 『退溪全書 二』, 「答金士純問目」, 197쪽. 퇴계는 이러한 뜻에 전적으로 찬동하면서, "후인들이 이를 본받는 것이 좋겠다."라고 말한다.

18) 『小學集註增解』, 600쪽 참조.

삶을 받쳐 주게끔 함으로써 자식으로 하여금 상실감과 허무 의식에 떨어지지 않도록 해 주는 구원의 기제였던 것이다. 이 또한 선비 특유의 생사 화해 의식을 말해 준다. '차마'의 마음에서 사자를 생과 사의 중간에 두고 행하는 그의 상례는 삶과 죽음 사이의 단절을 거부하고 오히려 생사 혼성의 삶의 의식을 배양했기 때문이다. 이 점은 아래의 분석에서 더욱 분명하게 드러날 것이다.

상례는 슬픔의 정을 주조로 하지만 그러나 그것은 상주로 하여금 슬픔에만 빠지도록 하지는 않는다. 『예기』는 말한다. "자공이 상도(喪道)에 관해 여쭙자, 공자께서 대답하셨다. '경건함을 제일로 갖추어야 하고, 슬픔은 그 다음이다.'(「잡기(雜記) 하(下)」)" 이는 선비에게 부모를 여읜 슬픔이 감상과 비탄의 수준에 그치는 것이 아니었음을 일러 준다. 왜냐하면 앞서 말한 것처럼 상례의 갖가지 형식 절차가 그를 극도의 상실감에 빠지지 않도록 해 주는 의의를 갖고 있음은 물론, 저 경건의 정신은 슬픔을 정화시켜 주는 작용을 하였을 것이기 때문이다. "슬퍼하되 비탄에 빠지지 않는다.〔哀而不悲〕"는 정신이 여기에서 그 바른 뜻을 얻는다. 게다가 거상 기간이 하루 이틀도 아니고 2년여에 걸친다면, 그리고 그동안 상주가 상례의 글들을 다시 익히는 것이 선비 사회의 관행이었고 보면, 그 사이에 그는 삶과 죽음의 의미를 집중적으로 성찰하면서 양자의 관계를 재조정해 나갔을 것이다. 그리하여 그의 경건의 정신은 아마도 죽음 앞에서도 잃지 않는 삶의 참다운 의미와 가치를 찾으려 하였을 것이며, 생사 혼성의 의식 속에서 죽음을 저항 없이 받아들이는 달관의 삶을 준비해 나갔을 것이다. 우리는 여기에서 유교의 상례가 부수적으로 갖는 수양론적인 의의를 발견한다.

생사 혼성(生死混成)의 삶

사자의 재생

인류학자들에 의하면 사자에 대한 사람들의 태도는 크게 둘로 나뉜다고 한다. 한 가지는, 사람은 죽음과 함께 그가 살았던 사회를 완전히 떠난다고 생각하는 것이다. 이러한 유형의 문화에서 행해지는 장례와 제사는, 사후에도 혹시 사회를 떠나지 않고 남아서 살아 있는 사람들에게 해악을 끼칠지도 모를 사자에 대한 두려움으로 사람들이 그의 존재를 지우고 또 그의 영혼이 저승에서 행복하게 머무르도록 하기 위한 의식의 성질을 띤다. 이를 사자의례(死者儀禮)라 한다. 다른 한 가지는, 사람은 사후에도 그가 살았던 사회의 한 성원으로 현존하면서 다른 살아 있는 사람들과 상호 관계를 지속한다고 믿는 태도이다. 이 경우의 장례와 제사는 사자와 생자 사이의 관계를 재확인하고 또 강화하려는 의도를 갖는다. 이를 조상숭배라 한다.[19] 이에 의하면 유교의 상제례는 당연히 후자에 해당된다. 다만 조상숭배도 각 문화마다 그 유형을 달리할 것이며, 이에 따라 사자와 생자 사이의 관계 구조도 달라질 것인 만큼, 우리는 유교 특유의 조상숭배 형식을 생사론적인 관점에서 규명해 볼 필요가 있다.

앞에서 유교의 상례는 사자와 영결하는 의식이요 절차라 했지만, 사실 선비는 그 이면에서 사자에게 새로운 존재의 옷을 입혀 현실의 삶 속으로 다시 정중히 모셔 온다. 다시 말하면 3년의 거상 기간

---

19) 『한국민속대관 1』(고려대학교 민족문화연구소, 1982) 686~689쪽. 장철수 『한국의 관혼상제』(집문당, 1995) 40~42쪽 등 참조.

은 자식이 부모를 죽음의 '사실'로부터 존재 근원의 '의미'로 재편하여 부활시켜 나가는 과정이다. 이후 조상은 후손의 삶의 영원한 요람으로서 새로운 긍정을 받으며 밝게 등장한다. 엄밀하게 살피면 이와 같은 작업은 사자를 장지에 묻고 바로 신주를 만들어 반혼(返魂)하는 데서부터 시작된다. 반혼이란 퇴계에 의하면 "신주에 의지해 있는 사자의 혼백을 집으로 모시고 돌아와서, 그 혼백을 사자가 평소에 기거하던 곳에 편안히 모시는"[20] 것을 뜻한다. "망자 섬기기를 마치 현존해 있는 사람 섬기듯 한다.〔事亡如事存,『중용』〕"는 뜻이 또한 여기에 있다.[21] 사자는 이제 다시 그 집안의 가장으로서 전과 다름없이 권위를 인정받고 또 섬김을 받는다. 그는 세상을 떠났지만 다만 몸만 버린 것이며, 조상으로서 이 세상에 다시 등장하여 그의 가족, 후손들과 기존의 관계를 유지하고 그들로부터 배례를 받는다. 그 배례의 형식을 도암(陶菴) 이재(李縡)는 다음과 같이 말한다.

퇴계의 말씀에 "(소상 뒤에는) 새벽과 저녁에 궤연에 들어가 뵙고 절해야 한다."라고 한다. 생각컨대 자식이 부모를 섬기는 데에는 혼정신성(昏定晨省)의 예절이 있는 법이다. 그런데 초상시부터 소상 때까

---

20) 『退溪全書 二』, 「答趙起伯問目」, 272쪽.

21) 퇴계는 "죽은 사람 섬기기를 마치 산 사람 섬기듯 하는〔事死如事生〕"것과, "망자 섬기기를 마치 현존해 있는 사람 섬기듯 하는〔事亡如事存〕" 것의 구별을 상례 절차상에서 행한다. 전자는 장사지내기 전 부모님을 여전히 살아 계신 듯이 섬기는 것이고, 후자는 매장하고서 반혼한 이후에 사자를 신도(神道)로 섬기는 것을 뜻한다는 것이다. 양자는 의식상에서 각각 전례(奠禮)와 제례(祭禮)로 실질적인 차이를 드러낸다.(같은 책, 「答權章仲喪禮問目」, 254쪽 참조)

지는 아침저녁으로 행하는 곡(哭)이 있고, 삼년상이 끝나고 신주가 사당에 들어가면 새벽에 배알하는 예가 있는데, 어찌 유독 소상 후로만 전혀 혼정신성의 예절이 없어야 하겠는가. 그러므로 퇴계의 말씀이 상례의 본뜻을 얻었다.[22]

이는 부모가 그들의 사후에도 자식의 삶 속에서 확실히 현존성을 얻고 있음을 분명하게 보여 준다. 우리는 여기에서 삶과 동떨어져 있는 죽음의 모습을 찾을 수 없다. 사자가 저승으로 떠나가는 것이 아니라 이 세상에 부활하여 자식(후손)들과 공동 거주하면서 수시로 그들의 배례를 받기 때문이다. 이는 역시 선비 특유의 생사 혼성의, 또는 생사 화해의 의식을 우리에게 보여 준다.

퇴계는 당시 널리 행해지고 있던 시묘살이를 이러한 관점에서 비판한다. 그는 말한다. "반혼은 사자가 평소에 거처하던 곳에 그의 혼백을 모심으로써 혼백이 떠돌지 않도록 하려는 것입니다. 그러나 시묘살이의 풍속이 생기고부터는 이 예(禮)가 없어지면서 사람들은 사자가 거처하지도 않았던 삭막한 산중에서 그 혼백을 모시다가 3년이 지난 뒤에야 집으로 모셔 옵니다. 이는 체백(體魄)만 존중할 뿐 신혼(神魂)은 경시하는 일로서, 예를 너무도 모르는 태도입니다."[23] 그는 이렇게 '신혼을 경시'한다고 시묘살이를 비판하고 있지만, 사실 이는 사자를 삭막한 산중에서 외롭게 떠돌도록 하여 그에

---

22) 『四禮便覽』, 103쪽 주. 혼정신성이란 "저녁에는 부모님의 잠자리를 보아 드리고 새벽에는 기침 여부를 살피는" 효도의 예절을 뜻한다.

23) 『退溪全書 二』, 「答權章仲喪禮問目」, 254쪽. 체백과 신혼에 관해서는 아래의 귀신 혼백론 참조. 퇴계는 다른 곳에서도 시묘의 습속을 비판하고 있다. 『退溪全書 一』, 「與李景昭」, 400쪽; 『退溪全書 二』, 「答金而精」, 85쪽; 『退溪全書 四』, 「言行錄」, 89쪽 등 참조.

게서 가정을 박탈하는 자식의 잔인과 몰인정을 질책하는 뜻을 담고 있다. 그것은 부모가 죽었다고 해서 가족 구성원의 자격을 박탈하고 이 세상에서 당신들의 존재를 아예 없었던 것으로 지워 버리려 하는 것이나 마찬가지이기 때문이다. 죽음의 불안과 두려움이 이에서 비롯됨은 물론이다. 이는 역시 퇴계가 삶과 죽음의 세계를 별개의 것으로 나누지 않고 오히려 양자를 화해적으로 바라보고 있음을 보여 준다. 이와 같은 화해 의식 속에는 죽음의 불안과 두려움이 자리를 잡기 어렵다. 죽음의 불안과 위협은 그것이 우리의 삶에 전혀 낯설고 이해되지 않는 데에서부터 생겨나는 것이라면, 저와 같은 화해 의식은 그러한 심리를 크게 진정시켜 줄 것이다.

사당은 자손들이 조상과 수시로 대화를 나누면서 그러한 교섭 관계를 끊임없이 유지해 나가는 상징적인 공간이다. 그것은 자손들에게 경배를 강요하는 음산한 유령의 집이 아니라 도리어 성스럽고 밝은 만남의 광장이다. 자식은 삼년상을 마친 뒤 사자의 신주를 사당에 봉안하는데, 예에 의하면 "군자가 집을 지으려면 제일 먼저 집 안채의 동쪽에 사당을 세운다."[24] 이는 선비가 사당(에 봉안된 조상)을 한 가정의 중심이자 뿌리요 자기 삶의 귀숙처로 여기고 있음을 말해 준다. 사자는 거기에서 마치 안방의 어른과도 같이 현존의 생명성을 얻어 수시로 배례를 받는다. 『사례편람』은 그 배례의 유형을 다음과 같이 예시한다.

주인은 새벽이면 일어나 사당의 대문 안에 들어가 재배하고, 바깥을

---

24) 『四禮便覽』, 127쪽.

출입할 때에는 반드시 사당에 고하며, 정월 초하루와 동지, 매월 초하루와 보름이 되면 참배한다. (청명, 한식, 단오, 중양절 등) 속절(俗節)에는 시식(時食)을 올리고 (혼인, 득남, 관직 제수 등) 집안에 일이 있으면 고한다. 만약 수해, 화재나 또는 도둑이 들었을 경우에는 제일 먼저 사당부터 돌봐서 신주와 유서를 안전한 곳으로 옮긴다. 그러고 나서 제기(祭器)를 돌보고 다음에 집안의 가재도구들을 옮긴다.[25]

이때 사당 출입의 절차는 까다롭기 그지없는데,[26] 아마도 이는 돌아가신 조상과의 만남이 살아 있는 사람에 대한 것과 같을 수 없으며 그보다 훨씬 어렵다는 판단에 기인하는 것으로 보인다. 예컨대 생시의 부모 앞에서는 온화한 기색과 부드러운 얼굴빛을 갖는 것이 자식의 도리이지만, 제사 때에는 조상의 영령에 접근하기 위해 엄숙하고 경건함을 유지하면서 일거일동을 소정의 절차에 따르지 않으면 안 된다. 이렇게 해서 사자는 사당에 모셔져 수시로 산 사람들의 배례를 받으며 한 집안의 절대적인 권위로 군림하고, 또 생자와 영원히 공동 거주하게 된다. 이는 사당이 삶과 죽음의 화해 장소요, 제사는 삶과 죽음의 화해 의식임을 일러 준다. 죽음을 넘어선 불멸의 영생 관념이 여기에서 조성되고 촉진됨은 물론이다.

---

25) 위의 책, 129~133쪽.

26) 예컨대 사당 제사를 하는 구체적인 진행 절차에 관해서는 『한국민속대관 1』, 690~701쪽 참조.

생사 혼성 의식의 강화

사람은 죽어 한 줌 흙으로 돌아간다. 그러나 그의 존재의 흔적은 여전히 현세에 남는다. 그 흔적은 생물학적인 유전으로서는 물론이거니와, 자식(후손)의 의식과 삶 속에 좋든 싫든 거부할 수 없는 하나의 힘으로 존재한다. 이와 같이 부모가 자식의 존재의 뿌리로서 영원히 살아 작용한다는 사실은 선비로 하여금 상례를 통해 사자를 떠나 보내면서도 동시에 다른 한편으로 그에게 새로운 존재의 옷을 입혀 이승에 되살려 내게끔 하였다. 사당은 그렇게 해서 사자에게 혼백으로서 신주에 깃들어 그의 후손들과 함께 다시 이승의 삶을 영위하도록 만들어진 '성역'이다. 이는 신주와 사당이야말로 죽음을 넘어 존재의 불멸을 보장해 주는 강력한 생사론적 안전판임을 말해 준다.

조선 후기에 전래된 천주교를 신앙하면서 자기 조상의 신주와 사당을 훼손하고 철폐한 사람들을 당시 조정이 그토록 엄혹하고 가차 없이 처단했던 이유를 우리는 이러한 관점에서 이해해 볼 수 있다. 그 신자들의 소행은 자기들의 선조를 모시지 않는 불효 자식이라는 사적인 차원의 문제에 그치는 것이 아니라 그렇게 조상을 숭배해 온 사람들의, 나아가 우리 민족 전체의 삶과 죽음을 부정하는 뜻을 내포하고 있었던 것이다. 그것은 그리하여 경악과 공포 그 자체였을 것이다. 천주교도들은, 생사론적 관점에서 말하면, 전래의 생사의 안전판을 깨뜨려 버림으로써 우리 민족을 죽음의 독한 회의와 허무 속으로 몰아넣는 '사악한' 무리였던 것이다. 그들은, 다른 생사의 신앙 체계를 믿지 않는 한, 유치환 시인이 통곡하듯 독백한 것처럼 죽음의 나대지에서 허무와 회의를 되씹을 수밖에 없으리라는 위기감을 본능적으로 느꼈을 것이다.

선비는 상례 절차를 마친 후 각종 제사를 통하여 역시 계속적으로 사자와 교류를 행하였다. 제사는 자식(후손)이 여전히 자기 삶에 작용하는 존재의 근원에 대하여 하는 배례 행위이다. 그것은 마치, 아직도 살아 계신 부모님에게로 돌아가 당신들을 만나는 성스러운 의식과도 같다. 선비는 제사의 말뜻을 훈고학적으로 이와 같이 이해하였다. "제(祭)란 교제한다〔際〕는 뜻이다. 사람과 귀신이 서로 교제하는 것이다. 사(祀)란 같다〔似〕는 뜻이다. 사자를 볼 것 같은 것이다."[27] 이러한 정신적인 만남과 교류는 일상의 흐트러진 의식과 생활 속에서는 가능하지가 않을 것이다. 산 사람들 간의 만남에 있어서도 진지한 자세가 요구되는 마당에, 하물며 사자와의 만남과 교류는 더없이 오롯한 정신을 필요로 할 것이다. 그것은 마치 사제가 신을 우러러 대면함에 있어서 갖는바 지극히 순수하고도 경건한 의식을 요할 것이다.

그러므로 제사는 아무나 치를 수 있는 것이 아니다. 그것은 온 정성을 드러내는 사람만이 받들 수 있다. 『예기』는 말한다. "제사는 제수 물품이나 장만하면 되는 것이 아니다. 제사자의 정성에서 우러나와 떨리는 듯한 마음으로 예를 차리는 것이어야 한다. 그러므로 현자(賢者)만이 제사의 참뜻을 다할 수 있다.(「제통(祭統)」)" 사람들이 제사 며칠 전부터 재계(齋戒)해야 할 이유가 여기에 있다. 재계란 "마음을 맑고 순수하며 오롯하게, 숙연하고 경건하게 깨어 있

---

27) 『小學集註增解』, 221쪽 註.

게 하는 것"을 뜻한다.[28] 퇴계에 의하면 당시 종묘 제사의 경우에는 백관들에게 열흘 전부터 경계를 돌리고, 집안의 시제에서는 3일 동안 재계하였으며, "집안에서는 부모의 기일을 당하여 차마 못하는 마음이 저절로 생기기 때문에 옛날부터 2일 동안 재계하였다."라고 한다.[29]

이와 같은 재계의 정신은 역시 생사 혼성적인 사고의 산물이다. 사람들이 만약 사자(죽음)를 생자(삶)와 단절된 저승의 존재로 여긴다면 저와 같이 번거로운 의식은 전혀 필요치 않을 것이다. 산 사람과 모든 관련을 끊어 버린 사자는 이 세상에서 이제 더 이상 어떤 의미도 갖지 못하며, 따라서 그와 다시 만나고 교류하기 위해 무얼 준비해야 할 이유가 전혀 없겠기 때문이다. 이 경우에는 사자에 대한 간단한 추도식 정도면 족할 것이다. 그러나 사자의 존재를 이 세상에서 아주 지워 버리거나 또는 사물화(死物化)하지 않고 오히려 현세인들의 삶 속에 그를 부활시켰던 선비는 사자와의 특별한 만남과 교류를 위해 역시 위와 같이 각별한 노력을 기울이지 않을 수 없었을 것이다. 재계는 바로 이러한 노력 속에서 행하는바 제사자가 자신의 존재 속에서 사자를 불러일으키고 또 삶 속에 죽음을 받아들여서 생사를 통합하는 고도의 의식이요 행위이다. 『소학』은 이러한 제사자의 의식을 다음과 같이 묘사한다. "제삿날 사당에 들어가면 마치 부모님이 자리에 앉아 계신 것이 보이는 듯하고, 제물을 진

---

28) 『退溪全書 二』, 「答趙起伯問目」, 272쪽. 재계란 마음을 정결하게 갖는 것으로 그치지 않는다. 그것은 예컨대 술을 삼가고, 부인 방에 출입하지 않으며, 남의 집에 문상 가지 않는 등 바깥 생활의 단속을 포함한다.(『小學集註增解』, 206~207쪽 주 참조)

29) 『退溪全書 二』, 「答金士純問目」, 197쪽. 기제사와 묘제사의 경우에는 하루의 재계가 당시의 습속이었다고 한다.(같은 책, 「答鄭子中別紙」, 48쪽 참조)

설하고 술을 따를 때에는 숙연히 부모님의 거동 소리가 들리는 듯하며, 문을 나서면 부모님의 탄식 소리가 들리는 듯할 것이다."[30] 제사시의 축문은 유명을 달리한 부모에게 이렇게 다가간 자식의 마음을 다음과 같이 사뢴다.

세월의 차례가 옮겨 바뀌어서 돌아가신 날이 다시 돌아왔습니다. 제사를 올림에 마음 깊이 감동되어 영원히 사모하는 마음을 이길 수가 없습니다. 삼가 맑은 술과 갖가지 음식으로 공손히 펴서 올리오니 흠향하시옵소서.[31]

제사는 이렇게 해서 사람들에게 삶과 죽음, 또는 생자와 사자 사이를 소통시켜 주는 통로요 가교가 된다. 이는 제사가 삶과 죽음을 화해시켜 주는 커다란 의식임을 일러 준다. 사람들은 제사를 통해 사자를 그들의 삶 속에 불러내어 그의 현재적인 의의를 되새기고, 또 여전히 변함없는 관계를 재확인하면서 죽음을 삶과 친근한 관계로 받아들일 것이다. 거기에서는 죽음에 대한 두려움이나 저항 의식을 찾아보기 어렵다. 사람들은 오히려 그들도 죽으면 조상의 존재 질서에 편입되어 후손들의 배례를 받으리라는 기대와 함께 후손들의 산 뿌리가 될 것임을 자긍할 것이다. 그러므로 "죽음의 불안은 고유한 자기 자신이 없어진다는 사실보다는 오히려 지금까지 유지되어 오던 교섭 관계의 약화 내지 단절에서 비롯되는 것"이라면, 저

---

30) 『小學集註增解』, 209쪽.
31) 『한국민속대관 1』, 714쪽.

와 같이 사자를 자식과 후손의 삶 속에 부활시켜 살아 있는 사람들과 부단히 만나고 또 교섭케 해 주는 유교의 생사 혼성적인 상제례는 죽음의 불안을 크게 차단하는 효과를 가질 것이다.

제사는 선비에게 경건의 정신을 길러 주었을 것이다. 제사시의 재계는 일차적으로 사자를 향한 것이었지만, 그 정신은 더 나아가 그의 일상의 삶에 깊이 스며들었다. 일례로 퇴계는 제삿술을 빚을 때에는 반드시 정결한 장소를 택하였고, 제사를 위해 저장해 둔 과일과 포육은 다른 용도에는 사용하지 않았다고 한다.[32] 이는 그가 제사(의 재계)에 앞서 견지했던 삶의 정신 자세를 잘 보여 준다. 이는 제물과 관련된 사례이긴 하지만 그는 제사에 임박해서뿐만 아니라 그 이전부터 평소 경건한 삶의 태도로 사자와의 만남을 준비했을 것이며, 더 나아가 그가 지냈을 수시, 각종의 제사는 그로 하여금 평소 삶 자체에 경건히 임하도록 만들었을 것이다. 게다가 삶의 뿌리의 상징 공간인 사당은 이러한 경건의 정신을 더욱 부추겼을 것이다. 사자가 조상의 일원으로 사당에서 재생을 얻어 후손들의 거동을 날마다 내다보리라고 상상했을 법한 그는 자연히 평소 자신의 몸과 마음을 조심스럽게 추스르지 않을 수 없었을 것이기 때문이다.

조상에 대한 효도 의식 또한 그러한 정신 자세를 더욱 강화시켰을 것이다. 선비는 효도를 부모의 생전에 그치지 않고 사후에까지 확대하여 행하려 하였으며, 효도의 제일은 자신의 심신과 삶을 올바르게 가꾸는 데에 있다고 믿었기 때문이다. 이렇게 하여 그가 조상을 향해 가졌을 경건의 정신은 자연스럽게 일반화되어 일상의 삶

---

32) 『退溪全書 四』, 「言行錄」, 48쪽 참조.

의 자세로 변환되었을 것이다. 퇴계는 말한다. "제사를 받들 듯이 일에 경건히 임하라.〔承事如祭〕"[33] 이는 제사를 향벽설위(向壁設位)라고 지적하는 항간의 인식에 의문을 제기하게 해 준다. 제사에 임하는 선비의 경건한 정신은 일차로 조상을 향했던 것이 사실이지만, 그것은 더 나아가 그 자신의 삶을 향한, 이른바 향아설위(向我設位)의 성질을 다분히 띠고 있었기 때문이다. 효성스러운 제사자는 "조상의 들리지 않는 말씀을 듣고, 보이지 않는 모습을 본다."고하는데, 사실 그것은 그의 내면에서 이루어지는바 조상과의 만남을 통한 새로운 자아 발견의 행위에 다름 아니다. 박노해 시인의 「내 안의 아버지」라는 옥중시를 한번 읽어 보자.

(전략)
얼굴조차 기억나지 않는 내 아버지, 당신의 제삿날
법무부에서 지급한 볼펜으로 아버지 이름을 써서 벽에 붙입니다.
사진 한 장 가진 게 없어 이름이라도 써 놓고 바라보려니,
이름이 말씀을 하십니다
박정묵(朴正黙)
바르게 침묵하라
정직해라 말할 때와 침묵할 때를 바로잡아야 한다

예, 아버지

33) 『退溪全書 一』, 「聖學十圖 (敬齋箴)」, 209쪽.

(중략)

아가, 갖지 말고 홀가분히 잘 돌아가야지
힘들어도 낮은 자리로 어서 돌아가야지
다 놓아 주어야 처음 자리로 돌아가는 거지
그래야 싹이 트고 꽃이 피고 나무가 자라지

예, 아버지

흙으로 돌아가신 만큼 제 안에 들어와 꽃피시네요
낮아진 무덤자리만큼 제 앞이 환해지네요
아버지, 저 다시 또 못 찾아뵐지도 몰라요
이제 오늘의 현장으로 저 먼 길을 떠나려 해요
용서하셔요 아버지

아니다
몸조심하거라

내 안에서 기침하며 돌아누우시는 아버지
흰 뼈로 돌아누우시는 아버지 아버지

　선비는 이렇게 하여 조상이라고 하는 하나의, 보이지 않는 거대
한 존재 집단과 그 질서를 상념하였다. 조상은 그에게 삶의 영원한
뿌리로서, 조상과의 관계 단절은 곧 자기 존재의 부정을 뜻하였다.

자식은 부모의 소생이기 이전에 조상의 태곳적 처음부터 연면히 이어져 내려온 연쇄적 존재(생명) 질서의 결정체다. 그러므로 '나'는 한 개체 이전에 자신 속에 조상의 온 역사를 다 갖고 있는, 그야말로 '역사적인' 존재가 아닐 수 없다. 효도란 이와 같은 '역사적인' 존재됨에 대한 자각과 '역사적인' 삶의 의무를 뜻하기도 한다. 우리는 여기에서 선비의 조상 관념이 갖는 존재 구원의 의의를 발견한다. 그는 죽음이 곧 존재의 상실을 뜻한다고 생각하지 않았으며, 사후에는 그 역시 조상의 일원이 되어 가문의 영원한 존재 질서에 참여하여 후손의 삶 속에서 자신의 현존을 지속한다고 믿었다. 족보는 바로 그들(조상)의 현존을 확인케 해 주는 장부에 해당하며, 여기에서 제사는 일종의 "초월로 향한 창문"(M. 엘리아데)이 될 것이다.

선비의 제사 의식은 결코 기복(祈福)의 성질을 띤 것이 아니었다. 그것은 역시 여전히 떠나보내지 못한 부모, 또는 그의 탄생과 죽음 너머 실재하는 영원한 생명의 근원이자 귀의처인 조상에 대한 낭만적인 배례의 성질을 띠었다. 『예기』는 말한다. "제사란 부모님 생시에 미진했던 봉양을 뒤미처 행하고 또 다하지 못한 효도를 계속하려는 것이다.〔祭者 所以追養繼孝也,「제통」〕" "제사는 나를 낳아 주신 부모님의 은혜에 보답하고 삶의 근원으로 돌아가기 위한 것이다.〔報本反始,「교특생」〕" 그러므로 제사는 효도의 연장으로서, 제사자의 경건하고 정성스러운 마음을 다하는 데에 그 기본 정신이 있다. 그것은 후손이 저승의 선조를 감동시켜 복을 받으려는 주술의 일종이 결코 아니다. 제사를 하나의 기복 수단으로 삼는 것은 조상에 대한 모독이다. 기복의 주문은 후손이 자신들의 행복을 위해 조상을 이용하려는 불순한 소행이나 마찬가지이기 때문이다. 그것은 마치 부모의 생존시 보다 많은 유산을 받기 위해 당신들을 모시는 것이나 다름없다. 조상과의 만남은 그러한 불순하고 이기적인 저의를 벗어나 지극히 순수하고 경건한 마음을 가질 것을 요구한다. 제사시에 제물을 진설하는 것 또한 이러한 관점에서 이해해야 한다. 그것은 사실 귀신의 흠향을 기대해서 하는 것이 아니라 평소의 효성과 공경심의 표현 방식일 뿐이다. 『예기』는 말한다. "주인은 제사시에 예를 다 갖추어야 하지만 어찌 귀신의 흠향을 기대해서 그러는 것이겠는가. 그것은 재계하고 공경하는 마음의 표현일 뿐이다."(「단궁 하」) 철학자 고 이상은은 이러한 제사의 의의를 다음과 같이 말한다.

제사는 효에서 출발하는 만큼 보본(報本)의 의미가 강하다. 보본이란 소자출(所自出, 존재의 근원)에 대한 애경(愛敬)의 뜻을 의미함이니, 이것은 생물학적 근거에 입각한 자기 생명의 의의를 충실히하는 작용을 가진다. 자기 생명이 부평초같이 떠도는 것으로 알 때는 사람의 생활은 항상 공허와 불안과 고독을 느낀다. (……) 인생은 귀숙을 요구한다. 조상과 종족의 연결을 가지지 않는 인생은 귀숙이 없는 인생이므로 미로에서 방황하는 유자(遊子)와 같고, 조상과 종족의 연결을 가지는 인생은 어머니의 젖가슴에 매달리는 아기와도 같다. 이런 점에 있어서 보본을 의미하는 제사는 인생의 현실적 의의를 가지는 생활 철학이다.[34]

34) 《사상계》, 1956년 2월호, 82~83쪽.

우리는 이러한 조상 관념과 관련하여 유교의 종교성을 검토해 볼 수 있다. 앞서 살핀 바 있지만 사람들이 흔히 생각하는 것처럼 종교를 초월자 중심의 조직적인 신앙 체계라고 한다면 유교는 결코 종교라고 말할 수 없을 것이다. 그러나 종교란 "우리들이 의존하고 있다는 절대적인 감정 내에 존재"하는 것이며,[35] 또한 "인간의 삶의 모든 측면에 궁극적인 의미를 제공하는 모든 인간 존재의 영적인 원천"이라고 이해한다면[36] 우리는 유교의 종교적인 특징을 분명히 확인할 수 있다. 선비는 조상을 그의 탄생 이전과 죽음 너머 그가 의존하는바 생명의 성스러운 원천이자 귀의처로 신앙하였기 때문이다. 더욱이 저 '절대적인 감정'과 '궁극적인 의미'에서 사람들의 삶의 '궁극적인' 좌절을 해결하려는 것이 종교의 기제라면, 앞에서 살핀 조상숭배 의식은 그것의 전형적인 모습을 우리에게 보여 준다.

유교는 더 나아가 인간의 실존 문제에 대한 해답을 초월자나 내세에서가 아니라, 바로 현세와 인간 자신의 내부에서 해결하려 한데에 그 종교적 특징이 있다. 선비에게 조상의 세계는 저승의 어떤 '약속된 땅'이 아니라, 바로 자손들의 삶의 시공간 속에 혼합 편성되었으며, 그리고 그의 효도의 삶 속에서 재현되었다. 유교가 다른 종교들처럼 조직적인 신앙 체계와 교단을 만들지 않았던 이유도 여기에 있을 것이다. 성(聖)의 세계와 속(俗)의 세계를 나누지 않은 선비의 눈에는 자신의 삶의 세계 전체가 성스러운 곳으로 비쳤을 것이며, 바로 여기야말로 진정 성스러움의 가치를 실현해야 할 곳으

---

35) 앙드레 베르제 · 드니 위스망, 『인간과 세계』, 44쪽.

36) 조셉 M. 기타가와, 앞의 책, 21쪽.

로 여겨졌을 것이기 때문이다.[37] 그가 평소 강조해 마지않던 외경〔敬〕의 정신도 이러한 관점에서 조명해 볼 수 있을 것이다. 그것은 그의 조상숭배 의식에 한 뿌리를 두고 있는 것처럼 보이기도 한다.

귀신 혼백론

지금까지 논의를 보류해 온바, 유교의 상제례상 하나의 관건 개념이 될 귀신의 문제를 이제 검토해 보자. 이상의 논의 과정에서 우리는 상제례가 귀신의 실재를 전제하고 있는 듯한 인상을 강하게 받아 왔다. 선비는 과연 죽은 사람의 혼령을 믿어 숭배했던 것일까? 우리는 이와 관련하여 묵자(墨子)가 행한 비판을 논의의 출발점으

---

37) 조셉 M. 기타가와는 위의 책에서 유교의 가족을 "성스러운 공동체의 틀"(32쪽)이요, "생물학적, 사회적, 그리고 종교적 집단"(33쪽)이라 하면서 유교를 "가족주의 종교"라 하고, 또 "유교가 자신의 독자적인 교단 조직을 만들지 않는 이유는, 현실의 경험적인 사회 정치 질서 전체가 바로 성스러운 공동체라고 여기기 때문"(80쪽)이라고 말한다. 그러면 이 두 개의 '성스러운 공동체' 즉 가족과 사회 사이에는 어떠한 관계가 있을까? 저자에 의하면 유교는 "국가를 가족의 확장으로 이해"(33쪽)하고, "중국인들은 가족 관계에서부터 지역 공동체, 사회조직, 세계로 이어지는 일련의 관계를 가지고 있으며, 전체적으로 가족을 중심에 둔 동심원을 이룬다."(80쪽)고 한다. 이는 가족주의 종교로서 유교가 갖는 특성 즉 조상숭배의 신앙이 폐쇄적이거나 배타적이지 않고 사회를 향해 열려 있음을 일러 준다. 철학적 관점에서 살피면, 조상숭배라고 하는 선비의 '생물학적인' 신앙은 태극(리)을 핵심 개념으로 하는 그들의 존재론 밖에 따로 세워져 있는 것이 아니다. 그가 숭배하고 신앙했던바 삶의 의미를 제공하는 인간 존재의 생물학적인 근원 즉 조상은 궁극적으로는 인간 및 세계 만물의 존재 원천인 태극에 그 형이상학적 근원을 두기 때문이다. 비유적으로 말하면 조상은 태극의 '시조' 아래 '중시조'가 된다고 할 수 있다. 이러한 철학 정신이 선비의 조상숭배를 순전한 종교 신앙으로 빠지지 않도록 해 주었을 것이다. 또한 그는 이에 입각하여 자신의 관심을 가족에 국한시키지 않고 태극(리)의 이념 아래에서 사회와, 나아가 우주 만물 전체로 확대하여 만사 만물의 '이치'를 실천하려 하였다.

로 삼도록 하자. "귀신이 없다고 우기면서 제례를 배우는 것은 마치 손님이 없는데도 접대의 예를 배우는 것과 같으며, 고기도 없는데 고기 그물을 만드는 것과 같다."[38] 이는 귀신의 존재를 부정하는 유교를 비판한 글이다. 확실히 귀신에 대한 믿음은 공자 이전부터 이미 지식인들 사이에 쇠퇴해 가고 있었다.[39] 그러나 공자가 정말 귀신의 존재 자체를 부인했던 것 같지는 않다. "귀신을 경이원지(敬而遠之)해야 한다.(『논어』「옹야」)"고 말한 것을 보면, 그는 소극적이지만 귀신의 존재를 인정했던 것으로 보인다. 물론 그렇다 해도 묵자의 저 비판은 타당하다. 왜냐하면 유교가 묵자의 '귀신' 즉 "선한 사람에게는 복을 주고 악한 자는 징벌하는" 실체적인 귀신을 인정하지 않았던 것은 사실이기 때문이다. 다시 말하면 선비는 묵자와 같이 종교적인 귀신관을 갖지는 않았지만, 그 나름대로 귀신의 존재를 믿고 있었다. 우리는 이를, 상례상 사람이 죽은 직후에 흩어진 혼백을 부르는 '복(復)'의 예에서부터 제사시에 거행하는 강신주(降神酒) 및 분향(焚香)의 의식에 이르기까지 상제례의 도처에서 확인한다. 그러면 선비가 믿고 있었던 귀신은 어떠한 존재일까?

귀신 혼백의 의미

선비가 상념했던 귀신은 사후 재생된 인격이나 또는 불멸의 영혼과 같이 실체적 성질을 갖는 존재가 아니었다. 그것은 성리학상 사

---

38) 馮友蘭, 정인재 옮김, 『중국철학사』(형설출판사, 1977), 91쪽.
39) 馮友蘭, 『중국철학사 상책(上冊)』(일본, 1973), 49쪽 참조.

물의 생성 변화에 일반적으로 작용하는 두 힘을 뜻하였다. 예컨대, "하루로 따지면 오전은 신(神)이요 오후는 귀(鬼)이며, 한 달로 말하면 월초 이후는 신이요 보름 이후는 귀이다. (……) 초목이 생장하는 것은 신이요 쇠락하는 것은 귀이며, 사람이 성장하는 것은 신이요 노쇠하는 것은 귀이다."[40] 또한 "천지간에 예를 들면 줄어드는 것은 귀요 늘어나는 것은 신이며, 태어나는 것은 신이요 죽는 것은 귀이며, 봄 여름은 신이요 가을 겨울은 귀이며, 사람이 말하는 것은 신이요 침묵하는 것은 귀이며, 움직이는 것은 신이요 정지하는 것은 귀이며, 숨을 내쉬는 것은 신이요 들이마시는 것은 귀이다."[41] 그리하여 "천지간의 조화가 모두 귀신이다."[42] 우리는 여기에서 성리학의 음양 관념을 상기하게 된다. 귀신으로 예시된 위의 것들은 사실 음양의 외연적인 현상들에 다름 아니기 때문이다. 아닌 게 아니라 주회암은 양자의 일체성을 다음과 같이 분명히 말한다. "(음양의) 두 기(氣)로 말하면 귀는 음의 영적(靈的)인 기운이요 신은 양의 영적인 기운이며, 한 기로 말하면 기가 왕성해지는 것은 신이요 반대로 쇠잔하는 것은 귀로서, 양자는 기실 한가지일 뿐이다."[43]

선비는 이렇게 하여 귀신과 음양을 대체로 같은 뜻으로 받아들인다. 다시 말하면 귀신은 인간의 생명활동뿐만 아니라 만물의 생성 변화에 역동적으로 작용하는 음양의 두 힘(기운)을 뜻한다. 하지만 엄밀히 살피면 양자간에 의미의 편차가 전혀 없는 것은 아니다.

40) 『朱子全書(坤)』, 419쪽.

41) 『中庸』, 小註 朱子說, 794쪽.

42) 『朱子全書(坤)』, 419쪽.

43) 『中庸』 794쪽, 註. 위에서 왕성해지는 기는 양을, 반대로 쇠잔하는 기는 음을 뜻한다.

귀신은 음양 자체이기보다는 만물의 생성 변화에 작용하는 음양의 '신묘불측한' 힘을 지칭한 것이다. 그것이 신묘불측하다는 말은 우주 만물의 존재와 생성의 신비를 인간의 이성으로는 도저히 해명할 수 없다는 자각과 경탄의 뜻을 함축한다. 『주역』은 이를 다음과 같이 말한다. "음양의 작용을 헤아릴 수 없는 것을 신이라 한다.(계사상)" 『중용』 또한 말한다. "귀신의 공덕이 대단하구나. 보아도 볼 수 없고 들어도 들을 수 없지만, 만물의 근간이 되어 그 무엇 하나도 빠뜨리지 않는도다."

이와 같이 귀신은 인간뿐만 아니라 삼라만상을, 사람의 사후뿐만 아니라 생사의 전후를 망라하는 범존재론적인 관념이다. 그러면 사람의 사후를 특정하는 개념으로는 무엇이 있을까? 주회암은 이 점을 다음과 같이 말한다. "사람이 죽으면 그를 혼백이라 하고, 살아서는 정기(精氣)라 하며, 귀신은 천지(天地) 전반에 걸친 이름이다."[44] 우리는 여기에서 인간의 생사에 고유한 혼백 관념에 주목하게 된다. 글자의 의미상으로는 넋을 뜻하는 그것은 굳이 사전적으로 풀이하자면 인간의 생명활동을 주재하는 영적인 힘이라고 정의할 수 있을 것이다. 사람들은 더 나아가 혼(魂)과 백(魄) 양자를 나누어 말하기도 하는데, 이 경우에 혼은 기운상의 것을, 백은 체질상의 것을 뜻한다.[45] 인간의 생명활동은 이 혼과 백의 상호 조화 속에서만 가능하다. 어떤 학자는 양자의 상호 관계를 다음과 같이 말하기도 한다.

---

44) 『朱子全書(坤)』, 418쪽. 여기서 정기란 인간의 생명활동을 가능케 하는 음양의 정기를 뜻한다.

45) 인간의 생명활동을 설명함에 있어서 정신과 육체의 이분법에 젖어 있는 우리에게는 기운과 체질의 논법이 생경하게 들리지만, 우리의 전통은 오히려 여기에 익숙하다. 혼은 사람들의 생명활동상 각종의 기운에 작용하는 데 반하여, 백은 그 질료적 바탕으로서의 신체에

기의 영적인 힘이 혼이다. 그러나 만약 체질이 함께 있지 않으면 그것은 흩어지고 만다. 이는 마치 불이 나무에서 떨어짐으로 하여 빛이 사라지는 것과 같다. 체질의 영적인 힘이 백이다. 그러나 만약 거기에 기가 흐르지 않는다면 그것은 사멸하고 만다. 이는 마치 수족에 생기가 통하지 않음으로 하여 마비가 일어나는 것과도 같다. 그러므로 양자는 상호 의존하는 가운데 활동하며 서로를 기다려서 일체가 된다.[46)]

요컨대 사람의 생명은 혼과 백의 결합 양상이요, 질병과 노쇠는 그것의 부조화이며, 죽음은 양자의 분리를 의미한다. 특히 죽음을 뜻하는 혼백의 분리 현상에 관하여 『예기』는 다음과 같이 말한다. "혼기(魂氣)는 하늘로 돌아가고 형백(形魄)은 땅으로 돌아간다.(「교특생」)" 상례시 '복'의 의식은 이러한 혼백관의 산물이다. 사람이 죽으면 그 직후 친지 가운데 한 사람이 사자의 생시 옷을 가지고 지붕의 북쪽에 올라가 그 옷을 허공에 흔들며 사자의 이름이나 호를 부르면서 "돌아오시오![復]" 하고 몇 번 외치고는 내려와 그 옷을 시신 위에 얹는데, 이는 흩어진 혼백이 다시 결합하여 재생하기를 바라는 염원을 담고 있다. 제사시 거행하는 분향과 강신주 의식 또한 위아래로 흩어진 조상의 혼백을 불러 다시 결합시켜 그들로 하여금

작용한다. 서양 학자 모트는 죽은 사람의 영혼을 "기(숨 또는 영혼)가 육체를 떠나는 순간에 육체로부터 분리된 비육체적 자아의 두 부분, 즉 가벼운 부분(혼)과 무거운 부분(백)"으로 나누어 말하기도 한다.(F.W. 모트 지음, 김용헌 옮김, 『중국의 철학적 기초』(서광사, 1992) 35쪽 참조)

46) 葛榮晉, 『中國哲學範疇史』(중국 黑龍江人民出版社, 1987), 211쪽. 이는 장횡거의 사상을 계승한 명나라 왕정상(王廷相)의 글을 저자가 인용한 것이다.

제물을 흠향하게 하려는 의도의 산물이다. 이러한 일들은 물론 사람들의 일상생활 속에서 다분히 의례적인 성질을 띠고 있어 단순한 형식 이상의 의미를 갖지 않았던 것이 사실이지만, 한편 그것이 조성하는 '상상적인' 정감 또한 무시할 수 없을 것이다. 그러한 정감의 의의에 관해서는 뒤에서 다시 거론하려 한다.

귀신의 소멸성

이제 우리는 귀신과 혼백을, 그 약간의 상이성에도 불구하고 사실상 양자를 혼용해 온 관례에 따라 동의어로 간주하면서 그에 관한 논의를 더 진행해 보자. 이상에서 살핀 것처럼 선비는 상제례상 귀신의 존재를 일단 인정하였다. 그러나 그는 그것이 영속 불멸하는 것이라고는 결코 생각하지 않았다. 만약 그가 귀신을 불멸하는 것이라고 여겼다면 그의 생사관은 우리가 위에서 살핀 것과는 크게 다른 모습을 띠었을 것이다. 예컨대 귀신의 불멸을 믿었다면 그는 귀신들이 살아가야 할 천당이나 지옥 등 사후의 세계를 적극 설계할 수밖에 없었을 것이며, 그렇게 마련된 내세관은 그들의 현세 중심적인 삶의 철학을 크게 바꾸도록 만들었을 것이다. 하지만 그는 사후의 세계를 단호하게 부정한다. 이 점은 그가 불교의 윤회 사상과 천당지옥설을 비판한 데에서 단적으로 드러난다. 사람의 지각이나 희비애락의 감정은 혼백이 결합된 생명활동 가운데에서만 가능한 법이며, 사후 이미 흩어진 혼백은 무엇을 느끼고 두려워할 여지를 가지고 있지 않다는 것이다. 율곡은 이 점을 다음과 같이 말한다. "정기(精氣)가 한번 흩어지면 귀는 듣지 못하고 눈은 보지 못하며 마음은 생각하지 못한다. (……) 이미 지각이 없는데 비록 천당과 지옥이 있다 한들 어느 누가 고통과 즐거움을 알겠는가. 불교의 인과응보설이 이 점에서 논박을 기다릴 것도 없이 저절로 무너진다."[47]

선비에 의하면 모든 사물은 생장 쇠멸의 끊임없는 역정 속에 있다. 이 세상 어느 한 가지 물건도 자연의 이와 같은 이치에서 벗어나는 것은 없다. 귀신 혼백 또한 이에서 예외가 되지 않는다. 기의 노쇠 결과 사람은 죽으며, 이후 잔여의 기의 소멸에 따라 그의 혼백도 흩어져 사라진다. 다만 그 소멸은 죽음과 함께 돌연히 일어나지 않는다. 이 세상 만물이 다 그러한 것처럼 사람의 혼백 역시 그의 죽음에 이어 '점차적으로' 사라진다. 퇴계의 말을 들어 보자.

무릇 음양의 왕래와 성쇠는 점차적으로 이루어지는 법입니다. 기가 왕성해지는 것이나 쇠잔하는 것이 모두 그러합니다. (……) 사람이 죽을 경우 그 귀신도 직후에 갑자기 없어지는 것이 아니라 점차로 사라집니다. 그러므로 옛날에 "죽은 사람 섬기기를 마치 산 사람 섬기듯 하고, 망자 섬기기를 마치 현존해 있는 사람 섬기듯 했던" 것은, 그러할 이치가 없는데도 짐짓 그 예를 행함으로써 효자의 마음을 위안하려는 뜻이 아니었습니다. 이치가 정히 그러하기 때문입니다. (……) 우리 눈앞의 사물로 예를 들어 말한다면 그것은, 불은 이미 꺼졌지만 화로 속에는 아직도 훈훈한 열기가 남아 있어서 오랜 뒤에야 그 열기가 식어 없어지는 것과도 같으며, 여름에 해가 이미 졌지만 더위가 아

---

47) 『栗谷全書 二』, 「死生鬼神策」, 541쪽.

직 남아 있어서 밤이 이슥해진 뒤에야 그 더위가 식는 것이나 마찬가지입니다.[48)]

이와 같이 귀신이 한시적으로만 존재하며, 종당에는 시간의 흐름과 함께 사라져 없어지는 기운[氣]에 지나지 않는다면, 그 시점은 사후 언제쯤 될까? 그는 이에 관하여 분명한 대답을 하지 않는다. 아니, 사실 그것은 가능하지도 않을 것이다. 우리는 이에 대해 "군자의 유택(遺澤)도 5대에서 끊어지고 소인의 그것도 5대에서 끊어진다.(『맹자』「이루 하」)"[49)]고 한 맹자의 말이나, 또는 실제로 많은 사람들이 4대까지 제사를 지냈던 것[50)]을 근거로 4대의 소멸 시한을 추측해 볼 수도 있다. 그러나 앞서 살핀 것처럼 제사는 실체적인 귀신에 대한 신앙과 배례의 행위이기보다는 사람들이 효도의 연장선상에서 행하는 의식인 만큼, 귀신의 소멸 시한을 제사의 대수에서 알아보는 것은 별 의미가 없을 것을 것으로 생각된다.

선비는 귀신의 소멸성을 주장했지만, 다른 한편 '흩어지지 않는' 귀신의 존재를 예외적으로 인정하기도 하였다. 먼저 율곡의 말을 들어 보자. "사람이 죽으면 혼기(魂氣)는 하늘로 오르고 정백(精魄)

---

48) 『退溪全書 一』, 「答南時甫」, 365쪽.

49) 위에서 군자와 소인은 각각 치자와 피치자를, 유택이란 후세에 끼치는 은택을 뜻한다. 주회암은 '5대에서 끊어짐'을 공적상의 의미로, 또는 친속(親屬)의 한계를 말한 것으로 이해한다.(『經書』(孟子), 朱子集註 및 小註, 618쪽 참조)

50) 조선 사회의 예속에서 봉사(奉祀)의 대수는 일정하지 않았던 것으로 보인다. 퇴계는 이에 관해 다음과 같이 말한다. "사대부는 3대까지 제사하는 것이 현재의 국법이므로 마땅히 이를 준수해야 하겠지만 (……) 오늘날 효경호례(孝敬好禮)하는 집안에서는 왕왕 4대까지 제사하고 있으며 나라에서도 이를 금하지 않으니, 어찌 아름답지 않습니까."(『退溪全書 一』, 「答宋寡尤」, 355쪽)

은 땅으로 돌아가서 그 기가 흩어지게 된다. (……) 그러나 사람이 만약 제명에 죽지 못하면 그 기가 흩어지지 않는 경우가 있는데, 그 때에는 울분의 기가 극도로 발하여 요망한 것이 된다. 이 또한 이치 상 있을 수 있는 일이다."[51] 하지만 이와 같이 귀신의 기운이 일시 적으로 흩어지지 않는다 해서 그 곧 사람의 감각을 갖고 말도 할 줄 아는 유령으로 행세한다는 뜻은 아니다. 그것은 그의 생시의 삶의 주변에서 사람들이 합리적으로 이해하기 어려운 어떤 현상으로 나타날 뿐이다.

예컨대 춘추 시대에 정(鄭)나라의 백유(伯有)라는 사람이 억울한 죽음을 당하고는 혹자의 꿈속에 나타나서, 자기를 죽인 자들에게 복수하겠다고 말했는데, 그 후 실제로 그들이 아무런 이유도 없이 죽게 되자 사람들은 그것을 울분을 품은 원귀의 기의 소치로 생각하였다.[52] 물론 그것도 종당에는 흩어져 사라지는 것이 자연의 이치지만, 그에 대해서는 해원을 통해 그 울분의 기를 빨리 풀어 주어야 할 것으로 선비는 믿었다.[53] 이는 아마도 인간에 의해 파괴된 자연의 조화 즉 생성 쇠멸의 조화로운 진행을 인간 자신의 보정 행위를 통해 수습해야 한다는 생각을 암암리에 깔고 있는 것으로 보인다. 그리하여 해원은 대개 비명의 억울한 죽음이 의미하는바 인간 사회 내 어긋난 존재 질서를 바로잡아 사자를 그 본래의 자리로 회

---

51) 『栗谷全書 二』, 「死生鬼神策」, 541쪽.

52) 『春秋左氏傳』, 335쪽 참조. 주회암 역시 백유의 사건을 위와 같이 이해하였다.(『朱子全書 (坤)』, 426쪽 참조)

53) 백유의 경우 조정이 그의 자식을 대부로 임명하여 그로 하여금 사당에서 죽은 아버지의 제사를 지내게 하자 괴이한 일들이 그쳤다고 한다.(『春秋左氏傳』, 335쪽 참조)

복시키려는 그 나름의 현실적이고 합리적인 조치로 이어졌다. 예컨 대 시호 문제로 죽은 사람은 시호의 개정을 통해서, 전쟁 때문에 죽은 사람은 그 전쟁을 성공적으로 수행함으로써 그들의 울분의 기를 풀어 주었음을, 그리하여 혼백이 흩어져 자연 상태로 돌아갔음을 율곡은 역사적으로 예시한다.[54] 이는 선비가 원귀의 해원에 무당의 굿이나 또는 어떤 미신적인 의식을 거부하고 있음을 일러 준다. 퇴계는 이에 관하여 다음과 같이 말한다.

귀신의 정황이 불분명하고 미묘하여 알 듯 모를 듯한 데다, 사람에게 들러붙은 귀신은 그중에서도 사악하고 요망한 것입니다. 이것을 이용하여 사람들을 속이는 무당이란 자들은 모두들 요망스럽고 괴이한 짓들을 날조하여 자기네들의 영험한 능력을 과시합니다. 그런데 무당을 찾아가는 사람들은 이미 화를 피하고 복을 구하려는 마음에 빠져서 무당의 말을 듣는 것이기 때문에, 그들이 무당에게 쉽게 현혹당하고 그를 깊이 믿는 것은 이상할 게 없습니다. 그러나 그것이 무익할 뿐만 아니라 오히려 해롭다는 것은 알기 어려운 일이 아닙니다.[55]

귀신의 감응

이상으로 살펴본 선비의 귀신관은 그의 제사관과 밀접한 관련을 갖는다. 앞서 말한 것처럼 제사는 후손이 자신의 생명의 근원이

---

54) 『栗谷全書 二』, 「死生鬼神策」, 542쪽 참조.
55) 『退溪全書 二』, 「答李宏仲」, 219~220쪽.

자 귀의처인 조상에 대해 행하는 배례의 의식이다. 이는 조상의 실재에 대한 믿음이야말로 제사의 근본적인 전제 사항임을 함의한다. 그러나 이와는 다른 주장도 있다. "유가가 선전하는 상례 제례는 시와 예술이지 종교가 아니"며, "유가는 제사 이론에 대해서 또한 전적으로 주관 정감 면에서 말했는데, 제사의 본의는 유가의 눈으로 보면 또한 단지 정감의 위안을 구하는 것일 뿐"[56]이라는 것이다. 이러한 주장은 아마도 제사를 실체적인 귀신에 대한 미신적이고 기복적인 신앙이라고 여기는 사람들의 생각을 비판하고 아울러 한편으로 제사의 정감성과 낭만성을 강조하려는 뜻을 담고 있는 것처럼 보인다.

그러나 제사는 그저 후손이 조상에 대해서 갖는 주관적 감정의 자위 행위와 같은 것이 결코 아니다. 앞서 인용한 퇴계의 다음 글은 이에 대한 적절한 반박문이 될 것이다. "옛날에 죽은 사람 섬기기를 마치 산 사람 섬기듯 하고 망자 섬기기를 마치 현존해 있는 사람 섬기듯 했던 것은 그러할 이치가 없는데도 짐짓 그 예를 행함으로써 효자의 마음을 위안하려는 뜻이 아니었습니다. 이치가 정히 그러하기 때문입니다." 선비가 제사에 앞서 그렇게도 엄격한 재계의 정신을 요구했던 것도 이에 연유한다. 이미 살핀 것처럼 제사시의 재계는 조상과의 만남과 교류를 위한 준비의 의미를 갖고 있었기 때문이다.

귀신의 감응은 제사시 조상과의 특수한 만남의 방식이다. 제사자는 귀신을 하나의 객체적인 실체로 대면하는 것이 아니다. 그는 귀신의 '기운'을 느끼고 서로 감통(感通)한다. 『중용』은 사람들이 재

---

56) 이택후, 권호 옮김, 『華夏美學』(동문선, 1990), 26쪽.

계의 정신 속에서 겪는 제사의 체험을 아래와 같이 묘사한다. "귀신이 널리 충만하여 마치 위에 있는 듯하기도 하고, 좌우에 있는 것 같기도 하다."『예기』는 또 다음과 같이 말한다. "귀신의 기운이 피어올라 밝게 빛나서, 야릇한 향내로 사람의 마음을 숙연하고 송연하게 만든다.(「제의」)" 선비가 제사시에 가졌을 이러한 감응의 신비 감정을 우리는 어떻게 이해해야 할까? 그것은 무당의 접신 체험과 같은 유의 것일까? 그러나 우리의 이성 능력으로 그러한 감응의 세계를 열어 볼 방법은 없어 보인다. 다만 "신비야말로 인간 정신의 보고"임을 믿으면서, 우리는 인간 내면의 저 깊이에 자리 잡고 있는 종교적 심성의 영적 차원에서 그 세계의 해명을 시도해 볼 수는 있을 것이다. 성스러움의 정신이 그것이다. 성스러운 것이란 "전율과 매혹의 신비"로서, "전율은 두려운 것, 외경스러운 마음을 일으키는 것, 위엄, 부들부들 떨리는 힘 따위를 의미한다. (……) 성스러운 빛과 접촉했을 때 인간은 깨끗하고 맑은 것을 느끼고 감동한다."[57]고 한다. 선비가 제사를 통해 갖는 사자와의 만남은 바로 이러한 '성스러운 것'의 체험이 아니었을까? 주회암은 말한다. "귀신의 일은 말로 표현하기가 어렵다. 사람들이 스스로 체험해 보면 알 것이다."[58]

그러나 그렇다고 해서 사람들이 누구나 모든 귀신들에 감응할 수 있는 것은 아니다. 귀신은 객체적 실체가 아니라 영적인 기운이기 때문에, 그 기운을 같이 나눈 후손만이 선조의 귀신에 감응할 수 있다. 일반적으로 말하면 두 사람 사이의 감응은 그들이 공유하는 한

---

57) 유아사 야스오, 앞의 책, 188쪽.
58) 『朱子全書(坤)』, 439쪽.

마음(氣)에 기인할 것이다. 예컨대 일심동체의 부부 사이에서는 멀리 떨어져서도 서로 통하는 경우가 있으며, 반면에 동상이몽의 두 마음은 같은 잠자리 속에서도 서로 차단의 벽을 세운다. 인간과 초목금수 사이에는 교감하기가 어려운 반면에, 사람들 가운데서도 형제끼리 서로 잘 통할 수 있는 것도 바로 동기간(同氣間)이기 때문일 것이다. 동기간 중에서도 가장 긴밀한 사이는 한 혈육의 부모와 자식이다. "부모는 자식에 대해서, 자식은 부모에 대해서 둘로 나누어진 한 몸이요, 숨을 달리하는 동기이다.(『여씨춘추(呂氏春秋)』「정통(精通)」)" 율곡은 더 나아가 다음과 같이 말한다. "자손의 정신이 곧 선조의 정신이다."[59]

이러한 생각은 가문의 존재공동체성과 유기체성을 전제로 하고 있는 것처럼 보인다. 한 가문의 구성원들은 모래알과도 같이 각자 독립된 개인이 아니라, 그들 모두가 정신적으로, 또는 기질적으로 가문 고유의 역사적인 정체성을 자신의 존재 안에 갖고 있다. 그것은 마치 신체 내 하나의 세포가 여타의 모든 부분들을 반영하고 있는 것과도 같다. 그리하여 가문의 정체성은 조상 대대로 이어져 내려오면서 하나의 살아 있는 힘으로 후손들에게 작용한다. 그 힘은 물론 세대의 전승 과정 속에서 부단히 새롭게 생성될 것이다. 선조와 후손 간 동기감응(同氣感應)의 비밀스러운 장면이 여기에서 포착될 수 있을 것처럼 생각된다. 후손은 이 세상을 유령처럼 떠도는 그들 선조의 귀신을 접촉하는 것이 아니다. 아마도 그 감응은 선조를 자기 존재의 산 뿌리로 갖는 후손이 자신의 내부 깊은 곳에서 선

---

59) 『栗谷全書 二』, 「死生鬼神策」, 541쪽. 주회암 또한 "자손의 기가 곧 선조의 기"라고 말한다.(『朱子全書(坤)』, 439쪽)

조의 정신을 만남을 뜻하는 것처럼 보인다. 다시 말하면 그것은 후손의 '역사적인' 존재 안에서 작용하는 조상의 힘을 제사라고 하는 특별한 의식을 통해 체감하는 것이다.

물론 이러한 신비로운 체험은 후손이라고 해서 누구나 다, 언제 어디에서나 할 수 있는 것이 아니다. 그것은 고도의 집중을 필요로 하며 또 주관성을 띠고 있기 때문에 제사에 앞서 진지하게 행하는 재계의 정신 속에서만 체험 가능하다. 말하자면 재계의 정신은 자손의 존재 내부 깊숙이 드리워진 '(가문) 집단 무의식'적인 선조의 정신을 자손의 의식의 지평 위로 현전시키기 위한 전제 조건이다. 그러므로 재계를 모르는 제사자의 흐트러진 마음은 선조의 정신을 결코 체감하지 못한다. 율곡은 제사시 자손의 치성과 공경의 정신을 다음과 같이 말한다.

제사 지내는 것은 이치가 있다. 사람이 죽은 지 오래지 않으면 비록 정기는 흩어졌더라도 그 귀신은 바로 없어지지 않는다. 그러므로 나의 치성과 공경으로 선조의 귀신에게 다가갈 수 있다. 이미 흩어진 기는 견문과 사려를 할 수 없는 것이 사실이지만, 정성으로 당신들이 계셨던 데를 생각하고, 웃고 말씀하던 것을 생각하며, 좋아하셨던 것을 생각하며, 즐기시던 음식을 생각하여 마치 당신들이 항상 나의 눈앞에 보이는 듯할 정도가 되면 이미 흩어졌던 기가 이에 다시 모일 것이니, "야릇한 향내로 사람의 마음을 숙연하고 송연하게 만든다."라고 하신 공자의 말씀의 뜻이 여기 있지 않겠는가.[60]

---

60) 『栗谷全書 二』, 「死生鬼神策」, 541쪽.

그러므로 귀신의 존재 여부는 전적으로 자손의 정신에 달려 있다. 그것도 제사 때에 한해서 말이다. 퇴계는 한 제자에게 말한다. "귀신이 있기를 바라면 있고 없기를 바라면 없다는 말은 귀신의 유무를 농담한 것이 아닙니다. 그것은 제사 때에 자손이 정성을 다하면 귀신이 존재하고, 정성이 없으면 존재하지 않는다는 뜻이나 같습니다."[61] 제사시 자손의 정성 여부가 귀신의 유무를 결정짓는다는 것이다. 그뿐만이 아니다. 자손의 정성은 귀신의 소멸 시기까지도 좌우할 것이다. 왜냐하면 자손이 제사시의 재계뿐만 아니라, 더 나아가 평소 자신의 삶에서 선조의 정신에 얼마나 주목하고 또 그 정신의 계승에 정성을 쏟느냐에 따라 선조의 정신의 현전 정도와 그 파장 효과가 달라질 것이기 때문이다. 이는 선비의 귀신관이 그의 조상숭배 의식과 연접되어 있음을 말해 준다. 자기 존재(삶)의 뿌리인 조상의 은혜에 감격하며 보답할 줄 모르고 개체적인 자아의 실현에만 관심을 갖는 사람에게 선조의 정신은 그저 남남의 객체로만 여겨질 것이며, 그에게는 위와 같은 물아일체적 감응이 전혀 가당치 않을 것이다.

우리는 여기에서 제사가 갖는 생사론적인 의의를 다시 한 번 확인한다. 앞서 살핀 것처럼 제사는 조상에 대한 배례의 의식이요 선조와의 성스러운 만남이다. 그런데 후손이 제사를 통해 만나고 배례하는 조상은 그의 자아 밖에 실체적으로 존재하는 어떤 대상(집단)이 아니다. 깨끗하고 맑게 재계된 자손의 정신은 그의 존재 내부에서 역사적인 뿌리로 여전히 작용하는 선조의 정신을 느끼고 그

---

61) 『退溪全書 二』, 「答禹子强問目」, 181쪽.

와 통한다. 그와 같은 감응은 현재의 세계 속에 내던져져 고립된 그의 무상한 실존을 일순간 가문의 역사만큼이나 확대할 것이다. 그렇게 확대된 그의 역사적 자아는 자신의 삶의 전후에 놓인 공무(空無)의 세계를 알기 어려울 것이다. 왜냐하면 그는 조상을 자기 존재의 거대한 뿌리로 믿으며, 또한 자신도 역시 가문의 일원으로서 훗날 후손들의 배례를 받으면서 그들의 삶 속에서 영원히 살아가리라고 기대할 것이기 때문이다. 그리하여 "앞 물결이 뒷 물결과 다르고 뒷 물결이 앞 물결과 다르지만 그러나 하나의 물결임에는 다름이 없는"[62] 것처럼, 그는 자신의 앞뒤로 흐르는 '종족생명의 물결'을 현재의 자신 안에서 발견하고 확인하면서 순간의 삶 속에서도 영원의 생명 의식을 가질 것이다. 우리는 여기에서 또한 선비 특유의 불멸 의식을 본다.

오늘날의 상제 행태

중국 학자 노신(魯迅)에 의하면 "유가의 상례가 사람을 잡아먹는다."고 한다. 이는 유교 상(제)례의 형식주의적이고 번문욕례적인 성질을 혹평한 말일 것이다. 확실히 유가의 예서를 읽노라면 거기에는 정작 상제례의 핵심인 슬픔이나 경건의 정신과는 무관한 것처럼 보이는 번쇄하기 짝이 없는 의례의 규정들이 여기저기 눈에 띈다. 그 복잡하기 그지없는 절차들은 말할 것도 없거니와, 형식의 엄

---

62) 이는 주회암이, '자손의 기가 곧 선조의 기'임을 비유적으로 설명한 말이다.(『朱子全書(坤)』, 439쪽)

밀성에 관한 논의는 가히 유희적이기까지 하다. 예컨대 퇴계는 제자들로부터 염습시 사자의 손을 싸매는 베는 몇 폭으로 해야 하는가,[63] 축문은 큰 소리로 읽어야 하는가,[64] 제사시에 술은 어떤 것으로 해야 하는가[65] 등 여러 가지 질문을 받는다. 하지만 이러한 유의 절차와 형식들이 과연 그들의 삶과 문화에 어떠한 생산적 의의를 갖는 것일까? 아무리 인간이 "쓸데없는 행위를 할 필요를 느끼는 유일한 존재"라고 하지만 이러한 상제례의 형식들은 유교가 당초 의도했던바 그 쓸데없는 행위로 의미 있게 꾸며 내고자 했던 슬픔과 경건의 참다운 정신을 오히려 매몰시키고 말 것이다. 그들은 사실 이러한 약점을 일찍이 인식하고 있었다. 『예기』는 이 점을 다음과 같이 말한다. "상례를 행하는 데에는 슬퍼하지도 않으면서 예만 갖추는 것보다는 차라리 예는 덜 갖추더라도 슬픔의 정이 지나친 것이 낫고, 제례를 행하는 데에는 경건하지 못한 채 예만 갖추는 것보다는 차라리 예는 덜 갖추어도 경건한 마음이 지극한 것이 낫다.(「단궁 상」)" 그러나 이러한 충고에도 불구하고 그들은 예 의식을 강화하여, 이른바 "경례 삼백(經禮三百)과 곡례 삼천(曲禮三千)"의 수많은 절목들로 자신들의 삶을 상당히 형해화하였다. 우리는 이 점을 17세기 조선의 유학계를 풍미하였던 예학의 풍조에서 실제로 확인한다.

하지만 그처럼 지나치게 형식화되고 형해화된 예식들은 비판받아 마땅하지만 유교의 상제례의 바닥에 깔려 있는 생사론적인 의미는 또 달리 검토되어야 할 것이다. 사실 오늘날 유교의 상제례에 대

---

63) 『退溪全書 二』, 「答禹景善問目」, 155쪽 참조.

64) 위의 책, 「答鄭道可問目」, 288쪽 참조.

65) 위의 글.

한 사람들의 부정적인 반응에는 그것 자체가 갖고 있는 번문욕례성 이외에도 간편함과 편리함을 추구하는 그들의 삶의 정신이 암암리에 작용하고 있는 것으로 보인다. 지난 1970년대 우리 사회에 제정된 「가정의례 준칙」이 그 직접적인 산물일 것이다. 하지만 간편하고 편리한 것이 꼭 좋은 것만은 아니다. 죽음의 처리 방식을 간편하게한다는 것은 곧 마지막 삶의 정리나 삶과 죽음의 의미 조정에 소홀함을 뜻할 수도 있기 때문이다. 그리하여 사자를 그렇게 허망하게도 간편하게 떠나 보낸다면, 사람들은 자신들의 삶으로 돌아와서는 "원하지 않고 낯설며 이해되지 않는 저 모든 숙명의 원형"인 죽음 앞에서 불안과 두려움을 이겨 내기가 어려울 것이다.

그러면 유교의 상제례가 다른 종교나 문화상의 그것에 비해 그토록 복잡했던 이유는 어디에 있을까? 아마도 그것은 기본적으로 내세를 인정하지 않는 생사관에 기인한 것으로 보인다. 내세를 부인할 뿐만 아니라, 사자를 다시 살려 생자의 삶 속으로 모셔 오는 생사 혼성적인 의식이 선비로 하여금 사자와 이별하고 재회하는 과정과 절차를 그렇게 복잡하게 만들어 내도록 하였던 것이다. 내세에서 살아갈 사자를 영원히 떠나보내는 의식에 비하여, 떠나간 사자를 부활시켜서 그와 생자와의 관계를 재정립하는 데에는 수많은 상상적 사고와 절차들이 동원될 수밖에 없었을 것이기 때문이다. 여기에는 어쩌면 그 이면에 죽음의 불안을 완화하기 위한 심리 기제가 암암리에 작용하고 있기도 할 것이다.

사실 내세 신앙은 사람들이 죽음의 불안을 해소하기 위해 창안해 낸 종교적 얼개다. 예컨대 만약 내세를 '현세의 감옥'에서 벗어나 돌아가야 할 영원한 안식처로 신앙하는 사람이 있다면, 그에게는 그토록 슬픈 마음과 끈끈한 정으로 사자를 떠나 보내야 할 이유가 없을 것이다. 죽음이란 소크라테스의 말대로 "좋은 일"이요 "저 세상으로 가는 행복한 여행"이므로, 산 사람들은 그 '좋은 여행'을 정성으로 기도해 주면 족하지 그렇게 복잡하게 의식을 치를 필요가 없을 것이기 때문이다. 그러나 그러한 내세관을 갖지 않은 사람은 경우가 전혀 다르다. 그는 죽음의 불안을 완화하기 위해서 내세를 대신할 죽음 이후의 세계를 그 나름대로 고안해 내야 할 실존적 절박성을 갖게 될 것이다. 우리는 유교의 상제례를 이러한 관점에서 이해해 볼 수 있다. 선비는 내세를 대신하는 불멸의 세계를 바로 현세에서 찾았기 때문이다. 사자를 떠나보냄과 동시에 다시 삶의 현실 세계로 모셔 받드는 과정과 절차가 그렇게 복잡한 생사론적 이유가 여기에 있을 것이다.

한편 유교의 상제례는, 우리가 위에서 줄곧 느낀 것처럼, 전반적으로 상상적 진실의 정감을 기조로 깔고 있다. 그것은 사후의 세계나 귀신의 실체를 반드시 믿어서 행하는 종교 신앙의 의식이 아니다. 앞서 우리는 유교의 종교성을 살펴보았지만, 그것이 여타 종교들과 다른 점 한 가지가 여기에서 드러난다. 많은 종교들은 인간의 사후 세계(내세)와 신이 진실로 존재한다고 믿지만 유교는 거기에 상상적으로 공감하면서도 한편 그것들이 허구임을 알고, 허구라고 생각하면서도 또한 공감한다. 퇴계의 다음 글은 이러한 상상적 정감의 뜻을 잘 드러내 준다. "귀신이 있다고 해도 안 되고 없다고 해도 안 되니, 귀신을 유(有)와 무(無)의 중간에 두어야 합니다."[66]

---

66) 『退溪全書 一』, 「答南時甫」, 363쪽.

이와 같이 '유와 무의 중간'에서 펼쳐지는 상상의 세계는 연극이나 문학작품의 그것과 비슷할 것이다. 그 작품들의 세계가 실제의 것이 아님을 알면서도 사람들이 거기에 공감하여 웃고 우는 것처럼, 선비는 상제례를 행할 때 음식물을 진설하고 제사상의 잔에 술을 첨잔하며 제삿밥 위에 숟가락을 꽂고 접시 위에 젓가락을 올려놓는 등 일련의 의식이 허구적인 것이라고 여기면서도 마치 진실인 양 상상하면서 정성을 다한다. 공자는 다음과 같이 말한다. "제사를 지낼 때에는 마치 조상이 앞에 계신 것처럼 여겨야 한다.〔祭如在,『논어』「팔일」〕" 그러므로 "유가가 선전하는 상례 제례는 시와 예술이지 종교가 아니다." 일반 종교의 절대자 숭배 의식과 달리, 선비의 조상숭배에 교조적인 태도가 약한 이유가 여기에 있을 것이다. 위에서 말한 것처럼 '유와 무의 중간'이라고 하는 상상적인 정감이, 달리 살피면 존재와 부재를 다 같이 회의할 줄 아는 정신이 조상에 대한 맹목적인 신앙을 허용하지 않았던 것이다.

　　혹자는 사자를 유(삶)와 무(죽음)의 중간에 두고 행하는 상제례의 상상적인 정감을 전혀 무의미한 것이라고 비난할지 모른다. 그러나 "상상은 상태가 아니라, 인간의 실존 전체이다."(W. 블레이크) 상상은 결코 쓸데없는 생각들의 어지러운 나열에 불과한 것이 아니다. 거기에는 상상하는 '나'의 존재 방식이 투영되어 있다. 다시 말하면 내가 상상하는 세계는, 그것이 꿈이든 유토피아든 아니면 신화이든 간에 나의 삶의 감정과 의지, 이해 관심과 염원 등 어쩌면 나 자신의 실존 전체를 담고 있다.[67] 우리는 인간만이 갖는 이러한 상상의

---

67) 앙드레 베르제 · 드니 위스망, 『인간과 세계』, 280쪽 참조.

능력을 죽음의 문제와 관련하여 검토해 볼 필요가 있다. 만물의 영장이라고 하는 인간의 이성을 일거에 무력화해 버리는 죽음의 위협에 대항하여 그것을 이겨 낼 수 있는 힘은 우리의 상상력 속에만 있다. 도스토예프스키는 말한다. "인간은 죽지 않기 위하여 신을 상상해 내었다." 원시인들의 영혼 불멸 신앙에서부터 시작하여 현대에 이르기까지 인류가 만들어 낸 모든 종교는 이러한 상상력의 산물이다.

유교의 상제례 또한 이와 다를 바가 없다. 선비는 신이나 귀신의 실체를 믿는 대신 그의 뿌리이자 자기도 죽어 돌아갈 조상의 존재를 상상하고 숭배하면서 죽음의 위협과 허무에 맞서 자신의 삶을 방어하려 하였다. 그가 궤연이나 제사상에 음식물을 진설하는 등 사자를 마치 산 사람 대하듯이 했던 것도, 죽음을 삶의 연장으로 여겨 죽음에 대해 친밀감을 익히고, 그리하여 삶의 한계 상황의 불안을 씻고자 하는 무의식적인 염원을 담고 있는 것으로 해석할 수 있다. "상주가 죽었을 경우에 염습시 입히는 옷을 흉복으로 해야 합니까?" 하는 제자의 질문에 대해 퇴계가 "한번 흉복을 입히게 되면 저승에서 천만 년간 영원히 흉복을 입은 사람이 될 텐데, 이는 인정과 의리상 전혀 맞지 않아 행하기 어렵습니다."[68]라고 대답한 것 역시, 죽음 앞에 선 그의 실존의 저와 같은 염원을 담은 상상력의 한 산물이라 할 수 있다. 옷 입고 살아가는 사자의 저승 세계를 명백히 부인하면서도 그가 저와 같은 상상을 한 데에는 죽음을 어둡고 칙칙한 세계로 보고 싶지 않은 사람들의 인정과 소망이 깊이 내재되어 있기 때문이다.

---

68) 『退溪全書 二』, 「答禹景善別紙」, 162쪽.

이상으로 살핀바 유교의 상제례에 내재된 생사론적인 의미는 우리들에게 혼란스러운 삶의 의식을 자가 진단케 해 주는 한 가지 자료가 될 수 있다. 오늘날 유교의 상제례는 그 원형은 고사하고 유사한 모습조차 찾아보기 어렵게 되었다. 이는 형식으로만 남아 있는 그것을 사람들이 외면하고 있다는 점 이외에, 과거와의 단절을 추구해 온 서구화의 사회 문화 정책과 사람들의 합리적이고 개인주의적인 사고, 그리고 한편으로 우리의 전통 문화를 탐탁지 않게 여기는 기독교의 강력한 전파 등에 연유할 것이다. 그 결과 우리는 우리 민족의 삶을 그렇게 오래도록 지탱해 온 생사론적인 안전판을 잃고 말았다. 우리 전통의 상제례가 무너졌다는 것은 거기에 내재되어 있는 죽음(과 나아가 삶)의 처리 방식을 사람들이 스스로 폐기해 버렸음을 뜻하기 때문이다. 이는 우리가 그동안 선조들이 몸담아 온 존재의 귀숙처를 파괴하고, 정리해 온 생사의 의미 체계를 버림으로써 우리 자신을 죽음의 두려움과 삶의 공허감 속에 빠뜨리고 있음을 시사한다. 그리하여 이제 우리는 "드디어 크낙한 공허이었음을 알리라/ 나의 삶은 한 떨기 이름 없이 살고 죽는 들꽃/ 하그리 못내 감당하여 애닲던 생애도 정처 없이 지나간 일진의 바람/ 수유에 멎었다 사라진 한 점 구름의 자취임을/ 알리라" 하던 청마의 통곡을 피할 수 없게 되었다.

어떤 사람들은 그들이 신앙하는 서양 종교에서 구원의 대안을 찾으려 한다. 그러나 한 사회 내 사람들의 삶과 죽음을 의미 규정해 주는 문화의 힘은 결코 그렇게 간단히 바뀌거나 제거될 수 있는 것이 아니다. 그것은 사람들의 의식적인 부정에도 불구하고 그들의 삶의 무의식 속에서 끈질기게 작용한다. 우리는 그 실상을 일부 농

촌에서 목사가 장례와, 심지어 상여까지 직접 주재하기도 하는 현실에서 확인한다. 이는 오늘날 우리나라의 많은 사람들이 죽음의 처리 방식에, 그리고 죽음의 규정을 받기 마련인 삶의 의식에 혼란을 겪고 있음을 일러 준다. 상제례의 폐기는 그만큼 강력한 여진으로 우리의 삶에 영향을 미치고 있는 것이다. 물론 과거의 상제례를 복원한다 해서 문제가 해소되는 것은 아니다. 그것은 가능하지도 않고 가당치도 않을 것이다. 하지만 거기에 내재되어 있는바 우리의 조상이 갖고 있었던 삶과 죽음의 해법은, 전 민족적으로 생사 의식의 혼란을 겪고 있는 오늘의 우리들에게 많은 성찰할 거리와 가르침을 줄 것으로 생각된다. 유교의 상제례를 '사람 잡아먹는' 전통의 유물로만 취급해서는 안 될 현재적인 이유가 여기에 있다. 일반적으로 상제례가 우리의 삶 속에서 절대 거부할 수 없는 하나의 인간 조건이라면, 우리는 상제례의 형식 너머 그것이 갖고 있는 생사론적인 의미를 채취하여 이 시대에 맞는 죽음의 처리 방식을 마련하는 데 고심해야 할 것이다.

김기현 金基鉉

서울대 법과대학 행정학과를 졸업하고 고려대 대학원에서 동양철학으로 석사·박사 학위를 받았다. 플로리다 주립대학교(Univ. of Florida) 방문교수를 지냈으며 현재 전북대학교 사범대학 윤리교육과 교수로 있다. 저서로『퇴계학과 남명학』(공저),『조선 유학의 학파들』(공저) 등이 있고, 논문으로「퇴계의 소유와 존재 의식」,「퇴계의 심미 의식과 초월의 정신」,「사림과 도학자들의 실천 정신과 그 굴절」등이 있다.

선비 사유와 삶의 지평

1판 1쇄 펴냄 2009년 11월 20일
1판 4쇄 펴냄 2012년 9월 19일

지은이   김기현
발행인   박근섭, 박상준
편집인   장은수
펴낸곳   (주)민음사

출판등록   1966. 5. 19. 제16-490호
주소   서울시 강남구 신사동 506 강남출판문화센터 5층 (135-887)
대표전화   515-2000 | 팩시밀리 515-2007
홈페이지   www.minumsa.com

ISBN 978-89-374-2672-8 (03150)